専修大学社会科学研究所 社会科学研究叢書 7

東北アジアの法と政治

内藤光博・古川 純 編

専修大学出版局

さまざまな「壁」をのりこえて

　本書は，専修大学社会科学研究所特別研究助成「東北アジアの法と政治」（2001. 4～2004. 3）の研究成果の発表である。はじめに，「東北アジア」という概念について説明をしておきたい。

　日本の外務省のアジア大洋州局には，「北東アジア課」があるが，それは「南西アジア課」「南東アジア課」と同様に英語表記（米国国務省の各部局）を直訳したものである。カバーする地域は「中国課」を別に置くところからも分かるように，政治的理由から韓国と北朝鮮のどちらとも明示しないで取り扱うところの朝鮮半島全域なのである（中見立夫「序論」同編『アジア理解講座 1 境界を超えて──東アジアの周縁から』2002，山川出版社）。その意味では「東北アジア」の語は，「北東アジア」のように政治的な理由によって狭められた朝鮮半島に限られない，より広い地域を指すために用いられる。中見氏によれば，「東北アジア」ないし「北東アジア」という名で空間を設けることの起源は，「北東タルタリア図」の作成に遡るとされる。そもそも世界図の誕生は，オルテリウスの『世界の舞台』（1570年）の出版に求められるが，そのなかに「タルタリア図」（タルタリアは「韃靼」を指す）があり，しかしそのなかで明らかでなかった東北部の詳細を明らかにしたのは，実は日本の間宮林蔵の調査で作成された「日本辺界略図」（1809年）であり，それがシーボルトの手を経てヨーロッパに紹介され，「北東タルタリア図」から「北東アジア図」が成立したという歴史的経緯があるようである。中見氏は，日本語・漢語・朝鮮語・モンゴル語の方位感覚では「北東」とは言わずに「東北」というと指摘しつつ，さらに馬場貞由（蘭学者）がニコラース・ウィツェン『北と東のタルタレイェ』（初版1692年，再版1705年，3版1785年）を『東北韃靼』と訳していることを紹介しているのは興味深い。「極東」をはじめとして「南西」「南東」「北東」はヨーロッパ中心の方向感覚に基づく地域設定の語というべきなのであろう。

再び中見氏によれば、「東北アジア」は時と状況、研究領域によってさまざまに使われる地域概念であるという特徴を有する。例えば、前近代の時期を研究する歴史学者にとって「東北アジア」は、朝鮮半島と中国東北部、ロシア極東地方を含むものである。また近代史研究者にとっては、日本、ロシア・ソヴィエト、中国という「帝国の角逐の場」ということになる。現代の国際開発戦略研究者にとって「東北アジア」は、図們江流域の開発を中心とした関係諸国の協力を中心対象とし、また安全保障問題の専門家は、朝鮮半島をめぐる国際関係を対象とする。

　しかし、われわれの共同研究では、冷戦終結後のアジアにおいてなお冷戦構造が存続する地域として「東北アジア」をとらえ、特に北緯38度線のDMZ（Demilitarization Zone, 非武装地帯）、韓国側から見たJSA（Joint Security Area, 朝鮮国連軍・韓国軍の合同警備区域）をはさんで朝鮮戦争の休戦状態を継続して南北が対峙する朝鮮半島を中心に、日本・韓国・北朝鮮・中国・台湾という国・地域の問題と今後の発展方向について調査・研究を行うことを問題意識とした。共同研究グループ外の専門家の協力を得た研究会の開催等によりこの地域の「法と政治」を対象にしたにもかかわらず、われわれの力不足の結果として、調査と分析はある範囲内にとどまった限界のあるものであることをあらかじめお断りせざるを得ない。

　内容構成としては、以下の4つの柱を設定する。第1に、日本が「東北アジア」にかかわるにあたって解決しなければならない戦後補償問題の「壁」を成す歴史的問題の所在を明らかにする。第2に、第1の歴史的問題および（この地域では今なお解消されない）冷戦に起因する「東北アジア」地域の問題解決と将来の発展方向を枠付ける（いわば「壁」となっている）国際関係に関して、（1）日中関係、（2）日韓関係、（3）20世紀初頭の東北アジアと日米関係、（4）沖縄米軍基地と日米地位協定、（5）日本の「有事3法」と自衛隊のイラク派兵がこの地域にもたらす問題の順に検討される。第3に、歴史的問題と国際関係による枠付けをもちながらも共通の方向に向かうことが期待される「東北アジア」の法体制の変革と展望に関して、（1）中国の民法（物権法草

案等）起草作業，（2）中国行政法の発展と課題，（3）1990年代以降の中国司法の人的力量の向上，（4）韓国の地方自治制度の改革の方向の順に，日本法の発展との比較法の問題関心をもって論じられる。第4に，この地域に今なお残る冷戦の解消を目標に，新しい（「東北アジア」を含む）地域協力枠組み（例えばASEANプラス日・中・韓・朝や，北朝鮮核開発問題をめぐる米・露・中・日・韓・朝の「6ヵ国協議」など）構築の志向をもって「東北アジア」の平和保障のあり方とその展望を提案する。第4の柱は，共同研究活動の成果を踏まえた本書の結びの位置づけとして考えている。なお，共同研究活動の概要については，本書「あとがき」に記載したので参照をお願いする。

（編者：内藤光博・古川　純）

目　次

さまざまな「壁」をのりこえて

Ⅰ編　東北アジアの歴史的問題
　　　——戦後補償の「壁」 ………………………………………… 1

第1章　戦後補償を考える視点 …………………………石村　修　3
　1．19世紀ヨーロッパと東アジアの関係　3
　2．民族主義による対抗　9
　3．明治憲法体制　16
　4．国家無答責——本章の小括　20

第2章　戦後補償裁判と日本国憲法 ……………………内藤光博　25
　1．戦後補償裁判と「過去の清算」　25
　2．戦後補償裁判における法的な「壁」　32
　3．戦後補償裁判における下級審による被害回復の試み　34
　4．戦後責任と平和憲法史観　42
　5．むすび——アジアの恒久平和の確立にむけて　48

第3章　「花岡事件」和解から西松中国人強制連行事件
　　　　広島高裁判決への道のり
　　　　——日中関係の「壁」を乗り越えるために——…新美　隆　53
　1．花岡和解の成立の意義　53
　2．花岡和解成立後の中国人強制連行事件をめぐる動向について　56
　3．花岡基金事業の概略　59
　4．中国人強制連行事件訴訟の動向　62

5．花岡和解の示すもの──最後に　68

第4章　戦後補償ピョンヤン国際シンポジウムの
　　　　概要報告 …………………………………………古川　純　69
　1．はじめに　69
　2．シンポジウム第1日目・証言の概要　70
　3．第1日目・全体会議（基調提起・全体報告）の概要　76
　4．第2日目・分科会および全体会議の概要　79
　5．その後の展開について──むすびにかえて　80

第5章　日韓併合期の警察機構 ……………………………石村　修　85
　1．はじめに　85
　2．憲法の適用　86
　3．内地と植民地（外地）　88
　4．内地における警察　91
　5．朝鮮における警察　94
　6．まとめ　97

Ⅱ編　東北アジアをめぐる国際関係 …………………………………101

第6章　東北アジア情勢と日中関係 ………………………金　熙徳　103
　1．東北アジア情勢の特徴──安全と経済の鮮やかな対照　103
　2．国交回復以来日中関係の特徴──二国間関係の視点から　107
　3．日中関係のフロンティア──地域協力の視点から　115

第7章　韓国の日本大衆文化受容の実態と課題 ……………鄭　澄　123
　1．はじめに　123
　2．段階的開放措置以前の韓国においての日本の大衆文化　125
　3．日本大衆文化の段階的開放措置　129

4．1970年代以降の韓国での日本大衆文化の受容の諸様相　142

5．開放措置に対する韓国世論の反応　144

6．開放後の韓国社会の反応　147

7．結びに代えて　151

第8章　戦時下日本の文化政策
―――川崎・臨海工業地帯の地域形成と朝鮮人労働者―――
……………………………………………樋口　淳　157

1．はじめに　157

2．地域形成の歴史　159

3．在日朝鮮人人口の推移　166

4．企業の論理と皇民化政策―――日本鋼管と協和会―――　172

5．おわりに―――「八紘一宇」から靖国へ―――　182

第9章　日露戦後の対米宣伝とその目的
―――ニューヨークに設立された東洋通報社と
その活動について―――……………………大谷　正　187

1．はじめに　187

2．東洋通信社構想から東洋通報社へ　189

3．頭本元貞の米国赴任と東洋通報社の設立　195

4．東洋通報社の活動　198

5．英文雑誌「東洋評論」について　201

6．むすびにかえて　204

第10章　沖縄米軍基地と日米地位協定の不正義 ……………古川　純　209

1．米軍用地特措法・那覇地裁判決（2001.11.30）　209

2．米軍用地特措法・福岡高裁那覇支部判決（2002.10.31）　210

3．米軍普天間飛行場の移設と名護沖合の海上基地新設問題　212

4．在韓米軍基地の縮小（返還）計画と米軍の「海上基地」構想　216

5．日米地位協定の不正義と韓米地位協定の改定の現実　217

第11章　武力攻撃事態法等「有事3法」と
　　　　自衛隊イラク派兵のもたらすもの
　　　　――岐路にたつ日本の立憲・平和主義――　……古川　純　221
　　1．はじめに――「翼賛」国会の"異常"――　221
　　2．「有事法制」とは何か　225
　　3．新日米ガイドラインと周辺事態法から「アーミテージ報告」へ　226
　　4．武力攻撃事態法等3法の問題点　227
　　5．国民保護法制の問題点　233
　　6．むすび――深刻な立憲・平和主義の危機――　236

Ⅲ編　東北アジアの法体制の変革と展望　241

第12章　中国における物権法立法の進捗と問題　………………渠　涛　243
　　1．はじめに　243
　　2．物権法草案の形成経緯　244
　　3．各草案の内容比較　246
　　4．結語　255

第13章　中国行政法の発展と課題
　　　　――中国法制度改革の現状に関する管見――　…呂　艶濱　261
　　1．行政法制の現状　261
　　2．WTO加盟による行政法治理念の変化　266
　　3．行政法制の課題と変革　267
　　4．結び　278

第14章　1990年代末以降の中国司法の人的力量の向上…高見澤磨　281
　　1．改革と人事　282

   2．法院　284
   3．結　287

第15章　韓国・地方自治制度の変革の動向 ……………崔　鍾晩　295
   1．序論　295
   2．韓国における地方自治制度の変遷と地方分権運動の激発　296
   3．盧武鉉参加政府の地方分権改革の推進状況　301
   4．評価および改善方向　313
   5．結論　322

Ⅳ編　東北アジアの平和保障の展望
——むすびにかえて …………………………………………327

第16章　東アジア共同体の構想と問題 ……………小林直樹　329
   1．序論　329
   2．東アジア共同体の意義と必要性　331
   3．EACの理念と構成原理　336
   4．障碍とそれを越える方法　342

あとがき　357
執筆者紹介　361

Ⅰ編

東北アジアの歴史的問題
──戦後補償の「壁」

第1章
戦後補償を考える視点

石村 修

1．19世紀ヨーロッパと東アジアの関係

1）植民地

　世界地図を眺めても，今日，いわゆる植民地といわれる広大な空間は消え，代わりに小さな諸島の属領と信託統治という新たな方式をわずかに残すに至っている[1]。植民地（主義）を正当化する論理は，20世紀の国家形成・発展の権利たる「民族の自決権」を保障する国際法の理念にしたがって，消滅した。典型的な国際文書としては，1960年に国連総会で決議された「植民地独立付与宣言」がある。しかし，表題に掲げた19世紀では，この国際法はいまだ植民地の存在を追認してきた。いまだ法的に未処理の状態に晒され，裁判の渦中にある日本国が係わる戦後補償問題は，大局的にみれば，領土問題に係わる戦後処理の中で生じた戦争犠牲者に関わる問題であり，それは国家のエゴイズムを是認する法理への決別を見出す可能性を探し求める事例であったといえよう。19世紀と20世紀の国際法の変化は，戦争と平和への認識を大転換させたものであるが，その変化を促した誘引を探ることから論を起こしたい。

　時代による違いはあるものの，非ヨーロッパ世界のほとんどは，近代においてヨーロッパ諸国の植民地という形態を経験することになった。その時代のヨーロッパの実力を見せ付けるかの如くにして，当時の海路を支配するヨーロッパ諸国は他の空間を未開の地と認定し，この土地を実力でもって支配するにいたった。世界をヨーロッパ中心の思考へと導くことに寄与していたのは，以下で述べる「人類学・歴史学そして国際法・比較法」といった学問であった

といえるが[2]，現実に海の時代を生み出したのは，「海洋学・気象学そして造船技術と航海技術」であり，その行為は計画者と実行者の様々な思惑によってなされたことはいうまでもない。ヨーロッパにないものを求める人間の欲望が，あらゆる困難を乗り越えた結果，新大陸を発見したといえば聞こえがよいが，現実の植民地では支配と被支配の構造を増幅させたにすぎない。ヨーロッパ主権国家の形成は，その副産物として「領土・国民・主権」という国家形成の要素を確定することになるが，その領土はヨーロッパにはもはや多くは残されていなかった。ヨーロッパにおける国境線の画定は，度重なる戦争の遺産であるが，その結果，法治国家的統治体制による安定を各国家にもたらすことになる。国内統治を完成させた国家が，視点をさらに他国に向けるのは理の当然なことであった。そこで富が獲得できるという可能性のある土地をめざしての競争への参加国として，スペインとポルトガルがまず名乗りをあげ，次いでイギリスとオランダが参加し，世界の7つの海はほぼこの諸国によって17・18世紀には支配されることになる[3]。急いで視点を本題の東アジアに向けよう。東アジアの地域は18世紀にあって王国の政体をすでに形成していた国もあったが，やがて19世紀に入ると先の4カ国に加えたフランスによって植民地化されてしまう。例えば，インドシナ半島については，イギリス王国がマレーシア（1824年），シンガポール（1867年），ビルマ（1886年）を，そしてフランスがカンボジア（1863年），ベトナム（1887年）ラオス（1899年）を領有するにいたっている。1827年にマラリアに対処するキニーネがフランスで大量生産されるようになり，これをもってヨーロッパ人の熱帯への進出が可能となった。また19世紀にあって，ヨーロッパ諸国は産業革命を達成した段階にあり，この圧倒的に有利な技術力は国内の経済状態を潤しただけでなく，さらに，国家による殖産政策を助長し，原材料の確保と製品の販売に関しても植民地は不可欠であった。国家資本の欠けた部分があった場合は，これを植民会社（最も著名なのは東インド会社）に託すことになった。植民会社には軍備・司法・行政・外交等の特権が付与されることによって，国家も直接植民地支配の煩わしさから開放されることにもなり，植民会社による支配は国家にとっても利するものが

あった。そこでは軍事力・警察力による暴力的な支配権力は不可欠であり，法的には内地と区分された外地という枠組みを形成するにいたった。国家主権が欠落した空間に，宗主国の主権が及ぶことを想定しながら，直接的な責任逃れの法理が適用されることを期待して，「外地」という領土を作り出したことになる[4]。

2）人類学と歴史学

　植民地という舞台にあって，なぜ人類学と歴史学が必要であったかをまず説明する必要があろう。近代人類学は，ヨーロッパ人以外の他者を分類し，基本的には非ヨーロッパ人に対して，文明化が可能であるとするグループと文明化が不可能な野蛮人と区別することに執着したといわれている。この区分は，純粋に科学的な観点からその作業にあたった学者と，野蛮人を文明人に変えることを期待した宣教師の意欲が偶然に重なった時には，そのミッションは成功する可能性をもつが，その多くは不幸な結果をもたらすことになった。つまり支配する側の論理から言えば，支配する人間（ヨーロッパ人）と支配される人間（殖民人）とは，信仰を同じくし同一の言語を語ることがあったとしても，人間として同種・同朋として扱うことは根本的にはできなかった。「人類学は植民地主義の申し子である」という人類学批判は，その生み出した結果からしての議論であった[5]。人類学は，意識してか否かはともかく，乗り越えることのできない人の差別を生み出したことになり，さらに社会的にも不平等社会を生み出すことに寄与したことは確かであった。植民地内での階層形成も，その人間の後天的な努力をもってしても挽回不可能な程度に，当初から類型化されている社会では，その階層間の交流を禁止し，そのことによって一層に支配を安定化させることに寄与してきたはずである。植民地支配の鉄則は，西欧人と現地人との区分と現地人間のさらなる階層化を行うことであり，そこにも人類学は寄与することになったはずである。他方で歴史学であるが，植民地との関係では，植民を正当化するための歴史的根拠を説明することにあった[6]。例えば北アメリカの領有を巡って，スペイン，フランス，イギリスで争うことに

なるが，ライバル国の支配を蹴落とすための歴史を描く必要を感じた各国は，それを描く書き手を求めたことになる。この作られた歴史は，さらに副次的な効果をもたらした。それは植民政策を推進する国民を，この作られた歴史によって納得させることであり，実際に見聞することのない国民に夢を抱かせ，その場所へ赴かせる意欲を煽ることになった。こうした種類の歴史書は一種の「神話」形成に寄与することになるが，それが暴かれる恐れは十分にあったのであり，善良な学者はこの歴史の真偽に意義を唱えることにもなり，やがて民族の独立運動を引き起こすことにもなったといえよう。学者はいつの時代にあっても，その使命として真理を探究することに生きがいをもったはずであり，歴史に関しては，どの視点をもって現実に向かうかの姿勢が重要なのであって，植民地政策を正当化した歴史書は，今日では価値を失っているのは当然のことといえよう。

3）法治国家

ヨーロッパ諸国はこの19世紀にあってすでに法治国家の体制を形成していた関係で，法的な正当化を植民地においても展開しなければならなかったはずであり，その点で国際法の出番は早かった。国法学における国家三要素説から導かれる「国土」という画定された領域は，さらに「国土学」[7]によって理論的に整除され，その結果を憲法規範に書き込むことが慣行となった。国土の問題については後述することになるが，憲法規範への提示の事例のみをここで示しておくことが必要であろう。1831年のベルギー憲法1条，1848年のプロイセン憲法1条，1871年のドイツ帝国憲法1条の様に，領土を冒頭条項（第1条）に掲げるのが通例であった。この形式によらない当時の憲法，さらに領土条項を欠いた憲法には，何らかの理由があったと考えられる。明治憲法の場合は，その意味で異例であった。

まず問題の国際法からの分析につき，当時の平準的なヨーロッパ国際法の紹介を基にして作成されている日本の教科書の記述を示すことにする[8]。そこでは，国際法の担い手は主権国家であるが，そもそも国家は国家三要素をもつ

「文明国」に限定され，さらに文明国以外は「半開国・未開国」に区分され，半開国については文明国によって認められた範囲で，さらに未開国には何等国際法上の権利義務を有するものではないとしている。そこで一国の植民地や海外領土は国際法の主体ではないとされている関係で，植民地は文明国ではないという結論になるが，その関係についてはあえて言及されるものではない。植民地の存在を前提にする国際法であるがゆえに，国家承認の手続きや要件については，今日の国際法とは異なる厳格さが求められてしかるべきであった。国家承認の要件のなかに，文明の程度があったことがその承認の特殊性を考えさせることになる。国家の変貌に関しては，国土の形態変化が論じられるが，ここでわれわれの最大の関心事項は，19世紀における未文明国の植民地化を正当化する国際法の論理である。不可侵とされている領土の変動に関して，「共有・行政占領・租借・割譲」という概念が用意されていた。日本国がこれらをどのように海外領土に当てはめていったかは後述することにする。もっとも露骨な領土取得の根拠は，私法上でも用いられてきた「無主物先占」であった。昭和11年発刊の岩波法律辞典によれば，国際法上の先占とは，「国家が従来如何なる国家にも所属しなかった地域に対して新たに自己の領域高権の発動・行使を認められ，其の地域を自国領域の一部たらしめることを得る行為である。」とし，先占の条件として，「①先占の客体たる地域の権利者なきこと，②先占を行ふ正当の権限ある者に依り国家の名によって行わること，③先占の実効あることを要する，④先占の通告」があり，この条件を全てクリヤーしたその効果として「先占の客体となった地域は其の時以後，先占国の領域の一部を構成し其の主権の完全なる支配の下に立つに至る」[9]。こうした解説はかなり勝手な論理を構成するものであるが，この内容は1885年のアフリカを対象とした「コンゴー一般議定書」に示された内容でもあるので，当時の一般的な国際法の内容であったことが想定され，東南アジアにこのルールが適用されなかったとは考えられない。また上記の要件は柔軟に解されていたようで，例えば②に関しては，「国家の委任または命令を受けたる私人または拓殖会社が国家の為に先占を行う場合」とあるので，国王による委任状が幅を利かせたことが想定

できる。問題の未開地，つまり蛮族の占拠する土地に関しては異論があったとされるが，実際はこれを無主の土地と見なしてきた。もちろん領土取得は先占以外の方法によって，例えば割譲や保護権の設定といった方法もとられてきたが，国際法はその有効な根拠を個々的に当て嵌まるように提示してきたことになる。

　比較法という法領域が植民地支配に密接に関係していた点も簡単にここで触れておこう。フランスではスエズ運河の開通の年（1869）に比較法制協会がつくられ，ドイツでは現在のマックス・プランク研究所の前身であるウイルヘルム皇帝科学振興会が1926年に設立された[10]。比較法研究所や大学の講座の中で展開される「比較法」は，自国の法制を確認しこれを他の空間で適用することの可能性を考えていたとされる。日本国にあって，私学の多くが比較法研究所をもつに至るが，当初の理念とは別にして戦時中はこの研究所に格別の任務を与えていたことを知ることになる。法の役割が全体主義国家形成に寄与した危険な側面は，法学全般に及ぼされた事項であり，国際法におけるラウム理論はその典型例になる[11]。

4）ヨーロッパの優位

　1部を終えるに当たって，当時のヨーロッパ人が東アジアをどのように感じていたかを指摘して置くことが重要であろう。チャイナという名称で示されるように，貴族が自分の所持品を自慢する一品の中にチャイナやジャパンがあったに過ぎないのであって，そこに生活する人々のことは関心の対象外であったと思われる。文明とそれへの評価は明らかに別物であった。一つの例証としてよく引用されるＴ・マンの「魔の山」からの文章を紹介したい。第一次大戦前のヨーロッパ市民社会の悩み多きヨーロッパ状況を描いている本書にあって，イタリア人の文学者であるゼテブリーニに次のようにアジア蔑視の言葉を吐かせている。「しかし苦悩に対するあなたの態度も，ヨーロッパ的でなければなりません。……東邦の，つまり，ぶよぶよしていて病みがちなために，ここへこんなにたくさんの代表者を送っている東邦の態度であってはなりません

……。同情と無限の忍従，これが苦悩に対するアジアの態度です。しかしそれはわたしたちの，またあなたの態度ではあり得ません。」[12] ヨーロッパ中心的覇権主義は，こうした表現の中に十分に読み取れる。19世紀の東アジアは，イギリス・フランスそして植民地主義に新たに参入することになったドイツ・アメリカの関心を引くことになり，その大きな流れの中で鎖国を続けてきた朝鮮国と日本国がこれらの西欧諸国と対峙することになる。

1) 植民地は，法的には「外地」とされ，本国（内地）と区分された領土の一部であった。本部分と同様の視点で書かれた最近の論文として，内藤光博「日本の戦後補償裁判と植民地支配——日本国憲法と植民地主義——」専修法学論集91号（2004年）43頁以下，がある。
2) 栗本英世・井野瀬久美恵編『植民地経験』（人文書店，1999年）の示唆による。
3) K. M. パニッカル・左佐久梓訳『西欧の支配とアジア』（藤原書店，2000年），本書では1858-1914年を「帝国の時代」として描く。
4) 本書の第2章「植民地の警察機構」を参照。
5) G. ルクレール・宮沢一雄訳『人類学と植民地主義』（平凡社，1976年），清水昭俊「植民地的状況と人類学」青木保他編『思想化される周辺社会』（岩波講座・文化人類学12巻，1996年）。
6) 注2）の22頁以下。
7) 「地理学や地政学」が特別の思想をもって，「国土学」では展開されていた。例えば，前川晃一『国土学』（朝倉書店，1943年）。
8) 松原一夫『現行国際法上』（中央大学，1924年）92頁。
9) 岩波法律辞典（1936年）「先占」の項目（大澤章執筆）1571頁。
10) 水田義雄「欧米諸国の比較法研究所」早大比較法研究所紀要1号（1957年）1頁以下。
11) C. シュミットの理論が著名であり，これを当時の日本の国際法学者も受け入れていた。新田邦夫訳『大地のノモス上・下』（福村書店，1976年）。
12) トーマス・マン・佐藤晃一訳『魔の山Ⅰ』（筑摩書房，1987）314頁。

2．民族主義による対抗

1）日本国の特性

東アジアにあって植民地化を免れたのは，タイ王国と日本国であったとされる。この二国については，いずれも先の定義でいえば無主の土地ではなく，独

自の歴史を欠いた未開国ではないと判断されたからに他ならない。タイと日本以外の国々にあっても王朝が確立していたけれどもヨーロッパの侵略にそれが耐えうるものではなかったことが，植民地化を受け入れざるをえない結果を生んだ。例えば，ビルマはコウバウン王朝が数度のイギリスとの戦争を経ることで，1886年全土がイギリス領となった。タイ王国は，英仏の侵略に対して名君といわれたチャラロンコン大王が国内の法制化を図って，かろうじて独立を確保してきた[13]。しかし独立が最後まで維持できたということは，残念ながらこの国にあってもいえない。こうした動向にあって，日本国のアジアにおける特殊な地位が浮き上がってくる。ここで記述しなければならないことは，日本国家の成立（独立）とその国家性の維持の歴史であるかもしれないが，それを全てここに記述する余裕はない。幸せなことに元寇を除き侵略の対象に晒されなかったことは，地理的な好条件とともに日本領土が確たる支配のなかに治められているという認識を周辺諸国に与えることができたからに他ならないであろう。さらに隣国の朝鮮にもなかなか安定がもたらされず，東アジア全体は領域画定がさだまらない混沌とした状態が続いてきた。ただし外交関係でいえば，中国を中心にした冊封体制が基本であった関係で，東アジアの主導権は長い間中国大陸にあると考えられていた[14]。こうした外交史にあって近代の鎖国政策ほど日本国に特殊な効果をもたらした要素はなかったであろう。その主たる狙いは「明・清を盟主とし周辺諸国との間に形成されていた冊封体制からの江戸幕府による離脱の試みとして理解する」[15]ことにあり，同時に江戸幕府に対外関係の決定権を集約させる結果をもたらし，その他一般人には国の外からの情報を閉ざし，思想としての攘夷を導いた。日本型華夷秩序の成立とも評されている。鎖国の中で形成されてきたものは，あらゆる点で独自のものであった関係からいえば鎖国は大いにプラスの作用をもたらし，徹底的な自我を形成することになった。しかしこの自我は，いざ開国をなすにあたっては，外交の宛先からは非常に嫌悪すべきものとして映ったはずである。鎖国のなかで作られたこの民族主義を分析することから本章は始めることにしよう。

2）民族主義

　この民族主義が意識的に形成されたのは，18世紀における「国学者」達による日本古典の発見であり，本居宣長，また「古事記伝」がその代表であるとされている[16]。こうした日本中華論は意識的に形成され平和な環境の中で醸成されてきたことになるが，これが19世紀におけるアジアにおける新たな西欧という敵に直面することによって，変化せざるをえなかったことはすでに本稿の1部で指摘してきたことである。民族主義は主に内向きに機能してきたが，この時点で外の緊張関係にも対処すべきイデオロギーとして膨張することになる。三谷の以下の視点を意識しながら，幕府による開国と明治維新のプロセスを考えなければならない。「鎖国による平和論は，ペリーの来航以降，世論の指導的地位を攘夷論，ついで膨張的開国論に取って代わられる。その膨張ナショナリズムへの転換の事情は，簡単に述べれば，西洋の開国要求に直面した当時，日本は朝鮮との外交関係が極小化していたせいもあって，単独でこれに対処する方策をとらざるを得ない立場にあり，その条件下で西洋に対抗するには，広大な領土と人民が不可欠であると信じるようになったのだ」，と説明される[17]。

3）明治維新

　つぎに，分析すべきは近世の民族主義の延長上にあった明治維新という現象になる。明治維新は幕藩体制に対して向けられた諸雄藩によるクーデターであり，その成功の原因は，主に幕府の衰退にあったといえるが，「攘夷」というスローガンの下で王を尊ぶという思想により国家が統一されたことによる[18]。また，革命成就の大半は幕藩体制の中ですでに形作られた市民社会の成熟によっていたのかもしれない。江戸の市民社会は高いレベルで教育され，すでに出版文化をもち，庶民の教育制度をもっていたことがその例証となる。また鎖国の体制にあっても，例えば薩摩が独自の外交・貿易をなし，幕府とは比べものにならない程の富と軍備を貯えていたことからして，鎖国の実体はすでに緩んでいたことは明らかであった。幕府が開国に踏み切った段階で，近代化を受

け入れる準備はある程度あった訳で，中でも蘭学を通じての西欧学問の教授はその開国をなすにあたっての西欧ショックを多少は弱めたはずである。吉宗による実学奨励はその効果があったのであり，翻訳文化は幕府の「蛮書和解御用」で始まっていた。幕府による留学制度も僅かであるが始まった。この時期に，禁を犯してまで西洋に赴いた若者のその後の人生が，成功か失敗かの極端にあったことも含めて考えると，海外は予想以上の魔力をもっていたと考えられよう。明治政府は，幕藩体制と異にして，天皇を推戴させた立憲君主制モデルを受け入れることを目標にし，「五箇条の誓文」を最終的に宣言することで，欧米列国による偏頗な形での国家承認を認めさせた。明治維新は開国を条件にしてなされ，結果的に日本国が近代化を受け入れるための契機を与えられた事例であり，西欧諸国の模倣をすることで他のアジアの諸国とは別物であることを証明することであった。本章では，さらに，明治政府が確立された以後の対外問題を中心にして，明治前期になされた領土拡張の道程を辿ることにする。

4）領土拡張

明治憲法には領土条項が欠けているという指摘をしたが，その理由は維新から憲法制定時にあっても日本国の領土問題の決着がいまだ着いていなかったことによるものである。西欧と対抗する関係で領土を広めるためには，まず西欧国際法の熟知が必要になる。坂本竜馬がこれからは国際法の時代であるといったという逸話は有名であるが，マーチン・丁韓良訳『万国公法』（1865年）が必読書とされ，初期留学組であった西周，津田真道，加藤弘之のそれぞれの役割は顕著であった[19]。鎖国と攘夷を開国と国際法へと組み替えるシステムの変換は見事になされたことになるが，怠ってきた外交を支えるためには，それを支える軍備と法の執行者が必要であり，優れた政治家とそれを援助するお雇いの力量に政府の外交は懸かることになる。とりあえず明治政府が解決すべき周辺の領土問題とは，北からいえば樺太，朝鮮，琉球，台湾であったが，これらの問題の背後には清とロシアが控えていたのであり，神経を使うべきはこの両国であったことは間違いない。これらの問題のそれぞれが個別の解決すべき

内容をもち，一時に解決できないことを考えるとすれば，取り掛かるべき順番を考えながら，政府内の見解をまとめる必要があったが，それは至難の業であった。以下，個別にそれぞれの問題を概観することにする。幕末における夷とは西欧を指すのであって，アジアはこれに含まれてはいない。その感覚は領土問題にあっては微妙に働いたはずである。

　明治4（1872）年，政府は廃藩置県を断行するが，この時点で琉球王国はこれに含まれてはいない。中国を中心とする東アジアは，すでに述べたように長期にわたって冊封（朝貢）体制にあったのであり，琉球も例外ではなかった[20]。つまり琉球は，幕末期では清と薩摩との間の問題であり，これにイギリスが絡んできたから微妙な外交問題の中にあった。しかし形式的には，明治5年，明治天皇が鹿児島に赴いた時点で琉球の使節の拝謁を受け，その後の上京をもって，琉球国王尚泰を琉球藩王とし，華族に列し，もって琉球を日本国の領土と宣し鹿児島から分離させた。この琉球藩設置の真意は，次に控えている台湾出兵を正当化するためのものであり，琉球藩は外務省管轄から内務省管轄へと移されている。この微妙な地位はしばらく続き，明治12（1879）年になって琉球藩王に廃藩を明示し，彼が東京に移住することが命じられて終了する。琉球に対しては，当時早速手に入れた万国公法が使用されていた。つまりこの国を法的に内国と位置付けたことであり，事実としてのあった冊封関係を無視してきたことであった。この奇妙な論理は台湾でも展開されていく。

　後の歴史を辿れば，台湾問題が「日清戦争」（1894～95）の火種になっていたことは確かであり，そこでは日・清のアジアにおける覇権争いが展開されるが，それはこの空間を国際法の適用事例とするか旧来のアジア秩序の延長とするかの認識上の差となって現れていたことになる。台湾征服に係わる偶発的事件として，慶應3（1867）年のアメリカ船ローバー号事件と，明治4（1871）年の琉球船の事件が指摘される。両船ともに遭難の結果，乗組員が現地人によって殺害されている。この事件の調査に係わったリジェンドルは，母国アメリカがこの地を植民地にすべきことを提案するものの，この地に結局アメリカは食指を動かさなかった。エスキルドセンの記述によれば，この時期，リジェ

ンドルはさらに台湾の植民地化をイギリスや清国に働きかけていたという。彼は都合よく1972年，日本国のお雇い外国人になり，外交の面での指南役となる。そこで日本政府は「リジェンドルが1867年から1872年にかけての清国当局との交渉で主張した主権―支配権―文明の概念上の関連を受け入れ，これ以降日本政府の対台湾政策はこの原理から離れなかった。この原理は日本政府の台湾に植民地を設立する論理の基礎となったうえ，同様に後に日本政府が清国に対して賠償金を要求する論理の基礎でもあった。」[21]領土に関する国際法適用を早くも借用して行こうとする日本の魂胆を，清国が認めるものでは無い事は当然であった。清国が拘泥する東アジアにおける近代以前の論理は，実質的な支配力を伴わなければ無力となるし，西欧諸国による理解をえることは困難なことといえた。こうして明治7（1984）年の日本政府による「台湾蕃地処分要略」が出され，4月台湾出兵，12月撤兵という事象がなされた。

5）明治期の外交

日本国の外交にとって，台湾出兵に先立つ明治6年は転換期であったのであり，それは対清との関係で生じたことであった。維新成立直後の日本外交において，最も重視されたのが対清であったはずであり，そこでは東アジアにおける主要な領土問題が総括的に問題とされている。その背景に，幕末期からあった国内での征韓論に応えるという意味もあったはずである。征韓論を唱えることは容易いことであったが，その実行は日本の置かれた国際環境を考慮すれば簡単なことではなく，さらにそれが誰によって，何時の時点で主張されたかによって意味を異にしていたはずである。明治のごく初期に木戸孝允によって出された征韓論は，民族主義を煽る意図があり，朝廷直属の軍隊を強化し，反対勢力を圧倒するための手段であった[22]。明治政府になり開国をなした日本に対して，以前と変わりなく清国との朝貢関係を重視し，他国とは鎖国状態を続け，新政府の紳士的な対応を無視する朝鮮の対応に，明治政府が怒ったことこそが，外交的な意味での征韓論の開始であった。しかし，国内の不平分子達を抑える役割も担うはずであった征韓論は，明治8（1875）年におきた江華島事

件後の朝鮮の開国という意外な展開をもって，一旦は矛を収めなければならない状態となった。征韓論を唱えて来た不平分子は，不満の向きを変えてそれを政府に向ける（西南戦争）という，政府にとっては最悪の結末を迎えてしまった。

　征韓論を巡る政府部内の争いは，洋行派と国内組の争いという形になったとはいえ，征韓論は時期の選択に過ぎず，やがて日清戦争へと至る道程は，一本の筋道として見通すことができる。明治初期の国内情勢を概観すると，クーデターを収束させるために政府が努力した時期であり，この内乱に伴う疲弊がたまったこと，攘夷の精神構造がアジア人蔑視へと転化されていったこと，そのために領土拡張政策は良策と写ったと思われる。政府は明治初期において西欧流の法治国家になるという課題達成の宿題を残したまま，動揺の時期を終えることになった。中期の課題は，外交的には不平等条約改定と日清間の関係の修復であり，そのためにも憲法制定が急がれた。

13) 安田信之『ASEAN法』（日本評論社，1996年）146頁，同『アジアの法と社会』（三省堂，1987年）84頁以下で，現代アジア国家の動態を概観することができる。
14) 浜下武志『朝貢システムと近代アジア』（岩波書店，1997年），荒野泰典『近世日本と東アジア』（東京大学出版会，1988年），紙屋敦之『大君外交とアジア』（吉川弘文館，1997年）等を参照。
15) 鬼頭宏『日本の歴史19・文明としての江戸システム』（講談社，2002年）161頁。
16) 三谷博『明治維新とナショナリズム』（山川出版社，1997年）21頁。
17) 同，23-4頁，さらに，渡辺浩「思想問題としての『開国』」，同編『国家認識と対外認識』（慶應義塾大学出版会，2001年）参照。
18) 石村修『明治憲法』（専修大学出版局，1999年）45頁以下。
19) 吉野作造編『明治文化全集・第8巻』（日本評論社，1929年），に収録されている。
20) 真栄平房昭「幕末・維新期における琉球の位置」，明治維新史学会編『明治維新とアジア』（吉川弘文館，2001年）196頁以下，本格的には，州立ハワイ大学宝玲叢刊編纂委員会監修『琉球所属問題関係資料』（本郷書籍，1980年）を参照。
21) R．エスキルドセン「明治7年台湾出兵の植民地的側面」前掲『明治維新とアジア』67頁。
22) 鈴木淳『日本の歴史20・維新の構想と展開』（講談社，2002年）134-5頁。

3．明治憲法体制

1）憲法制定

　明治憲法の制定は，明治14年の政変において岩倉・伊藤ラインが確立することによって，やっと制定されるべき憲法のフレームを見通すことができるようになった[23]。憲法を作る作業は，お雇いの補助が必要なことはもちろんであるが，憲法制定者の法的な素養が必要であり，かてて加えて制定者間の憲法感覚が統一される必要がある。明治憲法は，典型的な欽定憲法であるがゆえに，国民の動向を検索する必要がなかったから安易に作れるであろうと予測されるであろうが，問題は政府間の対立が意外に大きかったということになろう。当初から憲法を作るために明治維新があったわけではなく，維新の成果をいかに言葉にするかは実は大変に困難な仕事であったと想定される。この時期，貿易の大半はイギリスを介してのもの（約80％）であり，その関係でたくさんのイギリス人が来ていたにもかかわらず，憲法モデルとしては，ドイツ・プロイセンが最終的に選択された。この路線は明治14年の政変後に確定したものであるが，イギリス・フランスの統治システムを受け入れることは，西洋近代の成果を安易に受け取ることであり，そのことは余りにも短絡的な選択であったことは当時の指導者の頭にもあったはずである。自然科学の技術を真似するのと，統治のシステムを真似することは本質的に異なっている。仏国の急開，英国の平開，魯の僅開，独の半開という認識に政府首脳部が落ち着くに至り，政変以降はドイツ憲法の学習は本格化することになる。しかし，最大の工夫は日本の独自の思考体系であり，換言すれば，統治のシステムとなる「国体」の要素をいかに憲法条文の中に入れ込むことができるかであり[24]，井上毅・金子堅太郎・伊藤巳代治の努力はここに費やされたことになる[25]。

　彼らを最終的にコントロールしていた伊藤博文は，海外見聞を繰り返すことによって初期の考え方を緩和させ，融和化された国体論を展開していた。伊藤は明治６年にすでに『独逸帝国根本律法』という形でドイツ帝国憲法を訳し，

これに加えて「根本律制定意見」を書いている。ドイツへの傾倒はすでにこの時期に固まっていたと考えることができよう。伊藤の考える国体が，「君民合体」[26]という線まできたのは，欧米視察の成果であったことは確かである。この伊藤の変化を知るエピソードとして，憲法制定前の金子との国体論争を紹介しておく。明治14年の政変後，伊藤が金子に「君は憲法政治になっても国体は変換せぬと言ふさうだが，さうか」という問を発し，金子はそうだと答えたことに，伊藤はさらに「国体は変わる」と答え，これに対して金子は伝統的な国体概念を披露している[27]。その後，金子は佐々木参議から相談を受け，「伊藤参議が独逸に於ける憲法政治の取調の結果を内閣で各参議に話すのを聴くと，伊藤の説では憲法政治を行へば国体が変換すると言ふ依って吾輩は，是は實に由々敷一大事と思い，国体は神武天皇以来チャンと極まつて居る，」と応えている。この話には重大な落としどころがあり，憲法発布20年記念会（明治20年）において伊藤は「皇上陛下が憲法の政治を建てさせられんとするに付いては，其憲法は国体に如何なる関係を及ぼすや否やという説，当時学者間に於いても種々の議論あった，然るに吾輩は憲法政治は断じて国体を変更するものに非ず只政体を変更するのみと主張した」として，金子は伊藤の変節に満足し，賛意を評している。時代変化の中で，伊藤でさえ自説を替え，西欧憲法学から離れていく様子が窺えるのではないだろうか。

2）天皇無答責

　明治憲法の独自性は，国体の内容である連綿として続いて来たとされる万世一系の天皇政及びそのシステムから来る天皇個人の人格性の保持にあった。政府は外交に力を入れだした明治6年には，主に外交上の観点から洋装の明治天皇の写真を作らせた。見える天皇像は，国内的な効果として洋装とそれに相応しい頭髪を国民に提示し，さらに御真影の下付という行為を通じて，実在する天皇像を示すことで，顕教としての国体を国民に表したことになる[28]。したがって，憲法の中にいかなる形で国体を示すかが重要なことであったが，さらに，その天皇の権限と責任との関係を憲法の中で整合的に提示できるかが問題

であったはずである[29]。

　立憲君主制のモデルとされているベルギー憲法（1831年）では，すでに君主を憲法規範という枠組みの中に閉じ込めるという点で徹底していた。つまり，国王は憲法および法律によって付与された権限を行使するだけであり（78条），その権限は責任ある大臣の副署によっており（64条），法律の停止権限はもっていなかった。こうした憲法の中の君主像にあって始めて，"The King can do no wrong"（君主の無答責）の意味が理解できることになろう。こうした原理に対する明治憲法制定者の回答は，まず第一章に「国体と政体」を含む天皇大権を規定し，これを実施するために，55条と56条によって行政組織を規定し，その権限と責任関係を明確にすることとした。つまり，行政権限全体が第一章にあり内閣の規定が無いという，変型の立憲君主制憲法ができあがった。西欧モデルの立憲君主制を意識すれば，ドイツ人の顧問であるロェスレルの以下のような条文になる[30]。「天皇ノ凡テノ政務ニシテ其効力ヲ有スルニハ，少クモ一大臣ハ責任ヲ有ス」（3条）。この憲法案と作られた55条の規定との根本的な差異は，「国務大臣ハ天皇ヲ輔弼スル」という，権限と責任の作り変えにあった。輔弼という行為は漢語の「諫争輔弼」に由来し，王と大臣との人的な関係を表す用語であり，西洋語には翻訳不可能な言葉であった。55条2項には，さらに大臣の副署のことが記載されている関係で，輔弼と副署の意味と，その責任がいかなるものとなるのかという点は，明治憲法を解釈する場合の大きな論争点であった。その全体構造からして，まず大臣の輔弼があり，その輔弼を受けた天皇の裁断があり，その行為を大臣が受けて副署するということになろう。なにゆえ天皇と大臣との関係に，輔弼と副署という二重の行為を公式なものとして要請することになったのかの回答は明瞭であり，西欧とは別の統治構造を作りたかったからに他ならない[31]。そこで，天皇権限を重視する立場からは，輔弼行為は皇位にある天皇に対して大臣の自己の責任を賭した行為なのであり，いかに天皇に実質的な権限が留保されていたとしても，その責任は隠された大臣の輔弼にあったと解釈される。ここで見解が分かれてくるのは，輔弼と副署のどちらに大臣の責任の重みを置くかということになる。例え

ば，上杉は「憲法上副署ハ責任ト相関スルコトナシ，副署ハ之ヲ拒ムコトヲ得テ副署セサルモ，輔弼ノ責任ヲ免レス」とし，美濃部は「国務大臣ノ輔弼ハ副署ニ依リテ之ヲ証明ス」と述べた[32]。この両説の発想にはかなりな違いを看取することができるが，いずれにせよ大臣が天皇に代わって責任を負うという結論は同じである。時が過ぎて，この点での問題が深刻に議論されなければならなくなったのは，昭和天皇に対する戦争責任が問われた際であるが，この学説の差異が検討されることもなく，裁判における被告人リストから直ちに外されたのは，まったく政治の論理が幅を利かせたことの結論であったにすぎない。

23) 大久保利謙「明治14年の政変」明治史料研究連絡会編『明治政権の確立過程』（御茶の水書房，1957年）42頁以下。
24) 松永昌三「明治立憲主義の形成」橋川文三・松本三之介編『近代日本思想大系3巻』219頁以下参照。
25) 後に言われた「天狗チーム」である。伊藤も後にこの三人には感謝の念を示している。この起草過程に関する研究は多いが，稲田正次『明治憲法成立史上下』（有斐閣，1960・62年）と明治神宮編『大日本帝国憲法制定史』（サンケイ新聞社，1980年）を対比的に掲げておく。石村修「明治憲法とドイツ」ジャイロス11号（2005年）。
26) 深瀬忠一「明治憲法制定をめぐる法思想」野田良之・碧海純一編『近代日本法思想史』198頁。
27) 金子堅太郎『憲法制定と欧米人の評価』（金子伯爵功績顕彰会，1938年）85頁以下。
28) 多木浩二『天皇の肖像』（岩波新書，1988年）111頁以下。
29) 「国体」に関してのまとまった説明として，長尾龍一「法思想における『国体論』」がある。注26)の227頁以下。
30) ロェスエル・渡辺廉吉訳「日本帝国憲法草案」松本昌悦編『原典日本憲法資料集』（創成社，1988年）120頁。
31) 注18)の155頁以下。輔弼の用語は，荀子に由来する。
32) 上杉慎吉『憲法述義』（有斐閣，1939年）700頁，美濃部達吉『憲法撮要』（有斐閣，1926年）271頁。

4．国家無答責——本章の小括

　本章は，1990年代に本格化する戦後補償裁判の意義を読み取るためという意図で，かなり迂遠な処からアジアの政治状況を日本との関係で調べてきた。明治中期以降の対外政策はかなり無謀なことの繰り返しであり，その中には明らかに植民地政策が含まれていたのであり，その結果は戦争の連続であった。日露戦争（1894－95），韓国保護条約締結（1905），韓国併合（1910），満州事変（1931），盧溝橋事件（1937），真珠湾攻撃（1941）と続く戦争の歴史は，日本国民だけでなく，侵略地域において戦争被害者を生み出してきた。この被害者の思いに救いをもたらすためにも，戦後補償裁判が日本国民に突きつけている意味を素直に受け取らなければならない[33]。戦後処理がいまだに求められていること自体が異常なことではあるが，戦争被害者が争う最後の手段としての裁判に込められた意味を再考すべきであろう。その裁判における論点は多様にあるが，本章の最後ではこれまで敷衍してきた内容との関係で，「国家無答責」（公権力無責任）の法理（原則）[34]に言及することに留め，その他の戦後補償に係わる論点は２章以下に譲ることにする。

　天皇（君主）無答責は，さらには「主権無責任の法理」として，立憲君主制のみではなく政体を超えて，国家に責任を免除する法理とされてきた。公務員の不法行為により生じた損害賠償のあり方として，今日では「国家賠償のシステム」がすでに確立されているが，このシステムの導入には各国で時期を異にしていた[35]。公法上の国家責任は負わないという発想は，主権国家がその行動に責任を負うこととは矛盾すると考えられたことに拠るものであり，君主の無答責の考え方の延長にあったことは間違いない。国家自身がその行動に責任を負わないことの法構造は，①　主権無責任の法理と，②　行為者の不法は法律上国家に帰属させえないという，考え方によるものであった[36]。後者の②からは，国家の責任は問われないものとし，責任を官吏個人の責任に転嫁することとされてきた。国家無責任（無答責）の法理は，人権救済の観点で国家も

責任を負わなければならないという思想の下でやがて放棄されるに至るが，これが導入された明確な時期はバラバラで，ドイツ，フランスが今世紀初頭であり，イギリス，アメリカ，日本では大戦後ということになっている。イギリスの Crown Proceeding Act（1947），アメリカの Federal Tort Claims Act（1946），および日本の国家賠償法（1947）は，ほぼ同時期に生まれたことになる。問題は，しかし，立法以前にあって，公法的な国家責任の放棄であったが，私法上の責任はいかなるものであったかである。英米法の伝統からして，公法と私法は明確に分離されるものではなく，その意味でこれを無視して，一切国家はその行為に対して責任を負わない体制があったとはいえないはずである。

　戦後補償裁判の持っている法的な問題は，裁判の集積の結果ほぼ解決すべき論点が集約されてきた。そのなかで最大な問題が，法体系の差から生じたことによってもたらされた壁であり，それは戦後補償の原因となる利益が時間と共に失われていくことであった。本章では，最後に国家無答責の法理に限定してその適用実態を振り返ってみたい。地裁段階の裁判例では，この用語を明確に使用するものやその用語を用いずに説明するものと様々であり，またその法理が何時の時点で確立したものかについても様々である。こうした中で代表的には，明治憲法の制定後の問題とするものがある。「明治憲法下においては，国の権力的作用について民法の適用を否定し，その損害について国が賠償責任を負わないという，いわゆる国家無答責の法理が，基本的制度として確立していたものというべきである」（福岡強制連行訴訟，福岡地判平成2年4月26日）。適用時期に関しては，関連法規制定をも併せて考慮すべきという考えもある。「行政裁判所法及び旧民法が公布された明治23年の時点で，公権力の行使については国は損害賠償責任を負わないという立法政策が確立していた」（南京虐殺訴訟，東京地判平成11年9月22日）とした。また，表題にある国家無答責原則も，その説明として「立法政策・基本的法政策・法制」といった具合でバラバラの説明であった。

　裁判例の中にこうした混乱を生み出している理由は，国家賠償法附則の6に

ある「この法律施行以前の行為に基づく損害については，なお従前の例による」という内容の理解に統一性がないからである。そこで判例法理としては確立されていないことからして，1890年の関連法規を示しているが，しかし，その法規がこの点を明らかにしていない関係で，先に指摘したように，不統一な用語説明に終わっていたものと思われる[37]。ところがこの法理の適用を正面から否定した裁判例が登場するに至った。中国人の強制連行に関わる多くの裁判の一つである大江山ニッケル鉱山訴訟において，国の不法行為が成立するか否かの点で，国家無答責について画期的な判断を下した。多少長くなるが関連箇所を引用する。「被告国が主張する上記法理の内容は，そこで問題とされる国家の行為が公務のための権力作用である場合に，当該公務を保護するためのものであって，当該行為が公務のための権力作用にあたらない場合には，国の行為についても民法上の不法行為責任が成立することを当然のこととしているものである。したがって，国家無答責の法理が適用される国家の権力作用がかつて存在していたことを，一般論としては肯定できるとしても，少なくとも原告ら6名に対する強制行為は，既に検討したとおり不法行為であって，保護すべき権力作用ではなかったから，被告国の主張は，その前提を欠き失当であるといわなければならない。」（京都地判平成15年1月15日，判例時報1822号，91頁）

　上記の裁判例に示された考え方は，その後も別の裁判例においてもほぼ同様な理由をもって踏襲されている（中国人強制連行東京二次訴訟，東京地判平成15年3月11日，アジア太平洋戦争韓国人犠牲者補償請求訴訟，東京高判平成15年7月22日）。こうした裁判所の変化は，訴訟に関わった弁護団とこれに協力した研究者が生み出してきたものである。弁護団は，「戦後補償を考える弁護士連絡協議会」を組織し，定期的に会合をもち情報の交換を行ってきた[38]。その裁判所に提出する鑑定書での援助，検討会の中での研究者の協力も見逃すことはできないであろう[39]。芝池氏は明治憲法体制における判例と学説を綿密に再検討し，「厳密にはこの（公権力無責任原則）が適用されるのは公権力行為だけである」とし，さらに1890年代でこの原則が確立したとの考え方に疑

問を呈する。つまり，「明治期においては，今でいう非権力的行政と権力行政と区分されず，ひとまとまりに捉えられ，その権力行政と私経済行政とが対比されていた」とする[40]。そして後者の私行政における損害に対して民法が適用されていたのであるから，戦後補償関連の裁判で，一律に国家無答責を持ち出すことの不当性を明らかにした。そこで次なる問題点は，民事法の除斥等の適用に係わってくるが，この点は次章で扱われることとなる。

33) 戦後補償問題がもつ意味について，私の見解は以下の論文を参照されたい。石村「戦争犯罪と戦後補償」憲法問題10号（1999年），同，「戦後補償の実現に向けて」山内敏弘編『日米新ガイドラインと周辺事態法』（法律文化社，1999年）。
34) 芝池義一「戦後補償訴訟と公権力無責任論」法律時報76巻1号（2004年），24頁以下。この概念が論者によってバラバラである点も，まだ確たる論として成立していないことを意味するのかもしれない。
35) 阿部泰隆『国家補償法』（有斐閣，1988年），19頁以下参照。
36) 雄川一郎「行政上の損害賠償」，同『行政の法理』（有斐閣，1986年）。
37) 注34）の26頁の指摘による。
38) 高木喜孝弁護士が事務局を担当し，弁護士会館で公開の会合をもっている。そこでは関連する裁判の報告がなされ，共通の話題提供がなされる。
39) 戦後補償問題を支えているのは，弁護士・研究者そしてこれを支援するグループであるが，なかなかこれが立法――国会の関心事項となる――へと至らないところが悩みであろう。今村嗣夫他『戦後補償法』（明石書店，1999年），はその立法化への試みである。
40) 注34）の26頁。

　本章との関係で，現在復刊されている『岩波講座・近代日本と植民地』全8巻が参照されなければならない。この講座に望むのは，統一の歴史認識を加えること，そして法的視点を明確にすることであろう。本稿はその問題意識の必要性を一部明らかにしたにすぎない。

第2章
戦後補償裁判と日本国憲法

内藤　光博

1．戦後補償裁判と「過去の清算」

1）90年代以降の戦後補償裁判の噴出

（1）放置され続けた戦後補償問題

　1990年代に入り，日本軍慰安婦訴訟，強制連行・強制労働訴訟に代表される戦後補償裁判が，日本の戦争犯罪により被害を受けた韓国・台湾の日本の旧植民地，中国や東南アジア諸国の占領地域の人々，あるいは連合軍の元軍人や市民から提起され，法的・政治的問題として，日本政府に解決が求められている。

　戦後，日本政府は，こうした戦後補償問題について，法的にも・政治的にも対処を怠ってきたし，公式に謝罪も行っていない。

　このように，日本政府が戦後補償問題に目をつむってきたことの背景には，次に述べるように，日本の戦争責任があいまいなままにされたこと，そしてそれと関連して，サンフランシスコ講和条約締結時の問題点があげられる[1]。

　第1に，日本の戦争責任が不明確なままにされたことである。歴史的には，第2次大戦後の東西冷戦構造のはじまりとともに，アメリカによる対日占領政策が転換され，東京裁判（極東国際軍事裁判）では，昭和天皇の戦争責任が問われることはなかった。それとともに戦前の戦争指導者たちの責任も免責され，旧権力が温存されたのである。

　第2に，東京裁判における「アジア不在」という問題点である。東京裁判に

関わったアジアの国は、中華民国・フィリピン・インドの三カ国のみであり、その結果、アジア諸国の人々が被った被害が正面から取り上げられず、集団殺戮や日本軍慰安婦、強制連行・強制労働といった奴隷的な虐待など、「人道に対する罪」が裁かれなかった[2]。

第3に、1952年4月28日発効のサンフランシスコ講和条約が、日本政府の国家賠償責任を免責したことである。サンフランシスコ講和条約14条a項では、「日本は、戦争中に生じさせた損害、苦痛に対して連合国に賠償を支払うべきことが承認」され、日本に戦時賠償の義務が課された。ところが同時に同条項は、日本が「存立可能な経済を維持」するためには、「日本の資源は、日本国がすべての前記の損害及び苦痛に対して完全な賠償を行い且つ同時に他の債務を履行するためには現在充分でないこと」をも承認し、連合国は「連合国のすべての賠償請求権、戦争の遂行中に日本国及び日本国民がとった行動から生じた連合国及びその国民の請求権」を放棄した（同条b項）。このことにより、日本は、連合国に対する戦時賠償のほとんどを免れることになった。また当時、この条項に基づき賠償を放棄しなかったフィリピンとベトナムとは賠償協定を結び、賠償金を支払ったが、講和条約締結の当事国とならなかった他のアジア諸国に対して日本政府は、賠償請求の放棄を条件に、生産物・役務の供与や経済・技術協力ないし円借款など経済協力による解決方法をとり、「国家間の賠償問題は解決済み」とした。

このような事情により、日本政府は国家間レベルでの戦時賠償を免れたが、戦争で被害を受けた個々の被害者に対する補償については、充分問題の解明が認識されず、結論は出されていない。

（2）戦後補償裁判の噴出と歴史認識の問題

1990年以降、日本がこれまで放置し続けてきた、朝鮮半島や中国をはじめとするアジア諸国の戦争被害者個人による戦後補償裁判が噴出した背景には、国内外における次の諸要因があるものと考えられる。

第1に、国内的要因として、昭和天皇の死去があげられる。すなわち、これ

まで，戦争責任の追及の壁となってきた昭和天皇の存在という国内状況が除去されたのである。

　第2に，国際的要因として，1989年の東西冷戦の終結と東アジア諸国の民主化の流れがあげられる。東西冷戦構造の崩壊とともに，90年代以降，東アジア諸国の民主化が促進される中で，ようやく個人が，過去の日本の侵略戦争あるいは植民地主義のなかで被った被害について語ることが可能になったのである。

　こうした国内外の諸状況の変化のなかで，日本の植民地支配と侵略戦争による被害に対する補償請求という形で，癒えることのない被害を受けたアジア諸国の人々が，戦後40年以上にわたり曖昧なままにされ，かつ放置され続けた日本の戦争責任を厳しく問うてきているものと思われるのである。

　戦後補償問題により直接的に問われていることは，もちろん日本の植民地支配と戦争犯罪により被害を受けたアジア諸国の人々に対する日本政府による被害回復（補償ないし賠償）と謝罪である。しかし，それとともに重要なことは，明治以来，日本がとり続けてきた植民地支配および侵略戦争に対する日本の歴史的責任である。つまり，根本的に突きつけられている問題は，日本の植民地支配およびアジア太平洋戦争をどのように考えるかという「歴史認識」の問題なのである。近年の「新しい歴史教科書を作る会」により公刊された『新しい歴史教科書』の文部科学省による容認や，小泉純一郎首相による靖国神社公式参拝問題などにより，日本政府の「歴史認識」が内外から厳しく批判され続けているが，このことは，日本の誤った「歴史認識」がアジア諸国との間の最大の問題であることを物語っている。

2）戦後補償裁判で問われているもの――日本の「過去の清算」

（1）戦後補償裁判の被害類型
　戦後補償裁判は，現在までのところ約80件に及び，今なお，多くの訴訟は継続中である[3]。

戦後補償裁判の法的論点は，その被害状況は多岐にわたるが，筆者のまとめによると，その被害類型はつぎのようになる。

①非人道的行為

日本軍「慰安婦」，強制連行と強制労働，南京大虐殺や731部隊による生体実験および無差別大量殺傷などの著しい非人道的行為，及び日本軍による連合国軍人に対する国際法違反の虐待行為に対する補償要求。

②民族差別及び性差別行為

性的奴隷状態に置かれた日本軍元「慰安婦」，民族差別を背景とする強制連行と強制労働を課された人々，朝鮮半島および台湾出身の元軍人及び軍属で極東軍事裁判所によりBC級戦犯として有罪判決を受けた被害者からの補償要求。

③財産の侵害行為

軍事郵便貯金の払い戻し，および軍票に対する補償要求。

④「優生思想」と民族蔑視行為

朝鮮半島におけるハンセン病患者に対する隔離政策，断種及び堕胎手術の実施，強制労働とそれに反抗した者に対する懲罰的「断種」が行われたことに対する「ハンセン病補償法」の適用要求[4]。

このような被害類型から，戦後補償裁判における被害の実態は，非人道的行為や虐待行為による生命の剥奪，身体や精神に対する侵害行為，および財産に対する侵害行為に対する賠償請求に集約される。このことから，「戦争及び武力による植民地支配は究極の人権侵害行為」[5]であるということがわかる。

そしてそれらの背景として，日本政府が，帝国主義政策の遂行にあたり，とくに朝鮮半島における創氏改名，日本語の強制，宗教（国家神道）の強制にみられるように，民族文化を消滅させようとした点で，民族全体への人権侵害行為，そして広くアジアの人々に対する蔑視政策に対する歴史的断罪が，戦後補償裁判の中で求められていることは疑いないであろう。

(2) 戦後補償裁判と「過去の清算」

　戦後補償裁判により日本政府に突きつけられている要求をまとめると，つぎの4点に集約できる。

①植民地支配及び侵略戦争の被害者の法的な被害回復と日本政府の謝罪。
②植民地支配及び侵略戦争に対する歴史的断罪と民族的和解。
③植民地支配・侵略戦争（のみならず戦争一般）が，人々の生命を奪い，身体や精神を傷つけ，財産を奪い，民族差別や女性差別を露骨に引き起こす「究極的な人権侵害」として，文明史的に断罪すること。
④植民地支配や侵略戦争の法的・政治的責任に対する日本の主体的な対応。

　戦後補償裁判では植民地支配および侵略戦争による被害回復が直接の争点とされているが，それは日本の「過去の清算」であると同時に，戦争責任の遂行，および今なお放置されている戦後処理責任の遂行であり，さらには将来的にアジア地域の人々の平和的共存と安全保障の問題に密接にかかわる，平和政策の問題でもあると思われる。したがって，戦後補償問題は，過去から現在そして未来にまたがり，日本に課された平和の実現のための責任に関わる問題なのである。
　ところで，ここにいう「過去の清算」とは，ドイツでいわれている「過去の克服」とは異なる概念と考えられている。ドイツでは，これにあたる言葉としてWiedergutmachung（再びよくすること，原状回復，償い）が用いられている。この言葉は，ドイツが行った侵略戦争やとくにユダヤ民族に対する虐殺行為の戦争責任は，ナチスの指導者が負うべきものであり，第2次大戦後のボン基本法の下で成立したドイツ連邦共和国が負うものではなく，ドイツ民族の名で行われた犯罪行為については「道徳的かつ物質的な償い」の義務が生ずるものの，戦争責任に対する法的な意味での責任が生ずるものではないとされている[6]。

この点に関し、古川純教授は、日本における「過去の克服」または「戦後補償」という言葉は、ドイツにおける Wiedergutmachung とは異なり、次のように理解されるとしている。

「韓国・朝鮮人BC級戦犯の補償請求や台湾人元日本兵の補償請求、および日本軍の強制による韓国・朝鮮人・中国人・フィリピン人・オランダ人等従軍慰安婦の補償請求、中国大陸における日本軍による虐殺・強姦・放火・毒ガス使用・人体実験の被害者からの補償請求などに示されるように、まず各個人に対する援護法の公平・公正な、正義の原則にかなった適用と、軍の犯罪行為に対する国家責任の認容および被害個人に対する謝罪と物質的補償を意味するものでなければならず（中国・全国人民代表大会に提出された議案ではこれを日中共同声明で放棄された『国家賠償』と区別して『民間賠償』という）、それを前提にした上で、加えて日本人としての『過去の克服』を意味する『償い』を含む広義なものとしてとらえられるべきであると思う」[7]。

また、「過去の清算」と密接に関連する日本の戦争責任および戦後補償責任を表す概念として、後述するように、「戦後責任」という新たな概念で戦後補償問題をとらえようとする議論がなされている。

筆者もまた、これまで曖昧なままにされてきた戦争責任と補償の問題、とりわけ、アジア諸国に対する過去の「植民地支配」と「侵略戦争」に対する、法的責任としての「謝罪」と「償い＝原状回復に代わるものとしての金銭補償」の問題は、こうした「戦後責任」および「戦後補償」という視点から、「現代の問題」として新たに捉え直す必要があると考える。このような視点から、戦後補償の憲法学的な理論構成が行なわれる必要があると思う。

しかしながら、戦後憲法学は、平和主義に基づく非武装平和主義の理論研究や平和的生存権の理論構成に力を注いできたものの、過去の植民地主義および侵略戦争に対する被害回復、すなわち戦後処理問題の憲法的解明を怠ってきた

ように思う。これは戦後憲法学の大きな陥穽になっている問題であり，戦後60年を迎えた現在，なお戦後補償問題の解決を図れないでいる現状を考えると，憲法学の責任は大きかったといわざるをえない[8]。

　こうした問題点は，日本の戦後処理の不完全さをもたらした。その中で，法的・政治的視点から，つぎの２つの問題点を指摘しておきたい[9]。

　第１は，わが国の憲法学界の大きな論点である「外国人の人権問題」についてである。この問題は，日本の憲法学では「外国人の人権の享有主体性」というテーマで，外国人一般の人権保障問題として理論的に扱われており，現在では，人権の性質に応じて外国人にも可能な限り日本国憲法が規定している基本的人権を保障するという「権利性質説」が通説・判例の見解である。しかし，日本国憲法制定当時，外国人の人権保障問題は，日本国内に定住し，1945年８月の日本の敗戦および1952年４月のサンフランシスコ講和条約の発効をもって「日本国籍」を喪失した韓国・朝鮮人や，日本の侵略にともなって日本に定住していた中国人の人たちを，どのように憲法上位置づけるかという問題，あるいは日本政府の外国人管理政策という問題と深く関連するものであったと考えられる。したがって，外国人の人権保障問題は，歴史的には日本の植民地支配や侵略戦争の結果，日本に居住することを余儀なくされた朝鮮半島の人々や中国の人々などの処遇問題であり，まさに日本の戦後処理問題そのものであったと考えられるのである。

　第２の問題点は，朝鮮半島の南北分断の問題である。民族の分断という朝鮮半島の人々の悲劇は，1910年の韓国併合にはじまる日本帝国政府の植民地支配の結末である。その意味で，現在の日本政府も，南北分断に重い「歴史的責任」をもっているというべきである。日本政府は朝鮮半島の平和的統一に向けて，政治的努力を行う責務を担うべきであるといえよう。この問題点もまた，日本の戦後処理の不履行に関わる問題といえる。

2．戦後補償裁判における法的な「壁」

　戦後補償裁判には，さまざまな日本の法制度上の「壁」が立ちはだかっている。

　第1に，わが国の戦争に関わる補償立法のほとんどには，「国籍条項」がもうけられており，補償金の受給資格を日本国籍の保有者に限っていることである。

　第2に，国家賠償法は，日本国憲法17条に基づき戦後制定されたものであり，遡及されないと考えられていること，すなわち戦前は国家の権力行使については，「国家無答責」の原則が通説・判例上確立しており，国家の責任は追及できないと考えられていることである。

　第3に，日本の民法724条は，除斥期間をもうけ，不法行為の発生後20年を経過すれば賠償請求が消滅するとされていることである。

　第4に，現在の国際法では，国家に対する個人の請求権を認めていないことである。

　第5に，すべての戦争被害者に補償を認める「戦後補償立法」が存在しないことにより，補償請求への道が閉ざされていることである。

　以下では，これらの「法的な壁」について，いくつかの裁判例をとりあげながら，論じたい。

　第1に，戦後補償立法の国籍条項についてである。戦争中日本帝国軍人として戦争に参加し，戦傷を負ったとして，台湾人元日本兵らが，「戦傷病者戦没者遺族援護法（援護法）」および「恩給法」（いずれも国籍条項がある）に基づく補償と恩給の支払を求めた「台湾人元日本兵戦死傷補償請求事件」では，2つの法律が，日本国憲法14条1項が規定する「法の下の平等」に違反するかどうかが争われた。1982年2月，東京地方裁判所は，戦争被害について，どの範囲・程度の補償をするかは「立法政策」の問題であること，これらの補償は日本国民の税負担により行われるものであるから合理的な差別であること

などを理由に，合憲とした[10]。この判決は，1985年8月の東京高等裁判所判決[11]，1992年4月の最高裁判所判決でも支持された[12]。しかし，被害当時，原告らは日本国籍を有していたのであるから，援護法・恩給法の国籍条項は，法の下の平等に違反するといえよう[13]。

　第2の点に関する裁判としては，「フィリピン慰安婦国家補償請求事件」があげられる。1999年10月，東京地裁は「原告らの主張する本件加害行為は，仮にこれが認められ，法例11条1項により，フィリピン国内法において不法行為であると解されるとしても，国家賠償法制定前である右行為当時の日本の法律においては，国家無答責の原則により，不法行為として成立しないものである」とし，原告らの主張を棄却している[14]。

　国家無答責の法理とは，一般に，公務員の不法行為により生じた損害に対して，その使用者である国家が責任を負担しないという法理であり，その理由づけは，主権無責任の法理（国王は悪をなしえない），行為者の不法は法律上国家に帰属させえない（国王は悪を授権しえない）ことである。近代国家の成立後は，「治者と被治者の自同性」に基礎づけられ，存続された。しかし，明治憲法下でも国家無答責の法理は，実定法上に根拠のあるものではなかった。大審院の判例でも，非権力的行政作用については国家責任を肯定するようになったが，権力的行政作用については，国家責任を認めず，通説もこれを当然とみなしていたが，これに対する批判的学説も存在した。

　現在の学説では，少数ではあるが，国家無答責の原則が，明治憲法下でも絶対的なものでないことを根拠に，国家による不法行為についても，「当時の解釈を現時点でやり直すべきである」とするものが見られる[15]。筆者は，残虐性が著しい加害行為については，個人の尊厳や人権保障，そして後述するように，日本国憲法の平和主義の原理および「正義・衡平の原則」から導き出される国家補償責任が肯定されるべきであると考える。

　第3の点については，多くの強制連行・強制労働事件や日本軍慰安婦事件で主張されている民法上の不法行為に基づく民事損害賠償訴訟における大問題である。たとえば，後述の花岡事件訴訟東京地裁判決は，1997年12月，中国人強

制連行労働者に対する鹿島建設による虐待や殺戮に対する不法行為責任について，民法724条を適用し，20年の除斥期間を超えていることを理由に訴えを却下している。こうした事件の原告らは，冷戦構造や国家の政治的混乱など特殊な事情により，20年以上にわたり，来日することもままならない状況のもと，現実に裁判管轄権を有する日本の裁判所に訴訟を提起することができなかったことを思うと，単に提訴期間を経過したことにより日本政府や企業の責任が免責されるべきではない。この点についても「正義・衡平の原則」の視点より，解決が図られるべきであろう。

第4の点については，前述「フィリピン人日本軍慰安婦訴訟」で，原告らは，ヘーグ陸戦条約3条を根拠に，国家に対する個人の賠償権を主張したが，1998年10月，東京地方裁判所は，ヘーグ陸戦条約は，違反行為をした国家が，被害を被った個人の所属する国家に賠償責任を負うことを規定したものとして，個人の国家に対する請求権を否定した[16]。現在の国際法理論では，個人の国家に対する請求権は認められていないが，前述の「正義・衡平の原則」に基づき，条約の精神を国内法に反映させるべきであろう。

第5の点については，多くの判例で，戦後補償立法の制定は，立法政策の問題として，早期に実現されるべきとの「付言」がなされ，国会に戦後補償立法の制定を促していることが注目される[17]。

このように，わが国の多くの裁判所の戦後補償裁判に対する態度は，きわめて消極的なものであり，形式的な法理論的解釈に終始し，結果として，日本政府の戦争責任を否定し，被害者に対する被害回復を閉ざすものとなっている。

しかしながら，下級審判決の中には，数こそ少ないものの，こうした「法的な壁」を克服しようとする試みがなされ，被害回復を図った事例がある。次にそのいくつかを紹介したい。

3．戦後補償裁判における下級審による被害回復の試み

1）「立法不作為」に基づく国家賠償の認定

第 1 に，立法不作為に基づく国家賠償が認められた事案として，日本軍慰安婦訴訟に対する「関釜裁判山口地裁下関支部判決」があげられる。

　アジア太平洋戦争中，1932年頃から1945年の日本の敗戦にいたるまで，日本が占領したアジア諸国の広範な地域に「慰安所」が設置され，朝鮮半島出身者を中心とする数多くの「慰安婦」が存在した。

　慰安所の多くは，軍当局の要請を受けた民間業者により経営されていたが，一部の地域では，旧日本軍が直接「慰安所」を経営していた事例も存在する。民間業者が経営していた場合においても，旧日本軍が，その開設に許可を与えたり，「慰安所」の施設を整備したり，慰安所の利用時間，利用料金や利用に際しての注意事項を定めた慰安所規定を作成したりするなど，直接「慰安所」の設置や管理に関与していた。「慰安婦」の募集については，軍当局の要請を受けた経営者の依頼により，斡旋業者らがこれにあたることが多かったが，業者らは「金もうけの良い働き口がある」などの詐欺的な甘言を弄し，あるいは畏怖させるなどの方法で，女性たちは，その意思に反して強制連行され，暴力や畏怖により，長期間複数の軍人と性交渉を強要され，精神的・肉体的苦痛を被った。また，戦後も，長年の性交渉が原因で罹患した病気の後遺症に悩まされるなど，肉体的・精神的苦痛を被っている。原告らは，こうした被害について，日本政府に対し，つぎのような請求を求めて提訴に及んだ。

①1943年のカイロ宣言，1945年のポツダム宣言，日本国憲法前文（平和的生存権）及び 9 条は，日本政府に対し，侵略戦争と植民地支配の被害者に対する謝罪と賠償を具体的内容とする「道義的国家たるべき義務」を負わせており，国家賠償法 1 条 1 項，民法723条の類推適用により，国会及び国連総会における「公式謝罪」および損害賠償（「慰安婦」については各 1 億円）の支払いを求める。

②日本国憲法前文，9 条，14条，17条，29条 1 項及び 3 項，40条及び98条 2 項の各規定を総合すると，同憲法は，被告国会議員らに対し，帝国日本による侵略戦争と植民地支配により被害を被った個人への戦後賠償と補償を

行う立法を制定すべき義務を課していることは明確である。それにもかかわらず、戦後50年を経た今日に至るまで、このような立法をしないまま放置したことにつき過失がある上、右立法をなすべき合理的期間も充分経過しているのであるから、「立法不作為」に基づく国家賠償請求として、国家賠償法および民法723条の適用により、「損害賠償」（金額については①に同じ）の支払い及び「公式謝罪」を求める。

これに対して、1998年4月27日、山口地方裁判所下関支部は、つぎのような判決を下した[18]。

第1に、日本軍慰安婦が制度として存在したことを歴史的事実として認め、「慰安婦」制度は「女性差別・民族差別思想の現れ」であるとともに、個人としての人格を踏みにじり、性的自由を奪った点で、まさに「根源的人権侵害」であった。

第2に、国の立法不作為を認め、国家賠償法に基づく過失責任を認定した。すなわち、1993年8月4日に河野洋平・内閣官房長官（当時）が、日本軍慰安婦の歴史的事実としての認定と謝罪を内容とする「談話」以降、日本政府は補償立法を制定する義務が生じた、そしてその準備期間としての合理的期間は少なくとも3年間であったが、日本政府はそれを怠った、その義務を履行しなかったことに基づき、精神的損害として原告に30万円の損害賠償を命ずる、とするものであった。

この判決は、日本軍慰安婦問題につき、裁判所が歴史的事実であるとする事実認定と被害回復を求めた唯一かつ画期的な判決であり、高く評価できる[19]。

2）「正義・衡平の原則」に基づく除斥期間・国家無答責の排除

1931年9月の満州事変に始まるアジア太平洋戦争の拡大にともない、1942年の「華人労務者内地移入の件」と題する閣議決定に基づき、中国人捕虜や市民に対する強制連行・強制労働が実施されるようになった。これにより、多くの中国人たちが、日本全国の炭鉱や工場などに強制動員させられた。強制労働は

過酷をきわめ，死傷者を出すに至った。こうした被害に対する賠償請求について，いくつかの地方裁判所では，「正義・衡平の原則」に基づき，除斥期間や国家無答責の原則を適用せず，原告らを勝訴に導く判決を下している。

(1)「劉連仁強制連行・強制労働事件」東京地裁判決

この事件は，中国山東省の住民であった原告・劉連仁氏が，1944年9月，日本政府の行為により北海道へ強制連行された上，過酷な労働を強制され，それに耐えかねた劉氏が1945年7月に作業場から逃走し，13年間北海道の山中での悲惨な逃走生活を送ったという事例である。

劉氏は，この逃走生活により，耐えがたい精神的苦痛を被ったとして，日本政府に対し，その損害賠償を求めて，1996年3月，東京地方裁判所に提訴した。

これに対し，2001年7月12日，東京地方裁判所は，概ねつぎのような理由に基づき，劉氏の損害賠償請求を認めた[20]。

① 戦後の救済義務違反に基づく損害賠償請求権の成否については，日本帝国政府は，敗戦により，当然の原状回復義務として，強制労働に従事させた者を保護する一般的な作為義務を確定的に負ったと認めるのが相当である。戦後の混乱期という特殊事情を考慮しても，国家賠償法が施行された時点で厚生省（当時）の援護業務担当部の職員は，劉氏が逃走を余儀なくされた結果，その生命，身体の安全が脅かされる事態に陥っていることであろうことを相当の蓋然性をもって予測できたと認めるのが相当である。

② 民法724条が規定する除斥期間の適用の有無について，その適用は否定されるべきである。なぜなら，日本政府は，自らの行った強制連行・強制労働に由来し，しかも救済義務を怠った結果生じた劉氏の13年間にわたる逃走という事態につき，自らその手でそのことを明らかにする資料を作成し，いったんは劉氏に対する賠償要求に応じる機会があったにもかかわらず，結果的にその資料の存在を無視し，調査すら行わずに放置し，これを

怠ったものといわざるを得ない。そのような日本政府に対し，国家制度としての除斥期間の制度を適用し，その責任を免れさせることは，劉氏の被った被害の重大さから考慮すると，正義・衡平の理念に著しく反しているといわざるを得ないし，重大な被害を被った劉氏に対し，国家として損害賠償に応じることは条理にかなっているからである。

この判決では，日本政府が劉氏の逃走を知りえたにもかかわらず，調査を怠り，放置してきた点を重視し，「正義・衡平の原則」の視点より，民法724条が規定する20年間の除斥期間の適用を認めず，不法行為に基づく損害賠償を認めた。除斥期間の適用に厳しい限定を認める画期的判決といえる。

（2）「三井鉱山強制連行・強制労働事件」福岡地裁判決

この事件は，原告である70～80歳代の15名の中国人男性が，日本政府および三井鉱山によって日本へ強制的に連行され，三池鉱業所及び田川鉱業所等において過酷な労働を強制されたことにより，深刻な精神的苦痛を被ったとして，被告らに対し，謝罪広告の掲載及び慰謝料の支払を求めた事案である。

原告らは，日本政府と三井鉱山株式会社を相手取り，3億4500万円の損害賠償などを求めた。

2002年4月26日，福岡地方裁判所は，強制連行・強制労働の事実について「日本政府が産業界の強い要請を受け，企業と共同で計画，実行した」と認定し，「正義に反した法律関係を安定させることになりかねない」と判断した上で，被害から20年で請求権が消える民法の除斥期間の適用を制限し，三井鉱山に1人当たり1100万円，計1億6500万円の支払いを命じる画期的な判決を下した[21)]。

判決では，本件強制連行・強制労働に関する事実認定に際し，これらは国策として行われ，原告らは，欺罔や脅迫により強制的に連行されたと認め，労働環境も，居住，食糧事情，従業員の暴力などで劣悪，過酷だったと認定した。

そして，本件における最大の法的問題点であった民法724条の除斥期間につ

いて，この制度の適用に当たっては，「正義・衡平の理念」を念頭において判断する必要がある。すなわち，除斥期間制度の適用の結果が著しく正義，衡平の理念に反し，その適用を制限することが条理にもかなうと認められる場合には，除斥期間の適用を制限することができると解すべきであるとする，注目すべき解釈指針を示した。

この「正義・衡平の原則」に基づき，除斥期間を排除した根拠として，裁判所は，つぎの点をあげている。

① 原告らの，提訴が終戦から55年後だったことについては，日本政府は強制連行・労働の調査報告書を破棄し，その所在が1993年になって判明したこと。
② 1972年の日中共同声明には，中国政府が日本に対する損害賠償請求権を放棄した条項があるが，これが個人の請求権も含むかどうかは中国国内で議論があったことなどの事情を考慮し，「2000年になって初めて訴訟を提起することに至ったのもやむを得ない」。
③ 強制連行・労働に果たした三井鉱山の責任について，「原告らに労働の対価を支払うこともなく，十分な食事も支給していないのに，これを行ったとして，国から現在の貨幣価値で数十億円もの補償を受け取っている」事実をあげ，「過酷な待遇で強制労働させた態度は非常に悪質」である。

他方で，政府の責任を認めなかったことについては，明治憲法には国家の賠償責任を認める法律（国家賠償法）がなく，民法を適用しようとしても，明治憲法下では「国の権力で個人に損害が発生した場合，民法を適用できない」として，「国家無答責の原則」にたって，請求を棄却した。

この判決は，民法上の除斥期間という「時間の壁」に，「正義・衡平の原則」という法的条理の視点より，正面から向き合った画期的判決と評価できる。さらに，綿密な事実認定の方法や戦後の政治・外交に対する認識をも示した点でも，おおいに評価されよう。

(3)「中国人強制連行・労働事件」新潟地裁判決

　この事件は，強制連行され，新潟港で過酷な強制労働を強いられた中国人の元労働者ら12人が，国と新潟市の港湾運送業「リンコーコーポレーション」(旧新潟港運)を相手取り，総額2億7500万円の損害賠償を求めた訴訟である。これに対し，2004年3月26日，新潟地方裁判所は，「正義・衡平の原則」に基づき，以下の理由に基づき，除斥期間の適用を認めず被告会社の責任を認めるとともに，初めて国家無答責の原則を排除し国の責任を認め，国と同社に8600万円を支払うよう命じた[22]。

　まず新潟地裁は，国の責任については，以下のように判断した。

①国家無答責の法理は，現行法のもとでは合理性・正当性を見いだしがたい。公権力の行使が人間性を無視するような方法（例えば奴隷的扱い）で行われて損害が生じた場合まで，現憲法・国家賠償法施行前であるという一事をもって，国への民事責任を追及できないとする解釈は著しく正義・公平に反することを考えると，本件において，国家無答責の法理を適用することは許されない。

②政策として強制連行・強制労働を実施し，新潟港運らに原告らの待遇を唯一是正させることができた国は，新潟港運に義務を履行するよう指示・監督し，また，義務を果たさない場合には自らそれを履行すべき義務を負っていた。しかし，何ら監督・是正せず，また自らも何の措置もとらず，原告らを人として生きていくことすら困難な状態に置いたのであるから，国の安全配慮義務違反は明らかである。

③国は1946年，強制連行・強制労働について詳細な調査を実施して外務省報告書を作成し，全貌を把握していたにもかかわらず，戦争責任追及を免れるため，すべて焼却した。その後一貫して，強制連行・強制労働について「任意の契約にもとづくものであり，強制の事実はなかった」などと答弁してきた。このような態度は，強制連行・強制労働を実施した者としては

なはだ不誠実であるばかりか，原告らとの関係では実質的に提訴を妨害したものと評価される。原告らが長期にわたって事実上権利行使，時効中断措置が不可能な状態に置かれていたことも考慮すれば，国が消滅時効を援用することは，社会的に許容された限界を著しく逸脱すると言わざるをえない。

また，被告会社の責任については，次のように説示している。

①被告らの不法行為責任は除斥期間の経過により消滅した。しかし，中国人労働者の移入・使用については日本港運業会との間に使用契約とでもいうべき契約が締結されており，新潟港運と原告らとの間には労働契約に類似する法律関係が存在したと認めるのが相当である。これに基づく特別な社会的接触の関係の存在により，新潟港運は信義則上，原告らに対し安全配慮義務を負っていたと解するのが相当である。安全配慮義務の内容として，人としての尊厳を保ちながら，安全に生活・労働できる程度のものであるが，被告会社の義務違反は明らかである。
②被告らに対する損害賠償請求権は，遅くとも原告らが帰国した45年11月ごろに発生し，そのときから時効の進行が始まるから，遅くとも55年11月に消滅時効が完成しているが，債務者（被告）が時効を援用することが社会的に許容された限界を逸脱すると認められる事情が存在する場合，時効援用は信義に反する職権濫用になると解するのが相当である。
③被告会社は強制労働に直接関与するとともに，敗戦直後の1946年，国の指示で調査し，全貌を把握していたのに，報告書の作成に際して中国人労働者が契約に基づいて就労していたなどの虚偽を記載，その後何らその実態を解明しようとしなかった。何の事情も分からず強制労働に従事させられ，戦後の混乱期に帰国せざるをえなかったため，何の証拠も収集できなかった原告らとの関係では，実質的に提訴を妨害したと評価される。
④日本と中国は日中共同声明まで国交すらなく，原告らは長期にわたって権

利行使・時効中断措置が不可能な状態に置かれていたことを考えれば，被告会社が消滅時効を援用することは，社会的に許容された限界を著しく逸脱する。

この判決は，「正義・衡平の原則」から，被告の民間会社の不法行為責任に加え，国家無答責の原則を排除し，国の法的責任を認めた点で特筆に価する。

3）「和解」による被害回復——花岡事件訴訟和解

強制連行・強制労働事件である花岡事件における東京高裁での審理において，被告・鹿島建設と中国人被害者との間で和解が図られた。

この和解は，いわば花岡事件の「全体解決」を図るものといえる。通常の民事裁判における和解は（判決の場合もそうであるが），その効力が訴訟当事者に限定されることを思うと，信託方式を用いた和解という方式による補償ないし賠償は，訴訟に加わっていない全被害者に補償を行うことを可能にする画期的な司法的解決の方法であり，今後の戦後補償裁判のあり方や戦後補償立法の議論にも大きな影響を与えるものと考えられる[23]。

4．戦後責任と平和憲法史観

1）戦後責任論と戦後補償裁判

戦後補償裁判が，わが国に求めていることは，戦争被害に対する個人賠償と日本政府による公式謝罪である。

これまで日本が戦後補償問題を省みなかったことの背景には，既述のように，国際的・国内的諸要因があるが，現代の自由主義史観に代表されるように，「民族の誇りを守る」との名目のもとに，過去の歴史を消し去ったり歪曲したりしようとしたり，植民地支配や侵略戦争を正当化しようとするナショナリズムがあることも事実である。こうした立場は，一部のナショナリストたちが，戦後一貫して主張してきたし，日本政府の立場も基本的にはこれにかなり

近いものであった。こうした諸状況は，日本人のみがアジア太平洋戦争の被害者である，あるいはアジア太平洋戦争は欧米からのアジアの植民地解放という「聖戦」であったという，歪んだ歴史認識を醸成し，旧植民地および占領地域における戦争や強圧による被害者の被害実態およびそれに対する責任を，わが国自らが主体的に取り組んでこなかったことも，戦後補償問題をかえりみることのなかったことの一つの大きな要因となっているものと思われる。

　他方で，前述のように，戦後憲法学も，平和主義の理論構成に関わり，非武装平和主義の原理や平和的生存権の確立という理論的探求や平和運動への寄与という点で，大きな成果をもたらしたものの，戦後補償に対する主体的な取り組みはなされてこなかった[24]。

　この問題について，90年代初めの頃より，「戦争責任」に関する議論とともには，「戦後責任」という新たな概念で戦後補償問題をとらえようとする議論がなされている。この考え方によれば，「戦争責任」が「戦争指導者への断罪の論理として刑事裁判的な，一回限りの決着の機能を果たしたのに対し，これによってカバーできなかったアジアの被害者の原状回復を重視し，日本とアジアとの関係を見つめ直そうとする視点から生まれたのが，戦後責任という言葉である」[25]とする。現在わが国の人口の過半数は戦後生れの「戦争を知らない世代」となっている。そうであるとすれば，こうした戦後世代が直接的に関わらないが，曖昧なままにされてきた戦争責任と戦後補償の問題，つまり過去の「植民地支配」と「侵略戦争」に対する「謝罪」と「償い＝補償」の問題は，こうした「戦後責任」という視点から，「現代の問題」として新たに捉え直す必要があると考える[26]。私は，こうした「戦後責任」の視点から，戦後補償の憲法学的な理論構成が行なわれる必要があると思う。

2）「平和憲法史観」における憲法解釈と戦後補償立法の必要性

（1）「平和憲法史観」と日本国憲法前文の規範的意味

　本来，法というものは，過去の過ちや不都合を是正し，国家や社会のあるべ

き未来像を提示しているものであるといえる。憲法もまた歴史の所産であり，その歴史的意味について，歴史が進むなかで常に検証される必要がある。日本が敗戦後60年を迎えた今日，極東国際軍事裁判（東京裁判）では裁かれることのなかった植民地支配および侵略戦争における非人道的・反人権行為（人道に対する罪）が明らかになるに従い，日本の戦争責任の不充分さと，戦後補償問題に対する日本の憲法学の視点の欠落が明瞭になった。筆者は，日本の植民地主義と侵略戦争に対する法的及び政治的責任を，日本国憲法前文から導き出すべきことを主張している。筆者の主張は以下の通りである[27]。

日本は敗戦により，明治憲法から日本国憲法に改正されるに際して，植民地主義及び侵略戦争という歴史的誤りを克服し，平和な社会を築くことが最大の課題とされたはずであった。このことは，日本国憲法前文が「人類普遍の原理」としての民主主義および自由の価値をうたい，そして何よりも第9条とともに平和の達成に最大の価値をおいている点に明瞭に表れている。そして同時に，前文は，歴史的問題状況を克服し，理想とすべき未来像を提示しているものと考えられるのである。

このような視点から，日本国憲法の制定に至る歴史的過程をみると，つぎのような理解が可能であろう[28]。

1945年8月14日，昭和天皇は連合国によるポツダム宣言を受け入れ，日本は敗戦を迎えた。これにより，主権者である天皇とその政府は，天皇主権の否定（国民主権の確立），軍国主義の否定と武装解除，戦争犯罪者の処罰，民主主義の復活，封建的諸制度の廃止とともに，植民地の解放を受け入れた。主権者の変更，民主主義の確立，領土問題は，憲法に定められる事柄であることから，日本の敗戦時点での実質的な憲法は，ポツダム宣言であったといってよい。日本国憲法は，直接的にはポツダム宣言を実行するために，その趣旨にしたがって制定されているのである。

またポツダム宣言は，1943年のカイロ宣言の履行を義務づけている。

カイロ宣言は，「1914年の第1次世界戦争の開始以後において日本が奪取し，または占領した太平洋における一切の島嶼を剥奪すること，並に満州，台湾及

澎湖島のような，日本が中国人より盗取した一切の地域を中華民国に返還すること」，「また日本は，暴力及び貪欲により，日本の略取した他の一切の地域より駆逐せられるべきである。」さらに，「朝鮮の人民の奴隷状態に留意し，やがて朝鮮を自由かつ独立のものにする」こととしている。つまり，違法占領地域からの撤退による原状回復，及び植民地である朝鮮半島の人々の独立の容認と人身の解放を日本に義務づけているのである。

日本国憲法前文は，ポツダム宣言の主旨を履行し，日本の戦争責任を果たす義務と，平和な国際社会の構築の責務を明瞭にしたものであるといえる。このことはとくに，憲法前文のつぎの文言に表れている。

① 日本国民は「政府の行為によって再び戦争の惨禍が起こることのないように決意し，」「この憲法を確定した。」（第1段）
② 「専制と隷従，圧迫と偏狭を地上から永遠に除去しようと努めている国際社会において，名誉ある地位を占めたいと思ふ。」（第2段）
③ 「全世界の国民が，ひとしく恐怖と欠乏から免かれ，平和のうちに生存する権利を有することを確認する。」（第2段）
④ 「我らは，いづれの国家も，自国のことのみに専念して他国を無視してはならないのであって，政治道徳の法則は，普遍的なものであり，この法則に従うことは，自国の主権を維持し，他国との対等関係に立とうとする各国の責務であると信ずる。」（第3段）

こうした前文の規範的内容は，当時の歴史状況に照らして考えると，日本がもたらした「戦争の惨禍」，すなわち侵略戦争や植民地支配による強圧政治やカイロ宣言にいう「朝鮮人民の奴隷状態」をはじめ，中国，台湾，その他のアジアの人々に対する奴隷的強制や専制的支配により，多くの人々の生命を奪い，身体を傷つけ，財産を奪い，多大な精神的苦痛をもたらしたことへの反省にたち，他国の主権あるいは民族の自決権を尊重するという普遍的な政治道徳を認めるものである[29]。私は，こうした日本国憲法前文に込められた歴史観

を,「平和憲法史観」と呼んでいる[30]。

　日本国憲法前文が要請していることは,こうした「戦争の惨禍」がもたらした個人に対する「重大な人権侵害」(国際法違反行為を含む)に対し,補償を誠実に行うことであり,国会は日本国憲法前文にもとづき,戦後補償立法の制定や被害者の被害回復に対する責務を負っているものというべきである。

(2) 戦後補償立法の制定に向けて——「象徴的補償」論の検討

　これまで見てきたように,戦後補償裁判には,困難な法的な「壁」が存在する。また戦争被害者らは,すでにかなりの高齢であり,個人レベルでの訴訟による救済では時間がかかりすぎることなどを考えあわせると,補償立法の制定により,包括的な立法的被害回復をはかることが最も合理的な選択となろう。

　これについては,すでに多くの論者が指摘し,いくつかの戦後補償立法試案が公表されているが,その中でも,「戦後問題を考える弁護士連絡協議会」(通称,弁連協)の会内グループ「戦後補償立法を準備する弁護士の会」が1995年3月に公表した,「外国人戦後補償法」試案が注目される[31]。

　この試案では,第1に,「外国人戦後補償基金」という法人を設立し,その財源については,政府が講じることとするものの,個別の被害者についての補償金受給資格の認定と支給金の支給,補償対象となる行為類型の指定とこれに応じた支給金額の決定までを含む機能を営ませるとする。これは,日本政府の違法性や有責性の認定など,政府利益に関わる事項については,政府から独立した機関に委ねるべきであるという考慮に基づくものである。

　第2に,「外国人戦後補償基金」の目的として,「日本政府が第2次大戦中に行った非人道的国際法違反行為によって被害を被った外国人の個人に対し補償金の支給をすることにより謝罪の意を明らかにすること」をあげている。これにより補償対象を,強制連行・強制労働,捕虜抑留,元「慰安婦」の戦時性的強制,虐殺などの,日本帝国政府が第2次大戦中に行った「非人道的国際法違反行為」の被害とし,補償対象者を旧植民地出身者(被害当時日本国籍を有していたが,その後日本国籍を喪失した者)を含む「外国人個人」として,補償

し給金の支給を定めている。

　第3に, この試案で特徴的なことは,「補償金」の性質である。これは, 第2次大戦とその前後に行った不正に対する日本政府の謝罪を象徴する, いわゆる「象徴的補償」であるとされる。この「象徴的補償」とは, 提案者のひとりである今村嗣夫弁護士によると, つぎのように説明されている。

　「日本の戦争犠牲者が求めているのは, 彼または彼女らの人間としての尊厳性の侵害に対する謝罪のしるしとしての象徴的補償である。それは, 既述の伝統的な国家補償の範疇である国家賠償, 損失補償, あるいは単なる社会保障とは異質である。時効や除斥期間や, "戦争犠牲受認義務論" などの適用はない特殊な国家補償であり, それはまた単に生活に困窮している戦争被害者に対して "お金で" 救済を図れば足りるとする性質のものでもない。……被害者が求める戦後補償は謝罪のしるしとしての象徴的補償 Symbolic Compensation なのである。」[32]

　この試案については, つぎのように評価できる[33]。
　第1に, 政府から独立した「外国人戦後補償基金」を法人として設立するという点である。その権限として, 補償金受給資格の認定, 補償金の支給, 補償対象となる行為類型の指定, 支給金額の決定, あるいは調査活動までをも含む広範な権限を認めることにより, 公正・中立な立場から, 補償金支給を確保できるであろう。また, 調査権限を持つことは, 戦争被害についての真相を明らかにし, 日本帝国政府の戦争責任をよりいっそう明確にするために, 有効な機能を果たすことになろう。
　第2に,「象徴的補償」という概念を用いることにより,「謝罪」をも含めた新たな「補償」の考え方を提示することは, 戦後補償を単なる金銭的補償に矮小化させることなく, 被害者に対する謝罪と, 歴史の教訓として, 将来再び同じ過ちを繰り返さないという日本政府の意思を示すこととなろう。

5．むすび——アジアの恒久平和の確立にむけて

　筆者は，これまで述べてきたように，日本政府は，日本国憲法前文の歴史的規範的意味を考慮した上で，すべての戦後補償問題をカバーし，相当なる補償の支払いと謝罪を行うことを内容とする包括的な「戦後補償法」を制定する義務を負っているものと考える。被害者らはすでに高齢であり，まさに時間との闘いとなっている。また裁判所も，被害者の被害回復に向けた積極的な判断をすべきである。

　しかし，戦後補償問題の解決はそれだけにはとどまらない。再々強調しているように，戦後補償問題が提起している問題の核心は，植民地支配および戦争というものが人々の生命を奪い，身体を傷つけ，財産を奪い，家族を崩壊させ，民族や女性への差別や迫害を露骨に引き起こす，究極的な人権侵害行為に対する法的・歴史的断罪にある。日本国憲法の平和主義は，こうした戦争や植民地支配の否定をその基礎におき，憲法前文は，全世界の国民が平和に生きる権利（平和的生存権，平和権）を保障している。「平和の保障は，現代における自由と安全の第一条件であり，その意味で平和権は，他のあらゆる人権とセットになって常に実現されなければならない[34]」権利であるといえる。

　このように考えると，戦後補償問題の解決のためには，金銭的賠償や謝罪だけではなく，人権侵害行為としての戦争の徹底的な否定と，過去の誤りの検証，戦争被害者のあらゆる面でのケア，そして将来，同じ過ちを繰り返さないための手段を考えていかねばならないといえよう。

　具体的には，日本政府は，すべての戦争被害についての実態を可及的速やかに調査し公表すること，すべての被害者の肉体的・精神的障害に対するリハビリテーションの措置を講ずること，そして，次代を担う子どもたちのための教育，とりわけ歴史教育および憲法教育のなかで，過去の植民地支配および侵略戦争による加害行為と責任を明確にし，再びこのような過ちを起こすべきでないことを教えること，が必要とされる。歴史教育については，歴史認識の共有

化のために，例えば，東北アジア地域の諸国間における歴史教科書の共通化が考えられよう。

　この視点に関連して，オランダの国際法学者テオ・ファン・ボーベン（Teo Van Boven）教授が，1993年に国連人権小委員会に提出した報告書，「人権と基本的自由の重大な侵害を受けた被害者の原状回復，賠償及び更正を求める権利についての研究」が注目される。これによると，国家により，集団殺害や奴隷制および奴隷制類似行為などによる「重大な人権侵害」を受けた被害者は，被害回復として，人権侵害の以前に被害者に存在していた状況を可能な限り再現するための措置としての原状回復，人権侵害の結果として起こった肉体的・精神的被害に対する賠償，被害者の尊厳と社会的評判を回復するための更正，事実の検証と真相の全面的公開および謝罪，そして違反に責任のあるものの処罰，あるいは被害者を追悼し敬意を表するといった満足と再発防止保証，を受ける権利を与えられるとしている[35]。

　こうした「戦後責任」の思想を基礎にした，戦後補償問題の解決のあり方こそが，日本のとるべき「過去の清算」であると同時に，アジア諸国との信頼関係を築き上げ，将来のアジアの恒久平和と相互の繁栄の基本条件となるであろう。

注
1）拙稿「戦後責任・戦後補償と日本國憲法—平和主義からの考察—」世界憲法研究第6号（小林直樹教授70周年生誕記念号，国際憲法学会韓国支部，2001年）44-46頁。
2）荒井信一『戦争責任論—現代からの問い』（岩波書店，1995年）163-175頁。
3）戦後補償裁判の最新のリストについては，松本克美「資料・戦後補償裁判リスト」法律時報76巻1号（2004年1月号）。戦後補償裁判をめぐる2000年以降の動向については，山手治之教授のホームページ（http://page.freett.com/haruyamate/index.htm）参照。
4）2004年8月24日，植民地支配下の朝鮮半島で，ハンセン病に罹患し，小鹿島（ソロクド）病院に強制収容された韓国人111名が，日本の「ハンセン病補償法」に基づく補償請求を日本政府が棄却したことは法の下の平等に違反するとして，日本政府を相手取り棄却の取り消しを求め，東京地裁に提訴した。日本の植民地支配下における朝鮮半島におけるハンセン病患者の処遇は，日本におけるそれよりも過酷をきわめた。こ

の歴史的事実は、全体主義における「優生思想」と植民地支配における「民族蔑視観」が融合することによってもたらされた日本帝国政府の国家犯罪といえる。小鹿島におけるハンセン病患者の強制収容と虐待・懲罰的断種の実態については、滝尾栄二『朝鮮ハンセン病史—日本の植民地支配下の小鹿島—』（未来社、2001年）参照。

5) 拙稿「『従軍慰安婦』問題」と平和主義の原理—関釜裁判一審（山口地裁下関支部）判決をめぐって—」専修大学法学研究所『公法の諸問題Ⅴ』（2000年3月）161頁。

6) 佐藤健生「ドイツの戦後補償　日本の模範か？」世界1991年11月号297頁。同「ドイツの『過去の克服』」季刊戦争責任研究第6号（1994年冬季号）56頁以下参照。なお、Wiedergutmachungとは、「元通りにすること；償いをすること、原状回復と、原状回復が不能または不十分な場合に補償金を与えることの両方をふくむ」（山田晟『ドイツ法律用語辞典』、大学書林、1982年、461頁）とされる。

7) 古川純「憲法と戦後補償」専修大学法学研究所紀要20『公法の諸問題Ⅳ』（1995年）45－46頁。

8) この点についての詳細は、拙稿「憲法訴訟としての戦後補償裁判—立法不作為違憲論を中心に—」国際人権第15号（2004年10月）83頁参照。

9) 拙稿・前掲注1）「戦後責任・戦後補償と日本國憲法—平和主義からの考察—」48－49頁。

10) 東京地方裁判所1982年2月26日判決、判例時報1032号31頁以下。

11) 東京高等裁判所1985年8月26日判決、判例時報1163号41頁以下。

12) 最高裁判所1992年4月28日第3小法廷判決、判例時報1163号91頁以下。

13) この判決の検討については、拙稿「台湾人元日本兵戦死傷補償請求事件にみる日本の戦後補償問題—戦後責任と平和憲法の原理からの考察—」専修大学社会科学研究所月報418号（1998年4月20日）参照。

14) 東京地方裁判所1999年10月9日判決、判例時報1683号57頁以下。

15) 古川純「日本国憲法と戦後補償」法学セミナー477号（1994年9月号）34－35頁。

16) 「イギリス人等元捕虜虐待訴訟」の東京地裁1999年11月26日判決、判例時報1685号3頁以下、「オランダ人元捕虜虐待訴訟」の東京地裁1999年11月30日判決、判例時報1685号19頁以下も同旨。

17) 立法付言判決を下した事例としては、台湾人元日本兵戦死傷補償請求事件東京高裁判決（1985年8月26日）、在日韓国人元軍属障害年金却下取消事件東京地裁判決（1994年7月15日）、韓国・朝鮮人元軍属戦傷病者等救護法適用確認事件大阪地裁判決（1995年10月11日）、韓国・朝鮮人元BC級戦犯補償事件東京地裁（1996年9月9日）、そして本件判決以後は、韓国・朝鮮人元BC級戦犯補償事件の東京高裁判決（1998年7月13日）、韓国元軍人傷病恩給棄却処分取消事件東京地裁判決（1998年7月31日）、在日韓国人元軍属援護法障害年金請求却下処分取消請求事件大阪高裁判決（1999年10月16日）がある。

18) 山口地方裁判所下関支部1998年4月27日判決、判例時報1642号24頁以下。

19) 関釜事件山口地裁下関支部判決の内容と意義について，拙稿・前掲注5)「『従軍慰安婦』問題と平和憲法の原理―関釜裁判一審（山口地裁下関支部）判決をめぐって―」参照。また，戦後補償立法の制定の懈怠に基づく国家賠償の可能性を探るものとして，拙稿「立法不作為に基づく違憲訴訟に関する一考察―戦後補償裁判における国家賠償責任の可能性―」専修法学論集第92号（2004年11月）参照。
20) 東京地方裁判所2001年7月12日判決，判例タイムズ1067号。
21) 福岡地方裁判所判2002年4月26日判決，判例時報1809号。
22) 判例集未登載。
23) 花岡事件訴訟和解については，本書第3章の新美隆論文を参照。その経緯と意義については，新美隆「花岡事件和解の経緯と意義」季刊戦争責任第31号（2001年春季号），専修大学社会科学研究所月報459号（2001年9月20日）の特集「花岡事件訴訟和解の歴史的・法的意義」に掲載の次の諸論文，石村修「花岡事件の周辺」，新美隆「花岡事件和解研究のために」，拙稿「戦後補償裁判における花岡事件訴訟和解の意義」（新美論文および拙稿の中国語訳として，『強擄・訴訟・和解―花岡労工惨案始末―』，学苑出版社，2002年，北京）を参照。
24) この点について，内田雅敏『「戦後補償」を考える』（講談社現代新書，1994年），同『戦後の思考 人権・憲法・戦後補償』（れんが書房新社，1994年）72‐74頁参照。しかし近年，わずかながら憲法学者による戦後補償問題についての主体の取り組みがなされてきている。代表的な学説として，古川純「憲法と戦後補償―個人補償の実現を求めて―」専修大学法学研究所紀要20『公法の諸問題Ⅳ』（専修大学法学研究所，1995年），石村修「戦争犯罪と戦後補償―戦争犠牲者への補償」全国憲法研究会編『憲法問題10号』（三省堂，1999年），同「戦後補償の実現に向けて」山内敏弘編『日米新ガイドラインと周辺事態法』（法律文化社，1999年），中島茂樹「憲法を基準とした財産権の内容形成－戦後補償問題の立法的解決によせて」立命館法学287号（2003年1月号）所収など参照。
25) 高木健一『戦後補償の論理』（れんが書房新社，1994年）53頁。また，同「戦後補償と憲法」全国憲法研究会編『憲法問題4』（三省堂，1993年）45頁以下参照。戦後責任の視点から戦後補償問題を考察する最近の文献として，水島朝穂編著『未来創造としての「戦後補償」―「過去の清算」を越えて―』（現代人文社，2004年）参照。
26) この点について，哲学者である高橋哲哉氏は，日本の戦後責任を，植民地支配責任を含む戦争責任からでてくるものと位置づける，注目されるべき議論を展開されているので参照されたい。（高橋哲哉『戦後責任論』，講談社，1999年。）
27) 以下の筆者の見解については，次の拙稿を参照願いたい。前掲注13)「台湾人元日本兵戦死傷補償請求事件にみる日本の戦後補償問題―戦後責任と平和憲法の原理からの考察―」，前掲注5)「『従軍慰安婦』問題と平和憲法の原理―関釜裁判一審（山口地裁下関支部）判決をめぐって―」，前掲注1)「戦後責任・戦後補償と日本國憲法―平和主義からの考察―」，「戦後補償裁判と日本国憲法」専修大学今村法律研究室報第39

号（2003年3月10日）所収。
28) 以下の私見は，高木健一「戦後補償と憲法」全国憲法研究会編『憲法問題4』（三省堂，1993年）45頁以下，同『戦後補償の論理』（れんが書房新社，1994年）53頁以下から着想をえて，論理を展開したものである
29) この点については，とくに江橋崇「日本国憲法の国際協調主義と世界人権宣言」法学セミナー406号（1998年10月号）21-22頁参照。
30) 拙稿・前掲注27)「戦後補償裁判と日本国憲法」38-41頁参照。
31) 「外国人戦後補償法」試案の提案者らによる試案の内容と解説について，今村嗣夫・鈴木五十三・高木喜孝編著『戦後補償法—その思想と立法』（明石書店，1999年）参照。
32) 今村嗣夫「謝罪のしるしとしての象徴的補償」今村ほか・前掲注31)『戦後補償法—その思想と立法』45-46頁。
33) 試案に対する筆者の評価について，拙稿・前掲注5）「『従軍慰安婦』問題と平和主義の原理—関釜裁判一審（山口地裁下関支部）判決をめぐって—」155-156頁参照。
34) 小林直樹『現代基本権の展開』（岩波書店，1976年）72頁。
35) 13U N Doc. E/CN.4/Sub.2/1993/8.日本における完訳として，日本の戦争責任資料センター『ファン・ボーベン国連最終報告書』，1994年，参照。

第3章
「花岡事件」和解から西松中国人強制連行事件広島高裁判決への道のり
―― 日中関係の「壁」を乗り越えるために ――

新美 隆

1．花岡和解の成立の意義

　2000年11月29日，文字通り20世紀が終焉を迎える時期に，東京高等裁判所において花岡事件訴訟についての和解が成立してからすでに4年の時が経過している。この和解成立に至る訴訟上の経過，和解内容，日中間で初めて成立した意義等のほか，和解に対する内外の反響，特に中国の一部に見られた稍々狭隘ともいえる反発を含めて既に詳細に論じたところである（専修大学社研月報459号所収，和解条項等の資料についてもほぼ重要なものがすべて掲載されているので参照されたい）。この筆者の論稿だけでなく，中国側の法学者，歴史学者等の専門家の花岡和解についての分析を加えた論文集（「強擄・訴訟・和解―花岡労工惨案始末」）が，2002年9月に中国・学苑出版社から刊行され，一定の評価が固まりつつあると解される。しかし，依然として，花岡事件の和解解決に対する感情的反発が一部に残っていることも事実である。

　上記の論稿でも強調したように，花岡和解によってカバーしうる被害者は，中国人強制連行被害者の全体数約4万人からすればわずかであり，ひとつひとつの解決の積み重ねの中から全体解決を展望するほかない。和解成立から4年経過した現時点においても，全体解決を具体的に見通すところまでには未だに至っていないが，和解基金（花岡平和友好基金）事業の進展だけでなく，中国人強制連行訴訟をめぐる動きには，10年前には想定し難かった発展もあり様々

な意味から関心が寄せられるべきである。
　総じて言えば，花岡和解の意義と影響は，この4年を通じて決して色あせるどころか，ますます大きなものがあると考えられる。現時点に立って花岡和解の意義を確認すれば，次の点が挙げられる。

1）全体解決を目指したこと

　花岡和解条項の法的構成上の最大の特質は，裁判所自身も画期的と評価したように，信託方式を採用して，歴史的被害者全体の解決を目指した点にある。代表訴訟制や団体訴訟制を知らない日本の法制下において，11名の原告による訴訟の中で，花岡に強制連行された986名の被害者全体を包括する解決をはかるには，訴訟上の和解の中に信託法を適用する以外の方法では困難であろう。交通関係上の問題もない現在の国内訴訟においては，被害者を組織化して，第一次訴訟，第二次訴訟とつなげていくか，和解協議の段階において，訴訟当事者とならなかった被害者を利害関係人として和解手続に参加させることが可能であろう。しかし，半世紀以上も前の，生死も所在も不明で歴史的資料としての名簿のみが存在するばかりの状況のなかで，全体解決を目指すことを可能にした実例を残したことは大きな意義がある。
　このような方式を実現した源泉は，ひとえに花岡訴訟の原告となった中国人生存者・遺族の意思にある。これらの人々は，当初より自己の個人的利益だけでなく同じ受難に遭遇した被害者全体の解決を必須のものとして望んできたし，このような歴史認識（中国人強制連行事件は，単なる個人被害をもたらしたものではなく，日本の中国侵略によって中国人民が被った被害の一部であること）に支えられた原告らの高い志向が，多くの日本人に感銘を与えてきた。このような中国人原告の志向・要求がなければ信託方式による全体解決という花岡和解の構成が案出されることはなかったのである。

2）日中間の合作の成果ということ

　花岡和解は，東京高等裁判所の積極的なイニシアチブがあって成立したこと

は，1999年9月の職権和解勧告に始まり，1年以上の協議を経た経過からも明らかであろう。裁判所が，和解解決の可能性に着目したのは，1990年7月5日に花岡事件被害者の有志と鹿島建設との間で合意された「共同発表」である。「共同発表」では，鹿島建設は，中国人強制連行・強制労働の歴史的事実を認め企業責任を自認して，中国人生存者・遺族に謝罪し，残された賠償問題については，周恩来総理が日中国交回復にあたって述べた「前事不忘後事之師」との精神に基づいて早期解決をめざすことを約束した。東京高等裁判所は，この「共同発表」を基礎にして和解解決をはかろうとしたのである。しかし，前記の全体解決を希求する原告の意思からすれば，和解条項の構成が具体化するためには更に重要な条件が満たされる必要があった。それは，前述の信託方式を採用しうるためには，公正・中立な公的団体が信託の受託者として和解手続に参加することが必要不可欠であったことである。中国紅十字会総会（以下，単に中国紅十字会という）が，1999年12月に和解手続に参加することを決定したことの意味はこの点にある。この参加決定がなければ花岡和解が成立し得なかったことを考えれば，外国での訴訟手続に中国紅十字会を参加させるという先例のない課題を決断した中国関係当局の，大局を見据えた判断の的確さが評価されるべきである。この意味では，花岡和解は東京高等裁判所の積極的な訴訟指揮と中国関係当局が呼応した，日中間の合作の成果ということができる。

3）解決の現実的可能性を示したこと

花岡和解は，日中間の戦後補償問題の中で初めて成立した和解解決事例である。初めての事例がいつもそうであるように，幾多の困難を関係者の勇気・決断によって克服し，ようやくにして実現したものである。訴え提起（1995年6月）に先行する長い自主交渉の期間を含めれば十数年の経過がある。筆者自身を含めて，1980年代後半から花岡事件問題に関わった人たちは，長い間，暗闇に向かってボールを投げるが如き無力感を味わわされた。それだけに，花岡和解の成立は，多くの関係者にとっても，「無」から「有」が生じるような衝撃であった。現時点からすれば，ますます明らかなように，花岡和解がその後

の，戦後補償問題の解決を求める闘争に及ぼした最大の役割は，日中間の戦後補償問題（戦争遺留問題）の解決は，日中友好の観点に立ってなされなければならず，かつその観点から障害を克服する努力を尽くせば，過去の歴史課題も現在において解決することができることを示したことにある。花岡和解の成立は，花岡事件被害者以外の中国人戦争被害者や日中の多くの市民・研究者等の有志の人々に，戦後補償問題が解決可能であるとの確信を抱かせ，闘争への激励となった。全体解決を目指すという花岡和解を貫くモメントの意義は，戦後補償問題の解決のための活動が，被害者個人の利害にとどまらない大きな歴史的役割（日中友好の基礎となる人民レベルの信頼回復）を担うものであることを改めて指し示したと言える。

ここで忘れてならないのは，花岡和解が影響を及ぼした関係者の中には，戦後補償裁判の衝にあたる裁判官も含まれていることである。花岡和解が，現実に，東京高等裁判所の，一定の確信に支えられた１年余の忍耐強い努力の結果，成立したという事実には，決して無視できない重みがある。花岡和解成立後，特に中国強制連行訴訟の領域では，従来の「法の壁」を突破するような判断がいくつも出現しているが，これは，上記事実が，日本司法を担う裁判官に戦後補償問題の解決を法的課題として認識させ，法解釈の努力を促したものと考えられるのである。戦後補償問題が，日本司法にとっても解決しなければならない課題とする裁判官の自覚（価値判断）は，ありきたりな形式的解釈にとどまることを許さず，中国人強制連行の歴史的実態に即した事案の解明と解釈を生み出すことに結びついている。

２．花岡和解成立後の中国人強制連行事件をめぐる動向について

花岡和解は，訴訟上の和解という性質からして中国人強制連行事件をめぐる法的命題についての裁判所の判断を明示するものではない。そのために研究の対象として種々の角度からの分析・検討が必要であり，積極的に和解を指揮した東京高等裁判所の法的認識（心証）を推断することも重要である。その際に

は，日本の法制度や訴訟実務を前提にした合理的な検討がなされなければならないし，和解成立に至る経過をも分析の対象にする必要がある。前掲の専修大学社研月報459号の特集「花岡事件訴訟和解の歴史的・法的意義」は，素材を提供しつつ研究の方向を示す試みのひとつであった。同特集に掲載された筆者の論稿でも触れたように，花岡和解に対する特異な言説が中国の研究者にも見られたことは，日中関係を反映した中国側の不信感が根底にあるとはいえ，花岡和解の意義をないがしろにする危険性がある。声高な非難（ほとんどが，単純な誤解か意図的な歪曲の類に基づくものであるが）こそ姿を消したものの，その痕跡は花岡型和解を目指す動きに水を差すという影響を少なからずもたらしたことは否めない（逆説的にいえば，このことが，より明確な裁判所の判断をもたらしたこととなった面がある）。

しかし，上述した花岡和解の基本的衝撃力は，その後の中国人強制連行をめぐる動向の中に生き続けていると言える。花岡和解は，それ自体が孤立したものではなく，和解によって設立された花岡平和友好基金（以下，花岡基金）の事業による和解実現過程を通じて，また他の中国人強制連行事件訴訟の進展を通じて，より客観的に検証されうるものと考えられる。

そこで，以下，本稿では，花岡基金事業の概略を述べ，さらに訴訟の動向として同じく筆者が訴訟代理人として関わった2004年7月9日の西松訴訟広島高裁判決に至る流れを概観することとしたい。

なお，上記広島高裁判決後の，2004年9月29日，大江山ニッケル鉱山強制連行事件について，花岡和解に続く二件目の訴訟上の和解が大阪高等裁判所で成立したことが報じられている（当事者は，被害者6人と日本冶金工業）。花岡和解成立後，約4年近くを経た初めての和解事例である。裁判所が，和解条項に附した前文では，次のように記載されている。

　　当裁判所は，控訴審裁判所として本件を審理してきたところであるが，第二次世界大戦の終了から60年，本訴提起から6年が経過し，控訴人らも高齢になっていることに思いを致すと，更なる長期審理を回避し，本件の

早期解決を図ることが何よりも強く望まれるものと考える次第である。そこで当裁判所は，下記和解条項をもって当事者双方が和解を成立させ，本件を早期に解決することが最善と思料し，本件和解を勧告した。

　控訴人らは，京都地方裁判所で，強制連行・強制労働の事実とその違法性が明らかにされたものと考え，かつ，被控訴人国が和解による解決に全く同意しようとしないなかでの被控訴人会社の誠意を評価し，裁判所の和解勧告に応じ，和解条項を受け入れることとした。

　被控訴人会社は，本件に係る争いを直ちに終了させ，本件の早期解決を図ることが何よりも重要であるとの裁判所の考えに賛同し，かつ，本件訴訟を和解によって解決することが，被控訴人会社において存在したとされる強制労働問題の全面的な解決となり，今後，問題の紛争が惹起されることはないと期待して，裁判所の和解勧告に応じ，和解条項を受け入れることとした。

　そして，和解条項では，被控訴人会社（日本冶金工業）が，被害者控訴人6人（うち2人については遺族訴訟承継人）各人に対し，「本和解の席上で，本件解決金として金350万円を支払い」控訴人らがこれを受領したことが確認され，その他は実務上の常套文言となっている（その余の請求権放棄，債権債務不存在確認各条項等）。

　この事例で留意すべきことは，本和解が和解条項中にも前文においても花岡和解がその特質とした全体解決の方向性が示されていないことである（前文では，被控訴人会社の，本和解をもって全面解決となるとの期待すら記載されている）。にもかかわらず，弁護団声明によれば，「限界はあるが全面解決に向けた一里塚となるもの」とされ，中国関係方面では，加害企業が自ら明確に謝罪していないことを深く遺憾としつつ，同和解を理解し支持する，との表明がなされている。もしも，花岡和解の成立という先例がなく，この大江山ニッケル鉱山事件の和解が初発のものとして成立したと仮定すれば，どのような反発や非難が中国側からなされたかを想像するに難くない。この意味では，本件和解

は，花岡和解成立以降，中国人強制連行事件が最早，問題提起段階ではなく，現実的（個別）解決が可能となる段階に至ったことを象徴するものと言いうるのである。それにしても，折角の和解解決の機会でありながら，訴訟当事者となった被害者だけでなく，判明している大江山ニッケル鉱山に強制連行された被害者を和解に参加させて同じ解決の利益を享受させる方策をとる余地がなかったかどうか，と思われる（報道によれば，大阪高裁が和解を勧告したのが2003年12月というのであり，和解成立までには相当長期間の協議がなされたことが窺われることから，被害者調査の余裕があったのではないか，と考えられる）。

3．花岡基金事業の概略

　花岡和解条項に従って，利害関係人として和解手続に参加した中国紅十字会は鹿島建設が信託した金5億円を「花岡平和友好基金」として管理・運用することとなり，中国紅十字会の下に，「花岡平和友好基金運営委員会」（以下，運営委員会）が設置されることになった。この花岡基金の目的は，「日中友好の観点に立ち，受難者に対する慰霊及び追悼，受難者及びその遺族の自立，介護及び子弟育英等の資金に充てる」とされ（和解条項四−3），運営委員会は，「受難者及び遺族の調査のために，本件和解の趣旨について，他の機関，団体の協力を得て周知徹底を図るものとする」（同四−7）とされた。運営委員会を構成する委員は，訴訟当事者となった控訴人（原告）が選任するのであり，訴訟上の和解を成立させた被害者の意向が運営委員の選任を通して反映する構成となっている。

　和解成立直後の2000年12月に北京で開かれた会議において，6名の委員が投票によって選出された。うち，2名は，被害者生存者代表と同遺族代表である（なお，筆者は，訴訟代理人団を代表する委員の一人に選出された）。

　選任された運営委員会委員は，早急に運営委員会を立ち上げるべく（和解報道が中国国内で報道されるや，被害者家族等からの電話や手紙が中国紅十字会

に殺到し，早期の事業開始が強く求められた），2001年3月に北京に参集し，第1回運営委員会を開催し，田中宏教授（龍谷大学）を委員長に選出したほか，組織規定をはじめ各種の決議を行った。さらに，同年5月には，北京市東城区干面胡同の中国紅十字会賓館内に北京事務局を開設し，事務局員を雇用し事務局体制を整え，実質的に活動を開始した。活動開始後の最初の基金事業は，同年6月28日から7月5日までの間，生存者・遺族30名以上が，故地である秋田県大館市主催の中国人殉難者慰霊式に参列するとともに，大館市民をはじめとする多くの日本人との交流を実現する慰霊事業支援を行ったことである。この慰霊事業支援は，SARS問題で中止を余儀なくされた2003年を除き，これまで3回にわたって実施されている。

また，受難者およびその遺族の調査，さらには信託金（賠償金）の支払のために，2001年夏までに，花岡和解の成立経緯，趣旨，適用対象（特に遺族の範囲）等についての説明のほか，申請書式を備えたパンフレット（「花岡和平友好基金説明」）を印刷・配布を行った。運営委員会は，現在まで13回の会議を開催し，中国国内での基金事業を進めるに際しての諸課題について協議し，被害者の認定や様々な計画の実施方策等を決議してきている。いずれ，この運営委員会の詳細な活動記録を作成し公表する予定である。和解条項の確認をもって終了する通常の訴訟上の和解とは異なり，被害者の探索調査を予定した和解に基づく運営委員会の活動記録は，歴史的にも先例がないだけに貴重なものになると考えられる。受難者の調査にあたっては，前掲の和解条項にも記載されたように，中国国内の各種機関・団体の協力を得たが，中でも各地域のメディアの果たした役割には多大のものがあった。基金事業を報道する番組の最後には，必ず，連絡先として北京事務局の電話番号等が掲げられ，報道終了後には，事務局の電話が鳴り止まない光景が繰り返された。

メディアを通じた広報ばかりでなく，様々なチャンネルが活用された。また，被害者の最大数を占める山東省について言えば，山東省特別調査嘱託員を採用し，同嘱託員は，名簿をたよりに村々を訪ね歩き，古老から聞き取りを行いながら被害者調査を継続した。名簿（外務省報告書，事業場報告書を基に作

成されたもの）は，50年以上も前のものであり，後難を恐れて仮名にしたものや，出身地を違えたものもあり，現地調査の困難さは，戸籍や住民記録が完備した日本国内の状況とは格段の相違がある。

第13回運営委員会（2004年9月）時点までの，花岡基金の活動実績から信託金（賠償金，一人当たり25万日元）と助学金（奨学金，一人5000中国元）の交付状況を記せば次のとおりである。

（信託金）
 i 判明した被害者総数　　　　　　　　　　　　　502名
 ii 運営委員会が要件を具備するものと確認したもの　460件
 iii 既に交付済み　　　　　　　　　　　　　　　　447件
 iv 和解に同意するが，個人として受領せずに寄附を申し出ているもの
　　　　　　　　　　　　　　　　　　　　　　　1名
 v 和解に賛同せず，受領を拒否するもの（当事者）　2名
 vi 和解に賛同せず，申請手続をとらないとするもの　7名
支払実施状況　2001年9月27日を第1次とし，2004年9月17日まで12次にわたって集団支払
注：上記のうち，中国国内での和解非難の影響を受けて，和解への同意をせず，又は受領を拒否しているものは，vとviの計9名である。

（助学金）
交付済み　　　　　　　　　　　　　　　　　　　433件
支払実施状況　2003年8月7日を第1次とし，2004年6月2日まで8次にわたって集団的に支払

上記の信託金交付状況から判明するように，インターネットを活用して，声高な花岡和解非難を繰り返した一部の人々の影響を受けて，和解条項の信託上の権利を敢えて行使しない人は，9名であり，圧倒的多数の被害者は，和解を受け入れているのが実情である。

また，花岡基金事業として重視されている柱のひとつに，花岡事件に代表される中国人強制連行の歴史を後世に伝え，研究・交流の基地ともなる記念館建設事業がある。この記念館建設は，従前から被害者の強い念願であった。日本側でも，大館市のNPO組織を中心として大館現地に記念館を建設する募金活動も始まっていて，運営委員会としても中国北京市に記念館を建設する計画を立て，関係当局と折衝を重ねてきている。建設が実現すれば，中国人強制連行に関わる各種の歴史資料だけでなく，被害者のデータ記録が集中され，研究者にとっても貴重な資料を提供する研究センターとなるばかりか，被害者遺族にとどまらず日中の若い世代に対する格好な教育機能を果たすことが期待される。

　このようにして，花岡基金事業は，一部の反発に遭遇しながら，中国国内での被害者調査や信託金等の交付，さらには大館市主催の慰霊式への参列に対する支援事業を通じて花岡和解の趣旨を押し広げてきたものであり，着実にその成果をあげつつある。かつ又，記念館の建設が実現すれば，運営委員会の活動を超えて，長期にわたる日中友好への寄与を果たすことができよう。

4．中国人強制連行事件訴訟の動向

　花岡和解（2000年11月29日）以降，前述のように中国人強制連行事件訴訟について，一方では事実認定に立ち入らず，時効・除斥や国家無答責の形式的判断によって事実上門前払いのような判断をする裁判例と同時に，従来の「法の壁」を突破するような裁判例が出現し始めた。裁判の実践的法創造機能からすれば，中国人強制連行事件の実態に即した法解釈が要請されることは，当然のことである。従来，日本国内の市民間の交通関係を暗黙の前提として立法され，解釈されてきた時間規制法理（時効・除斥期間）を，そのまま中国人被害者の権利に無反省に適用することが，いかに非条理な結論をもたらすかについて無自覚過ぎたとも言える。中国人強制連行は，国際法上も許されない違法行為であり（花岡事件についてのBC級戦争犯罪を裁いた横浜法廷判決参照），

現在まで被害の痛みを癒されないままにきた被害者を前にして，彼らに対して現実的妥当性をもち得ない概念法学を振り回すかのような裁判官に代わって，事実に即した法的判断をなさねばならないと苦慮する裁判官によって，新たな動向が作り出されてきたわけである。

　花岡和解以降に，中国人被害者が勝訴（一部勝訴を含む）した判決例としては，次のものがある。
　Ａ１　福岡地裁判決（02・4・26）
　Ｂ　　新潟地裁判決（04・3・26）
　Ｃ　　広島高裁判決（04・7・9判例時報1865-62）

この中で，Ａ１は，中国人強制連行事件について，企業（三井鉱山）に対する損害賠償責任を初めて認めたものであり，この訴訟の控訴審判決には，大きな期待が寄せられ，内外からも注目を集めた。福岡高裁判決（04・5・24，以下Ａ２と表示する）は，原告らの国，企業に対する請求をいずれも退けたが，中国人強制連行訴訟に関する最初の高裁判決として，関連訴訟全体の帰すうを考えるうえで決定的な役割を果たすものと見られたわけである。いま，いずれも国と企業を被告とする，Ａ１，Ｂ，Ａ２の3件の判決を分析すると以下のようである（なお，Ｂは国，企業の責任を認め，Ｃは企業の責任を認めたものである）。

　この3件に共通する認定判断としては，いずれも主として外務省報告書，事業場報告書等に依拠して中国人強制連行の歴史的経緯を踏まえ，強制連行・強制労働の事実を認定していることが指摘できる。このことは，それまでのように事実認定に立ち入らず，法的要件のみの判断で事足りるとしたものとは質的に異なり，法的争点についての積極的な法解釈もこの事実認定の然らしめるものという分析が可能と思われる。中国人強制連行についての歴史認識は次第に裁判所部内において定着しつつあるという感を抱かせるのである。

　主要な法的争点についての判断を3件の判決について列記すると以下のとおりである。

（国家無答責）
A1　強制連行・強制労働は，日本国の軍隊による戦争行為という権力作用に付随するものとして，国の権力的作用に該当し，国家無答責の法理が適用され，民法の適用もなく損害賠償責任の実体的根拠がない。
B　戦前において国家無答責の法理が存在していたことは認められるが，行政裁判所が廃止され，公法関係及び私法関係の訴訟がすべて司法裁判所で審理される現行法下では，この法理の合理性・正当性を見いだし難い。本件強制連行・強制労働のような重大な人権侵害が行われた事案について，裁判所が，公権力の行使には民法の適用がないという戦前の法理を適用することは，正義・公平の観点から著しく相当性を欠く。
A2　国家無答責の法理は，実体法に根拠づけられたものではなく，大審院の判例法理にすぎず，判例も同種の事実，事件に対して事実上の拘束力を持つにすぎないから，国は民法上の責任（不法行為責任）を負う。

（除斥期間の適用制限）
A1　除斥期間の適用の結果が，著しく正義・衡平の理念に反し，その適用を制限することが条理にもかなうと認められるときは，適用制限がなされる。
B　平成10年最高裁判決の「特段の事情」とは，法意等を援用すべき明文規定（例えば，平成10年判決の民法158条）という拠り所を有するものでなければならず，正義・公平という理念のみから除斥期間の適用を全面的に排除することは，法律の明文規定を無視することに他ならず，解釈の域を超えると言わざるをえない。本件事案には，除斥期間の適用を制限できない。
A2　平成10年最高裁判決を，正義・公平の観点を，法的安定性よりも重視すべき場合がありうることの一例を示した事例判決と把握し，除斥期間の適用制限をすべき特段の事情の考慮要素として4点を提示する。しかし，中国で私事による出国を認める公民出国入国管理法が施行された1986年2

月1日以降は，権利行使が可能になったと解され，原告が最も早く提訴した2000年5月までには，すでに14年，不法行為終了から55年が経過しているので，「被害者が権利行使が可能になってから速やかに権利を行使したこと」との考慮要素を具備しないので，除斥期間の適用を制限しなければならない特段の事情は認められない（従って，国，企業の不法行為に基づく損害賠償請求権は，除斥期間の経過により消滅した）。

（安全配慮義務違反）
A1　国と原告らの関係は，国が一方的に形成したものであり，これによって生じる社会的接触は，契約的接触であるとはいえないから国には，安全配慮義務は存在しない。また，企業との関係は，原告らの意思にかかわらず，会社が一方的に生じさせた労使関係であり，「事実上の支配ないし管理関係にすぎない」ので，企業にも安全配慮義務を認められない。

B　新潟港運と原告らの間には，新潟港運と日本港運業会（新潟華工管理事務所）との間の中国人労働者使用契約書を媒介とした労働契約に類似する法律関係が存在したと認めるのが相当であり，これに基づく特別な社会的接触の関係の存在により，新潟港運は，信義則上，原告らに対し安全配慮義務を負っていた。そして，気象状況により認める客観的な環境等からすれば，安全配慮義務違反は明らかである（なお，同判決は国の安全配慮義務・同違反も認定している）。

A2　会社は，本来締結すべき雇用契約を自らの事情ないし恣意で締結しないまま，原告らを直接支配・管理し，自らの提供する道具等を使用させながら，これを指揮・監督して，雇用契約が締結されたと同様に労働の提供を受けたのであるから，両者の間には，債務不履行責任を負わせることを相当ならしめるに足る，直接の契約関係があると同視しうるような関係が存し，「ある法律関係に基づいて，特別な社会的接触の関係に入った当事者」に当たる。企業は，安全配慮義務に違反したので損害賠償義務がある（同判決は，国の安全配慮義務については否定した）。

（消滅時効の起算点および援用の是非）

A1　（国，企業に安全配慮義務を認めなかったために，消滅時効（民法166）の援用の判断をせず）

B　消滅時効の起算点の解釈については，単に法律上の障害がないとするだけで，企業に対する損害賠償請求権は，1955年11月末日の経過によって消滅時効が完成した，とする。しかし，時効の援用に関しては，社会的に許容される限界を著しく逸脱したとして援用を権利濫用とした（同判決は，国が消滅時効の援用を法廷で主張しなかったことから，仮に援用しても企業についてと同様，援用は権利の濫用とした）。

A2　消滅時効の起算点については，原則として事実上の障害は含まれないが，事実上の障害であっても，権利を行使することが，現実には期待し難い特段の事情がある場合には，その権利行使が現実に期待することができるようになった時以降において，消滅時効が進行すると解する。そして，前述の公民出国入国管理法が施行された1986年2月1日以降は，原告らによる権利行使を現実に期待できるようになり，同日から起算すれば，すでに10年の消滅時効は完成しており，会社による消滅時効の援用も，特段の事情は認められず，信義則ないし権利濫用にあたるとはいえない。

以上，中国人強制連行事件に関する主要な法的争点についての3件の判決を分析したところから明らかなように，これらの判決例は，軌を一にするところがなく，一見してバラバラの状態であると言って過言ではない。原告側の主張が，これら3件については，殆ど同一であることを考えれば，原告側の主張方法にバラつきの原因があるのではなく，裁判所の法解釈の不安定さにその原因を求めざるをえない。しかし，これらを並列的にとらえず，特に高裁判決であるA2に至る判断内容の展開からすれば，大きな流れとしては，中国人原告が勝訴しうる法律構成としては，企業の安全配慮義務違反の構成がもっとも固いものであり，その際の結論を左右するものは，消滅時効の起算点および時効援

用の濫用の是非を問う領域ということになると解される。

　強制連行・強制労働が国，企業の不法行為を構成することは，すでに裁判所の共通認識として定着しつつあることは前述のとおりであるが，合意規範である国際法上の概念ならばいざ知らず，国家の統治作用に基づく国内法においては，法的安定性それ自体は重要な要素である。民法724条後段を長期時効ではなく，除斥期間とする性質決定を前提とする限りは，明文規定に依拠すべきとするBの判断基準は狭すぎ，福岡高裁（A2）が分類した考慮要素を基準にするとしても，すべてをクリアすることは困難であろう。より柔軟な時効の判断の中に中国人被害者が置かれた実態を可能な限り取り入れる解釈方法が現実的である。不法行為責任はそれとして歴史事実に即したストレートな構成であるから，企業・国の道義的・政治的な場面での活用がなされるべきものと考えられる。

　前述のように，2004年5月24日の福岡高裁判決は，原審での原告らの勝訴部分をも取り消して原告らの全面的敗訴となった。最初の高裁判決として期待が大きかっただけに，中国人強制連行事件訴訟は見通しを失ったかのような状況となった。しかし，福岡高裁判決に対する失望感が底を打つまえに飛び出してきたのが，Cの西松訴訟の広島高裁判決である。広島高裁判決は，中国人強制連行の歴史的経緯や強制労働の実情を他に比類するものがないほどに詳細に事実認定し，その前提に立って初めて企業の安全配慮義務違反を認めた原審広島地裁判決（2002・7・9）を基礎にして，更に事実認定を付加したうえで，改めて安全配慮義務違反を認定し，被控訴人会社（西松建設）の時効援用を「著しく正義に反し，条理に悖る」と否定した。この2度目の広島高裁判決によって，安全配慮義務違反＋消滅時効援用の否認の法的枠組みが最も現実的で被害者の法的請求を実現する水路であることが一層明らかになったと考えられる（拙稿「中国人強制連行・広島高裁判決が開く水路」世界2004年9月号参照）。

5．花岡和解の示すもの――最後に

　花岡和解の成立によって示された一つの重要な意義は，中国人強制連行事件に代表される戦後補償問題の解決の現実的可能性を示したことである。和解成立以降の基金事業の進展は，中国国内での事業展開であるが，わずかの反対派の存在を生み出しただけで着実に進み，多くの被害者やその家族からの信頼を醸成しつつある。前述した訴訟の動向も中国人強制連行の歴史事実を認識しうるに至った裁判官の苦闘の軌跡というべきであり，法理論上も（少なくとも対企業との関係では）被害者の賠償請求権の論証が現実的に可能になりつつある。それだけに，訴訟上の解決をはかる場合においても花岡和解が追求した，歴史認識に基づく全体解決の方向性が具体性を今後帯びてくることが期待される。

　「政冷経熱」という言葉に象徴されるように，日本と中国の結びつきは，ますます必然となりながら，歴史認識の共有を阻害する日本政府や一派の人々によって，日中間の暗雲が立ち込める情況が存在している。中国国内においても，小泉首相の靖国神社参拝等に民族感情を刺激されるままに活動する若い世代の動向もある。しかし，日中友好は，何物にも代えがたい歴史の教訓であり，日中関係が密接になればなるほど相互の信頼回復を妨げる底調として潜在している「歴史遺留問題」の解決の重要性は高まるのである。戦後補償問題の解決は，現にそうであるように，日中の非政府レベルの共同事業の精神で実現する以外にない。その結果は，花岡和解基金の活動に見られるように，被害者個人に利益をもたらすだけでなく，日中友好関係の基礎を作り出すという，より大きな役割を果たすことになるだろう。戦後補償問題の解決の努力なくしては，真の日中友好を展望することはできないが，日中双方が友好と平和への努力を惜しまなければ，この展望を切り開くことは決して不可能ではない。花岡和解は，この展望についてのひとつの啓示である。

第4章
戦後補償ピョンヤン国際シンポジウムの概要報告

古川 純

1．はじめに

　この報告は，特別研究助成「東北アジアの法と政治」のプランに基づいて，「日本の過去の清算を求めるアジア地域シンポジウム」(ピョンヤン・シンポジウム) (2002. 5. 3 - 4，朝鮮民主主義人民共和国・ピョンヤン人民文化宮殿国際会議場) に参加した際の会議 (証言と主張) の概要報告である。われわれは帰国後，社会科学研究所定例研究会 (2002. 6. 29) において，本稿とほぼ同様な報告を行い，また，帰国時に入手した国際シンポジウムの映像記録 (ビデオ) の一部の視聴も行った。なお，国際シンポジウム出張参加者は，内藤光博・樋口淳・古川純・新美隆 (弁護士) の 4 名であった。
　この「アジア地域シンポジウム」とは，同シンポジウム日本協力委員会代表の土屋公献氏の協力要請文によれば，「朝鮮の地に日本の過去の犯罪—植民地犯罪と戦争犯罪—の責任を追及するアジア地域の関係団体代表が集い，朝鮮の被害実態について理解と認識を深めるとともに，被害者や法律家・研究者らとともに運動や研究の成果を確認・共有し，今後の運動の進め方について討議し，共同・連帯した行動の可能性を探ろうという趣旨の民間国際会議」である。国際会議を開いて得られるであろう展望は，土屋氏によれば，「この10年の間に，日本に戦後補償を求める運動は国際的にも大きく広がり，加害国の責任を問う国際的な包囲網が出来てきています。そのなかで朝鮮人民民主主義国だけが「国交がない」という壁に隔てられ交流と連帯が阻まれがちでした。今回の

国際会議がそうした壁を突き崩し，運動をより強力で実効的なものとする契機となることを願うものです。日朝国交正常化交渉の進展は，アジア全体の戦後補償の要求に大きな影響を与えます」という位置づけと見通しの上につくられるものとされた。

2．シンポジウム第1日目・証言の概要

1）開会挨拶ののち，各国代表の挨拶が行われた。中国からは劉宝辰・河北大学副教授（華工問題研究室主任），韓国からは尹貞玉・挺身隊問題対策協議会＝「挺対協」名誉代表が発言を行った。日本からは鈴木二郎・代表団副団長が発言し，日本で開催された国際フォーラムに参加予定だった朝鮮代表2名（朝鮮「従軍慰安婦」・太平洋戦争被害者補償対策委員会）に対する外務省のビザ発給拒否問題が今回のピョンヤン・シンポ開催につながったという開催に至る経緯を指摘した。

　ついで台湾代表の王清峰弁護士（台北市婦女救援社会福利事業基金会創立者・初代理事長）が発言し，フィリピンからはネリア・サンチョ氏（アジア女性人権協議会コーディネーター，ロラズ代表）が挨拶を行った。それによると，フィリピンではロラの最初の証言以降，100人以上の慰安婦被害者の証言が出た。1993年56名の被害者が連名で東京地裁に提訴したが，裁判では却下，控訴も却下された。アジア地域女性フォーラムの役割についていえば，2002.7から「ロラのキャンペーン」（性奴隷を強制された女性の組織）が行われた。アジア女性基金（日本の民間基金による償い）に対してフィリピン女性は拒否してきたが，経済的事情により60名の女性が基金から受給，しかし日本政府からの公式謝罪がないことを批判した結果，その後2001年に日本政府は基金による補償の中止を発表した。フィリピン国会は慰安婦補償制度を立法する決議を採択し補償法を制定，南アのダーバンで開催された人種差別撤廃国際会議では日本が補償法を制定するよう要求が採択された。つづいてインドネシア代表のマルディエム氏（元

慰安婦）は，いまや慰安婦の名誉と尊厳の回復が必要であることを強調した（木村公一・アブディエル神学大学教授が通訳）。さらに，アメリカ在住朝鮮活動家の代表の李氏（女性，1966年アメリカへ移住）は，ワシントン地域から挺身隊問題に関する代表3名が出席していることを明らかにし，裁判で協力しているバリー・フィッシャー弁護士も発言を行った。

2）つづいて基調報告が行われ，洪善玉（ホン・ソンオク）・朝鮮「従軍慰安婦」・太平洋戦争被害者補償対策委員会委員長は，①旧日本軍によるアジア地域被害の実態を明らかにする必要性と，②国際協議組織による国際包囲網の提案と審議への期待について述べた。

3）その後の全体集会は，証言集会となった。司会の紹介によれば，ピョンヤンで南北朝鮮のハルモニ（おばあさん）達が一緒に証言するのは初めてのことである。
（1）慰安婦の証言は，以下のとおりである（証言内容は日本語通訳および英語通訳によるものを古川がノートに書きとめたものから適宜要約した，以下同じ）。
① 李容洙（リ・ヨンスク，韓国，84歳）：14歳のとき日本軍により連行され，上海へ。その後台湾へ移り，戦争終結後にプサンへ。自宅に戻ったらオモニに「化け物が来た」といわれ，その後過去を隠し町へ出かけずに孤独な生活を送った。慰安婦に関する新聞記事を見て名乗り出て，1995年に挺隊協で自分の連行について証言。謝罪のない補償はだめだ，いつまでも生きて謝罪と補償を得たい，犠牲者救済の立法化の努力が必要だ。
② 文泌基（ムン・ピュルギ，韓国）：14歳の時に警察により連行され，プサンへ。その後満州へ移り，解放後にソウルに戻った。両親は「鬼か，生きた人間か」と驚く。自分は子供を産めない体になったので，人の目を避けて生きてきたし結婚もできなかった。挺隊協の人たちと会って証

言をしたが,「アジア女性基金」から受給するようにと夜も誰かから電話がかかってくるが拒否をした。自分は法律的な謝罪と法律的な補償を要求する。

③ カッ・クムニョ（朝鮮，78歳）：故郷は全羅南道スンチョンだが，14歳のときに日本人の子守りとして雇われた。その後村から3人が光州の工場へ行くことになり，16歳のときに職場の監督がほかで働くことを勧め光州駅からソウル行き列車に乗った。途中で満州行きの列車に乗り換えさせられ（抗議すると髪の毛を切られた），到着後軍用トラックで2時間移動し，軍の部隊の建物に到着。建物にはカギをかけられた（憲兵のハセガワが各人に番号をつけて名前を書かせた，朝鮮服を引き裂き日本の服＝和服を着せた）。同所の肝炎の女性が死ぬときに「どうしても生き延びて自分の恨みを晴らしてほしい」と言い残した。思うようにならないと日本兵は注射をして気絶させた。自分は，日本名を「レイコ」とつけられ，反抗すると地下室に入れられたが，地下の倉庫には死体がありその死臭で息が詰まった。いま78歳だが，自分は恨みを晴らすまでは死ねない。

④ 李サンオク（朝鮮，76歳）：父は報国隊に徴集，兄と姉はほかに売られ，自分は子守りとして売られた。その後ソンリム港の日本人（ヤスダ）が娘たち15人をトラックに乗せて連れ去ったが，途中で降ろし最後に自分を含め3人が残った。ヤスダが細長い長屋に一人一部屋ずつ入れ，前をはだけた衣服を着せた。16歳だった自分は「アサコ」という名前に変えられ，1日10人から20人の軍人の相手をさせられた。3人一部屋になったときに脱走して山中に隠れ，草の根を食べて生き抜いた。山を降りて農家（南のチュンチョン）に助けを求め，その農家で解放まで暮らした。いまは子供がいないことについて辛いと思う感情があり，日本の国家に補償と謝罪を求めたい。

⑤ 金ミョンスン（朝鮮，75歳）：平安北道テジョン郡出身，地主の家で下女として働いていた。日本の巡査が地主と話をして自分を「お金が儲か

第 4 章　戦後補償ピョンヤン国際シンポジウムの概要報告　73

る」と誘い，巡査と一緒に汽車と馬車に数日間乗って，軍の兵舎に到着した。軍人（ナカムラ）が自分に「オカタ」という名前をつけ，日本の服に着せ替えた（1939年11月）。妊娠した娘がいると，全員を集めその娘を柱に縛り付けて腹を出させて切り裂いた。娘たちが亡くなると犬のように死体を捨てた。いまでも日本人をまともに見ることができず，子供を産めないままでいる。日本政府はなぜ謝罪と補償をしないでいるのか。

⑥　マルディエム（インドネシア，1929.2 ジョクジャカルタ生まれ）：14歳のときにだまされた48人の少女がスラバヤへ，さらにニチマルの船で南ボルネオへ移った。そこで3メートル以上の塀で囲まれた建物のなかで6人の軍人が代わる代わる自分の体の上にのしかかった。1943年の時点で24人の女性が監禁されていた。妊娠すると日本軍のチカダは病院へ連れて行って4錠の薬を飲ませ，堕胎をさせたが失敗，さらに数名の男が自分の腹に乗って圧迫したが，結局男児を出産した（自分と同じ名前の「マルディエム」と命名）。慰安所から離れたところで3ヶ月間の休暇を与えられたが，そこには「ロームシャ」（インドネシア語化していた）という強制労働者がいた。その後爆撃を受けて柱の下敷きになり這い上がって助かったが，パサランベ（慰安所の場所）に連れ戻された。チカダは「お前は死ななかったのか」といったので，「死ぬ死なぬは主人＝チカダの思うようにはならない，主のなせるもの」と言い返したところ，彼に立てなくなるまで殴られた。拷問を受けたため，いまは左半身に障害がある（今日の通訳の木村公一氏に療法を受けた）。その後またチカダは自分を呼び出し，「悪かったな」といいつつ強姦をした。絶望のうちに3年間を過ごした。慰安所には3つのグループがあったが，第1棟は1942年に，第2棟は1943年に，第3棟は1944年に連れて来られた女性たちだった。日本政府は破壊された自分たちの心と体を癒すために謝罪すべきだと訴えたい。

⑦　フリア・ポラス（フィリピン，73歳）：ミンダナオ島のサンタアナ生ま

れ，1982年以来夫と子供と暮らしている（45人の孫がいる）。戦前は16ヘクタールのココナツ農園で8人家族で暮らしていた。11歳のときに日本軍がフィリピンに来たが，1944年（14歳のとき）に日本兵が自分の村に来た。1年間は両親が自分を別のところに隠してくれたが，2年目に日本兵につかまり，トラックに乗せられて暗いトンネルに閉じ込められた。その中で日本兵（オフィサー）は顔に光を当ててレイプした。その後8ヶ月間で100人が自分をレイプした。米軍のダバオ爆撃で日本兵が逃げたので，自分も逃げ出して村へ戻った（母親と再会）。日本兵への憎しみは極めて強い。1992年の新聞報道で60人の生存者がいることがわかり，正義の実現のために東京地裁へ提訴した。そのときにマニラの日本大使館前でデモ行進を行い，「ロラ（Lola）の家」で定例会合を行っている。1994年にアクティブ・メンバー3名が日本大使館前でデモを行い，1996年に日本政府が市民からチャリティ・マネーを集めて「アジア女性基金」（AWF）を作りフィリピンに持ってきたが，自分たちはこれに抗議した。自分たちが求めているのはチャリティ・マネーではなく補償（コンペンセーション）である。「ロラの家」でAWF問題を議論したが，金銭が緊急に必要な女性についてどうするかであった（1996年に基金から受領した女性は1997年に死亡した）。1999年に夫が重病になり入院費用が必要になったので，支援者は私に失望するかもしれないが夫の入院費用のためAWFから金を受領した。自分の基金受領の決断は厳しいものがあったので，韓国の慰安婦の友人に手紙を書いた（AWFから抗議を伴いながら5人のロラたちは200万円を受け取ったが，日本の首相からの手紙は返送したい）。日本の代表団の皆さんに要請したい，「基金のお金はCHARITY MONEYであってCOMPENSATIONではない，首相からの手紙を返してほしい」と。AWFへのプロテスト活動は今後も続ける。AWF後の新しい運動として，国家の補償によって正義を実現するために，フィリピン議会・議員に日本政府への補償を要求するよう要請している。最後に，「戦争は女性と子供に暴力をもたらす

のみであること」を訴えたい。
⑧ 鄭陳桃（台湾）：（証言の日本語訳文あり）高雄生まれ，18歳のときに連行されアンダマンに1年2ヶ月いたが，その後ジョホールに2年7ヶ月いた。軍の施設か民間かは不明である。1日10人から20人（一人1時間）の相手をさせられた。1945.8に台湾に戻った。28歳で結婚したが，子供が産めず離婚した。45歳で再婚したが，夫に嫌われることを恐れて過去のことは話していない。いまは野菜売りの商売をしている（1日150元の収入）。日本人を憎悪している。

（2）強制連行の証言は，以下のとおりであるが，南（韓国）の強制連行被害者が北（朝鮮）で証言をするのは初めてである。
① アン・ソクト（朝鮮，72歳）：仁川の芝浦通信機械に強制連行された。1944.8頃に警察が14名の同年齢男子を貨物トラックに乗せ，拒否すると銃剣を突きつけて貨車に載せてカギをかけた（強制連行以外の何ものでもない）。警察署長は「非常時に天皇のために技術を習い金も儲かる仕事をしにいくのだ」と話していた。京畿道仁川の芝浦通信機械には13－14歳の少年が200人いて生きた奴隷のような生活を強いられた（1日12－15時間労働，防空壕掘りと砂利を取る雑役，砂利とりでは自分と同じ重さの砂利を背負って運ぶ作業，寝る場所はかび臭く細長い倉庫に30人，毛布1枚ずつ，食事は豆かすと麦飯，いつも栄養失調のため伝染病や大腸炎にかかり1日20－30人が倒れた，病気に関しては咳をすると血を吐く症状）。14歳の友人＝ファン・ギチョルは「お母さん」といいつつ死んだが，自分は人の死を初めて見てショックを受けた。賠償を得ても元には戻らない。21世紀に入っても日本政府はまだ補償をせず，海外派兵をするとはどういうことだ。
② ハン・ジョンス（朝鮮，75歳，1926.12.12江原道生まれ）：1944年に千島列島の島へ強制連行で出発する途中，7月15日に米潜水艦により船（「太平丸」）が撃沈されたが生存した（100人中11人生存）。江原道から連行されたもの100人中，生き延びたのは16人のみだ（その後50人生き

延びたことを知った)。(司会による事実の紹介:「太平丸」事件については2000年5月,韓国統一部の許可を得て朝鮮・太平洋戦争被害者対策委員会が訪問し,南北共通の事件被害者の証言者探しを行った,南北協力による真相解明の必要があるが,ILOと南の団体の報告書がある。)

③ 金成壽(キム・ソンスウ,韓国,傷痍軍人裁判原告):プサンで教師をしていた兄のところに行きオソン中学で学んでいた3年生のときに,志願徴兵?に応ずれば徴用中の兄が帰宅できるといわれ,1943年にテジョンの部隊に現役兵入隊(1年間の訓練後に擲弾筒の投手としてシャンスーに行ったが,爆撃にあって負傷したが生き延びてカンボジアへ移動,さらにヴェトナムのサイゴンへ。1946年7月祖国へ帰国,プサンで両親と再会した。(古川注:金成壽氏は軍隊に入隊したものも「強制連行」であるとする。)

3. 第1日目・全体会議(基調提起・全体報告)の概要

1)土屋公献団長(戦後処理の立法を求める法律家・有識者の会会長,元日弁連会長)は,「日本の戦後補償—裁判から立法へ」と題して基調提起を行った。

2)次に,バリー・フィッシャー弁護士(アメリカ)は,アメリカで経験した次の4つのケースを紹介した。①1995年に第2次世界大戦のホロコースト・ケースでスイス銀行を提訴,1998年に19億米ドルで勝訴,②ドイツ・オーストリア・ケースで勝訴(ドイツは50億米ドル,オーストリアは15億米ドル),③1999年に中国及び韓国の被害者とコンタクトをとり,より有効な補償要求方法のために提訴,④韓国・ハンギョン道出身の被害者がアメリカで提訴(ジョン対小野田セメント)した。準備中のケースとして強制労働・慰安婦があり,DPRK(北朝鮮)の法律家との協力も考慮中だ。他の強制労働ケースでは,三菱・三井に関する中国・韓国の被害者を依頼人とする訴訟がある。自分は,フィリピン・中国・台湾の慰安婦の代理人として9月18日にワシントンDCで

提訴した。17－18世紀にアメリカの奴隷労働で利益をあげた企業を提訴したが，日本のインフラ作りも強制労働の収益で作った点でアメリカの17－18世紀奴隷制と同じだ。これは「太平洋奴隷貿易地域」であり，アジアからのSLAVE HUMAN CARGOがプサン・中国・フィリピン・ニューギニアから出航したわけだが，三井・三菱等の企業はいまなおその上で営業中である。

　3）崔鳳泰弁護士（チェ・ボンテ，ハルモニとともに大丘市民フォーラム，韓国）は，以下のように報告した。①1965年の日韓国交成立は冷戦の強制下での国交樹立であった（日本占領（日本の統治）についての歴史認識の問題や韓国の請求権問題について十分な話し合いがなかった）。1951年から1965年までの14年間の会談で日本の植民地支配をめぐる日韓の見解の対立は解消されず，ヴェトナム戦争の時期のアメリカの下における日韓協力で1965年妥結したものである。②請求権問題がある。3億ドル無償供与と2億ドル長期貸与を韓国政府は国内向けに請求権資金だと説明したが，しかし1990年代の冷戦終結後に戦時賠償から疎外されてきた被害者が立ち上がった。③韓国の被害者補償は1945．8．15以前の死亡者のみを対象に（また10ヶ月間の申請期間を限って）30万ウォンを支給したが，被害者補償を正せという訴えは法律の不備を理由に却下されている。④－1）広島の三菱重工・強制徴用工の被爆者問題に関して，2000．5．1プサン地方法院に提訴した。④－2）遺骨返還請求訴訟がある。韓国市民から法事ができないとの訴えがあり，事実調査と照会の結果，1948．2．3および5．31に南の臨時政府に日本政府が返還した事実を確認した。2000．11韓国政府に対し返還請求訴訟を行った（返還されたものは遺骨なのか？位牌なのか？という問題がある）。⑤請求権協定の不備のために在日韓国人の補償が欠落した問題に関して，日本国憲法の平等権規定に基づき訴訟を提起した。⑥1999年以降プサンで提訴した裁判が2つある。（A）日韓請求権協定の不備について韓国政府の責任を問う裁判，（B）立法の勧告（強制連行真相究明法）。⑦裁判運動には3つの段階がある。（1）日本政府・日本企業の責任を問う段階，（2）韓国政府の責任を問う段階，（3）アメリカ政府の責任を問う段階（3000人の在韓被爆者が原爆投下に関するアメリカ政府の責任を問う），⑧戦

後補償請求と真相解明運動に関して北(朝鮮)へ提案する段階,つまり日本の責任追及に関しては南だ北だといわずに全民族協力して解決すべき問題である(ユダヤ人のホロコースト問題はいまや全世界に知られているが,36年間の朝鮮民族の被害はまだ知られていない)。今後もシンポを続けて南北の被害研究データを共有してはどうか。

4) 鄭鎮星(ジョン・ジョンソン)弁護士(韓国)の提起は以下のようである。韓国の挺身隊・慰安婦問題は国連ベースで解決する必要がある。(A)国連人権小委員会「クワラスミ報告」(1996)の存在,(B)ILO(日本は1932年強制労働禁止条約加入)へ韓国労働組合総連盟が提訴したがILOは保留のままである。専門委員会提訴のほうは1995.11取り扱い決定,1996.3専門委員会は「性奴隷の慰安婦は強制労働禁止条約違反」という結論を出し,1997年専門委員会は「強制連行も同条約違反」と結論づけた。2001年ILO労働者会議で総会で扱うべき20個のリストの1つに合意し,国際自由労連でアウトラインを作成,総会取り扱いを要求したが使用者会議の反対で挫折したという経緯がある。

5)(氏名不明)朝鮮民主主義人民共和国外務省第4局長は,以下のような厳しい意見を述べた。「日本は戦後の国際関係を利用して日本の過去の問題の清算を国際的ルール(正義)でやっていない。それでは「被害国の人民の心の中に残る恨みの感情」を解決できない。「朝日会談」に関する金正日総書記の言葉(心からの謝罪と補償で朝鮮人民の恨みを晴らす)の意味は,①誠実な謝罪,②莫大な被害に対して全額補償の意思を示すこと,それに対して全額補償でなくともゆるすという雅量を見せる,ということである。100年の敵には復讐あるのみだが,「朝日会談」開始への同意そのものが共和国の示した度量である。「朝日会談」の争点は,歴史認識の問題(併合条約の無効論,合法なら補償は不要)と過去の被害問題の解決方法(100万人の虐殺,600万人の強制連行,20万人の性奴隷)である。「日韓会談」の問題点は,①統一朝鮮実現後になすべきであった,②莫大な被害が財産請求権として政治的に決着した,③虐殺等の人的被害と財産被害が日本の合法的支配の結果とされている,④慰安婦

等の人的被害を放置してそれが合法的支配の結果であると受け取られる根拠を作ってしまった，などである。「日韓請求権協定」については，朝鮮はこれを踏襲しない。このままでは南の人民の間に不満を残しており，朝鮮統一後に「反日」を残すことになるが，常に紛争の火種を残すことになるだろう。「日韓条約」は「力の論理」で妥結したが，朝鮮は「正義と道義」による解決を目指す。補償をカードには使わない。政府間のみでなく人民の心の中の「恨み」を清算できる解決を行うべきで，国際社会における正義の回復を行うべきである。」

4．第2日目・分科会および全体会議の概要

　第2日目は，3つの分科会に分かれて報告・討論が行われた。第1分科会は「日本軍性奴隷犯罪」，第2分科会は「日本による強制連行・強制労働犯罪」，第3分科会は「日本の歴史歪曲・右傾化・軍事化」であるが，われわれ参加者からは，第2分科会で新美報告（「花岡事件」の和解について），および第3分科会で内藤報告（日本の軍事化について）が行われた。

　全体会議においては，各分科会から各責任者による討論の報告が行われ，全体会議の司会から，①女性戦犯国際法廷を開催すること，②ハーグ国際法廷で有罪判決を出すこと，③日本政府は被害者が死ぬのを待っているが，生きた証言がいま必要であること，の3点が提案された。

　最後に，各国代表からなる起草委員会で案がまとめられた「日本の総理大臣へ送る手紙」および「国連人権高等弁務官マリー・ロビンソン宛の文書」が国際シンポジウムの名前で採択された。またその後に，国際協議組織結成の提案が行われ，賛同の拍手で結成が確認された。

　マリー・ロビンソン国連人権高等弁務官（元アイルランド大統領）宛の「要請」には次の3項目があげられた。①国連人権高等弁務官室にすでに提起された報告と勧告，決議に基づいて，日本の戦時罪行を追及し，被害者たちの名誉と尊厳の回復問題を専門的に扱う分科会を設置し，②朝鮮とアジアの全地域に

おける，旧日本による被害状況と日本に保管されている一切の過去の文献及び資料を調査・集計するための調査団を組織してその活動を保障し，③貴下と国連の重責におられる方々が日本政府の総理に直接お会いして，旧日本の反人倫的犯罪行為に関した国連の当該機構の勧告と決議を真摯な態度で受け取り，早急に履行するように要請してくださるよう，提言する，というものであった。

5．その後の展開について——むすびにかえて

1）帰国後の報告会

ピョンヤン・シンポから帰国後に，東京で報告会が5月17日（金）午後6時半から九段社会教育会館で開かれた（同日午後首相官邸に5月4日に採択した小泉首相あて書簡が届けられた）。

報告会では，①国際シンポジウム記録ビデオ上映（約15分），②報告：土屋公献団長（元日弁連会長・協力委代表），大島孝一氏（戦後補償実現市民基金代表），伊藤孝司氏（写真家），金英姫氏（戦後補償実現JKネット世話人），有光健氏（戦後補償ネット世話人代表）などが行われた。

2）国際協議会の結成準備と9・17「日朝共同宣言」を境とする会議の延期

（1）2002年10月25-26日に予定されている「日本の過去の清算を求める国際（連帯）協議会」の結成集会の準備に当たる「日本準備委員会」が発足した。5月に平壌で開催された「アジア地域シンポジウム」での合意に基づき結成集会を東京で開催するための準備チームである。主な検討内容は，①参加者は国を代表するものではなく，各団体を代表しての参加とするが，各団体間で可能な限り広く協調・調整してもらうよう要請する，②実務者や活動家だけでなく被害者にも極力参加を求める，③せっかく日本の首都に集うのだから，NGO間の協議と調整にとどめず，政権・政策にインパクトを与える行動も考える，などであった。

8月の時点での見通しは，事務局長の有光氏からのメイルでは「正式の呼び

かけは9月17日の「日朝首脳会談」後の9月25日頃に発送するが, 個別に呼びかけを始め, 予定の確保を要請する」, とされ, 9月17日の"劇的な"「日朝首脳会談」における日本人拉致被害者10名中8名の死亡（2名は北朝鮮未入国）という衝撃的な内容の公表は全く予期もされていない。連絡メイルには, 平壌からの「呼びかけ」と国際協議組織の「規約案」が添付されていた。

（2）9月17日の「日朝首脳会談」における「共同声明」の発表に対応して, 日本側準備委員会は10月25・26日に予定されていた「日本の過去の清算を求める国際協議会」結成集会の延期を提言した。これについて, 平壌の「従軍慰安婦」・太平洋戦争被害者補償対策委員会の孫哲秀副書記長（対文協書記長）からメッセージ（9月25日付）が届き, それは「国際連帯協議機構の結成式や第1回会議を延期する問題に異議はない」というものであった。日本側準備委員会は, 韓国, 台湾, 中国, フィリピン, インドネシア, 米国などにも延期を連絡し了解を得たので, 正式に国際協議会の延期を通知した。

3）国際協議会第1回会議の開催（中国・上海）

2003年9月17日, 上海で「日本の過去の清算を求める国際連帯協議会」第1回会議が開催され, 韓国, 北朝鮮, 台湾, 日本, フィリピン, 米国等が参加することによって, 公式に発足した。

4）国際協議会第2回会議の開催（韓国・ソウル）

国際協議会の第2回会議の開催が韓国の総選挙終了後の2004年5月20日から22日の3日間, 韓国委員会の手でソウルで行われることが決定された。開催通知によると, ①韓国委員会・組織構成は, 共同代表：李スホ（日本の教科書を正しくする運動本部・常任共同代表）, 郭東協（挺身隊ハルモニと共にする市民の会・前代表）, ②運営委員長：梁美康（日本の教科書を正しくする運動本部・常任運営委員長）, ③運営団体：日本の教科書を正しくする運動本部, 挺身隊ハルモニと共にする市民の会, 民族問題研究所, 釜山挺身隊問題対策協議会, 独島守護隊, ④会員団体：韓国挺身隊問題対策協議会, ナヌムの家, 韓日

民族問題学会，挺身隊研究所，太平洋戦争被害者補償推進協議会，太平洋戦争被害者光州遺族会，対日歴史歪曲是正促求汎国民会議，平和市民連帯，等多数となっている。

5）国際協議会第3回会議（平壌，2004年）

当初2004年9月に予定されていた平壌での「日本の過去の清算を求める国際連帯協議会第3回会議」が10月24・25日に開かれることが確定した。2002年5月に平壌で開かれた「日本の過去の清算を求めるアジア地域シンポジウム」で結成が合意され，2003年9月に上海で開かれた第1回結成会議，2004年5月にソウルで開催された第2回会議を引き継いで開かれるもので，「戦後60年」を控える重要な会議である。この次の第4回会議は，2005年前半に東京での開催が予定されている。

6）展望――アジア市民社会は「力」を回復し得るか

（1）2002年9月と2003年6月の2度にわたる小泉首相の訪朝，「日朝首脳会談」の開催は，日朝国交正常化と戦後補償問題の歴史的な解決にとって重大な影響を与えた。すなわち，日本人拉致問題の公式的表面化と金正日総書記（国防委員長）による事実認定・謝罪の表明があり，続く拉致被害者問題の急展開に始まる，北朝鮮「外交」の"迷走"と日本国内の「経済制裁」感情の高揚など，日朝国交正常化を方向付ける太い柱の消滅に近い状況がみられる。北朝鮮には真性の「市民団体」やNGOはないものの，アジア諸地域からの「市民団体」・NGO参加による国際会議が積みあげてきた，戦後補償問題の国境を越えるアジア市民社会による解決の方向付けは，一頓挫をきたしてしまっているのではなかろうか。

2005年8月15日は（9月2日が国際的な日本の「敗戦の日」），アジア太平洋戦争終結から60年目を迎える。「戦後60年」である。この大きな歴史の区切りの年に，自民党・公明党・民主党の与野党横断的な改憲論を土台として，国会両院の憲法調査会は，憲法改正の方向での報告を発表しようとしている。自衛

隊のイラク派兵は，戦後初めての「戦時」における「占領軍」としての自衛隊の派兵であった。2004年12月14日を超えてさらに1年間の派兵延長が12月9日に閣議決定され，政治的にも軍事的にももはや引き返すことができるか否かの判断が難しい「定点」を超えてしまったかのように思われる。

　北朝鮮工作機関による多数の日本人拉致問題は，いかなる意味でも弁明のできない非人道的な国家犯罪である。外交交渉による速やかな問題解決が必要であることはいうまでもない。と同時に，日本が（シンポジウムの証言にあるようなまさに歴史的な国家犯罪ともいうべき）慰安婦問題や強制連行問題などの戦後未解決の補償・賠償問題を解決しながら日朝国交正常化を早期に実現することも急がなければならない課題である。これをこのまま棚上げにして，自衛隊のイラク派兵に見られるような日本が「戦時に派兵のできる国家」，「戦争のできる国家」になるのをアジア諸地域の市民社会は見過ごすであろうか。グローバリズム，グローバリゼーションはただ経済と科学技術の分野でのみ起こっているわけではないことに注意しなければならない。

　（2）国際協議会では，2004年12月8日に各国同日に記者会見を行い（日本では衆議院第2議員会館第2会議室で），日本に謝罪と補償を求め，安保理常任理事国入りに反対する趣旨の国際共同声明が次のように発表された。

　「12月8日に当たり日本の国連安保理事会常任理事国入りに反対し，戦争の被害者への謝罪と個人賠償を求める国際共同声明」は以下のようなものである。

　『今日，日本が東南アジア各地や真珠湾を奇襲し，第2次世界大戦が開始された1941年12月8日から63年を迎えました。

　今年9月小泉首相は国連総会において日本が安全保障理事会常任理事国入りを求める考えを明らかにし，各国に協力を求めましたが，私たちは日本の国連安保理事会入りに強く反対します。国連が2回にわたる大戦の反省に基づいて設立され，日本がまだ敵国条項を適用されているのは知られるとおりですが，かつての敵国，とりわけいまも戦争被害に苦しむ被害者をかかえる諸国との和解が実現していないからです。

来年は「戦後60年」になりますが，いまだに日本の法廷では約30件のアジア各地の戦争被害者によって日本政府を相手取った訴訟が行われています。韓国・米国でも訴訟が行なわれています。日本は，日本が犯した戦争犯罪に対する責任を果たしていません。「慰安婦」，強制連行・強制労働被害者，虐殺被害者，POW・民間抑留者，細菌戦被害者などの戦争被害者と支援者を代表して，日本が，国連安全保障理事会常任理事国への参加を表明する前に，謝罪と賠償をすみやかに行うことを強く求めます。』

第 5 章
日韓併合期の警察機構

石村 修

1. はじめに

　1章の植民地法制と関連して，焦点を「日韓併合条約」が締結され（1910年），日本国による不当な朝鮮半島支配がなされた不幸な時代に対象を絞り，この時代を主に警察機構から概観することにする。治安の維持を名目にして植民地支配を正当化し，これに抵抗する人物や運動を弾圧し，逮捕し裁判にかけ，一見して「法治国家」を演じるに貢献した警察機構を，関係資料を基にして分析することになる。裁判に至る前段階を構成するのがこの警察（主として司法警察）であるが，植民地支配状態にあっていかに法の中で正当化されたものであっても，その実質的な運用が，近代憲法の法原理である「自由と民主制（公開性）」から離れ，さらにO. マイヤー等の西欧公法学によってすでに定式化されていた，「公共・責任そして公平原則」という近代警察原理に反したところでなされてきたことを実証しなければならない。警察権限こそ近代国家のありかたを測定する基準になると思われる。

　したがって，ここで議論したい点は以下の4点となる。第一に，大日本帝国憲法・明治憲法（1889年）は，その適用範囲を空間的にどこまでとしていたのであろうか，という疑問である。この時期の西欧の憲法は，国家三要素説を受けて，自国の領土を明確にするのを常としていたが，明治憲法はこの点を明確にしなかった。正確には植民地を予定していなかった憲法が，具体的に朝鮮併合にどのように法的には対応したのであろうか。第二は，これと関連して，「内地法と外地法」という区別付けの意味・意図である。外地に国籍を適用せ

ず,戸籍を用いた点こそがこの問題を解く鍵と思われる。またこの明治憲法下の地方自治に関しての対応が,この議論を解明する手立てになると思われる。第三は,以上を前提として警察権限を対象にし,明治憲法体制初期にいかなる「近代警察」が導入されたかを問題にしたい。ここでは比較的早期に西欧方式を導入したこと,警察と憲兵という区別をなし,中央警察機構の確立に執着したことを明らかにする。そして最終的に,論題にある併合後になされた日本国による朝鮮への警察機構の導入方法を論じる。最大の特色は,そこに導入された制度が極めて中央集権化された憲兵警察であった点にある。この制度は,3・1独立運動を契機にして通常の警察に変更されるが,朝鮮半島に導入された警察が,当初は軍事的な支配をもっていた憲兵制度であったという点を強調することになる。

　この論題の研究に関しては,すでに歴史家による研究はなされてきているものの,法学者による研究は多くはない。本稿にあってもかつての植民地法制においてなされた不当性を糾弾し,これに関する論点整理をしながら問題の本質に迫ることとした。なお,当時の法令については,朝鮮総督府編『朝鮮法令輯覧』巌松堂書店,1915年,統監府警務総監部令『統監府公報』『官報』を,また,基本的資料として,朝鮮憲兵隊司令部編『朝鮮憲兵隊歴史全6巻』(復刻版) 不二出版,2000年を参照した。

2. 憲法の適用

　「日韓併合」(1910年) は,あたかも当初から計画されたとおりに段階的になされていき,法的には朝鮮半島の主権は日本国に帰属し,「一切ノ統治権ヲ完全且永久ニ日本皇帝陛下ニ譲与」(第1条) された[1]。また,これに先立つ閣議決定された大綱が明らかにしているように,「朝鮮ニハ当分ノ内憲法ヲ施行セス大権ニ依リ之ヲ統治スル」ことになっていた。ところで明治憲法は,領土の確定をしているわけではなく,その適用がこの地にも及ぶかが論争になりうる。この論争は,法理論的に消極・積極説があったが,これらの理論を支え

ていたのは，この朝鮮という空間に関しての考え方の差であったと思われる。この議論は，すでに台湾統治に際して規律された「法律63号」をめぐる論争において経験ずみであったこともあり[2]，学会でも問題となったわけでもなく，政府もことさら大論争とするつもりはなかった。ただし政府は立場上，原則として憲法適用を認め，その性質からして除外して適用される条項があることを示唆していた（桂首相より寺内総監あて）。先に示した法令集においても，冒頭に明治憲法が掲載されている。それは多分に政治的な理由からであり，併合条約が平和裏に締結されたことを実証するためには，憲法を頂点とした法治国家を朝鮮においても実行することが必要であると政府も認識していたからであると思われる。

　明治憲法解釈をめぐる学説には，正統的（神権的）憲法学と立憲主義的（民権的）憲法学との対立があったが，前者は概ね植民地への憲法適用を認め，後者はこれを否定するものであった。前者が適用を認めたのは，天皇の統治権を憲法において絶対化し，天皇を統治の中心に設定する以上は，内地も植民地も同様に日本国の領土であると考えたからであった。ここにあったのは本来的には法理ではなく，現存する憲法体制を支える国体の新たな空間での適用・維持であったはずである。他方で否定説は，法理からしては委任の限界論からであり，法解釈からは単純に憲法に明記されていない（憲法上の欠缺）ことや法実証主義的法解釈が理由とされる。たしかに，総督に委ねられた制令（命令）制定権は，憲法とは別個の法構造に位置しなければならず，また，明治憲法には植民地に関する規定はない。その代わりに，「八州」という領域限定用語を用いていた（告文）。その結果，否定説は二重の法体系を導き，実際の法運営とも合致したことになる。台湾と異にして，朝鮮では国籍法が適用されず，戸籍によって日本臣民であることの説明をなしてきた。その結果，同じ日本臣民という名称をもちいながら，内地にいる朝鮮人，朝鮮（外地）にいる朝鮮人，朝鮮にいる日本人と内地にいる日本人という区別付けをする余地が残された。特に，現実問題として兵役や選挙権がこの区分と関係してきた。戦後に生じた補償問題にあって，この区別が便宜的に利用されたことはいうまでもないことで

ある。

　日韓併合後の朝鮮では，その法体系を想定するとすれば以下のようになるであろう。まず，明治憲法を頂点に置き，次いで帝国議会で制定される法律と緊急勅令という系列が一つあり，これと別個に，「朝鮮総督命令，朝鮮総督布令，警視総監部令，道令，道警務部令，府条例」，といった朝鮮にのみ適用される系列がある。さらに，朝鮮にあって日本人のみに適用される法規と朝鮮人のみに適用される旧韓国法があったことにより複雑を極めた。ただし，併合以前にすでに行政権（1907年）と司法権（1909年）は日本国にあったのであるから，これらの法体系の執行権限は一元化されていたことになる。この中にあって「犯罪即決令」は特異であって，警察官に広い裁量的な体刑・罰金を科する権限を付与し，行政と司法の極端な融合を許容していた。要するに「朝鮮は最後まで日本帝国主義内部の異法地域であった」[3)]のである。

3．内地と植民地（外地）

　もとより朝鮮半島の地やその周辺地域には「衛正斥邪」という小中華主義があって，「華夷秩序」を旨とし，したがって日本の天皇は「日王」に過ぎないのであり，この王によって直接に支配されることは思想感情的に最も屈辱的なことであったはずである。精神的にも天皇に対する畏敬を朝鮮の人々がもちうるはずがなかったのであり，その意味で憲法の直接適用が顕在的になされなかったことは，この感情を配慮したことの結果であると思われる。この疑問は，しかしもっと複雑であったかもしれない。実際に朝鮮総監は「天皇ニ直隷」していたのであるから，総監はいわば天皇の代理として統治に当っていたのであり，憲法が適用されるか否かに関係なく，支配を受けているとの屈辱感は拭いされようも無くあったはずである。その後の朝鮮支配は，天皇の代わりに総督があり，政務総監を頂点とする行政系統と，警務総監部を頂点とする警察（憲兵）系統があったが，後者は軍事側面を露骨に表していたが故に，後者の優位は明白であった。

軍事警察系統 → 朝鮮駐劄憲兵隊司令部 → 憲兵隊本部 → 憲兵
　　　　　　　　陸軍将官　　　　　　　　憲兵左官
普通警察系統 → 警務総監部　　　　　　 → 警務部　　→ 警察官・巡査

　台湾を初めとする新領土については，「特殊地域，特別法域，特別地，植民地」とさまざまな名称が付けられ，昭和の二桁代になって「外地」という名称が使われるようになった。法的には後追いの状態で対応してきたことになるが，基本的には別個の法規が適用される「異法地」としての認識は強かったはずであり，憲法の適用よりも効率的な法制がなされたことを学者も追認してきたことになる。具体的な併合後の朝鮮人への法的対応で問題となる点は，公法的取り扱いと私法的取り扱いに区別して議論しなければならない。公法的には明確に区別し，例えば選挙権制限や言論弾圧（保安法や出版法による）を行なう根拠とした。参考とした19世紀の立憲君主制の憲法の多くが国家三要素説に基づいて，国境を定め国民の要件を定めていたのに比して，明治憲法は日本人を明確に定義することもせず，憲法による国政の確定を意図的に回避している。憲法制定後数年してやっと作られた国籍法（1899年）でさえ，適用域を当初から考えて制定されたわけではなかった。台湾と後には樺太にも国籍法を適用することになったが，朝鮮にはこれを適用せず，しかしそこの人々を実質的に（慣習によって）日本人として扱うことにした。このことは，「併合」という政治行為を重視したことの結果ではなかっただろうか。併合はその説明とは異にして，対等な二国間の合意によってなされたのではなく，日本国の意向にそって強制されたのであり，その意味で国籍法の適用は避けられたのかもしれない。当時京城大教授であった清宮四郎は，「朝鮮人は韓國併合條約および併合の際の御詔書に照らして日本國籍を取得したことは疑いない」という実質論を述べるが，実際の取り扱われにあった差異は大きい。便宜的に日本国は朝鮮人を日本人と扱ったのであり，これと関連して総計100万人とされる朝鮮人「強制連行」や「性的被害者」の悲劇，そして日の丸をつけたオリンピック選

手が生まれたのである。外地人はパスポートをもつわけではなく,「労工従事書」という労働手帳をもって内地にやってきた。その労働形態は初期の募集方式（39〜41年）から,官斡旋方式（42〜43年）そして徴用方式（44〜45年）と確実に悪化の傾向にあった。たとえ契約の形をとったとしても,実態は本人の意思を無視した強制連行であり,その限りで国家政策によって個人の各種の自由を奪ってしまったことになる[4]。

　私法的には「朝鮮民事令」(1911年)があり,原則的に日本国の民法・商法・民事訴訟法等を適用するとしている。ただし,能力・親族・相続に関する規定は朝鮮人には適用しないとして(11条),民事慣行を尊重する対応をしていた。また,「朝鮮刑事令」は,日本国刑法・刑事訴訟法の適用を規定しているが,ここでも特殊な旧刑法の適用を認めていた。こうした法令適用にあって,区別されたものとしては,例えば学事に関しては,「内地人教育と朝鮮人教育」があった。ここで問題とすべきは,国籍法に代わって「戸籍・民籍」が同様に扱われたことである。しかも戸籍法も適用せずに民事令で戸籍を取り扱うということになった。この民事令は兵役の義務にも使用され,1943年の兵役法の改正によって,朝鮮人にも兵役の義務が及ぶことになる。ところでこの戸籍に着目して「外地人」を論じていたのは清宮であり,「戸籍法の適用を受ける臣民であるか否かが,内地人・外地人の両者によって以って分かたれる標準である」[5]としており,結局,この定義では「朝鮮戸籍令」によって,朝鮮人は別の戸籍をもった外地人ということになる。この戸籍制度は古くは律令制に起因し,農耕社会を支配する原理として,生産物の集中管理と人的確保を効率的に行なうために作られた制度であり,明治政府も中央と地方の関係を機能的に把握するために,1871年という早い時点で「戸籍法」を制定していた。朝鮮戸籍令は,この戸籍法との関係では,新たな地方関係を明確にし,その住民実態を把握しておくためのものであり,やがてそれが徴兵や徴用の根拠に応用されたのではないだろうか。

4．内地における警察

　警察とはその職務の関係からして，国家権力の中核をなす実力装置としての側面と市民生活の保護者としての側面をもち，この両機能をバランス良く働かせることこそが政府の役割ということになってきている。しかし，前者の役割は一方では軍隊に委ねられ，他方で近代憲法において国民の基本的人権を擁護するという観点からは，実力装置としての警察の役割は後退することが理想的とされてきた。問題は近代の出発点にあってアジアの小国がこの近代警察の役割を考慮し，いかに理想とされた警察機構をもちえたかである。ここではまず明治維新政府が直ちに近代的警察制度を作り上げた過程を概観し，これが植民地にどのように反映されて行ったかを確認することにする。

　明治政府とすれば，手本としてあった律令体制の手直しをして当面は凌ごうと考え，当初太政官制の下で軍務官・刑法官を置き，さらに，これを統合する形で兵部・刑部の両省を設けた。この制度の実態は軍隊と警察が未分化であった「軍政警察」の状態であったと説明されている。明治初期における制度的な混迷を抜け出すためには，どうしても制度の体系化が必要であった。明治維新の画期性と特異性を指摘するとするならば，他国に見られなかった速度で西欧式の近代的統治構造の模倣を惜しまなかったことであり，個別警察制度においても同様の措置がとられた。1872年には司法省に警保寮を置き，早くも全国の警察事務を統括せしめた。有名なことであるが薩摩藩出身の川路利長をヨーロッパ警察研究に赴かせ，主にフランスにて研究に当らせ，その報告書（建議草案）を基にして内務省が中心となる「行政警察」機構を作り出した（1874年）。川路はパリにあって，「ポリスは人民の保母也」という名言を呟いたという。いまだ行警では保安と福利の機能が未分化であったが，翌年には司法警察と行政警察の分離がなされている。同時に中央と地方警察の区分という視点も加えられてくる。これを第一期とするならば，第二期は明治14年（1901年）に日本国内で政変が起こり，長州閥にリードされてドイツ・プロイセン志向が強化さ

れ,「憲兵」制度が採用された「憲法制定期」に該当する。ドイツ人の法律顧問であるK．ルドルプやW．ヘーンが採用されて，プロイセンをモデルにした警察機構の再編にとりかかったのもこの時期のことであった。ただし，かれらはドイツに倣って地方警察の整備の必要性を提言していたが，この点は直ちに受け入れられるところではなかった。かくして内務省により集約化され，地方は官選された知事を通じての統制が図られた，極めて中央集権化された警察機構が構築され，すでに確立されていた強力な軍隊（兵部省が作られたのは1871年，徴兵令がだされたのが73年であった）,との擁立関係が形成された。またこの時期の法制は憲法上不明確であり，法律を原則とするものの細目は行政命令によってなされ，法的な意味では行政警察は行政の側の恣意的な運営を許容するものであった。ただし理論として警察権限の制限を唱えた論者が，ドイツ法の理論枠組みを用いていたことは記しておかなければならない[6]。

以下少し詳しく憲兵について記すことにする。原語がジャンダルメリ（gendarmerie）とあるようフランス憲兵制度をモデルとし，これを邦訳して，憲兵または備警兵としていた。憲法に先駆けて「憲」の文字をすでにあてていた点が興味深い。憲兵制度を紹介する書物として復刻されている，寳來正芳編『日本憲兵昭和史』原書房，によれば，その目的は「1,軍人の名誉を擁護すること　2,軍人の存立を確保すること　3,軍事上の機密洩漏を防止すること　4,普通警察機関の力及ばずして威力警察力を要する場合の警察機関たること　5,戦時事変に際し軍隊の戦闘力を警察務に消耗せしめざること　6,軍事警察上付随したる普通行政及司法警察を掌らしむる便宜あること」（6頁）にあった。要は軍隊を保持するために設けられた機構といえる。憲兵は，一般治安維持の役割と軍事警察の役割の両者を担うことになるが，この当時すでに一般警察が機能していたのであるから，憲兵の機能は「軍の存立および軍人の紀律保持のための警察」に重きが置かれた（1881年太政官達4号）。この憲兵の必要論を説いていたのは，川路と同じ時期に滞仏していた井上毅と岸良兼養であり，直ちには実現するには至らなかった。それは治安型の憲兵制度であって，先に述べたように必要とされたのは軍警察なのであり,「明治14

年の政変」は政府内に法治国家としての方向性を与え，これを契機に創設されたのが憲兵条例であったのである。設立の背景は多面に及んでいるが，主たるものとしては各地に設けられた鎮台兵の無統制，武士上がりの警察官の粗悪さ，将校の腐敗，民選議院設立運動といった治安の悪化という具合に，軍隊と警察を超えたところでの秩序維持の必要性があった。西欧流の組織への反対論を押し切って設立の断を下したのは，当時の陸軍卿大山巌であった。翌年（1882年）軍人勅諭が下付されたのもこうした時代を大いに反映したことになる。憲兵条例1条によれば，憲兵の任務は「……巡按検察ノ事ヲ掌リ，軍人ノ非違ヲ視察シ，行政警察・司法警察ノ事ヲ兼ネ，内務，陸軍，海軍，司法ノ四省ニ兼隷シテ国内ノ安寧ヲ掌ル」といった具合に広範に及び，その関係で内務・海軍・司法の三省に隷属していた。当初の目的は軍隊内部の秩序維持にあり，軍紀の確立にあり，組織的には陸軍大臣の管轄に属した。人的に余裕のあった警視庁から募って憲兵隊が形成されたが，これが後に「鬼より怖い憲兵隊」と言われるようになるのは，憲法発布後（1889年）の憲兵条例の改正によってである。つまり，憲兵は従前の任務に加えて治安確保の任務が加算され，大正末期以降はむしろここに重きが置かれるようになったからであり，先に指摘した井上の構想がこの時点で再現されたことになる。職務は，まず軍事警察（社会情勢の視察と警防，軍人軍属の非違反罪の警防と処置，在郷軍人や未入営壮丁の視察調査，軍紀の保護，軍事築造物の危険防止など）があり，次いで行政警察関係があり，さらに，司法警察関係があって，それぞれ指揮を受ける大臣を異にしていた。正規の憲兵だけでなく，補助憲兵が数倍配置されていた。ただし思想警察としては，1830年代は「特高警察」が主たる任務を果たすようになった。憲兵は限られた人員で集約的な効果を生み出すという意味からして，植民地においてもっとも治安維持側の適った警察体制であったといえるし，それゆえに併合を通じて直ちに外地・朝鮮に導入されたものであった。

5. 朝鮮における警察

このテーマに関する主な資料をまず紹介しておく。① 松井茂「朝鮮ノ内務行政殊ニ警察行政ニ就テ」国家学会雑誌24巻12号，② 梶村秀樹・姜徳相「日帝下朝鮮の法律制度について」仁井田博士追悼集，③ 平野武「日本統治下の朝鮮の法的地位」阪大法学83号，④ 朴慶植『日本帝国主義の朝鮮支配・上』青木書店，⑤ 山辺健太郎『日本統治下の朝鮮』，⑥ 松田利彦「解説　朝鮮憲兵隊小史」朝鮮憲兵隊司令部編『朝鮮憲兵隊歴史　第1巻』，⑦ 慎　蒼宇「憲兵補助員制度の治安維持政策的意味とその実態」朝鮮史研究会論文集39号。

①は1910年，当時の警務局長であった松井氏が，概括的に時代を追って記述したもので，当時の複雑な警察機構を論じている。当時存立した組織は，朝鮮憲兵隊，領事館警察，そして朝鮮警察であった。他の論文も同様なのであるが，併合後と前で明らかにこの警察機構は根本的な変更がなされたことが確認される。つまり併合以前を「顧問警察時代」と呼び，統監の監督下で韓国の警察が機能した。警務顧問として警視庁から丸山重俊がいた。さらに，「日韓新協定」以降はこの傾向が強化され，ほとんどの警察官は日本人に占められることとなった。

併合前の時期にあって，義兵を中心とした治安悪化が生じ，これに対処するために強化されたのが明石元二郎を長とする朝鮮駐箚憲兵隊（1903年12月に改編）であり，493の分遣隊が設けられた。この時期にあって，韓国駐剳軍守備隊，憲兵隊そして韓国警察が存することになるが，治安の確保を優先するかぎりにおいて，憲兵中心になることは必至であった。併合に先立つこと二ヶ月の時期に，この警察制度は根本的に変わり，顧問警察権の前面収容が強行された。「憲兵警察制度は，地方行政機関から独立し，統監の直属下陸軍将官が憲兵隊司令官・警務総長を兼任し，各道は陸軍左官が各道憲兵隊長，警務部長を再任し警視たる尉官，警部たる下士及び従来よりの警視，警部，巡査を配属させたものであった。」（②329）。日韓併合のいわば露払い的構造を示したことに

なり，警察機構の集約化は，一方で警察そのものの一元化をもたらし，他方で中央集権化をもたらした。この制度は，3・1独立運動の時点まで維持・強化された。一般に憲兵といっても指揮隷属の関係で，陸軍大臣に属する「軍政憲兵」と作戦軍司令官の指揮下にある「軍令憲兵」に区分されるが，外地にあった憲兵は隷属の関係で異にしており，彼らは作戦司令官の指揮によって，主として軍事警察と作戦（占領）地域の防衛に任じていた。しかし，憲兵としての共通項として軍の存立を第一としていた側面は同様であった。

　資料的には⑦が最も重要であり，年代的に韓国併合まで（1896〜1910），「武断政治」期（1910〜19），3・1独立運動以後（1919〜45），と明確に区分するのは他者と同様である。本資料によって朝鮮に憲兵が導入された経緯，これが強化された理由が明らかにされる。朝鮮半島にこの憲兵が導入されたのは，1896年に京城と釜山間の軍用電線守備のためであったが，これについてはロシアとの協定（小村・ウエーバー協定）であって，朝鮮は関わることではなかった。また人数も次頁の表を参照してもらえば明白であるが，日露戦争の時期に到って，協定の数値200名を超える人員が配置されることとなった。韓国統監府の初代統監であった伊藤博文は，顧問警察によって統治をなすというあからさまな軍事支配を避けようとしたが，1907年以降の抗日義兵活動に対応するために，朝鮮憲兵隊を急に強化することとなった。内地からの援軍とともに現地で募集された朝鮮人の憲兵補助員もこの強化に与っている。憲兵が重要視されたのは，義兵の拡散化・細分化に対応し，一般行政事務に対応するためにも有用であったからである。

　併合に伴う「武断政治」の時代になって，国内の憲兵と同様にして朝鮮における憲兵は，軍事作用に呼応した一層の治安活動をなすべく使命を自覚したことになる。そのためには組織的な統合化が必要となり，占領を効果あらしめる軍を頂点とした有機的組織が必用であり，こうしてあらゆる領域にまで監視する体制が形成されたことになる。朝鮮総督府警察官制（1910年）が上記のことを法令上明確にし，組織的には6条が「警務総長ハ朝鮮駐箚憲兵ノ長タル陸軍将官ヲ以テ之ヲ充ツ」としているように，天皇，総督・警務総長＝陸軍将官・

内地・外地の憲兵人員数

	朝鮮	内地	台湾	中国	関東州	戦地	合計
1900年	0227	1233	1147				2607
1905年	0318	0940	0233	0031	0358	3264	5144
1910年	7582	1144	0200	0025	0193		9144
1915年	8031	1140	0078	0025	0181	0157	9612
1920年	1373	1237	0078	0452	0177		3317
1925年	0521	1428	0075	0042	0177		2243
1929年	0524	1425	0080	0042	0178		
1933年	0490	1498	0081	0051	0690	0075	2885
1937年	0568						3700

出典　松田利彦の⑥の論文の2頁

警務部長・警視，警部，巡査という一元的な支配がはっきりとした。これを図式化したものが，ほとんどの論文で引用されている。また，同年に出された「警察署ヲ置カサル地ニ於ケル警察事務ニ関スル件」によって，警察事務は憲兵分隊または憲兵分遣所でなされるとされており，憲兵組織の緻密さを知ることになる。この時代の憲兵について比較的詳しく記述しているのは④であり，その広範な任務を明らかにし，それが狭義の警察に留まらず，「日本語の普及，道路の改修，国庫金及び公金の警護，植林農業の改良，副業の奨励，法令の普及，納税義務の諭示」といったものも含まれていたとしている。実際の彼らの行動についてはここに記されている通り，近代法の枠組みを外れたものであったことが推測されるし，裁判記録こそその蛮行の一端を明らかにしていたものであろう。

　3・1独立運動を契機にして，この憲兵政治が「文化政治」に変化したことに注目するのは，③や姜徳相「日本帝国主義の3・1運動弾圧政策について」日本史研究90号である。3・1運動の衝撃を受けた総督側は，警察制度の改革として憲兵警察を一掃し，総督府に警務局を置き，他方で地方の警察権を道知事の職権とした。当然に警察官は増員され，しろうと警察官が速成された。こ

れでほんとに「文化政治」がなされたかについては,懐疑的に考えなければならない。確かに朝鮮憲兵隊は,人数や権限の面で大幅な縮小をなした。このことは治安維持の主役が憲兵から警察機構に変化したことを意味している[7]。ただし憲兵は本来の職務に戻って弾圧を繰り返し,警察は憲兵に代わって虚勢をはったのであるから力による植民地支配の意向が根本的に変化したわけではない。

6．まとめ

外地という法認識は,最後まで別個の法体系の存立を前提としたものであり,その意味では「警察」の中にあっても近代立憲主義的な要素を付帯させる意図は,支配する側の論理として一貫していたと思われる。この報告と関係して,笹川教授を中心とする「3・1独立運動と裁判」の研究は,当時の刑事事件に関わる裁判記録を丹念に調査して,朝鮮における裁判所の役割を明らかにしようとするものである[8]。刑事事件は国家権力が法に基づいて行使する一連の手続きであるが,この過程にあって警察は端緒となる。警察の活動がずさんで法を無視したことを行えば,はなはだしい人権侵害が生じることは明らかである。その意味からして,ここで述べてきたこの時期の朝鮮における警察は,近代警察からはなはだしくかけ離れたものであったことを指摘しようとしてきた。それは日本国内にあっても同様であったが,外地にあってはその侵害程度が甚だしかったのは,法制度・機構・人員の全てに亘って圧制が貫徹されていたからであった。この権力支配の犠牲にあった人々を想起し,この時期の検証は継続してなされていかなければならないことになる。

1) 日韓併合という歴史事象については,その法的な性格についての論争が継続している。「不当・無効論」と「有効・不当論」の間にある溝は大きいものがあり,今後の論争の成熟が待たれる。参照してもらいたいのは,笹川紀勝「古典国際法の時代における日韓の旧条約(1904-1910)」専修大学社会科学研究所月報472号(2002),の指摘と内藤光博の「まとめ」である。

2）江橋崇「植民地における憲法の適用」法学志林82巻3・4号。
3）平野武「日本統治下の朝鮮の法的地位」阪大法学83号，322頁。
4）石村修「花岡事件の周辺」専修大学社会科学研究所月報459号（2001），6頁以下において，強制連行の実体の一部を示しておいた。これに関する訴訟は，継続中である。
5）清宮四郎『外地法序説』（有斐閣，1994）10頁。
6）最も代表的な業績として，鵜飼信成「Polizeiの観念」美濃部教授還暦記念『公法の諸問題1』（有斐閣，1934）。
7）松田利彦「日本統治下の朝鮮における警察機構の改編」史林74巻5号。
8）トヨタ財団による援助をもって「3・1独立運動と裁判」のシンポジウムが，ソウルと東京を往復する形で開催され，とくに笹川・金勝一氏の努力と李輔温氏の協力によって，以下の裁判資料が出来上がっている。この資料の解読が今後の課題となっている。笹川・金編『三一独立運動判決精選一～三』（高句麗，1999）。なお，本章はソウルでの私の報告に手を加えたものである。

参考文献（文中に引用したもの以外の主要なもの）
〈一般的な歴史分析〉
市川正明編　韓国併合史料1（原書房，1986）
海野福寿　日韓協約と韓国併合（明石書店，1995）
　同　　　韓国併合（岩波新書，1995）
森山茂徳　近代日韓関係史（東京大学出版会，1987）
山辺健太郎　日本の韓国併合（太平出版社，1970）
　同　　　日韓併合小史（岩波新書，1966）
　同　　　日本統治下の朝鮮（岩波新書，1971）
金　達寿　朝鮮（岩波新書，1958）
朴　慶植　日本帝国主義の朝鮮支配　上・下（青木書店，1973）
現代史史料　朝鮮（二）（みすず書店，1970）
糟谷憲一　朝鮮の近代（山川出版社，1996）
講座日本歴史9（東京大学出版会，1984）
〈法的分析〉
松岡修太郎　外地法（新法学全集5巻・日本評論社，1938）
　同　　　「朝鮮に於ける行政権及びその立法権並びに司法権との関係」（京城帝国大学法文学会・法政論集）
清宮四郎　「外地及び外地人」公法雑誌2巻1号（1937）
　同　　　外地法序説（有斐閣，1944）
中村　哲　植民地統治法の基本問題（日本評論社，1984）
　同　　　「植民地法」（日本近代法発達史・5巻・勁草書房，1958）
佐々木惣一　「帝国憲法と新領土」公法雑誌4巻6号（1938）

山崎丹照　　外地統治機構の研究（高山書院，1943）
鈴木敬夫　　朝鮮植民地統治法の研究（北海道大学図書刊行会，1989）
外務省条約局第三課　外地法令制度の概要（外地法制誌第二部，1957）
古川　純　　「日本国憲法前史」（樋口編・講座憲法学Ⅰ・日本評論社，1995）
　同　　　　「外地人とはなにか」（大石他編・憲法史の面白さ・信山社，1998）
谷田正躬他　日韓条約と国内法の解説（時の法令別冊，1966）

〈警察機構〉
内務省警保局　庁府県警察沿革史（原書房，1973）
　　同　　　　日本警察の沿革（内務省警保局，1946）
李　栄娘　　「第一次憲政擁護運動と朝鮮の官制改革論」植民地研究35号
中原英典　　明治警察史論集（良書普及会，1980）
大谷敬二郎　昭和憲兵史（みすず書房，1979）

Ⅱ編

東北アジアをめぐる国際関係

第6章
東北アジア情勢と日中関係

金　熙徳

　21世紀の初頭における東北アジアは，様々な視点から見て，構造的な転換期に差し掛かっているといえる。そのような地域情勢の中で，この地域の主な二大国である日中両国の関係はどのような現状となっているのか。日中両国は，この地域の国際秩序の変動にどう対応しようとしており，また，どのように対応すべきなのか。本章では，これらの問題を念頭に置きつつ，東北アジア情勢と日中関係への概説的な考察を行ってみたい。

1．東北アジア情勢の特徴――安全と経済の鮮やかな対照

　東北アジアは，世界でも稀に見る特徴をもった地域である。ここは，東西冷戦が残存する唯一の地域であり，潜在的な主要紛争地域の一つである。一方，ここは，世界で最も高い経済成長率を誇る地域であり，地域内諸国を合わせると，北米，欧州と並ぶ第三の経済圏である。この地域の安全構図と経済潮流は，他の地域では見られないような正に鮮やかな対照をなしている。

1）安全構図

　2001年の"9.11"以来，東北アジアの安全情勢は，分裂国家と大国関係，伝統的安全と非伝統的安全が錯綜する複雑な構図を呈している。（図1参照）
　このような構図のなかで，南北両政権への分裂と対峙および北朝鮮の「核開発問題」を中心とする「朝鮮問題」は，あらゆる問題点を集約的に錯綜させる焦点となっている。この焦点をめぐる東北アジアの基本構図は，「2（韓朝）+ 4（中米日ロ）」という言葉で表すことができる。

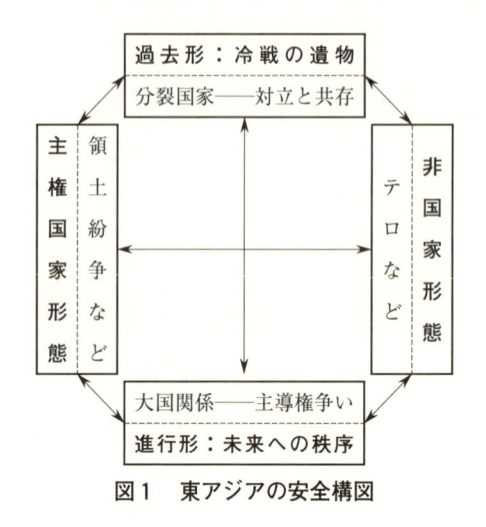

```
          ┌─────────────────────────┐
          │  過去形：冷戦の遺物      │
          ├─────────────────────────┤
          │ 分裂国家──対立と共存    │
┌────┐    └─────────────────────────┘    ┌────┐
│主領│                                    │非 │
│権土│                                    │国テ│
│国紛│                                    │家ロ│
│家争│         ←──────→                  │形な│
│形な│         ↑                          │態ど│
│態ど│         ↓                          │   │
└────┘    ┌─────────────────────────┐    └────┘
          │ 大国関係──主導権争い    │
          ├─────────────────────────┤
          │  進行形：未来への秩序    │
          └─────────────────────────┘
```

図1　東アジアの安全構図

「朝鮮問題」とは，まずは，南北分裂という体制対立が未だに存在し，その解決への道のりは，否応なしに米中日ロという四大国関係と複雑に絡まる地政学的構造の存在を指す。次に，「朝鮮問題」とは，北朝鮮という，戦後冷戦時代の東側陣営の一員だった国が，今までソ連・東欧型の「崩壊」もしていなければ，中国・ベトナム型の「改革・開放」にも乗り出せない状態で生じた症候群を指す。北朝鮮は，ソ連や中国といった従来型の同盟を失いながら，未だに米国に率いられる同盟によって全面的に封じ込められており，政治的孤立，経済的困窮，安全面の体制存続危機を余儀なくされている。そうした局面を打開するために，「核開発」という，この地域に不安定をもたらすような行動を見せているのである。

こうした観点から見る限り，北朝鮮の「核問題」とは，「朝鮮問題」というより広い文脈で捉えるべきであり，後者の根本的な解決がない限り，前者の本当の解決も難しいとみるべきであろう。

北朝鮮を，「核」を放棄することを前提に，国際社会の一員として迎え入れることに，中国，ロシア，韓国3ヶ国は異論を唱えない。これは，東北アジアの平和と安定にとって最も合理的で現実的な選択であると見られるからである。日本とて，基本はこうした立場に同調しているように見える。だが，今ま

で自らの立場をはっきりとさせず，米国の態度を窺いながら常に立場を調整しているようにも見える。

そうしたなかで，米国だけは，たとえ北朝鮮が「核」を放棄したとしても，国交正常化や制裁の撤廃など直ぐにはありえないと宣言している。それは，米国が，実際のところ，北朝鮮の体制を転覆させる戦略を放棄していないからである。「朝鮮問題」およびその下位問題としての「核問題」の解決が長引いているのは，米朝対立構図の未解消にその根源があることは明らかである。

米国にとって，東北アジアにおける最大の関心事は，この地域で覇権的地位を確保することである。「朝鮮問題」の解決も，この最大の目標と矛盾しない形でなければ，米国は断固阻止または阻害に乗り出す。逆にいえば，この覇権戦略に根本的な支障がない範囲において，「朝鮮の核問題」の存在は，適当な緊張状態の継続によって，この地域における米国の軍事的プレゼンスを正当化するというメリットもあろう。米朝対立の基本構図が解消しないかぎり，「朝鮮問題」は，東北アジアの潜在的な緊張情勢の根源となり続けるだろう。

一方，ポスト冷戦時代を睨んで，大国関係の行方が今ひとつ不透明であり，このところに，東北アジアの不確実性が現れている。ソ連の崩壊とロシアの経済的衰退，日本の長期不況と対米追随路線への更なる傾斜を背景に，米国は，中国を21世紀の主な潜在的挑戦者と見なして，対中抑止体制の構築に力を入れてきている。

2001年の"9.11"事件は，非伝統的安全の重要性をクローズアップさせ，対立と協力の両極を揺れ動く中米関係の中で，協力の面を突出させる効果をもたらした。2003年以来の朝鮮の「核問題」をめぐる三者会談や六者会談は，まずは中米協力の産物と見てよい。

今まで，「朝鮮問題」をめぐっては，次のような，様々な「解決策」が模索されてきた。

　一者方式：これは，米国の強硬派（近年「ネオコン」と呼ばれている）が好む対朝戦争方式である。これは，軍事・政治・外交面で大きなリスクを抱えており，近い将来実行に移される見通しは立っていな

い。
二者方式：これは，朝日，朝米，朝韓関係が改善される方式である。
三者方式：これは，中国の仲介で米朝中三者会談の形で，2003年4月にすでに行われ，六者協議への道を開いた。
四者方式：90年代，朝鮮半島の「停戦協議」を「平和協定」に転換させるべく，中朝米韓による四者会談がジュネーブで行われたが，実りのある結果を見ていない。
五者方式：これは，米朝中三者会談に，日本と韓国が参加を申し入れた会談方式であるが，その形のままでは実現しなかった。
六者方式：これは，五者会談提案にロシアを入れた方式であり，北朝鮮側がより受け入れやすい形式でもある。

歴史的に見て，東北アジアにおける大国間紛争は，ほとんど朝鮮半島をめぐる対立から始まっている。今や諸大国の間で，もう一回の朝鮮戦争を戦う意図や余裕があるとは中々思えない。なぜなら，これは，勝者のない戦争になる可能性が高いからである。日米韓には，北朝鮮の体制転覆を主張する勢力が未だに強く存在している。しかし，この方法をもってみても，この地域には，平和と安定は訪れてこない。なぜなら，強引な手法による北朝鮮体制の転覆は，この地域における大国関係に著しい不確実性をもたらし，「新しい冷戦」の始まりとなる公算が大きいからである。

このように見ると，「朝鮮問題」の解決は，平和的解決という選択しか残されていない。その中でも，北朝鮮を国際社会の一員として受け入れ，その改革・開放を誘導する方法が，どの国にとっても最も合理的で受け入れやすい選択であることは疑いないだろう。

中・長期的に見て，これから東北アジアの安全情勢は，引き続き上記のような基本構図のなかで，冷戦構造と未来秩序，伝統的安全と非伝統的安全，対立と協力など，多様な方向性が争うなかで変遷していくだろう。

2）経済潮流

　安全情勢とは対照的に，東北アジアは，今世界でも最も活気あふれる経済成長センターとなっている。貿易と投資を両輪とする地域内経済交流の爆発的な発展を背景に，地域経済統合の流れも強まる一方である。

　「アジア太平洋経済協力」と，そのサブ・リージョンとしての「東アジア経済協力」，そしてその下位地域として東北アジア，この三つのレベルは，それぞれ自らのロジックとメカニズムをもって発展している。その中で，東北アジアにおける経済協力は，自らのロジックとモメンタムをもって急速に進展してきている。90年代初期より，豆満江地域開発計画，環日本海経済圏，環渤海経済圏等々の「局地経済圏」から東北アジア全域の経済協力，ひいては「東アジア共同体」に至るまで，様々な地域構想が花を咲かせてきている。

　「東アジア共同体」とは，ASEAN10ヶ国と中日韓による「10＋3」の対話と協力体制である。このなかで，本来ならば，「10」の方が「3」よりも国力の上ではずっと強いが，「10」の方が「10＋3」の主導権を握っている。これは，「3」の方が「10」のような纏まりがないばかりでなく，日中という二大国が地域経済統合をめぐって合意を得ていないからである。つまり，東北アジアは，地域統合への合理性と潜在性を最も備えながら，地域統合において最も遅れているという矛盾を抱えている特殊な地域なのである。

2．国交回復以来日中関係の特徴——二国間関係の視点から

　東北アジアにおける日中関係はどのような特徴をもっているのだろうか。21世紀において，日中両国が協力して東北アジア地域統合を推進する可能性はどれほどあるのだろうか。

　1972年9月29日に達成された日中国交回復は，戦後両国間で20年間続いた冷戦型の隔離状態に終止符を打った。国交回復が実現できたのは，日中両国および両国民にとって全く幸運な歴史的チャンスに恵まれた結果であり，次のような諸要因が揃ったからであった。

第一に，米ソ二極冷戦構造が米中ソ戦略三角関係へと変遷したことが，日中国交回復に絶好の国際環境を提供した。

　第二に，日中両国が政治・安全・経済などの利益に基づいて断固たる政治決断を下したことが，日中国交回復の決定的な推進力となった。

　第三に，日中間の交渉において，双方とも原則と柔軟性を持ち合わせたことが，国交回復を可能にしたもう一つの重要な要因である。

　第四に，日中両国内に積極的に賛成し促進する社会的な機運が出来上がったことが，国交回復への追い風となった。

　上述の如く，戦後日中関係は，20年余りの紆余曲折を経た後，1972年に入ってから，国際情勢，トップレベルの政策決定，二国間交渉，社会世論などの諸領域に「天時・地利・人和」の諸条件が揃った好ましい状況の下で，一気に国交回復を実現したのである。

　過去32年間を振り返ってみると，日中関係は，政治，安全，経済，文化などの各分野で大きな進展を遂げ，確固たる基盤を築き上げた。一方，この32年間に，国際情勢，日中両国の国内情勢および両国間の相互作用が絶えず変動しつつあるなか，日中関係はいくつかの段階的な変化を経てきた。

　1970年代初めから1980年代初めまでの10年間は，日中間で新しい政治・安全関係の基礎を築き，経済と文化の交流関係のために障害を取り払う時期であった。この時期に，日中両国は，長い年月の戦争と対抗を終結させたことから，まさに「蜜月」の時期に入った。

　1980年代初めから1990年代初めまでの10年間，日中関係は，中国の改革・開放と近代化建設を原動力とする新しい段階に入り，日中経済交流と協力は全面的に展開されるようになった。中国では，19世紀末〜20世紀初期以来の新たな日本留学ブームが巻き起こった。

　1990年代初めから21世紀の初めまでの10数年間，国際情勢と日中それぞれの国内情勢が大きく変わっていくなか，日中関係は新しい調整・再定義の時期を迎えた。この前の20年と比べ，最近の10数年における日中関係は，次のような重大な構造的変化が見られている。

（イ）日中両国の国際秩序観と対外戦略上の食い違いが目立つようになり，両国関係は再調整・再定義の段階に入った。
　（ロ）日本の不況と中国の台頭は，両国の戦略心理にアンバランスをもたらし，双方間の相互警戒心理は両国関係に重い影を落としている。
　（ハ）日中間には，歴史問題と台湾問題などをめぐり政治摩擦が頻発しており，それは日中関係を根底から揺るがす危険性を秘めている。
　（ニ）日中新世代の登場，大衆の政治参与度の向上，世論の多元化などの要因が，日中関係をさらに複雑にしている。
　さる32年間，日中間の政治摩擦を総じて見ると，次のような規則的なものをまとめることが出来る。
　第一に，各種の問題が絡み合って悪循環を形成し，感情的な衝突が理性的な思考に影響を与えている。
　1990年代以来，日中間の潜在的な政治摩擦要因は主に，歴史，台湾，安全，領土・領海，経済という5つの分野であった。これらの問題は，本来それぞれの異なる経緯，ロジックおよび性格があるゆえ，それぞれ異なる方式を以って解決すべきである。しかし，これらの問題の間には，密接な相互影響と相互作用が存在している。例えば，歴史をめぐる論争は，感情的衝突を引き起こし，さらにそれは政治関係と安保対話にマイナス影響を与えるのである。
　日中両国の政府と民間は，具体的な問題をそれぞれに見合った具体的方法で処理し，一つの摩擦が他の摩擦の引き金になることを防ぎ，摩擦のある分野が協力分野に皺寄せを及ぼすような悪循環には歯止めをかけるべきである。それによって，協力分野を以って摩擦分野を抑制するという好循環を生み出すべきであろう。これができるようになることは，日中関係が成熟に向かう重要な徴であると言えよう。この意味では，近年，日中両国が，相互間の政治摩擦と経済摩擦の処理に当たって採った「政経分離」の方式は，摩擦のエスカレートを抑制するうえで，既に良好な効果を収めている。
　第二に，政府と民間，主流と支流とが交じり合っている現状が，日中間の摩擦を一層複雑にさせている。

日中政治摩擦は，更に，次のような二つの重要問題と深く繋がっている。一つは，一体どのような摩擦が，政府によって引起こされたもので，どのような摩擦が，民間行為によるものなのかということである。いま一つは，両国社会の主流と支流を一体どのように見分けるかという問題である。ちなみに，現段階において，日中両国の間では，歴史問題と台湾問題をめぐって，真の対話はまだ形成されておらず，相互信頼に至るまでにはまだ程遠い。したがって，今後日中両国の政府と民間は，この二つの分野をめぐり，長期的で辛抱強くハイレベルの対話を続けていくべきであろう。

　第三に，米国からの影響を受けて，日中両国とも，米国というプリズムを通して相手を見ようとする傾向がかなり強い。

　1990年代以来，日本における中国社会分析に関する一連の理論ないし偏見には，「メイド・イン・米国」というラベルがついている。中国でも，市場経済化の発展に伴い，経済界の日本を考察する多くの観点ないし偏見が，米国の強力な世論の影響によるものである。米国の色眼鏡を掛けないで，日中双方が対話しあうことが要請されている。

　今まで中国の日本研究界および日本の中国研究界は，ともに効果的な努力を払ったとは言いにくい。特に，自国の大衆社会に，より客観的で全体的な相手国のイメージを伝える面で，まだ改善する余地が大いにある。日中両国のマスメディアによる相手国に対する報道姿勢は，冷静かつ客観的というレベルに達するにはまだほど遠い。

　第四に，様々な抑制要因によって，これまで日中間の政治摩擦は限られた範囲内に収まることができた。

　日中関係が政治摩擦によって紆余曲折を経る中で，全体としては健全な発展を遂げ続けているのは，両国間に政治摩擦を抑制する共通利益と民間基礎が働くからに他ならない。

　日中両国にとって，友好共存と共同発展は，いかなる摩擦や衝突よりも重要な大局である。この基本原理が働く限り，あらゆる政治摩擦は，一定の枠内に収まる可能性があろう。経済分野では，日中間の相互依存が急速に増大してお

り，それが政治摩擦を抑制する最大の要因となっている。日中経済は，質と構造の面で相互間の補完性が強く，競合性が弱い。21世紀において，日中経済関係は，高度の分業と協力体制を形成しつつ，大いに発展していくだろう。

　地域戦略のレベルからみると，両国間の最大の共同利益は，永遠に「不再戦」を実現することであり，その他のあらゆる軋轢や摩擦は，全てこの基本原理に従わなければならない。両国の地政学的な関係からみれば，競合意識が生じやすい構造となっているが，理性を持ってこの競合を両国関係の決裂に至らないように，共に努力しなければならない。

　国交回復以来32年の間，両国の民間交流は既に相当な蓄積を持っており，とりわけここ数年間の民間交流はすさまじい発展振りを見せている。その勢いは，両国間の政治摩擦を凌ぎ，それを抑制する要因となりつつある。

　当然なことであるが，これらの抑制要因があるといって，日中関係の安定した発展が確保できるということにはならない。逆に言えば，これらの政治摩擦が無かったら，日中間の政治・安全・経済交流は，今より遥かに密接なものになっていたはずである。

　21世紀の初頭，日中関係は，国力，心理，利益，政策の四つの分野で新たな特徴が現れ，それらによる全体的構造が，21世紀日中関係の発展の基礎条件を成している。

　　（1）総合国力が徐々に相互均衡へ向かうことは，21世紀初頭における日中関係の第一の特徴となっている。
　　（2）相互間の相互依存度が日増しに高まっていることは，21世紀初頭の日中関係の二番目の特徴となっている。
　　（3）心理的要因の日増しに高まる対等化は，21世紀初頭における日中関係の三つ目の特徴となっている。
　　（4）相互作用の対称性が益々高まることは，21世紀初頭における日中関係の四番目の特徴となっている。
　　（5）本格的な政策対話への要請が，21世紀初頭における日中関係の五番目の特徴となるだろう。

これらの特徴を抱えながら，21世紀の初め，日中間の経済関係と安全関係は，相互背離の趨勢を見せ続けている。前者の相互依存が日増しに深まる一方で，後者の相互排斥の流れが根本的な改善にはなっていない。

　国際関係理論の通説では，安全を守ることと，発展を求めることは，あらゆる主権国家の至上の二大利益である。二国間関係では，双方とも自国の安全と発展を守ることを出発点とする。

　現代国際関係において，経済関係は比較的に「ウィン・ウィン」の局面を作り出しやすい分野であり，政治関係分野は「ウィン・ウィン」と「ゼロサム」の並存という二重的な傾向が強い。最も「ゼロサム」に陥りやすいのは，安全関係分野に他ならない。文化関係分野は，長期的に相互理解を増進させる役割を果たすが，短期には相互誤解や不信を生み出す側面をも持っている。

　1990年代の日中経済関係は，1980年代と比べ着実により高いレベルに前進した。しかし，21世紀初頭における日中経済関係は，更にレベルアップすることが出来るかどうか。このことは，結局のところ，日中間の諸分野間の相互作用が，好循環を保てるかどうかに掛かっている。とりわけ両国間に，政治・安全関係と経済関係の間の良好的な相互促進が保てるかどうかが，その中で重要な意味を持つだろう。

　1990年代半ば以来，日中間の政治・安全関係と経済関係との力学構造に新たな動向が見られてきている。日中双方の経済分野の相互依存が益々高まってきている一方，双方の政治・安全関係，とりわけ安全関係は後退を見せるという楽観できない趨勢が現れた。

　将来の日中関係は，次のような三つのシナリオを超越することはないだろう。その一は，対抗へのシナリオ。その二は，敵でもなければ友でもない関係。その三は，協力パートナーの関係。今の情勢からみると，一つ目のシナリオは，中米関係の決裂を前提とするもので，二つ目は過渡期においてもっともありうる日中関係の姿で，三つ目は今後の日中関係の理想像に当たる。

　これからの日中関係において，最善のシナリオを目指し，最悪の可能性を防ぎ，最低限に真ん中の状態を守るために，現在急務となっているのは，両国間

の主な阻害要因を排除し，相互政治・安全関係の更なる悪化を防ぎ，現状の改善を図ることである．

現段階において，日中両国は，感情衝突を緩和し，広範囲の協力の拡大に努め，国際ルールと両国関係の基礎のうえでの良性な競争という流れを作ることである．「中国脅威論」と「日本脅威論」は，既に日中間の相互警戒と協力拒否に繋がる戦略心理上の阻害要因となっている．日本は「平常心」を以って中国の台頭を見ることができるかどうか．そして中国は日本の大国化志向を冷静に受け止めることができるかどうか．これは，これからの日中関係の安定と発展の実現に関わる心理的な前提となろう．

日中間の最も敏感なイシューである歴史問題と台湾問題において，日中両国はあらゆる積極的な対策を講じ，密接な協議を重ねて，阻害要因を排除し，摩擦を解決する具体的なルール作りに着手すべきであろう．

これからの日中関係にとって最も重要なことは，将来の相互関係および地域と国際秩序について，戦略的な共通認識を拡大し，両国間の国力と地域役割をめぐる競争を「ウィン・ウィン」の軌道に乗せることである．それによって，「中国脅威論」と「日本脅威論」の悪循環に陥ることのないように努力することである．そのため，日中両国は，様々なチャンネルや形式を通じて戦略対話を行い，日・中・米関係，日米同盟と中国の安全，TMDなどの重要問題について共同で検討を進め，紛争を未然に防ぎ，相互信頼を深め，対話・交流・協力の制度化に積極的に取り組むべきであろう．

両国間の相互世論が悪化してきた現実について，日中双方は，如何にして友好協力の潮流を醸し出し，両国民間の感情対立を解消するかという課題に直面している．そのなかで，特に「歴史問題」の頻発による世論の悪化を一定の範囲内に限定させ，それによる日中関係への衝撃をなるべく減らすことは，両国にとって避けて通れない重要な課題となる．

「日中が合い争えば，米国が得をする」という現状から，中米日の間の建設的な好循環の三角関係の形成へ転換できるだろうか．これは，ある意味では，将来の日中関係に対する，最も大きなチャレンジである．

長期的な観点からみれば，日中間の「ウィン・ウィン」の実現は，一緒に東アジア地域の経済・安全協力を推し進めることができるかどうかにかかっている。そうすることによって，日中両国は余計な「両強間の競争」を抑え，地域内諸国の理解を得られ，日米同盟を徐々に多国間協力体制に融合させ，地域紛争の解消と海上安全の保障に努め，結局日中両方の安全と発展の利益を最大限に叶える，というマルチな効果に繋がる。

　ここ数年間，日中両国では，21世紀における日中関係に関して様々なシナリオが描かれてきた。そのなかで，日中両国が共同で「東アジア共同体」を築いていくという構想が，日中両国の「ウィン・ウィン」，東アジア地域の共同発展，ひいては世界の平和と繁栄に貢献できる最も理想的な青写真といえよう。

　日本の一部の専門家は，大陸勢力と海洋勢力，中国と米国の間で，日本は必ずその中の一つと同盟関係を結ばなければならない，といった論調を好んで展開する。このような思考方式は，日中間の戦略和解・対話・協力に向かう上で最終的な障害となろう。およそ同盟関係とは，求心力を持っていると同時に，同じぐらいの排斥力を持っている。若し日本が当分同盟関係を維持せざるを得ないとすれば，同盟関係による非同盟関係へのマイナス影響を最大限に軽減するために，主体的な努力を払うべきであろう。

　米中両国に対して，日本は終始一種のジレンマから抜け出せない状態にある。一方において，日本は，米国の力を借りて中国を抑制しようとしているように見える。他方において，日本は，米国の戦略によって日中対立の構図に引き込まれることを避けたがっているようにも見える。米中関係が悪化すれば，日本は米国か，中国かといった二者択一の選択を迫られることになる。それは日本にとっては「悪夢」のようなものに違いない。如何にして日米関係と日中関係のバランスをとるのか。これは，将来へ向けて日本が直面している重要な課題に違いない。

3．日中関係のフロンティア——地域協力の視点から

　2001年11月21日，小泉首相の諮問機関「対外関係タスクフォース」は，『二一世紀日本外交の基本戦略』という報告書を提出した。その報告は，次のように述べている。「(現在日本は) アヘン戦争以降150年の間出現することのなかった〈強力な中国〉に如何に向かい合うかという新しい問題」にぶつかり，「その中国と如何に向き合ってゆくかは，21世紀初頭の日本の対外関係において最も重要なテーマである。」これは，日本の主流エリート達が見た21世紀初頭の日中関係の基本的なイメージであると言ってよかろう。

　21世紀における日中関係の行方は，今後20年ほどの間の両国関係の発展趨勢によってほぼ決められるだろう。また，この時期の日中関係，両国が「両強並立」から生まれる競争心をうまく乗り越え，安定した戦略関係に転換することができるかどうかによって左右されよう。

　日中両国が，戦略不信から安定した相互協力関係へ転換していくには，互いに適応しあう段階が欠かせない。ここで一つの焦点となるのは，日中両国が相手国の大国化趨勢を受け入れられるか，また如何に受け入れるかという問題である。

　20世紀の後半，日本を「先頭の雁」とし，東アジア諸国と地域の経済が「雁の群」として次々と離陸していく「雁行型発展モデル」（以下「雁行モデル」と略す）は，世界で注目と賛嘆を博した。20世紀の最後の10年間，日本経済の長期的不況と中国経済の急成長という現象が見られ，「雁行型モデル」が崩れ始めた。この要因は，日中関係，ひいては東アジアの秩序の変遷に深遠な影響を及ぼしつつある。

　東アジアが「ポスト雁行モデル」時代を迎えた今日において，日中関係は，新たな方向付けを必要とする十字路に立っており，新しいチャンスと厳しいチャレンジに直面している。

　東アジアの新しい発展モデルとは一体何か。21世紀の初頭，日中両国は，他

の東アジアの国とともに，新しい時代における東アジアのために，将来の青写真を描くという歴史的課題を抱えている。

「雁行モデル」が終結へ向かうようになったきっかけは，日本という「先頭の雁」の持続力不足と中国をはじめとする東アジア諸国の追いつきに他ならない。「ポスト雁行モデル」時代の東アジア経済は，もはや先頭を走る「一羽の雁」だけに引率されるものではなくなり，かわりに「群馬奔騰」（一群の馬が競って走る）の局面を迎えている。日本は引き続き最も実力のある経済を持っているが，その牽引車としての役割は大分弱まっている。これとは対照的に，中国は，産業技術における跳躍的追いつきと規模の効果をもって，日増しに大きな牽引効果を発揮している。全体的に見ると，東アジア地域は，史上初めて日中が共同で地域経済を推し進める「二連結機関車」の時代を迎えている。

東アジア経済の大競争時代を迎えて，東アジア諸国と地域は，「協力によってウィン・ウィンを求め，互恵によって共倒れを防ぐ」ことに心がけ，「協力モデル」を以って「雁行モデル」に取って代わるべきであろう。日中両国は，「二連結機関車」としての責任を認識し，その役割を着実に履行していくべきであろう。そのために，相互補完性を最大限に活かし，競合関係を和らげ，地域経済協力を一緒に推し進めていくことが望ましい。

1990年代の末頃以来，東アジア地域統合をめぐり，日中関係には微妙な変化が起こりつつある。過去10数年間，日本は，多国間主義を対中政策の柱の一つとしてきた。日中関係を「二国間関係」から「世界における日中関係」に転換させるべしと提唱し，中国を「國際社会に取りこみ」，「責任ある国に向かわせる」ことを標榜していた。ところが，近年，中国が東アジア地域統合に積極的に取り組み始めると，日本側には，消極的な姿勢が目立っているばかりか，過剰なまで対中競合心理と牽制行動が見られるようになった。従来は，日本が極力中国を多国間ネットワークに取り込もうとした。しかし，近年には，中国の行動が，屈折した形にせよ日本の地域統合への参与を促進するようになっている。

幸いのことに，ここ数年，東アジア経済協力は，その内在的な論理に沿って

進展を遂げている。アジア・欧州会議の成功裏の開催および1997年のアジア通貨危機への反省から，ASEAN プラス日・中・韓による「10＋3」対話・協力体制がとうとう発足した。これは，実はこの地域で朝鮮以外の中心メンバーが全て参加した東アジア協力枠組みであり，東アジア協力への過程における重要なステップである。

　「ポスト雁行モデル」時代の到来に伴い，人々は，「将来東アジア協力体制における主導役」にかんする推測の議論を始めている。若し経済統合の観点からいえば，いわゆる主導権争いは単なる疑惑にすぎない。ところが，国際政治・安保の視点からみると，「主導権争い」の問題が東アジア地域統合への障害となる可能性がすでに見られている。近年，日本は，グローバルな経済利益，日米同盟，韓国のような「準先進国」との自由貿易協定の先行締結などを理由に，東アジア全域の自由貿易圏構想には消極的な姿勢をとってきた。その背景には，農業市場が開放できないという国内政治状況と，中国と対等に協力して地域統合過程を推進することへの心理的な抵抗という二つの要因があっただろう。とくに，日本は，中国が地域協力に関して打ち出す一つ一つの措置に対して，大変過敏に反応しており，「東アジア主導権」への執着心を燃やしている。

　2002年早々の小泉首相の ASEAN 訪問は，朱総理の ASEAN 訪問への競合心を，なおさら隠そうともしなかった。2003年に入るや，日本は『東南アジア友好協力条約』への加入問題でもう一度似たような行動パターンを見せた。最初の頃，日本は，日米同盟への配慮から，ASEAN に対して，同条約への加入をきっぱりと断ったと報道された。ところが，10月8日に中国とインドが同条約に加入すると，日本各界では又もや「これでは中国に負けてしまう」との議論が飛び交い，政府は慌しい再検討を経て加入を決定した。日本が，如何に中国への競合心を燃やしているかが透けて見える。

　2003年に日本は，人民元の切り上げを狙いとした国際包囲網を形成しようと，欧米諸国に積極的に働きかけた。その結果，逆に自らの円相場への介入を牽制され，円高を招いてしまった。

　最近日本で出された数々の政策提言をみると，その中には，日本が東アジア

経済統合の主導権を握るべきだという意気込みが滲み出ている。例えば，2003年6月20日『日本国際フォーラム』の研究チームが小泉首相に提出した『東アジア経済共同体構想と日本の役割』というレポートも，そのような主旨を貫いている。曰く「本提言の（東アジア経済）共同体は，米国と強い同盟関係を築いてきた日本，韓国，およびシンガポールの主導によるものであることを強調したい。同時に，中国がこの共同体の一員として加わることは，東アジアの安定におおいに寄与するものであると確信する。」この類の発想は，「ポスト雁行モデル」時代における東アジア地域の現実を無視し，対米依存型の日本外交の限界を全く自覚しておらず，中国を日本の主導下に置くべきだと提案するなど，東アジア地域統合過程にとって「百害あって一利なし」というべき考え方を捨てきれずにいる。日本は，戦前・戦中のような対中戦略の誤りをもう一度繰り返しつつあるのではないだろうか。

　東アジアの地政学的な政治・経済環境の下で，いずれか一つの大国がこの地域の協力体制作りを主導していくには困難が伴う。米国とロシアはこの地域の外郭にある国として，この地域経済協力の主導権を握るのは無理である。日中両国は，この地域における両大国として，歴史上において交替に最強国と浮上したが，現在は国力均衡へ向かいつつあり，相互間には歴史問題を抱えており，競争心も根深く，今後も相手の主導的地位を受け入れたがらないと見られる。1990年代，東アジアの国際関係は，ASEANがバランスをうまく取ることによって，「小国が大国を率いる」効果をあげ，地域経済・安保の推進を主導することに成功していた。アジア金融危機以来，ASEANの実力と結束力は大きく減退したのであるが，それでも日中どちらに対して，ひいては日中両国が一緒に東アジア協力体制を主導することには依然として警戒心を抱いている。朝鮮半島の複雑な情勢も，いずれかの一大国が東アジア地域協力体制を主導することを難しくしている。このように，今後10〜15年間，東アジア地区協力体制における主導権は定まらず，時により場合によって，各国あるいは各サブリージョンが交代でまたは連携してリーダーの役割を担うということになるだろう。

しかしながら，日中両国はやはり東アジアの二大国であり，地域経済の「二連結機関車」であるから，もし双方が東アジア地域の協力体制をめぐるコンセンサスを得られれば，より重要な働きをすることができるだろう。

東アジア諸国の間には，経済発展段階，社会システム，文化・宗教などの分野で多くの格差や違いが存在する。従って，この地域の統合へのプロセスは，必然的に「長期化」と「多様な選択」という顕著な特徴をもったものとなろう。

ここ数年，東アジア地域協力は，まず経済協力から経済統合への前進を見せている。その主なポイントとして「自由化」と「制度化」が挙げられる。それが具現されているのが，「東アジア自由貿易区」の設立への動きであろう。長期的に見て，このような動きは，遅かれ早かれ，いずれは政治・経済・安保など多方面にわたる全面的な地域協力に向かって進まなくてはならない。

東アジアのある種の「地域統合」は，それに相応した「地域意識」の形成を伴うものである。

1970年代以降，「雁行モデル」の全盛期に，一時世界範囲で「儒教伝統と経済発展」に関する研究が盛んに行われた。それは，マックス・ウェバーの理論を用いつつ，彼の儒教文化に対する見解を修正しようとするものであった。

21世紀における「地域意識」の問題は，既に経済成長に対する伝統文化の役割という次元を超えて，地域統合のための文化的繋がりは何かという次元から提起されている。「地域意識」とは，一般に「地域統合」の産物として考えられるが，実は逆にその先行条件ないしは促進要因にもなりうる。現状をみると，「地域意識」の希薄さが，すでに「地域統合」への重大な阻害要因となっていることは明らかである。近年，この地域の様々な学問分野では，既に「地域意識」の構築または再建に関する問題提起がなされている。東京大学が中心となって勧めている，この地域の「公共知」への模索がその一例である。

東アジア「地域意識」の形成へのプロセスにおいて，避けて通れない二つの大きな課題がある。一つは，「西洋の衝撃」以来の東西文化の衝突と融合の過程を如何に総括していくかという課題。いま一つは，古代中国文明の遺産をどう評価し，近代日本のアジア侵略の歴史をどう乗り越えるかという課題であ

る。

　長い目で見れば，東アジア地域協力は，論理的な帰結として，いずれは「東アジア共同体 (East Asian Community)」へ向かうだろう。その場合，「日中協力がない限り，真の東アジア地域協力はありえない」と言えるのではなかろうか。

　東アジア地域協力をめぐる真剣な対話は，20世紀初めの日中両国の共通課題である。現在，日中双方の基本的な考え方には，共通性もあるが，違いもあり，場合によっては大いにもの分かれしてしまう部分もある。日中両国が共通認識を拡大し，調和と協力を強化できるかどうかということが，東アジア地域経済協力および日中関係にとっての重要課題となっている。

　地政学的に考え，そして経済的な合理性から考えても，東アジア地域経済協力の中心的な構成者は「10＋3」でしかありえない。また，いずれは北朝鮮の参加を実現することによって「10＋4」になることが望ましい。長期的に見て，この地域経済協力が進展することができれば，さらに地域外諸国をも含めた東アジア地域安全協力へと拡大発展していくことだろう。

　「10＋3」の構成国は，いずれの国も経済面で米国に大きく依存している。政治や安全保障においても米国からの強い影響を受けている。それゆえに，米国の懸念を和らげ，その憂慮を解いていくことは，東アジア地域経済協力の必須条件となる。したがって，東アジア諸国は以下のようなことについて，共通認識を作っていかなくてはなるまい。まず，東アジア地域経済協力は，経済的な合理性に基づく協力であるという位置づけである。次に，東アジア地域経済協力と環太平洋経済協力とは排他的なものではなく，補完しあい，促進し合うものである。三つ目として，東アジア地域経済協力の次の段階としての地域安全保障協力のステップでは，米ロなどの外郭国により多く参与を求めることである。これらに関するコンセンサスを作っていくうえで，何事も米国の顔色ばかりをうかがう日本が，いっそう積極的姿勢をとることが肝要となろう。

　東アジアが地域統合へ向かう長いプロセスにおいては，功を焦るやり方と消極的な待ちの姿勢は，両方とも禁物といわざるを得ない。

これからの10〜15年の間，日中両国は果たして，「ポスト雁行モデル」時代における東アジア経済の「二連結機関車」になれるだろうか。その成否は，日中両国が一緒に努力していくことによってのみ決められるものである。地域経済協力を一緒に推し進めるという歴史的な機会に際し，日中両国は相互信頼を深め，コンセンサスを広げていくところから始め，互いにハイレベルの対話と多ルートでの協力を同時に進め，相互協力によって地域協力を促進し，その過程における矛盾や問題を解決していくべきであろう。

以上のような幾つかの現実と仮設条件に基づいて，今後15〜20年間の日中関係について，如何なるシナリオが描けるだろうか。

今後の日中関係の展望において，現実離れの理想だけを唱えることは当然避けるべきだと思うが，明るい将来への積極的な努力を放棄することも決して望ましくない。合理的でかつ現実的なビジョンを提示すると共に，実行可能な措置と段取りを緻密に練ることが肝要であろう。

こうしてみると，2010年までは，日中間の「パートナーシップ」が成熟できるかどうかに関わる重要な時期となると見られる。この時期に，中国の台頭趨勢が引き続き日中関係にいっそうの積極的な影響を及ぼすだろう。中国は，2008年にオリンピック大会を主催し，2010年には2000年のGDPの倍増が見込まれる。その改革開放政策が更に効果を挙げ，中・西部と東北部の開発も成果が見られ始めるだろう。同じ時期に，日本は，構造改革の面で実質的な進展を遂げ，経済の面ではより成熟した経済の軌道に乗り，政界再編が新たな段階に入り，対外戦略も「大国化」へ向けて大きく前進しているはずである。

この時期に，日中経済関係が新たな飛躍を遂げていると予測される。日中貿易は「垂直分業型」から「水平分業型」への更なる転換を遂げ，日中貿易総額が日米貿易に追いつくだろう。日中米欧の間の六つの二国間貿易の規模がほぼ同じ位のものになる公算が大きい。日本の対中直接投資は，小規模の加工貿易型から大・中規模の現地生産型へ転換し，中国の対日直接投資も徐々に増えていくだろう。中国は，日本政府からの大規模な円借款の借入国行列から「卒業」するかも知れない。ただし，中国の環境保護，教育，貧困救助などの分野

では，日中経済協力の継続が十分考えられる。

　この時期に，日中安保対話と協力の大きな進展が期待される。ここ数年検討されてきた軍事交流の展開が望まれる。両国間の戦略対話がいずれスタートを切らなければならず，より実質的な方向へ進展していくだろう。

　そのほか，ビジネス，留学，文化交流，観光などを中心とする両国間の人的往来はさらに増え，両国地方・都市間の交流も更に密接になり，日中間の情報交換と世論の相互作用もさらに密接なものとなるだろう。NGOと個人の両国関係における役割も益々増大すると見込まれる。今まで，日中関係の枠組みは，「民を以って官を促す」パターンから，「政府主導型」へ転換し，「官民一緒に推進する」段階を経てきた。これからの日中関係は，「社会対社会」という全面的交流の段階を迎えることになるだろう。両国双方の行為者はより対称的・対等的になるとともに，ますます多様化していくだろう。

　日中間の「歴史問題」は，重なる摩擦の中で絶えず解決されていくだろう。日中両国が台湾問題において軋轢を解決できるかどうかは，両岸関係，中米関係及び米日の対中戦略の行方に大きく左右されるだろう。

　それから更に10年後の2020年までには，新しいタイプの日中関係がいっそうの発展を遂げる時期となるだろう。その時期では，経済のグローバル化と国際政治の多極化がさらに進展し，日中関係の中身が益々二国間協力から地域と国際社会における協力へ拡大していくだろう。将来日中関係の理想的な目標は，「東アジア共同体」及び「アジア太平洋安保協力体制」の確立である。

　今後の約20年間を展望すると，日中関係は，近代以来最良の歴史的なチャンスに恵まれていながら，かつてないほど厳しいチャレンジにも直面している。日中両国は，共通利益をともに発展させ，最悪のシナリオを極力避け，最良のシナリオを求めるべきであろう。

第7章
韓国の日本大衆文化受容の実態と課題

鄭 溶

1．はじめに

　近年まで韓国で行われてきた日本大衆文化受容禁止措置の背景には両国間の特殊な歴史がある。特殊な歴史と言うのはほかでもない，近世時代にあった二度にわたる日本の朝鮮侵略戦争[1]と近代期の韓日併合[2]のことである。加害者と被害者という関係から始まった近世以降の韓日関係は過去の傷痕が癒えないまま今日まで継続され，それに加えて，最近では教科書歪曲問題や慰安婦問題，靖国神社参拝問題等に関連する日本閣僚の妄言[3]が繰り返されるたび，韓国では過去の問題が改めて現在のこととして持ち出される屈折した交流が続いてきた。韓日間の大衆文化交流は，このような過去の歴史に影響されるしかなかった点が，まさに特殊な背景だと言えるだろう。
　グローバル時代を迎えた現在，両国の大衆文化交流において，このような過去の問題が障害になること自体好ましい現象だとは言えない。歴史と政治の問題はそれぞれの論理と方法によって解決されなければならず，文化交流はそれとは別途の未来指向的な発想で解決されなければならないが，戦後，被害の当事者である韓国が，過去の歴史をなかったことにして直ちに未来指向的な政策を打出すことができなかったのは国民感情を考慮しなければならない韓国政府の政治的立場からみた場合，避けられないことでもあった。簡単に述べると，戦後の韓日間の文化交流は，近世以降の歴史と戦後の政治的状況を無視することはできなかったと言うことである。
　一方，文化交流には必ず経済的な面が付随するものである。韓国が市場経済

を基本とする資本主義国家システムをとっている以上，日本との交流においても，市場経済原理とルールに立脚した公正で透明な競争が優先されなければならない。しかし，圧倒的な競争力があると判断される日本の文化産業から国内産業を保護しようとする政策，日本との過去の歴史問題とがからみ合って，韓国の日本大衆文化受容問題は，これまでずっと矛盾した状況の中にあったと言える。すなわち，過去の歴史問題，資本主義市場経済体制の維持，自国文化産業の保護という3点が，戦後の韓国の日本大衆文化開放問題をめぐっての主要課題であったと言える。

1995年の「村山談話」，1996年のワールドカップ韓日共同開催決定，1998年の金大中政権誕生以降の一連の韓日友好政策，2002年韓日両国のワールドカップ開催成功等を通じて，両国は不幸な過去の歴史問題を解消できる機会を持つことになり，新しい21世紀の共存共栄の同伴者としての可能性を確認できたのは周知の事実である。このような状況の中で日本大衆文化に対する段階的な開放政策が実施され，これを通して，韓日両国間の文化交流は実に多様な分野にわたって多角的に行われてきている。

ここで，日本大衆文化開放問題に関連して，まず前提としておかなければならないのは大衆文化の分類と範囲である。戦後，韓国が受容を制限してきた日本の大衆文化は，必ずしもすべての現代文化の領域にわたっていたわけではない。韓国が，いわゆる倭色文化と言って禁止してきた領域は本稿〈2. 段階的開放措置以前の韓国においての日本の大衆文化〉と〈3. 日本大衆文化の段階的開放措置〉の分析に現れているように，そのほとんどは歌謡曲，映画，放送の分野にあたる。現代文化の領域に関しては，さまざまな分類や見解がありうるが，便宜上，ここでは日本の代表的な事典によってその分類を見ることにする。

『大衆文化事典』（編集委員＝石川弘義外，弘文堂，平成3年）では大衆文化を次のように分類している。

医薬・衛生，噂・口コミ，運動，映画，演芸，おもちゃ，会社文化，歌謡曲，儀式，ギャンブル，教育，稽古事，ゲーム，研究者，建築，広告，交通・移

動，災害・事故，死，児童大衆文学，宗教，出版，消費・流通，食生活，新聞，スポーツ，すまい，生活財，性風俗，戦争，大衆文学，つきあい，都市・レジャー空間，犯罪・事件，ファッション，文化論，冒険・旅行，放送，ポピュラー・ミュージック，祭り・イベント，マンガ，メディア，流行語・世俗語等，約40の領域があげられている。この事典の解説等にも指摘があるように，この分類項目は西欧や日本の何人かの研究者によって区分された項目を網羅する形式になっており，現時点では，現代文化とされるすべての領域が含まれていると言ってもよい。

　この分類によると，韓国が制限措置をとった分野は映画，芸能，歌謡曲，ゲーム，性風俗，放送，ポピュラー・ミュージック等，7～8つ程度の分野だと言える。その他の分野では戦後，両国間でさまざまな形態の多様な実際的交流が行なわれてきた。教育や研究，宗教，出版等，いわゆる高級上層文化の交流は韓日両国の必要によって特別な制限なしに行われており，規制分野のほとんどは映画や歌謡，性産業のように相対的に大衆的娯楽性が強く経済波及効果が大きい領域であったことがわかる。韓国政府が規制してきた日本の大衆文化は全ての分野にわたったものではなく，部分的で特定の分野に限られており，韓国ではこの分野が，いわゆる倭色文化と呼ばれていることを認識する必要がある。

　以上のような認識を前提に，本稿では日本の大衆文化に対する段階的開放措置がとられた時点を基準にし，それ以前の韓国政府の日本の大衆文化に対する態度と変化を時代別に検討し，段階的開放措置以降の韓国社会における日本文化の受容実態と，現時点での韓国の日本大衆文化開放がもつ意義や課題等に関して考察してみることにする。

2．段階的開放措置以前の韓国においての日本の大衆文化

1）李承晩政権時代──「倭色文化」の排斥と「反日」

韓国では日本の植民地支配の遺産である，いわゆる倭色文化の残滓や流入を

防止するという名分のもと，日本映画の一般上映はもちろん，日本の歌謡曲のレコードやCDの販売，日本人歌手による日本語歌謡の公演等が行政措置によって禁止されてきた。いずれも法律で明文化されたものではなく，映画振興法や公演法等の関連法律に基づいた行政措置，たとえば公演法第19条（「国民感情を害する憂慮があったり公共秩序や美風良俗に反する外国の公演は行なってはならない」）等によって事実上，禁止されていた。

1945年8月の日本植民地支配からの解放と米軍の軍政を経て，1948年に大韓民国政府が樹立されて以降，韓国では政治と経済の枠が新たに造られる中で，特に文化面における日本の文化的残滓の清算が克服課題だった[4]。

日本の植民地体制から解放されたことで，日本語を使用する必要がなくなったのはもちろんだが，生活用語の中では少なからず日本式用語[5]が使用されてきた。その一例として女性の名前に「子」[6]の字がついた日本風の命名法も長い間続いた。1945年，戦後の米軍政下で一時的ではあるが植民地時代の日本の教科書を翻訳して使用したこともあり，このような現象は大衆文化全般にわたって短期間では簡単に払拭されなかった。

新生独立国家である韓国においては，民族伝統性の樹立と民族自尊心の回復が最優先されるしかなく，文化全般に根深く残っている植民地時代の残滓を清算することがその具体的方案とみなされた。新たな国民国家の樹立において，社会全般に残存する，いわゆる前世代の「倭色文化」を清算するという反日的姿勢が国家的な名分に位置づけされたものだった。そして，その後も韓国の歴代政権は，まさにこの国家的名分を国内政策や対日外交においての重要な課題にし，場合によっては政権自体の懸案打開のため，これを政治的に利用したという批判が何度か提起されたりもした。

以上のような脈絡で，初代大統領，李承晩は「反共」とともに「反日」を国家政策の基調にした。その一環として，韓国戦争[7]の最中だった1952年，李承晩政権は東海（日本海）の公海上に独自に線を引き，日本に比べ絶対的に漁業関連技術が脆弱な韓国の漁業を保護するという名目で，いわゆる「李承晩ライン」（平和ライン）を設定して，この線を越えて操業する日本漁船を臨検，

連行，だ捕することを宣言した。日本との合意なく行われたこのような一方的な宣言の裏には国家的課題であった「反日政策」と「倭色文化の清算」が存在し，このような雰囲気の中での新たな日本大衆文化の流入や受容は少なくとも公式的にはできなかったものと簡単に推測できる。すなわち，李承晩政権下では日本との公式的な文化交流は一切行われず，日本文化は全面的に否定されていたとみられる。

2）朴正煕政権時代——韓日間の国交樹立と「低質文化の追放運動」

日本との国交が樹立したのは朴正煕政権下の1965年だった。朴正煕政権は韓国の経済復興のためには日本の協力が不可欠だという立場に立ち，国交正常化を通じて植民地支配に対する補償の名目で借款を導入したため，日本との交流は主に経済と技術導入等の面を中心に行われた。李承晩政権時代とは比較できないほど両国の経済的交流は拡大し，1970年からは日本人観光客の数も急増し，韓国では外国語としての日本語を学ぶ学習者の数も大きく増加した。青少年の交流や文化交流事業も拡大されはじめたが，日本の大衆文化は相変わらず「倭色文化」として相変わらず受容されなかった。前述の公演法第19条（「国民感情を害する憂慮があったり公共秩序や美風良俗に反する外国の公演は行なってはならない」）が制定されたのも朴正煕が軍事クーデターで政権を握った1961年のことである。

軍事クーデターで成立した朴正煕政権は，民心を得るための政策の一つとして，社会に悪影響を及ぼす「低質文化の追放運動」を行い，長髪やミニスカートの取り締まり等，社会浄化運動を繰り広げる一方で，歌謡界では，いわゆる「低質歌謡」の一掃が推進された。「低質歌謡」の一掃では韓国人が作詞作曲をして韓国人歌手が歌う歌謡曲でも，審査委員会で曲風が「日本風」だと判定されれば「倭色歌謡」として公演や放送が禁止されたが，1965年には195曲にものぼる韓国歌謡が，「倭色歌謡」として禁止曲指定処分[8]を受けるという笑うに笑えない出来事が実際にあった。

朴正煕政権時代は日本との公式的な文化交流が始まった一方，日本大衆文化

の流入に対する規制がさらに明確になった時期だったと言える。

3) 1980年代以降——ソウルオリンピック以降の開放措置

1980年以降の全斗煥政権下では韓日政府間の文化交流事業が拡大され，日本大衆文化の実質的な流入が本格化されたが，公式的には日本大衆文化は禁止された状態だった。

その後，1988年にスタートした盧泰愚政権は，同年，ソウルでオリンピックを開催し，ソ連（1990年），中国（1992年）等，社会主義国家と立て続けに国交を樹立した。国交樹立以降，イデオロギーや社会体制が異なる共産権国家の映画の一般上映が許可[9]されたのに対して，同じ自由民主主義の陣営として国交が正常化して20数年が経過し，政治，経済の面で世界のどの国よりも親密な協力関係にあった隣国日本の映画は相変わらず上映禁止という内部的政策が引き続きとられたという点に韓日関係の特殊性が如実に現れている。このような状況の中，盧泰愚政権から金泳三政権にかけて，日本大衆文化の開放問題に関する政府高官の発言によって，日本大衆文化の受容について次のような新たな問題が提起されはじめた。

「今の韓国は日本の音楽や映画等の大衆文化を十分に受容できる状況にあるとみられる」（盧泰愚大統領，1988年）

「ロシアや東欧，中国の文化を受け入れている状況で日本文化にだけ門戸を閉ざしているのは好ましくない」（李秀正文化部長官，1992年）

「良質の日本文化に関しては段階的に選別して公式に受容し，韓日両国の文化交流や相互理解を本格的に推進しなければならない時期に来た」（孔魯明駐日韓国大使，1994年）

また，韓国の主要日刊紙である『中央日報』は1994年2月25日付の社説で，「日本の大衆文化はすでに我々の生活に深く浸透している。誰もがこの事実をわかっていながらも無理に知らん振りをしてきただけである。」と述べているほど日本の大衆文化開放に対する関心度が高まりはじめ，開放に向かって政府レベルで動きはじめた。

その後，金泳三政権当時の文化体育部（現在の文化観光部の前身）は日本の大衆文化に関する公聴会を開いた。そして，1997年12月に実施された第15代大統領選挙では金大中，李会昌，李仁済等，有力候補の全員が日本大衆文化の開放に関して前向きの姿勢をみせた。

この時期から日本大衆文化の解禁論が韓国政府の内部から起こるようになり，全体的な流れは解禁方針の確定に向かっていたと言えるだろう。

3．日本大衆文化の段階的開放措置

1998年10月，金大中大統領の日本訪問に続いて，韓国の文化観光部は日本大衆文化の段階的開放措置を発表した。この措置の主な内容は漫画の単行本と日本語版雑誌の輸入禁止を解除するというものだった。また，韓日合作映画や日本人俳優が出演する韓国映画，4大国際映画祭の受賞作を開放し，これらの映画に限ってはビデオテープの販売が可能で，その他のものは「文化交流共同協議会」で論議する，となっていた。

また，1999年3月，日本の小渕首相の訪韓の際に約束され，同年の9月に発表された2次の措置では「2000席以下の室内公演場での日本の歌謡曲のコンサートの開催が可能」となり，1次の措置で「4大国際映画祭の受賞作」に限られていた日本映画の上映も国際映画祭の範囲を大幅に広げ，受賞作以外でも観覧者の年齢制限が必要のない健全なものなら全面的に上映されるようになった。

2000年6月には3次の措置が発表された。国際映画祭で受賞した劇場用アニメの上映，コンピューター用ゲームの販売，放送番組のうちスポーツ・ドキュメンタリー・報道番組の放映，日本語での歌唱を除く日本人アーティストのコンサート，CDの販売を認めた。アニメ，ゲーム，放送，CDに関しては，条件付きではあるが，初めから開放措置がとられていた。また，「2000席以下の室内公演場」に限られていた日本歌謡の公演が，室内外を問わず全面的に開放され，映画も「18歳未満，入場禁止」以外の映画は全面開放された。

以上の措置を通してみると，金大中政権下では1年に1回，日本の大衆文化に対する段階的開放措置が明確な形でとられてきたことがわかる。金大中大統領は2000年9月の訪日に先立って，ソウル駐在の日本人特派員団との記者懇談会で「目標は完全開放だ。ワールドカップまでには開放できるだろうと思う」[10]と述べ，2002年までの完全開放実施を視野に入れていることを表明した。

　しかし，2001年7月，日本の歴史教科書歪曲問題[11]によって，一部開放日程が中止された。金漢吉文化観光部長官は，2001年に緊急記者会見を開き，追加開放される予定だった日本語歌唱音楽，ドラマを含めた娯楽番組，18歳以上の成人用ビデオ，映画，家庭用ゲーム機，アニメ，地上波放送による日本語の歌唱曲の中断を公式に発表した。それでも，韓日合作のドラマや日本語の歌唱曲を収録したワールドカップの公式ソングの製作や販売等は，条件付きで許可した。

　そして，2003年9月16日，文化観光部は「第4次，日本大衆文化の開放計画」を発表した。日本側の歴史教科書歪曲問題によって中断されてから約2年後の措置だった。事実上，日本大衆文化の全面開放を意味する「第4次，日本大衆文化の開放」は，2004年1月1日付で実施された。

　これらの措置の内容は次の通りである。（1～3次の措置はその概要だけを簡単に紹介し，全面開放が行なわれた4次の措置の内容はすべて提示する。）

　韓国においての日本大衆文化の段階的開放措置（1～3次）の概要，及び，4次措置の全文。

〔第1次，1998年10月20日〕
＊映画，及びビデオ部門
　4大国際映画祭（カンヌ，ベネチア，ベルリン，アカデミー）受賞作の上映
　韓日共同製作映画の上映
　日本俳優の韓国映画出演許可，及び韓日映画週間の開催
　ビデオは開放以降，国内で上映された日本映画のビデオに限る

＊出版部門
　日本語版の単行本漫画，漫画雑誌
＊未開放部門
　第1次開放で制限された映画，ビデオ，アニメ，大衆歌謡の公演，レコード，ゲーム，放送

〔第2次，1999年9月10日〕
＊映画，及びビデオ部門
　公認された映画祭（映画振興委員会の褒賞対象の映画祭，国際映画祭製作連盟で認定された映画祭等，約70本）の受賞作のうち，映像物等級委員会が観覧年齢制限の必要がないと認めた作品（アニメを除く）
＊公演部門
　規模2000席以下の室内会場での日本の大衆歌謡の公演許可（ただし，食品衛生法によって，食品接客業所での公演や公演実況の放送，レコード，及びビデオの製作・販売は不許可）

〔第3次，2000年6月27日〕
＊映画部門
　映像物等級委員会で認められた「12歳以上，観覧可」と「15歳以上，観覧可」の映画まで追加開放（「18歳未満，観覧不可」の映画だけは未開放）
＊劇場用アニメ部門
　国際アニメ映画祭を含む，各種国際映画祭の受賞作（当時として，30本程度と推定）
＊ビデオ部門
　開放対象の日本映画（アニメを含む）のうち，国内で劇場上映された作品のビデオ
＊公演部門
　室内外問わず，日本の大衆歌謡の全面開放

＊音楽（レコード，CD）部門
　日本語の歌唱レコード，CDを除くレコード，CD（演奏，第3国語の歌唱，韓国語等）
＊ゲーム部門
　ゲーム機用，ビデオゲームを除くゲーム（コンピューターゲーム，オンラインゲーム，業者用ゲーム等）
　プレイステーション1と2，ドリームキャスト，ニンテンドー64等は未開放
＊放送部門
　メディアを問わず，スポーツ，ドキュメンタリー，報道番組の放送を許可
　ケーブルテレビ，及び，衛星放送の場合，公認の国際映画祭での受賞作と国内上映作品（観覧制限がない作品）の映画放映を許可

〔第4次，2004年1月1日〕[12]
　以下の第4次措置は韓国の文化観光部が発表した開放措置の全文である。

　映画，音楽，ゲーム部門の日本大衆文化が全面開放された。
　政府は去る6月7日，韓・日両国の共同声明で表明した「日本大衆文化の開放拡大」原則の後続措置として，日本の'映画'，'音楽'，'ゲーム'部門を2004年1月1日に全面開放すると明らかにした。
　ただし，青少年に影響力が至大だと判断される'劇場用アニメ'と媒体性格上，波及効果が全国民に及ぶ'放送'部門は年末まで各界の意見を十分に収束した後，開放範囲を調整してから追って後続発表することとし，開放時期は映画，音楽，ゲーム部門と同じ2004年1月1日に決定した。

　'ビデオ'部門は映画，及び劇場用アニメの開放と連携して，今回追加開放対象の映画と追って発表される劇場用アニメ部門の追加開放の範囲の作品のうち，国内で上映された作品の国内発売開始が許可された。
　各分野別では，映画の場合，「18歳，観覧可」，「制限上映可」の映画を，音

楽の場合,「日本語の歌唱レコード,CD」を,ゲームの場合,「ゲーム機用ビデオゲーム」(過去の家庭用ビデオゲーム)を追加開放することで,すでに全面開放されている'漫画'(1次),'大衆歌謡の公演'(3次)に続いて,映画,音楽,ゲーム部門まで全面開放された。

政府は日本大衆文化を段階的に開放するという基本方針にしたがって,その間,3次にわたって開放措置を断行した後,2001年7月,日本の歴史教科書歪曲問題で日本大衆文化追加開放の中断を発表した。

2002年,韓・日共同ワールドカップの開催,韓・日国民交流の年等の成功によって,両国の国民間の信頼関係が次第に回復し,多方面の交流推進の必要性や文化的自信感等で今回の追加開放計画が発表された。

文化観光部の今回の追加開放計画は今年の7月中に実施された関連団体・業界等の意見収束の結果や去る5ヶ月間(4月〜8月)に韓国文化観光政策研究院と民間の研究機関の専門家が共同で実施した「日本大衆文化の開放の影響分析,及び対応反応」の研究結果,そして韓日文化交流政策諮問委員会(委員長:金容雲)の諮問会の結果をもとに作られたものである。

研究結果によると,3次の開放後,映画,ビデオ,音楽,放送部門は市場蚕食効果やその影響力は微々たるもので,むしろ,韓国の大衆文化(映画,オンラインゲーム,放送ドラマ,大衆歌手)の日本進出が拡大する契機になったと分析した。

〈日本大衆文化の既存開放の影響分析〉

◆映画:開放初期と違って,一定期間経過後の占有率は次第に鈍化
　◇市場占有率:0.4%('98), 3.1%('99), 7.4%('00), 1.4%('01),

3.2%（'02）
　　◇日本への輸出現況：14本187万ドル（'99），20本527万ドル（'00），22本597万ドル（'01），19本658万ドル（'02）
◆ゲーム：'02.2ビデオゲーム機の輸入許可によって'02の韓国での売上額が1,562億と急成長（'01年162億ウォン，9倍の増加）
◆音楽：インターネットを通して，開放とは関係なく簡単にオリジナル音楽の購入可能
　　◇国内音楽市場の深刻な不況と重なって，波及効果はほとんどみられない
◆ビデオ：開放以降，日本作品の国内市場占有率は4〜6％と低調
◆アニメ：3次開放以降，合計10本を輸入，8本を上映し，3本が興行成功
　　◇ポケットモンスター（53万人），となりのトトロ（13万人），千と千尋の神隠し（200万人）
◆放送：アニメを除く開放対象の番組の流入効果は微々たるもの
　　◇3次開放後の日本の放送番組の輸入額：237万ドル（'00），163万ドル（'01）
　　◇3次開放後の韓国の放送番組の日本進出：295万ドル（'00），118万ドル（'01），231万ドル（'02）

一方，今回の開放範囲の拡大による副作用を最小化し，国内の関連業界の効果的対応のため，開放時期を2004年1月1日に定め，日本の各種映像，音楽等が国内に流入される場合にも基本的に異なる外国のものと同様に，'映画振興法'，'音楽・ビデオ，及び，ゲームに関する法律'等，関連法律上，輸入推進，等級分類等の手続きを経なければならず，極端に暴力的であったり宣伝的な作品は排除されたものとみられる。

文化観光部は，2002年の基準で世界10位圏に入る文化産業分野を，「国民所得2万ドル時代」の成長の原動力に発展させ，2007年までに「世界5大文化産業強国」に躍進するため，今年の下半期中に「文化産業振興の中長期ビジョン」

を立てる一方で，インターネット・モバイルコンテンツ等，新しい分野に対する政策開発の強化，文化産業の支援機関推進体系の改編，ソウル・首都圏を中心とした文化産業の地方拡散，各種インフラの構築，及び流通の現代化と韓流の持続拡散等とともに，必要な技術開発や人力養成のための画期的な政策手段の準備等を続けて推進していく計画である。

〔参考資料〕①日本大衆文化，4次開放計画の主要内容
②日本大衆文化の開放影響の分析及び対応反応の研究結果の要約
③関係機関の意見収束結果
④日本大衆文化の開放現況

1）日本大衆文化，4次開放計画の主要内容

推進背景

◆東北アジアの経済中心の実現に文化的連携の重要性の持続拡大
◆文化産業の競争力強化等，未来指向的政治方向の必要
◆'03.6.7「韓・日共同声明」後続措置の積極的推進

基本原則

◆国民情緒，及び青少年に及ぼす影響を考慮し，開放範囲を決定
◆対日競争が可能な分野は未来指向的な観点で果敢に開放
◆開放計画の事前公開制の実行により政策の透明性，及び効率性を確保

開放計画

◆開放時期：'04.1.1（4次開放の効力発生時期）
◆1次公表時期：'03.9.16（映画，音楽，ゲーム，ビデオ部門）
◆2次公表時期：'03.12月末まで（放送，劇場用アニメ部門）

部門	開放範囲	備考
映画	「18歳観覧可」,「制限上映可」の映画	全面開放
音楽	日本語の歌唱レコード,CD	全面開放
ゲーム	ゲーム機用ビデオゲーム	全面開放
ビデオ	映画,及び,劇場用アニメと連動	開放の枠を拡大
放送	'03.12月末まで,開放範囲を調整	※開放の枠を拡大原則
劇場用アニメ	'03.12月末まで,開放範囲を調整	※開放の枠を拡大原則

※関係機関の合意等,十分な意見収束の過程を経て,開放範囲及び時期を調整

推進結果

◆「国民の政府」出発以降,金大中大統領の日本大衆文化の開放に対する肯定的な立場を表明
◆'98,文化観光部業務報告時,政策諮問委員会を通じて国民世論を収束,段階的な開放方案を推進していくと方針決定
　※韓日文化交流政策諮問委員会の構成・諮問及国民世論を収束,段階的な開放を推進
◆'98.10～2000.6月まで3次にわたって開放措置を断行
　――1次開放:'98.10.20／2次開放:'99.9.10／3次開放:'00.6.27
◆日本の歴史教科書歪曲問題により日本大衆文化の追加開放の中断発表('01.7.12)
　――日本大衆文化の開放と歴史教科書の問題は切り離せないという政府の基本方針が決定(日本の歴史教科書歪曲の対策班の合意)
　――日本政府が誠意ある措置をとるまで追加開放の検討中断の対外表明(文化観光部長官の記者会見)
◆追加開放のための基礎条件及び雰囲気成熟による追加開放推進('02.7～)
　――ワールドカップ開催の成功による両国民間の友好・信頼増進等,条件の変化

※韓日文化交流政策諮問委員会の追加開放再開の建議（10.20）
◆小泉総理の靖国神社参拝強行（'03.1）による国民の批判的世論等，両国関係に否定的な影響をもたらし，追加開放推進の暫定留保
　※歴史教科書歪曲，靖国神社参拝等に関連する日本側の誠意がみられない態度変化
◆韓・日首相会談時の日本大衆文化開放拡大合意，共同声明発表（'03.6.7）
――「文化交流の活性化のため，韓国は日本大衆文化の開放を拡大する」
◆未開放部門の関連業界・団体等に対する意見収束（'03.7.9～22）
◆既開放分野の影響分析及び開放方案の研究（'03.4～8／文化観光政策研究院）
◆韓日文化交流政策諮問委員会開催（'03.9.15）

2）追加開放時の効果分析等の研究結果

研究概要

◆研究期間：2003年4月～9月
◆研究機関：韓国文化観光政策研究院
◆研究者
――研究責任者：ジョ・ヒョンソン（韓国文化観光政策研究院研究員）
――共同研究者：キム・ヨンドク（放送映像産業振興院研究員）
　　　　　　　　キム・ヒュジョン（秋渓大文化産業大学院長）
　　　　　　　　キム・ヒョンソク（東国大文化芸術大学院講師）
◆研究内容：開放による経済的・社会文化的効果分析，追加開放の方案等

研究結果の主な内容

1．開放後の影響分析
◆映画：開放初期と違って一定期間経過後の占有率が次第に鈍化

※市場占有率：0.4％（'98），3.1％（'99），7.4％（'00），1.4％（'01），3.2％（'02）

※日本への輸出現況：14本187万ドル（'99），20本527万ドル（'00），22本597万ドル（'01），19本658万ドル（'02）

◆ゲーム：'02.2，ビデオゲーム機の輸入許可により，'02の売上額が1,562億ウォンと急成長（'01年162億ウォン，約9倍の増加）

◆音楽：インターネットを通して，開放とは関係なく簡単にオリジナル音楽の購入可能

※国内音楽市場の深刻な不況と重なって，波及効果はほとんどみられない

◆ビデオ：開放以降，日本作品の国内市場の占有率は4〜6％と低調

◆アニメーション：3次開放以降，合計10本を輸入，8本を上映し，3本が興行成功

※ポケットモンスター（53万人），となりのトトロ（13万人），千と千尋の神隠し（200万人）

◆放送：アニメを除く開放対象番組の流入効果は微々たるもの

※3次開放後，日本の放送番組の輸入額：273万ドル（'00），163万ドル（'01）

※3次開放後，放送番組の日本進出：295万ドル（'00），118万ドル（'01），231万ドル（'02）

2．追加開放（全面開放）時の経済的効果予測

部門／影響	市場拡大効果	市場蚕食効果	日本商品占有率
映画	2〜3％	2％	5〜7％
アニメ	10〜15％	－	短期：30〜40％ 長期：20〜25％
ビデオ	5〜6％	5％	15％
音楽	3〜5％	4％	7〜8％
ゲーム	10〜13％	－	現在より3〜5％上昇

◆映画：全面開放時も国内市場への波及効果は大きくないものと予想
——追加開放時の市場拡大効果と蚕食効果は同じ程度
◆アニメ：国内市場に大きな打撃の要因として登場するものと予想
——韓国アニメの市場自体がとても小さいため，蚕食効果は測定困難
——韓国アニメ市場がまだ成熟してない点を考慮すると，市場拡大効果が必ずしも肯定的なものであるとはかぎらない
◆音楽：全面開放時にも国内市場への波及力は大きくないものと予想
——追加開放時の市場拡大効果と市場蚕食効果は同じ程度
◆ゲーム：全面開放されたものとみていい状況
——今後，日本ゲームの市場占有率は3～5％上昇するものと推定
——韓国産ビデオゲームの占有率は極めて小さく，蚕食効果は発生しない
◆放送：追加開放による深刻な影響はないものとみられる
——ニューメディアの場合，円滑な番組供給による肯定的効果が可能
——地上波の場合，ゴールデンタイムの娯楽用番組の進入は難しいものとみられる

3．追加開放時の社会・文化的効果予測
◆放送番組を除く部分では，社会・文化的側面の副作用は大きくないものと予測
◆放送番組がついに追加開放された場合，社会・文化的副作用が憂慮される
——地上波の番組は，ほかの文化商品と違って，受容者が無意識的に接する特性がある
——ニューメディアは有料で，かつ普及率及び視聴率が低いため，相対的に社会文化的な影響は大きくないものとみられる

4．追加開放方案
◆映画，アニメ，ビデオ，音楽，ゲーム：全面開放
◆放送：部分開放（※娯楽番組はニューメディアに限り開放，地上波は追っ

て決定)

5．副作用制御措置

〈社会文化的側面〉

――質的統制方式である審議制度や等級制度を厳しく適用

――関連法律による推薦審議や等級制度を厳しく適用

――ただし，放送法は事後審議制度であるため，自律的な審議制度の活性化が必要

〈経済的側面〉

――量的な統制方式である国内製作番組の義務編成制（放送法）を最大限活用

――国内の文化商品の国際経済力向上政策の活性化要求

3）追加開放に関連する意見収束結果

概要

◆調査対象：全面開放予想（映画・ゲーム・音楽）部分の関連機関・団体・協会等

◆調査期間：'03.7.9～7.22

◆調査内容：開放後の影響，追加開放の範囲等

◆調査方法：書面または懇談会

意見収束の結果

部門	意見収束の対象	追加開放の意見	備考
映画	映画振興委員会，映像等級委員会，映画人会議，韓国映画祭作家協会，スクリーンカッター文化連帯，韓国映画製作者協会等	全面開放	韓国映画の経済力向上及び制度的統制が可能

ゲーム	ゲーム業界（NHN，ハンビットソフト，アンダミロ，コントゥス，イジネゴ 等）ゲーム開発者協会，ゲーム産業開発院，学会 等	全面開放	不法流通市場の陽性化及び国内市場への影響は微々たるもの
音楽	韓国コンテンツ振興院 韓国音盤産業協会	全面開放	日本語音楽の国内市場占有率は5％と予想

※アニメ，放送は'03.12月末まで，関係団体，機関と十分に意見調整

4）日本大衆文化の開放現況

部門	開放済みの範囲（1次～3次）	4次の開放範囲	備考
映画	◆4大国際映画祭（カンヌ・ベニス・ベルリン・アカデミー）受賞作，韓日共同製作映画，韓国映画に日本の俳優の出演許可及び韓日映画週間開催（1次／'98） ◆公認された国際映画祭の受賞作，映像物，等級委員会が認めた「全体観覧可」の映画（2次／'99） ◆「12歳観覧可」，「15歳観覧可」の映画（3次／'00）	◆「18歳観覧可」，「制限上映可の映画（成人用映画）」	全面開放（4次）
劇場用アニメ	◆国際アニメ映画祭を含む各種国際映画祭の受賞作（3次）	（追って発表）	
ビデオ	◆開放対象の日本映画とアニメのうち，国内で上映された作品のビデオ ※1・2・3次映画（アニメを含む）開放時，ビデオ連携開放	◆開放対象の映画，劇場用アニメのうち，国内で上映された作品	※映画，劇場用アニメの開放と連動
大衆歌謡の公演	◆規模が2000席以下の室内公演場での公演（2次） ◆室内外を問わず全面開放（3次）		全面開放（3次）
音楽	◆日本語での歌唱レコード・CDを除くレコード，CD（3次） （演奏・第3国語での歌唱・韓国語翻案等のレコード・CD）	◆日本語の歌唱レコード，CD	全面開放（4次）

ゲーム	◆ゲーム機用ビデオゲームを除く，ゲーム（3次） （PCゲーム，オンラインゲーム，業務用ゲーム等）	◆ゲーム機用ビデオゲーム（プレーステーション，ドリームキャスト，ニンテンドー等）	全面開放（4次）
放送	◆メディアに関係なく，スポーツ，ドキュメンタリー，報道番組の放送を許可（3次） ◆ケーブルTV，及び，衛星放送の場合，公認の国際映画祭での受賞作と全体観覧可の映画で国内での上映作の放映を許可（3次）	（追って発表）	
漫画	◆日本語版出版漫画，漫画雑誌（1次）		全面開放（1次）

4．1970年代以降の韓国での日本大衆文化の受容の諸様相

　朴正熙政権樹立後，韓日間の本格的な交流が始まり，交流の性格は経済的交流が中心だったが，次第に民間レベルの交流が行なわれるようになり，日本の大衆文化がこのような民間レベルの交流を通して受容されるようになったのは前述の通りである。主に個人間の交流によって，日本歌謡のレコードやテープ，大衆雑誌等が流通されるようになり，ソウル市内にはこのような日本の商品を扱う専門店もできた。特に，アニメの場合は日本語のセリフだけを韓国語に変えてそのまま韓国のテレビで放映され，アニメのほとんどが日本から輸入された作品だった。コミック漫画も翻訳本が韓国の児童たちの間で大きな人気を集めた。
　公式的レベルでの文化交流も，少しずつ行われるようになった。
　1970年代には，「日本国際歌謡祭」の録画中継を韓国のテレビで放映し，「ソウル国際歌謡祭」に日本人歌手の出場が許可された。ただし，「日本国際歌謡祭」の場合は，日本人歌手の場面は削除されて放映された。「ソウル国際歌謡

祭」では日本人歌手の日本語での歌唱は許可されなかった。1980年代に「ソウル国際歌謡祭」に当時，日本で人気絶頂だったピンクレディーが招待され，英語で何曲か歌を歌って話題になった。以上のいくつかの例でわかるように，70・80年代の日本大衆文化の受容の特徴は，〈原則的には禁止で，実際には開放〉の方向で進んでいった。

　1980年代には，パラボラアンテナの普及により，NHKの衛星放送（BS）を受信する一般家庭が急激に増えた。家庭内で，日本のドラマや娯楽番組を自由に視聴できるようになったのである。NHK（BS）の試験放送は1984年5月に開始され，放送が本格的に始まったのは1989年6月だが，本格的な放送が始まる前から韓国では視聴世帯が急激に増加した。一時，韓国政府や一部のマスコミは「日本の文化侵略」だと過剰反応をみせたりもしたが，約20年が経過した現在，韓国の家庭の大部分ではケーブルテレビや衛星放送等を通してNHKの衛星放送はもちろん，WOWOW（日本衛星放送）やスカイパーフェクTV等のデジタル衛星通信テレビも視聴している。

　以上，いくつかの受容様相について詳しく述べたように，韓国政府が長い間，日本の大衆文化開放に消極的な姿勢をみせてきたのは過去の不幸な歴史に基づく国民感情を念頭に置いたものだったが，それ以外に忘れてならないのは，韓国政府が韓国の文化的基盤や経済力がまだ未成熟な段階だと判断し，急激な日本の大衆文化の受容により経済的損失の発生することを憂慮していた点である。例えば，もし日本の映画や大衆音楽等が正式に開放された場合，韓国市場のほとんどが侵食されるだろうと予測したこと等である。しかし，現在の時点からみると，このような韓国政府の憂慮や対応は多少過敏だったと判断される。韓国政府の日本文化開放第1次措置がとられた後，1998年12月に日本映画としては最初に映画館で一般公開された『HANABI』（北野武監督）と『影武者』（黒沢明監督）は興行的には失敗に終わった。観客動員数は『HANABI』は7万人，『影武者』は9万人だった。この2本の映画の上映は，前述の措置の発表後の最初の映画上映という点では注目されたが，思った以上に不振だったため，2週間程度で上映が打ち切られた。この2本の映画の例だけで日本映画

全体を判断することはできないが，この時点では，韓国政府が憂慮した日本映画の絶対的優位による市場侵食という予測とは多少隔たりがあることが確認されたことになる。

5．開放措置に対する韓国世論の反応

1998年10月20日に，韓国政府は日本大衆文化開放の最初の措置を発表したが，この時，韓国国民はどんな反応をみせたのかについて，各機関の世論調査の結果を通して具体的に見ることにする。

「日本大衆文化開放措置」をどのように考えるかという各機関のアンケートに対して，次のように答えている。

当然だ　38.3％　　時期早々だ　35.6％　　好ましくない　24.8％
　　　　　　　　　　　　　　　　　　　　中央日報1998年9月30日

適切だ　49.8％　　不適切だ　50.2％
　　　　　　　　　　　　　　　　　　文化観光部1998年10月21日

とても賛成　4.0％　賛成　57.0％　反対　31％　とても反対　8％
　　　　　　　　　　　　　　　　　　　　朝鮮日報1999年1月4日

歓迎する　65.3％　歓迎しない　22.5％　よくわからない　12.2％
　　　　　　　　　　　　　　　　　　　　東亜日報1999年1月4日

段階的開放に賛成　54.6％　　全面開放に賛成　17.9％
これ以上，開放してはならない　25.7％　よくわからない　1.8％
　　　　　　　　　　　　　　　　　　文化観光部2000年6月27日

発表前より発表後，そして発表日から時間が経過するにつれて，日本大衆文化開放に肯定的な反応が増えているのがわかる。特に，2000年の文化観光部の調査で段階的開放と全面開放を合わせた比率が72％を越えているのは注目すべきである。

次に，1999年3月に韓国青少年政策研究所[13]が実施した世論調査の結果は次の通りである。この調査は韓国の若い世代である20〜30代を対象にしたもので，特に，未来の両国関係を予想するにあたってとても時事的な資料だと言えるだろう。

a）日本大衆文化開放に賛成ですか？ 反対ですか？
　　賛成だ82.3%　　　反対だ17.0%
b）〈a）で賛成した人に〉その理由は何ですか？
　　世界化，国際化の流れに合わせるため　　　　　　25.3%
　　多様な文化に接するため　　　　　　　　　　　　27.6%
　　アメリカ等，特定の国に偏った外来文化の均衡のため　7.2%
　　文化経済力を養成するため　　　　　　　　　　　29.7%
　　韓日両国の相互理解のため　　　　　　　　　　　10.2%
c）〈a）で反対した人に〉その理由は何ですか？
　　韓国文化の日本植民地化の憂慮　　　　　　　　　11.1%
　　過去の問題に対する日本の態度　　　　　　　　　12.7%
　　煽情的で暴力的な日本の文化自体の問題　　　　　28.6%
　　日本の産業文化の浸透による国内文化産業への蚕食　14.3%
　　韓国文化をまず理解するため　　　　　　　　　　23.8%
d）日本の大衆文化開放はどんな方法で行なわれるべきだと思いますか？
　　全面的に　17.5%　　段階的，部分的に　79.7%
　　絶対開放不可　2.8%
e）日本の大衆文化に接したことがありますか？
　　ある　80.2%　　ない　19.8%
f）〈e）であると答えた人に〉どんな種類の大衆文化ですか？
　　アニメ　32.6%　　雑誌や小説　13.6%　　ビデオ　17.6%
　　映画　4.8%　　レコード（歌謡）　6.3%

放送や衛星放送　10.7%

漫画　15.4%

g）日本の大衆文化に対してどの程度，関心がありますか？
とてもある　8.2%　　関心がある　61.9%　　ない　27.9%
全くない　2.8%

h）日本の大衆文化の公演が行われれば観覧する意向がどの程度ありますか？
絶対行く　4.9%　　ある　61.9%　　ない　27.9%
全くない　2.8%

i）日本の大衆文化開放は青少年にどんな影響を及ぼすと思いますか？
とても有害な影響を及ぼす　　　　　　　　　　12.1%
ある程度，有害な影響がある　　　　　　　　　62.7%
特別，有害な影響はない　　　　　　　　　　　20.1%
否定的なものより肯定的な影響がある　　　　　5.1%

j）韓日文化交流の拡大は両国関係にどんな影響があると思いますか？
両国の相互理解の増進に寄与する　　　　　　　77.7%
両国の文化に関して否定的な認識だけが拡散する　16.7%
両国に何の影響も及ぼさない　　　　　　　　　5.6%

　a）の調査でわかるように，韓国の若者の82.3%が日本の大衆文化開放に賛成しているが，これは，上の世代に比べ，日本の大衆文化に関して，相対的に拒否感が少なくなったことを意味するものである。賛成する理由においても〈韓日両国の相互理解のため〉のような名分的な回答より，〈世界化，国際化，多様な文化への接触，文化経済力〉等のような実質的で開放的な回答が多いのは興味深い点である。そして，反対するほうの理由としては〈煽情的で暴力的な日本文化の性格，韓国文化産業の保護，過去の歴史を反省しない日本〉等が提示されているが，これは十分に予想された回答である。

　d）の開放の方法に関しては，開放不可は3％にすぎなく，ほとんどが段階

的，全面的開放に賛成だという見解をみせており，日本の大衆文化の開放は自然な流れだという認識を持っていることがわかる。

　e）の調査では，80％を越える韓国の若者が，すでに日本の大衆文化に接した経験があることがわかる。これは，韓国政府が原則的には日本の大衆文化開放を禁止してきても，実際には開放されていたことを示唆しているものである。

　g）の日本の大衆文化に関する関心度を問う質問や，h）の日本の大衆文化公演の観覧意向を問う質問に対しては，どちらとも70％以上が肯定的に答えており，一貫した傾向が現れていることがわかる。

　また，i）では80％に近い大多数が，韓日間の文化交流の拡大は両国の相互理解の増進に寄与すると答えている。

　この調査でみられる傾向を，簡単に要約すると，韓国の若者は過去の歴史を清算しない日本の態度や日本文化が持つ商業性，煽情性等に警戒心をみせていながらも，それ以上に日本の大衆文化の開放が自然な国際交流の流れで，両国関係に肯定的に作用するという合理的で，かつ未来指向的な認識を明確に持っているということである。

6．開放後の韓国社会の反応

　1999年3月8日付『文化日報』に，日本製のコンピューターゲームソフト[14]で遊んだり，日本語の漫画を読むために，独学で日本語を勉強している小学生や中学生が増えているという記事が載ったことがある。その後，何年か経った2004年の現在では世界的に人気があるゲーム機のPlay Station 2等のソフトも開放され，このような日本語独学の現象は，さらに増加してきたものと思われる。今まで日本のゲームソフトの輸入は公式的には許可されておらず，第1次開放措置でも韓国語に翻訳されたものだけが許可された。韓国の小学生や中学生は，専門店等で海賊版を購入したり，日本から人づてにソフトを入手していたことが知られている。ソフトの韓国語マニュアルまで存在する。青少年を中

心に，コンピューターゲームやオンラインゲームの攻略サイトが無数に存在し，韓国で人気のある X-Japan 等のアーティストの曲を，インターネットでダウンロードして鑑賞することもよくあることである。日本映画に関する情報をはじめ，日本に関する全ての情報をインターネットで入手可能な時代になったのである。

2004年1月1日，第4次開放措置により，日本人アーティストの日本語での歌唱アルバムの販売が開始され，これらのほとんどが韓国の各種アルバムチャートの上位を占めた。

特に，宇多田ヒカルの場合は3枚のアルバムを韓国で発売したが，3枚全部がチャートに入る記録を残した（2004年1月現在）。これは，開放前の予測とは大きくかけ離れているものである。日本の歌謡曲，いわゆる J-POPS は，日本の歌謡曲が開放されても，韓国市場ではたいして影響を受けないものとみられていた。大多数の韓国人が，日本語がわからない状態で日本語の歌詞で歌われている日本の歌謡曲が，アルバムチャートの上位を占めるとは思いもしないことだった。しかし，結果は日本の歌謡曲が，韓国市場で十分な競争力があることをみせつけるものだった。バラードやダンス曲が主流の韓国の大衆音楽界に多様なジャンルの日本の歌謡曲が強いインパクトを与えたと言える。

一方，アニメの上映は一連の開放措置でも保留されたが，それに関しては韓国政府なりの苦悩があったものと思われる。劇場用や一般テレビ用のアニメ等，全般にわたって韓国のアニメ産業は，日本のものに対して完全無防備だと言ってもいいほどの状態である。特に，最近では日本の大衆文化と言えばアニメを意味するほど，日本アニメのレベルは世界最高水準にあり，日本はまさにアニメ大国である。世界的に人気のある宮崎駿監督の作品は，韓国でも絶賛に近い評価を受けている。3次開放措置では条件付きではあるがアニメも含まれた。韓国政府のこの措置に関して，韓国の国会では，与野党の多くの議員が日本のアニメ産業の破壊力を憂慮する発言をしている。先ほど述べた通り，韓国語に吹き替えされた日本のテレビ用アニメは以前から解禁されており，70年代から韓国の家庭でもテレビで日本の漫画を楽しんできたが，これらの作品[15]

は韓国製だと思われていた時期があり，筆者もこの部類に属していたのは記憶に新しい。

　今では，このような韓国語に吹き替えされたテレビ用アニメや，韓国語に翻訳された日本オリジナルの漫画本が日本産であることを知らないものはもちろんいない。最近，韓国で人気があるアニメのほとんどが日本の作品[16]で，特に子供に人気があるぬいぐるみや本，文房具等のキャラクターまで韓国の街角で見ることができる。日本のアニメ産業は，これからもしばらくの間は，テレビや劇場，または韓国の家庭や街角で最高の人気と強力な競争力をみせつけるのは間違いないだろう。

　先ほども述べた通り，1998年12月に日本映画としては初めて映画館で一般公開された『HANABI』（北野武監督）と『影武者』（黒沢明監督）は興行面では失敗に終わった。この2本の興行失敗によって，韓国映画の関係者は安堵したかもしれない。とりあえず，2本の例にすぎないが，日本映画が輸入，上映されても韓国市場に決定的な影響を与えないことが確認されたわけで，結果的に，一時提起された「日本映画脅威論」はある程度払拭される結果となった。かといって，立て続けに日本映画が韓国市場で不振だったわけではない。

　1999年11月から韓国で一般上映された『ラブレター』（岩井俊二監督）は大ヒットし，2000年2月上旬までの観客動員数は150万人に達した。この映画は日本では1995年に製作・上映されたものだが，日本での観客動員数が約20万人（フジテレビ調査）だったのに比べると，驚くべき数字だと言えるだろう。また，日本より韓国で多くの観客を動員した史上最初の日本映画である。2003年時点で，韓国の映画市場は観客動員数1000万人を越える好況の時代を迎えているが，この数字から判断しても2000年の初めに単一映画で150万人の観客を動員したということは画期的なことである[17]。この映画がヒットしたことで，韓国社会では日本語がわからない人のあいだでも，「お元気ですか」というフレーズが流行語になる現象が起ったほどだった。その後，2000年以降には日本文化開放，2次措置によって，『リング』，『鉄道員』，『4月物語』，『Shall we ダンス？』，『踊る大捜査線』，『しこ踏んじゃった』，『ホワイトアウト』等の映

画が上映され，『ラブレター』ほどの実績は残せなかったが，韓国の映画ファンに，日本映画の多様さをみせつけるのに大きく寄与した。ほかの日本映画と違って，『ラブレター』が韓国で受け入れられた理由はいろいろ考えられるだろうが，まず，若い男女間の恋愛ストーリーを日本の美しい自然映像のなかで叙情的に描いた点が挙げられる。そして，韓国でこの映画を見た観客の大部分が，韓国の現代文化の主役となる20代から40代までの青壮年層であったことも注目される。

前述した通り，韓国は現在，空前の映画ブームである。今までアメリカのハリウッド映画に比べ劣勢だった韓国映画界にとって，新たな契機を迎えたものとみられる。1999年6月に日本でも一般公開された『8月のクリスマス』は，カンヌ映画祭にも出品され，その年の韓国の映画賞を総なめにしたが，この映画もまた典型的なラブストーリーである。韓国で600万人の観客を動員し，日本での韓国ブームの火付け役になった『シュリ』も，南側の情報部員と北側のスパイの切実な恋愛関係を一つのテーマにしていることはよく知られている。伝統的に韓国人は，多少リアリティーが欠如していても，純愛的[18]な素材を好む傾向がある。韓国のテレビドラマにも，日本のように不倫や痴情等を扱ったものが少なくないが，視聴者の大きな反響を得ているものはやはり純愛的な内容を盛り込んだドラマで，多様な演出方法で成功している例が多くみられる。以上述べた映画の場合にみられるように，日本で好評を博したドラマや映画・文学作品といっても，必ずしも韓国でも同じ反響が得られるとはかぎらず，反対の場合も同様である。しかし，1990年代以降，韓国政府の文化開放措置が本格的に施行されて以降，継続されてきた韓日の文化交流の急速な進展は，前述の映画の例にも現れているように，両国の文化の相互理解を急激に深め，両国間に横たわっていた過去の歴史の傷痕を修復できる可能性を持たせるものとみられる。

7．結びに代えて

　これまで，韓国における日本文化開放の歴史とその受容実態，開放後の韓国社会の反応等について詳述した。既述の通り，韓国政府樹立以来，引き続きとられてきた日本の現代文化受容禁止措置の裏側には両国の過去の歴史による傷痕や日本の過去の歴史に対する不十分な反省，反日的国民感情を政治的に考慮してきた韓国政府の政治的判断，日本の先進文化産業に対する警戒心，日本文化が持つ扇情的でかつ退廃的な娯楽性[19]に対する拒否感，及び国家政策を主導してきた官僚や知識人の役割問題等が存在していたことがわかる。それから，紆余曲折のすえ，2004年から韓国は基本的に全ての分野における現代日本文化を開放した。これに関連して，もう一度，現時点で韓国の現代日本文化の受容の意味と課題を考えることで，結論にしたいと思う。

　まず，日本文化開放政策に対する韓国政府の基本的原則と課題である。

　日本文化開放措置をとった韓国政府の中心は文化観光部の官僚や民間の専門家で構成される韓日文化交流政策諮問委員会[20]だった。4次にわたる日本文化開放措置で掲げた対内外的な基本原則は文化的価値が高い分野，両国間の不幸な過去の歴史とは関連性の少ない分野，韓国に競争力のある分野等を優先しようとするものであったが，歴史教科書歪曲問題，日本の首相の靖国神社参拝のような問題が起きるたび，一時的に日本文化の受容禁止措置がとられた。しかし，最終的に韓国がとった方向は完全開放であり，この方針は2004年の初めに実現された。グローバル時代を迎え，公正で，かつ開放された自由競争主義に立脚した文化交流以外には選択の余地がないことを韓国は明確にしたものだった。現代日本文化の完全開放といっても，主要分野の文化交流はそれ以前からすでに行われてきたため，最終的に開放されたのは極めて商業性が強い映画，音楽，放送等の分野であるが，これは日本が完全開放を望んでいた理由の一つでもある。

　韓国の方は，未来指向的な両国関係のため，日本の歴史的過誤を過去のこと

としてこれ以上問題にしないためにも，今まで日本がとってきた不十分な過去清算の態度が改善されることを願っており，これはまさに，韓国国民の基本的な情緒だと言える。このような情緒は前述の〈5．開放措置に対する韓国世論の反応〉でも現れているように，過去の歴史に対して相対的に心を開いている若い世代でも変わりはない。戦後世代である彼らは，日本の現代文化を完全に開放して，心を開いて日本と接しようとする姿勢を見せているものの，現在まで日本がとってきた過去の歴史に対する態度には十分な信頼感をもてず，このような現状が続く限り，日本の文化は単純な〈外国〉の文化ではなく，依然として，信頼できない〈日本〉の文化であるしかないというジレンマの中にあると見られる。この点は完全開放措置をとった韓国政府の当面の課題でもあり，東アジアの平和と繁栄を追求するという日本の国家アイデンティティーの確立という面で，日本自体の課題であるとも言えるもので，文化開放の問題を離れ，両国の善隣友好の面で相当な期間，課題として残るものであろう。

次に，日本の文化を，いわゆる倭色文化と貶してきた韓国内部の伝統的な認識の問題である。

韓国では戦後，受容が禁止されてきた日本の大衆文化の分野は，前述の通り，主に映画，音楽，アニメ，放送のような大衆性の強いジャンルであった。娯楽性の強いジャンルを持つ日本の文化産業の競争力の背景は江戸時代まで遡ることができ，同じ時期の韓国の朝鮮朝時代と比較してみると，日本の大衆文化の娯楽的性格はより明らかになる。朝鮮朝は，いわゆる両班階級（文人）が統治する中央集権の封建国家で，朱子学的統治理念のもと，士農工商の階級的秩序が徹底して守られていたのは周知の事実である。朝鮮の儒教的発想と統治理念のもと，商人の役割や位相は日本の商人に比べ制限的な範疇に止まる。商業活動によって得られた利益や富に関する価値を積極的に認められなかったという意味からも，朝鮮の商人階級は，士農工商の中で実際にもっとも下位の存在だったといえる。このような社会システム下では，商人層の人口や底辺は微々たるものであるしかなく，農民や職人（農工階級）階級を含め，この階層の娯楽的暮らしのレベル，例えば，文学作品の購入，演劇観覧，遊廓文化の耽

溺等，いわゆる都市生活者としての文化的消費活動もまた低い水準にとどまっていたと言える。すなわち，彼らのための都市文化の娯楽的，商業的基盤が脆弱だったことを意味する。また朝鮮朝時代の支配階級である両班は，日本の支配層である武士とは異なり，もっぱら朱子学的な世界観を志向する知識人で，国民に対する教化の責任を持つ存在だったため，娯楽的文化に対して寛大な態度をとることができなかった点も，朝鮮の娯楽文化の沈滞の要因の一つであったとみられる。

　一方，近世日本の商人の位置は，儒教的秩序の面においては士農工商の最下位に位置していたが，一定の経済力をもつ商人の場合は実生活の質の面で農工階級の上に位置し，16世紀の初め頃は，江戸や大阪等の都市に居住しながらいわゆる市民的営為を行い始めていた。18世紀の終り頃には江戸の人口は100万に近く，大坂等の主要都市の人口もまた数十万に達しており，そのうち，相当数が商人だったことはよく知られている。そして，都市を中心に，この階層を意識した商業的な娯楽文化が大きく盛行しはじめた。歌舞伎等の劇芸術，浮世草子や戯作のような通俗小説類，近世的ポルノグラフィーである浮世絵等が都市民たちの娯楽的文化の主なジャンルとして位置しており，このジャンルのほとんどは，日本近世特有の遊廓文化と深く関連性をもつものでもあった。このような娯楽的文化の基本的な枠は商業性にあり，娯楽性や煽情性を追求していったのは，大衆文化が持つ通俗性[21]の帰結でもあった。そして，支配階級である武士層は，このような娯楽文化の内容に封建体制に脅威になるような要素がない限り，それほど介意せず，彼らもまた，このような娯楽文化の主要消費層になっていった。現代日本の大衆文化は，近世日本の伝統的な娯楽文化や近世人の〈遊びの意識〉が重層構造を成しており，今に至って，まさに現代的な意味の娯楽産業として，強力な競争力を持つようになったと言える。明治維新以降，日本は国民国家の体制作りの一環として富国強兵の西欧産業化の道を歩み，娯楽文化の領域においても，西欧文化の影響を受けながら，さらに商業的な側面を強化していった。このような日本の大衆文化が，本格的に韓国に入ってきたのは植民地時代だった。韓国の近代は，日本の強制併合とともに始

まり，日本の植民地としての韓国では，日本の大衆文化の受容は強制的なものにならざるを得なかった。これに対する韓国人の反発は当然の現象で，日本の文化を倭色文化と言うようになったのはこの時からだと言える。そして，急に日本の文化に接するようになった韓国の民衆には，そのイメージは煽情的かつ退廃的で，商業的なものとして映ったのである。日本の敗戦によって近代を迎えた韓国大衆文化の歴史は日帝文化の清算と自由市場経済体制下での交流という一見矛盾している二つの課題を抱いて，約半世紀を経過している。日本の文化を，いわゆる倭色文化と貶す韓国内部の伝統的な認識は，前述した近世期以降の不幸な両国関係の傷痕に根を下ろしているもので，21世紀を迎えた現時点では急激な変化をみせていることは本稿で確認した通りである。日本文化を倭色文化と表現する例も最近では急激に減り，韓日間の文化交流は，相互平等や互恵の精神を指向する流れに変わりつつあるのは，望ましい現象であると言える。

2004年1月に始まった韓国政府の日本文化の完全開放措置は，日本文化をもうこれ以上，いわゆる「倭色文化」と看做さないという韓国人の認識転換の現れだと見るべきであろう。

1）文禄・慶長の役。日本の侵略によって韓国史では類をみないほどの人命被害や物的損失を被ったのは周知の事実で，韓国人の反日意識の由来はこの戦争が決定的な契機になったと言える。韓国の民衆が日本人の呼称を倭人からウェノン（倭のやつ）という軽蔑的な表現に変えたのは，さまざまな韓国の文学作品の例からもわかるように，大体この戦争以降だとみられる。韓国史では壬辰倭乱と言う。
2）韓国では普通，この時期を日帝時代と言う。
3）韓国の新聞や放送では主にこの用語が使われている。
4）同じ時期に成立した北朝鮮は共産主義政権だったので，この点については徹底した閉鎖的統制政策によって短期間で日本文化の残存を清算したとみられる。
5）弁当，たくわん，バケツ，たらい等の用語がその例である。このような生活用語は長い間使われてきたが，21世紀に入った現時点では，戦後生まれのハングル世代によって新しい韓国語用語が定着し，日本式残存語はほぼ払拭された。
6）英子，淑子，順子，純子，明子，美子，和子，春子等のように日本風の名前は現在でも40代以上の韓国女性の中では多くみられる。

7）1950年6月25日，北朝鮮の南侵によって始まった韓国戦争は1953年7月の休戦によって終了した。まさに，この期間が，戦後日本経済復興の原動力になった韓国戦争特需の時期にあたる。
8）現在，韓国歌謡界の女王として評価を受けている李美子の当時の大ヒット曲『トンベクアガシ』（椿お嬢さん）も禁止処分を受けたことはよく知られている。
9）例えば，1987年の張芸謀監督作品『赤いコーリャン』，『張芸謀』等の映画がある。
10）2000年9月21日付，『毎日新聞』
11）2001年6月に出版された扶桑社の『新しい歴史教科書』の歴史歪曲事項が韓国でも詳しく報道され，両国間の懸案問題として登場し，日本でもさまざまな論議を呼んだのは周知の事実である。一介の歴史教科書の歪曲記述が問題になって，日本の大衆文化産業の輸入が禁止される状況こそ，両国の特殊な状況を象徴しており，これは結局，国民感情を政治的に考慮した韓国政府の判断だったと言えるであろう。
12）文化観光部のホームページは http://www.mct.go.kr/ で，本文の内容は2003年9月16日（火）に配布された文化観光部の文化政策課発表の報道資料全文である。
13）韓国青少年研究所が，韓国の20〜30代の若者を対象に行なった日本文化開放に対する国民意識を調査したものである。資料は『1999年度，第1次韓日国際青年フォーラム，韓日文化交流の歴史的意義と協力方案』（1999年3月）から引用した。
14）ドリームキャストやセガサターン等のゲーム
15）『黄金バット』，『鉄腕アトム』，『秘密のアッコちゃん』，『あしたのジョー』，『キャンディー・キャンディー』，『魔法使いサリー』，『マジンガーZ』，『銀河鉄道999』，『未来少年コナン』，『タイムボカン・シリーズ』，『フランダースの犬』等が韓国でも放映されたが，日本でも人気アニメだったのは言うまでもない。
16）『それいけ！アンパンマン』，『クレヨンしんちゃん』，『ポケットモンスター』，『ONE PEACE』が代表的である。
17）韓日大衆文化交流において，両国間にいくつかの障害が横たわっていたにもかかわらず，これを克服できる大きな変化の流れが起りはじめていたことが予測できる。文化の相互交流という面では去年から本格的に始まった日本での韓国映画・ドラマブーム，特に『冬のソナタ』のヨンさまブームも同じ脈絡で理解できるものとみられる。
18）多少，抽象的な表現ではあるが，映画分野だけにかかわらず，韓国の文化でも似かよった傾向がみられる。朝鮮時代以降の韓国文学の場合，男女間の恋愛物語は儒教的文化背景のもと，教訓的で，かつ純情的な領域のものが主流で，ほとんどの民衆もまた，このような様式の恋愛物語を楽しみ享受してきた。この点は江戸時代の文学が男女の恋愛談を繰り広げるうえで，より当世的で，かつ娯楽的であり，また肉欲的な面を描写することによって，現実的な表現性を確保していることと比べると対照的だと言えるだろう。
19）韓国の識者層が，日本文化をいわゆる倭色文化と貶して警戒する主な理由として，日本文化が持つ過度な煽情性，退廃性，暴力性等がしばしば挙げられている。しかし，

この点に関する基準は明確に提示されているものではない。両国の文化に対する印象批評論的な比較が、その主流だと言える。

20) この委員会は1998年、韓日文化交流全般の政策を諮問するため、韓国の文化関連の専門家で構成された文化観光部長官の諮問機構である。委員長は長い間、東京女子大学の教授を歴任した池明観氏だったが、現在は金容雲氏である。

21) 朝鮮通信使の一行として日本に行ってきた当時の朝鮮の知識人たちの日本見聞記にはこのような近世日本の娯楽的文化を、風紀紊乱とか野蛮的な享楽生活などと非難する記録が数多く残っている。この娯楽文化を活力ある商業主義の所産だと評価している意見もあるが、少数にすぎない。

第8章
戦時下日本の文化政策
―― 川崎臨海工業地帯の地域形成と朝鮮人労働者 ――

樋口 淳

1．はじめに

　韓国に対する日本の文化政策について考える。
　本書に納められた鄭瀅氏の論考に見られるように，李承晩政権以来の韓国の対日文化政策は明確である。
　しかし日本の側には，これに対応する韓国文化の「解放政策」や「受け入れ規制」などは存在しない。現在の日本人の大半が共有する理解によれば，文化政策というのは文化振興策なのであって，「規制」が必要なのは過剰な暴力や差別を含んだ「有害な文化」に対抗するための，ごく限られた措置にすぎない[1]。
　特にそれが対外文化政策であれば，できるかぎり門戸を開いて，相手国の文化を紹介し，豊かな情報をもたらすことが，基本であろう。国境を越えた自由な文化情報の交換が，国と国の相互理解を深め，誤解をとりのぞき紛争を避ける手立てを教える。相手国が，自国とは違った文化を持つことを理解し，時には相手国の側にたち，「異文化の視線」をもって自文化の相対性や欠陥を知ることは，自国の文化を豊かにするために不可欠な作業である。グローバリゼーションがあたりまえのこととして理解され，「国際理解教育」が必須のカリキュラムになりつつある今日，ある特定の国をターゲットにして文化の規制を行うことなど現在の日本では考えられない。相手が，大国であっても小国であっても，距離的に近い国でも遠い国でも，いかなる差別もなく情報を交換し

合うのが，対外文化政策には不可欠なはずである。

しかし，ごく近い過去をふり返って見ると，日本にはこれとはまったく別な種類の文化政策があった。特に日中戦争の開始から太平洋戦争の終結に至るまで，日本は「八紘一宇」を旗印にかかげ，日本を大東亜共栄圏の盟主とし，台湾・朝鮮の植民地支配を徹底し，民衆を，天皇の赤子として，「皇国臣民」として，組織しようと企てたネガティヴな文化政策の歴史がある。

韓国・朝鮮は，この「内鮮一体」の文化政策によって国語を奪われ，創氏改名によって名前を奪われた。

戦後60年になろうとする現在に至るまで韓国政府が「対日文化政策」を堅持し続けてきたのは，こうした歴史的な事実の深刻さを示すものであり，この歴史を無視し，「妄言」を繰り返す日本政府関係者に対する警戒感を現わすものと思われる。

本稿では，戦時下日本のネガティヴな文化政策を考察する。そして，この問題を考える上で，特に川崎市の臨海工業地帯の韓国・朝鮮人の集住地区を対象とすることとした。

この地域には，1920年代から朝鮮人労働者の居住がはじまり，地域の工業化の進展にともない，定着人口が漸増し，特に1939年の国家総動員法の実施以降は，大幅に増加する。

1945年8月の太平洋戦争の終結と日本の植民地支配終結による光復以降，多くの朝鮮人労働者が祖国復帰を果たし，韓国・朝鮮人人口は，ほぼ1939年の水準にもどり，今日まで推移している。

本稿が，特に川崎市臨海工業地帯を対象としたのは，まず第一に，この地域が日本の近代化による農村から工業地帯への変貌の一つの典型を示していると思われるからである。近代化，工業化によって，川崎市臨海地帯は，まず関東各地から，ついで東北や沖縄，さらに植民地であった朝鮮半島から労働者を集めて肥大化していく。そして太平洋戦争の激化とともに，「徴用」という形で強制的に朝鮮人労働者が動員されてくると，「協和会」という翼賛的な文化団体を通じて皇民化教育が徹底化される。これは，この地域にかぎらず，東京，

横浜,横須賀,大阪,神戸,北九州など日本各地の大都市近辺の工業地帯に共通して見られた現象であろう。

　川崎市臨海工業地帯を対象とする第二の理由は,この地域が戦後,特に1970年代以降,韓国朝鮮文化の大切な発信基地になったからである。日立就職差別反対運動を契機にして1970年に「朴君を囲む会」が生まれ,これが後の「民族差別と闘う連絡協議会」に発展していく。川崎市当局に働きかけて児童手当の国籍条項撤廃（1974年）,要保護世帯に対する奨学金支給要件問題（1977年）など生活に密着した差別撤廃の運動を繰り広げ,1986年には「川崎市在日外国人教育基本方針」の制定を引き出す。こうした一連の運動は,在日大韓基督教会に所属し,この地域に根ざす川崎教会を一つの核として展開された経緯をもつ。

　川崎教会は,こうした人権闘争の一方で,財団法人青丘社を立ち上げ,保育所を経営し,1986年以降,多文化共生の社会教育の場としてふれあい館の運営を川崎市から委託されている。

　2003年12月現在の川崎市の外国人登録者総数は2万6411人,うち韓国・朝鮮人は9265人である[2]。その内訳には,近年日本にやってきた所謂ニュー・カマーや学生,会社員など一時滞在の人々も少なくない。川崎市は,1990年代から顕著になりはじめた外国人の多国籍化に対応するために,1996年に「川崎市市民代表者会議」を立ち上げ,韓国・朝鮮人中心の共生政策から,韓国・朝鮮人を含む多民族・多文化共生政策にむけて,少しずつシフトを変え始めた。

　こうした新しい状況を理解し,展望するためにも,戦前の川崎臨海地域における在日朝鮮人達の歩みを検証することは,有効であると考える。

2．地域形成の歴史

　現在の川崎駅に程近い旧東海道沿いの一帯は,江戸時代には宿場町として発達した。天保年間には本陣・旅籠・伝馬問屋・人足溜などがつらなり,近辺の神奈川,程ヶ谷をしのぐほどであったという。万延元年（1860年）にドイツ・

図1 川崎町・田島村周辺地図

「川崎町周辺の人口と工場の発展」『川崎市史 資料編3 近代・付録』(川崎市 1990年)より縮尺して作成。(原図は,陸軍測量部2万分の1地形図[明治39年測図]をもとに作成された。四角の枠内の町村名の数値は,明治41年の人口を100として大正8年の人口変動を示した指数である。)

 プロイセンの使節として旅したオイレンブルグは,その『日本遠征記』のなかで「川崎という村の密集した家並がふたたび旅人を迎えてくれる。ここではとぎれることなくほかの大きな村につながっているので,大きな都市の中を進んでいるような気がする」と書いている[3]。明治を迎えると,新橋・横浜間の鉄道の開通によって停車場が開設され,宿場は衰退したが,鉄道による流通の活性化によって川崎町に人口が集中し,北部大師河原村の「厄除大師」平間寺へも参詣客を集めることとなった。

 しかし明治末から大正初期までの川崎北部には,図1に見るように広々とし

表1　臨海地域の職業別戸数（大正元年）

町村名 \ 職別	農業	工業	商業	漁業	庶業	不詳
町田村	389	45	81	0	26	17
田島村	521	16	23	0	0	0
川崎町	112	206	635	0	47	510
大師河原村	670	43	128	30	101	3
御幸村	482	34	47	0	17	0

嶋村龍蔵「工業地帯形成期の町村動向について」『神奈川県史』（神奈川県県民部県史編集室　1983）所収　p.392

た田畑が広がっている。当時の橘樹郡は，県下でも有数の米作地帯であり，川崎町をはじめ，海岸沿いに広がる大師河原村，田島村，町田村では，梨，桃などの果実栽培が盛んで「長十郎梨」「伝十郎桃」などの産地として，広く知られるようになっていた。表1に示した大正元年の職業戸別調査は，こうした趨勢をよく示している。とくに本稿の対象とする桜本地区の原型をなす田島村は，農業512戸，工業16戸，商業23戸，漁業0という数字が示すとおり，大都市近郊の純農村であったことがわかる。

こうした伝統的な生業構成と生活に大きな変化が現れるのは，明治末に開始された積極的な工場誘致政策の結果である。この間に横浜精糖（1905年），東京電気（1908年），日本蓄音機商会（1910年），鈴木商店（1913年），富士瓦斯紡績（1914年）と，日本を代表するような大企業が，やつぎばやに進出している。横浜精糖は，後に明治精糖に合併されたが，東京電気は現在の東芝，日本蓄音機商会は日本コロンビア，鈴木商店は味の素であり，東芝，味の素の川崎工場は現在も同じ位置で操業している。

この企業誘致に，最初に大きな役割を果たしたのは，川崎町長であった石井泰助である。彼は，大正5年7月3日刊行の『横浜貿易新報』の特集「川崎の過去と現在」[4]では，川崎方面の工業の盛大なることの理由として，6つの事項をあげている。すなわち，

1）地価低廉にして工場敷地の買収に容易なる事
2）当初多少の過剰労力あり，其後，地方労働者の吸収に便なる事

3）京浜企業家を誘うに便利なる位地に在る事
4）電気を始め石炭の供給に便にして，原動力に不足を感ぜざる事
5）横浜港に近くして，原料の輸入に便なる事
6）輸出港横浜に近くして，内地市場東京に移して製品を販売するに便なる事

　石井泰助は，積極的に工場を誘致の環境を整備し，川崎発展の基礎を作った功労者の一人であり，『新報』の同じ号に川崎方面発展の三大策として①治水策の確立，②工場地区の設定，③水道敷設の急務の3つを挙げている。いずれも当時の川崎にとって緊急の課題であったが，とくに工場地区の設定に関して述べたことは，その後の川崎工業地帯の姿を良い意味でも，悪い意味でも決定するものであった。
　「多くの工場が成る可く一定の地域に集中して建設せらるることは，工場其物の為にも甚だ有益で又附近一般の住家の為にも極めて有利である，工場の集中に依り原料及び製品運搬の為に荷揚所軌道又は道路等を共同に経営し，電力其他の原動力を共同に利用し，或は職工の取締又は娯楽設備等を共同に行う等，総て共同経営に依りて設備の完全と経費の節約とを計ること少なくない，又職工気風と農商民気風との衝突を避け，各自其業務に適切な習慣と規律を遵守し得る便宜があると云うに在る」
　石井はその後，治水と水道敷設に，大きな役割を果たすことになる。彼は，大師・町田・大島地域に工場を誘致して「一大工場地区」を形成し，川崎町を含むこれらの1町3ヶ村がやがて町村合併して「市制」を施行し，「工業都市」たらんとする抱負を語っている。
　当時の臨海工場地区予定地は，多摩川と鶴見川にはさまれた遠浅の干潟で，干潮時には1～2キロ先まで海底が現れたほどであった。
　ここを，大規模な埋め立てによって工場用地に変える大事業には，浅野総一郎の果した役割が大きい。彼は公害問題を起こした深川セメントの移転先に，この干潟を選び，1911年（M44）に鶴見埋立組合を組織し，田島村と町田村の

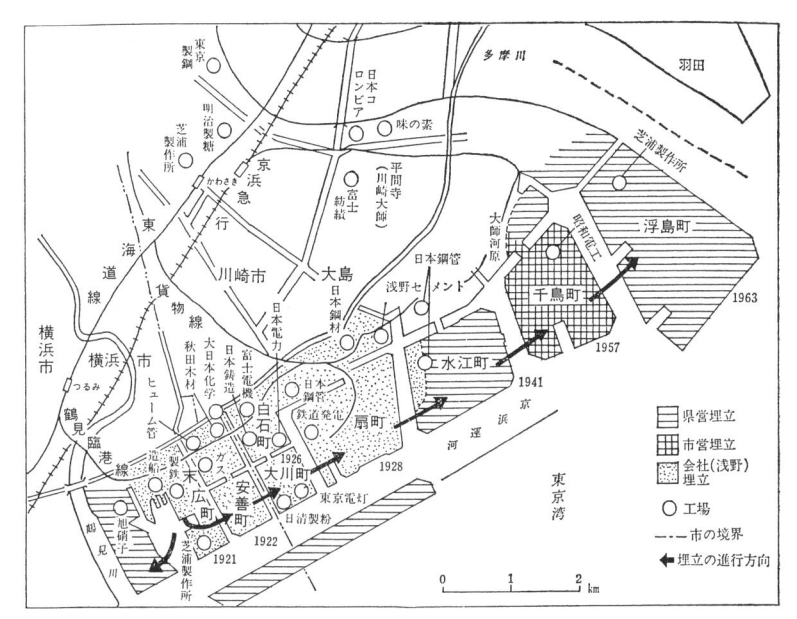

図2　京浜工業地帯の形成

石塚裕道「京浜工業地帯成立期の都市問題」『神奈川県史』(神奈川県県民部県史編集室　1983)所収　p.419

地先150万坪の埋立て計画を願い出た[5]。

この計画は、生活の場を失う漁民だけではなく、果樹栽培や稲作に携わる農民達の反対にあい、当初は頓挫するが、結局、1913年に組合は鶴見埋築会社と改組され、埋立事業が開始される。以後の埋立の進行は、図2の通りである。

この埋立事業と平行して、1912年に、日本鋼管株式会社が設立される。日本鋼管は、埋立予定の田島村渡田の若尾新田に建設された。当初の規模は、「約3万坪の敷地に諸工場および付属施設および付属建物合計15棟（延3150坪）、男子労働者約1000人であった」という[6]。

日本鋼管は、工場建設にも困難をきわめ、技術的にも障碍を抱えていたが、1914年の操業後わずか3ヶ月で勃発した第一次大戦に救われる。そして4年後の1918年には、創業時の50倍を越える販売実績を確保し、官営八幡製鉄と競うことのできる民間製鉄会社として成長していった。

鶴見埋築会社の埋立地には，図2に見られるとおり，浅野系の関連企業のセメント，造船，製鉄工場をはじめ，旭ガラス，日清製粉，富士電機，東京電灯（東京電力）など，さまざまの有力企業が進出することとなる。

こうした埋立地への工場の進出は，当然のこととして人口の集中を引き起こす。すでに，日本鋼管が波に乗った1919年（T8）の時点で，田島村の人口は1902年（M35）の3384人から1万3226人と約4倍という大きな増加を記録する。戸数も554戸から2320戸と，ほぼ同じ比率で伸びているが，居住環境は劣悪であった[7]。

とくに上水道を欠いていたために，水問題は深刻で，井戸を掘っても，その9割近くが飲用不適で，それ以外の井戸でも濾過してようやく飲用可能という状態であった。そのため，コレラ，チフス，赤痢などの水を媒介とする伝染病が発生し，1915年の職業別コレラ患者数でも，田島村の職工の感染数は際立っている[8]。

川崎に上水道の通水が開始されたのが1921年，給水率がようやく全戸の93％に達したのが1924年（T13）である。

当初の日本鋼管の従業員は，約1000人で，技術者・管理者，熟練工，見習工，徒弟，雑役夫・人夫などに区分されていたが，技術者・管理者は少数で，大多数が熟練工，見習工，徒弟であった。これが，数年で倍増する。彼らの構成は，1918年（T7）の『横浜貿易新報』によれば，つぎのようなものである[9]。

「川崎の南端から海岸に距る約一里田島村若尾新田の地は又海運の利を得て，川崎と共に将来有望な工業地を形作っている，そこに日本鋼管株式会社あり，旭硝子株式会社があって，三千に余る職工は朝に夕に此の地を賑わし，大島，渡田，汐浜の村々には日毎に新しい家が建てられていく，鋼管会社の職夫は現在総て二千三百，多く二十代三十代の血気旺盛な若者であるが満十六歳から五十五歳迄の者で，身元証明書と履歴書を持参の上体格検査に合格すれば誰でも同社の職夫となることが出来る，現在四，五十名の女工が居るがこれは極く簡易な仕事をするので大部の職夫は諸国から集まった者が多く，特に埼玉，

茨城，群馬付近の百姓労働者が多い，会社としてもこの朴直な百姓を仕込んだ方が実用的で，亦成績もよい処から歓迎している，」

『新報』は，彼らの住宅事情についても記している。

「これ等二千三百の職夫は何れに住居するか？　附近百七十許りの社宅では僅に二百人許りを収容し得られるだけで，他は多く附近の大島，渡田，汐浜等に合宿同居している，これ等の内には家族を有つ者も大分あるが，独身者の若ものは亦朝に夕に田圃道に鼻唄を唄ひ乍ら，思い思いの時を尋ねて川崎方面の夜の町へ流れていく，」

同じ頃，やはり埋立地につくられた浅野セメントの場合は，500人ほどの労働者を抱えていたが，やはり同年の『新報』によれば，

「現在五百余名の職工中には，創業当時，東京から転勤した者が約二割を占めている，勿論此附近川崎近在の者もいるが，其他は所謂『渉り者』で全国到る処から集まっている，それも東北地方の栃木，茨城，埼玉附近と神奈川県下の者が多い，」

「亦同社には寄宿舎の設備があって，現在二百五十名程の独身者を収容している，間数は二十五になって一間八畳乃至十五畳で，随って人数も間の広さに依って一定ではない，亦浴場は構内に設けてあって一日の労役を終わった時，何れも入浴して其日の汚垢を流して帰ることも出来る，家族ある者に限って社宅を貸与えているが，之は現在戸数百十個貸与職工百三，四十名許りであるが，何れも増築の計画であるという，」

田島村をふくめた川崎界隈には，これらの工場労働者のほかに，工場建設や土木工事等のために，多数の労働者がいた。同じく同年の『新報』の「職工の外に夥しき土工人夫の群」という記事[10]によれば，建設中の富士製鋼，浅野製鉄などの作業所に通う「土工人夫の数は実に三千に近き多数を示している，（中略）同じ土工の内にも関東組と関西組に分かれている，（中略）土工は各親分がそれぞれの工事を幾何で請負って働かせるので，工事附近に合宿させて一日の給料は五，六十銭位のものである。人夫は現在千人程居るがこれも人夫頭と云うものがあって何れも其の配下に働くのだが，（中略）多くは東北地方の

者だが冬季の閑を見て稼ぎに出るという者が多く，百姓をするより割に合うと思えば止まって何時までも人夫を働いている者もある，この外，女人夫が約二百人程居るが，これは多く人夫土工の妻子の者である，これ等土工人夫と職工を合せると，総て一万七千に余る人員が朝に夕に此の川崎介隈に呼吸していることになる，」

以上の話を総合すると，大正期までの川崎一帯は，多くの労働者を引き寄せたが，その男子労働者の出身は，近隣をあわせて北関東，東北の農民が大多数を占めていたことが分かる。しかし，富士瓦斯紡績の場合のように多くの女子従業員を抱えた工場もあった。その数は1工場で実に2000人という規模であり，その約3割近くが沖縄出身であったと推測される。それについで多かったのが，秋田，新潟，青森，宮城のような東北地方の出身である[11]。

沖縄県出身の労働者は，1923年（T12）の関東大震災時に多くの犠牲者を出したが，震災の復興事業を契機にさらに増加した。1924年（T13）に沖縄県警察部保安課の作成した「府県外ニ出稼ギ中ノ労働者ニ関スル調査」によれば，第一位が大阪府の男女合計8533人，第二位が神奈川県の2845人であった。川崎市独自の統計はないが，その趨勢は推測される[12]。

3．在日朝鮮人人口の推移

1）1939年までの推移

在日朝鮮人労働者が，川崎市にいつごろから定着し始めたかを正確に述べることは，大変難しい。わずかに残された1920年（T9）の国勢調査では，植民地人として川崎町16人，田島村40人，御幸村2人，高津村2人の記載があるにすぎない[13]。当時の田島村の人口は，田島村出身者4066人，田島村以外の生まれの者8495人で，外部からの労働人口の流入を示しているが，朝鮮からの人口移入はまだわずかであった。

しかし，1923年（T12）の関東大震災時の読売新聞の記録では，田島町370人，大師町42人，川崎町25人の合計437人，同時期の神奈川方面警備隊司令部

の調査では，川崎町100人，大師町58人，田島町109人，高津村4人，稲田村1人，柿生村18人と報告されているので，震災当時には，かなりの朝鮮人労働者が田島町一帯で生活していたことが窺える[14]。

『神奈川県史』に収められた梶村秀樹の「在日朝鮮人の生活史」によれば，県内在住の朝鮮人人口は，1913年末（82人），1914年末（85人），1915年末（67人），1916年末（112人），1917年末（216人），1918年末（350人），1919年末（232人），1920年末（262人），1921年末（499人），1923年末（1860人）である。梶村は，この数字には相当の脱漏があるものと考え，1920年の国勢調査に記録された782人という数字から推測して，実勢はおそらくこの3倍ほどであったろうと推測している。

梶村はさらに，国勢調査の職業分類（運輸業170人，土木建設業160人，金属工業67人，商業・サービス業55人，無職55人，繊維工業52人，機械器具製造32人など）から推して，「朝鮮人労働者は，専ら単純重労働の担い手としてしか扱われなかった」と考える[15]。土木建設は土工，運輸業は仲士，工場労働は運搬と雑役にすぎなかったからである。同じく朝鮮人労働者の多かった阪神地方にくらべて，工場労働者の割合が少ないことも，当時の京浜地方の特色とされた。

在日朝鮮人の人口も，震災の復興事業を契機に増大する。表2は田村紀之の「内務省警保局による朝鮮人人口」をもとに神奈川と朝鮮関係史調査委員会が神奈川県の朝鮮人人口を整理したものだが[16]，1945年までの神奈川県の朝鮮人人口の推移である。1921年，23年，24年と人口は倍増しているが，数の上では23年の1860人から24年の4028人への変化が著しい。24年以降も，人口は数百から時には1000を越える規模で伸び続けるが，復興なった京浜工業地帯の経済発展を考えれば，特別に目を引くものではない。それよりも特徴的なのは，男女の人口比率である。1935年に至ってようやく女性人口が男性人口の半数に達するが，初期には男性人口が圧倒的である。これは，当時の労働市場が求めたものが，土木作業員や工場の未熟練工などの単純労働で，若者や壮年の働き盛りの男性労働力であったことによる。

表2　神奈川の朝鮮人人口の推移

年月日	総人口	男	女
1910	50		
1911	56		
1912	71		
1913	82		
1914	85		
1915	64		
1916	112		
1917	213		
1918	350		
1919	360	302	58
1920	514	452	62
1921	532	491	41
1922	902	840	62
1923	1,860	1,751	109
1924	4,028	3,692	336
1925	5,561	5,058	503
1926	6,158	5,316	842
1927	7,253	6,198	1,059
1928	10,207	8,524	1,683
1929	9,042	7,276	1,766
1930	9,794	7,547	2,247
1931	9,483	7,066	2,417
1932	10,525	7,489	3,036
1933	12,976	8,895	4,081
1934	13,075	8,933	4,142
1935	14,410	9,207	5,203
1936	14,597	9,267	5,330
1937	15,077	9,396	5,681
1938	16,663	10,111	6,552
1939	20,935	12,429	8,506
1940	24,842	15,592	9,250
1941	37,877	26,133	11,744
1942	43,392	30,215	13,177
1943	54,793	40,498	14,297
1944	62,197	46,649	15,548
1945. 8.15	58,818	43,939	14,879
1945.11. 1	44,947	33,520	11,427

神奈川と朝鮮の関係史調査委員会編「神奈川と朝鮮」(神奈川県渉外部　1994年)所収　p.122

川崎在住の朝鮮人は，1923年（T12）の朝鮮総督府調査によれば569人，1935年（S10）の神奈川県特高文書によれば1947人，1939年の知事引継演述書によれば5343人，1945年11月の人口調査によれば8157人であるから，同時期の神奈川全体の朝鮮人人口1860人，1万4410人，2万935人，4万4947人と較べて，それぞれ30.5％，11.4％，25.5％，18.1％とバラつきがあり，必ずしも一定しないが，県のデータと同様の増加傾向は認められる。また1935年の特高文書のデータには，のちにその一部が後に川崎市に編入される橘樹郡の553人が別立てになっているので，これを仮に合せて2500人としてみると17.3％となり，全体として20％から25％前後を推移しているのがわかる。

当時の橘樹郡は高津町，稲田町，向丘村，宮前村，生田村のほかに多数の村をふくむ広大な地域で，そのうち特に高津町一帯には多摩川の砂利取りと運搬作業のために多くの朝鮮人が移り住んでいた。

川崎市域の工業化に伴う砂利の乱掘は，治水上の問題を引き起こし，1933年には採掘が禁じられた。当時の採取労働者は828人，その家族1918人，その8割

強が朝鮮人であったと言われる。砂利採掘禁止のために多くの労働者が職を失い，県内外のさまざまな地域に移住していったが，1935年にはなお多くの朝鮮人が居住していたのである[17]。

2）1939年以降1945年までの推移

日中戦争の混迷が深まるなかで，1938年4月には国家総動員法が，翌年7月には国民徴用令が公布され，企画院・厚生省の立案した国民動員計画にしたがって，1939年9月以降，朝鮮人労働者が動員されるにいたった。この動員は，3段階にわたって行われた。

政府公式統計を駆使した森田芳夫によれば，「国民動員計画にもとづいて朝鮮人労務者が，日本内地に受け入れられたのは，1939年からで，最初は朝鮮内の指定された地域で，企業主が渡航希望の労務者を募集し，1942年2月からは，その募集を総督府側のあっせんによって行い，1944年9月から国民徴用令にもとづいて行った。しかし1945年3月末には，下関・釜山間の連絡船がほとんどとだえ，その募集渡航が行なわれなくなった。1939年9月以降日本内地に受け入れられた労務者は63万余人だったが，そのうち契約期間をすぎて帰還したものがおり，また職場を離れて他へ移動したものもおり，終戦当時に，その事業現場にいたものは32万2千余人であった。このほかに，軍人・軍属として日本内地にいたものが終戦時に約11万人いた。なお，右の期間中も，従来どおり数多くの一般朝鮮人が来住した。」という[18]。

この森田の見解は，1960年12月の『外務省調査月報』第1巻第9号に掲載された「数字から見た在日朝鮮人」に述べられたものであり，日韓会談当時の日本政府の見解をほぼ代弁しているといってよいだろう。たしかに森田の指摘するとおり，戦時下の朝鮮人労働者の「受け入れ」は，1939年7月からの「募集」，1942年2月からの「官斡旋」，1944年9月からの「徴用」という性格のちがった方法によって行われた。また，彼が，幾つかの論文で述べている通り，国家総動員法発令以前の日本政府の立場は，「就職や生活の見通しのたたないものの渡航阻止」であり，「その方策は，内務省と朝鮮総督府の協議によって

決定された」といってもよい[19]。1937年9月に深刻な労働者不足に陥った石炭鉱業連合会が商工務大臣宛に「炭鉱稼動者補充増加ニ関スル陳情書」を提出し，「炭鉱の軍需工場並みの扱い，朝鮮人の移入，保護鉱夫（女子と年少鉱夫）入坑の一般的許可と深夜業禁止の緩和」などを要望した際にも，内務省と総督府の反対があって，この陳情はすぐには実現してはいないのである[20]。

しかし1939年7月4日に「昭和十四年度労務動員実施計画」が閣議決定された時には，すでに朝鮮人労務動員は「男子8万5000人」と予定数が決められていたことも事実である。「募集」はすでに国家の計画のうちであり，当初から「強制」を含んでいたのである。

こうした趨勢は，数字の上でも明確に裏づけられる。ふたたび田村紀之の作成した**表2**によれば，1938年の神奈川県の朝鮮人人口が1万6663人であるのに対して，1944年には6万2197人と約4倍に増えている。男女の内訳は，男子が1万111人から4万3939人へと3万人以上の増加を示しているのに，女子は6552人から1万4879人とわずか8000人程度である。森田は，1968年7月『朝鮮学報』第48輯に掲載された「戦前における在日朝鮮人の人口統計」のなかで「その間（国家総動員法下の1939年7月以降も），労働者の家族呼び出しもあり，一般人の往来も従来どおり規制の下でつづいた」というが，家族と共に暮らすことのできた労働者はきわめて少ない例外であったはずである[21]。

1939年12月末から1944年末までの『特高月報』をもとにまとめた神奈川と朝鮮の関係史調査委員会の報告によれば，「募集」と「官斡旋」を総計した1943年12月末までの合計は7557人。うち「募集」の合計が2061人，「官斡旋」は5496人である。募集は官斡旋のはじまった1942年2月以降も「官斡旋」と平行して行われており，動員された労働者から帰国者を差し引いた現在員数は，1943年12月末で4413人，1944年末で3163人であり，公的な記録に裏づけられる動員労働者の数は意外と少ない。また，同じ『特高月報』の1943年9月の独身，既婚の内訳をみると神奈川県の動員労働者は合計1955人のうち1938人と99％以上が独身で，全国の合計14万6473人のうち8万2100人（56.1％）をはるかにしのいでいる[22]。これは神奈川県に石炭山や鉱山がなく，土木工事や工場労働が主力

第 8 章　戦時下日本の文化政策　　171

であったことと関係があるかもしれない。神奈川県の事業主は，比較的有利な条件で，朝鮮人労働者を確保できたのかもしれない。

　こうした傾向は，川崎市の場合は，いっそう鮮明である。中央協和会の資料をもとに神奈川と朝鮮の関係史調査委員会が整理した「神奈川県警察署管内別被強制連行朝鮮人人数」によれば，1942年3月末に川崎臨港警察署（200人），川和警察署（27人），1942年6月末に川崎臨港警察署（964人），川和警察署（22人），1942年12月末に川崎臨港警察署（1656人）であり，川崎臨港警察署管内は日本鋼管川崎工場と扇町工場，川和警察署管内は陸軍建築部である[23]。

　同じ神奈川と朝鮮の関係史調査委員会が複数の資料をもとに整理した「神奈川県朝鮮人強制連行事業所一覧」では，日本鋼管川崎工場・扇町工場のほかに，昭和電工川崎営業所（扇町）が1944年までに50人，年次不明が130人。日本油化工業（扇町）が1944年までに100から250人，年次不明が21人。三菱重工川崎機器工場（鹿島田）が年次不明の約300人。日本ヒューム管（下作延）が年次不明の40名。横須賀海軍工廠埋立地造成作業所（千鳥町）が，250から360人。いすゞ自動車が川崎と横浜を合せて，年次不明で183人。日本製鉄富士製鋼所（大師河原）の1942年の計画数が200人，年次不明が26人。大阪鉄工所神奈川工場（水江町）が1944年までに約1000人。味の素が1945年に延49人。東京機器が，1945年までに72人。東洋鋼材が1943年に837人。昭和アルミニウムが，1941年に100人である。以上のほかに「人数不明」「相当数」「多数」などの記載がある[24]。年度ごとにみると，もっとも数値のはっきりしている1943年で合計3566人であるが，性格の違う資料を積算してみても，推定値以外は得られないのが実情である。しかし，日本鋼管，昭和電工，日本油化，日本製鉄富士製鋼，大阪鉄工所などの大工場の集中する臨海部に，多くの朝鮮人労働者が集められたことは間違いない。

4．企業の論理と皇民化政策——日本鋼管と協和会——

1）日本鋼管の場合

　1952（S27）年刊行の『日本鋼管株式会社40年史』が，その冒頭で認めているように，日本の鉄鋼業の歴史には，2つの特徴がある。

　第1は，「それが国家の手によって民間資本ではなく国家資本によって直接に創設され，維持されたということである。」

　第2は，「鉄鋼業が軍需産業であるという面である。」[25]

　第1の点について，日本鋼管は創業以来，つねに民間資本の立場を貫き，1933年の日本製鉄株式会社法成立にともなう八幡，輪西，釜石，富士製鋼，九州製鋼，兼二浦，東洋製鉄の一所六社を集めた製鉄合同にも参加せず，民間の立場を守ったという誇りがある。

　しかし，第2の「軍需産業」という面に関しては，日本鋼管は太平洋戦争終結まで，その恩恵に浴し，発展を続けてきた。

　特に1936年（S11）の二・二六事件を契機として，日本の財政経済政策は大転換し，莫大な軍事予算が計上され，翌1937年7月の盧溝橋事件をきっかけにして日中戦争に突入すると，財政インフレーションは加速し，1911年から1941年の間に，一般会計は4倍弱，臨時軍事費を含む特別会計は5.5倍に膨張する。日本鋼管は，この軍需景気によって大好況をむかえ，「戦時下の統制下種々の制約をうけながらも，いっそうの増産を推進し，生産の増加，営業成績の向上，さらに設備の拡充等」大いに発展をとげていく[26]。

　1941年12月8日，太平洋戦争に突入すると，日本鋼管は「鉄鋼需要の一段の増大と船舶，艦艇，修理工場の輻輳にともない，生産増強という最大緊急の目的達成のためその総力を集中」する。しかし，「原料，資材，労力，運輸等の生産諸条件はいよいよ複雑，悪化して生産計画の達成は容易ではなかった。」[27]

　とくに労働力の不足は深刻で，『40年史』にはこう記されている[28]。

「太平洋戦争が勃発するや，生産拡大に要する労働人員数の増加はきわめて複雑な様相を帯びてきた。すなわち経験に富んだ中堅層が月々軍動員に徴集される一方，この補充は容易でなく，しかも戦争の拡大につれて労務関係の諸統制はますます強化されていったので，すべてがその統制の枠内でおこなわなければならなかった。したがって労働人員の確保こそ戦時下の最大の問題の一つであった。」

「当時軍動員と産業動員という問題が大きな課題とされ，その結果人員の不足あるいは補充難に基因する生産の阻害を防止すため徴用制度が実施されることとなって，表面的には一応人員の補充が充足されることとなった。しかし事実上は，徴用による人員は製鉄業，造船業のような重筋高熱作業に適するものでなく，徴用された本人の苦労はもとより，これらの徴用工の配置が問題となった。」

「加えて動員された人員構成も，一般徴用工，学徒動員，挺身隊，その他の作業員があり，これらが一般従業員に混然と伍していたので，労働管理上ならびに諸制度の適用上種々の問題が生じ，生産作業達成上も種々の問題が生じた。」

日本鋼管が，1942年2月13日に厚生省，内務省より警視総監，地方長官に宛てて通達された「移入労働者訓練及取扱要領」にもとづき，鋼管内の朝鮮人を対象とした「日本鋼管訓練隊訓練要綱」が作成し，半島からの朝鮮人労働者の「徴用」に踏み切り，その「訓練」を開始したのは，こうした状況の下であった。

『労務時報』1942年9月24日発行186号の「半島人青少年工資質練成の日本鋼管訓練隊に就いて」によれば[29]

「訓練」の目的は「日常生活に於ける規律確立の基礎的訓練を施し皇民教育の徹底化を図り国民的自覚を促し至誠盡忠の精神培養を根本として心身一体の実践鍛錬を行い資質を向上し必勝の信念を堅持して職分奉公に邁進せしめて内鮮一体の実を挙げ国防能力増進に資するあり」という，まさに軍需産業にふさわしい皇軍兵士の訓練に順ずるものであったことがわかる。

訓練は4週間で,「就労予備訓練」「生活訓練」「作業訓練」「皇民訓練」の4つに分かれてはいるが,「就労予備訓練」が中心で, それが前期2週間・後期2週間に分かれている。

　「就労予備訓練」の内容は, 前期は朝8時から9時30分のあいだに40分2展開の授業があり, 国語, 国史, 修身・公民, 音楽, 衛生, 常識講座などがあり, 9時40分から午後4時までは各個基本訓練と体育が行われる。後期になると午前中に9時40分から11時30分までの授業が加わり, 工業要項, 産業精神, 福利施設, 安全, 健康保険, 機械知識, 防諜関係などという現場で働く準備と思われる「専門科目」が教えられる。

　この間の「作業訓練」といっても, 始業前の国旗掲揚, 宮城遥拝, 黙祷, 皇国臣民の誓詞, 家郷に対する挨拶, 体操, 終業後の行事の, 国旗降下, 黙想反省, 愛国行進曲合唱のみで, 実際の作業訓練はない。「生活訓練」も「皇民訓練」も, いずれも皇民化教育一色である。

　同じく『労務時報』1942年5月14日発行167号の「日本鋼管の訓練状況を観る」によれば,「日本鋼管協和訓練隊」と呼ばれるこれらの青少年工は,「半島出動の際に一単位として〇〇〇名を二ヶ中隊に分かちてこの各隊長に最も指揮者として信頼し得る人物を宛て此の中隊を更に四ヶ小隊に分かちてこれを班長をして統率せしめるのである。」という。

　「而してこの一ヶ小隊を更に四ヶ分隊に分かち組長を任命させて上下一貫軍隊組織の精神を取り入れて一糸乱れざる部隊組織を以って半島を出発しそのままこの組織系統を職場以外の訓練及び指導に利用することになっている。これ等の班長, 組長, 隊長は総て半島人労務者の中, 最も人望あり信頼し得る人物をもって宛てたことは申す迄もない。今回移入を見た日本鋼管協和訓練隊の訓練生は, (中略) 地元で相当に厳選されて来ているので, その素質の点に於いて相当期待すべきものがある, というわけである」とされている[30]。

　この記述をみるかぎり, 1942年時点での「訓練隊」への対応は, かなり用意周到なものであったことが窺える。

　そのような鋼管の対応は, 同時期の『京浜工業』1942年5月30日号に掲載さ

れた「寄宿舎労務管理・講演座談会」に記録された日本鋼管寄宿舎の中込舎監の証言によって、さらに具体的に裏づけられるように思う[31]。

中込舎監は当時、「国家労務動員計画に基き朝鮮から内地に出動訓練生という名前を付けられ」て移入された「一千人の半島人に対する訓練指導」にあたり、「朝の五時から夜の九時まで訓練生と起居を共にし、寮にも立ち至って訓練して」いた。

彼は、寄宿舎と訓練についてこう述べている。

「寄宿舎に於きましては、現在川崎に五百名、扇町に五百名、合せて一千名おります。これを日本鋼管訓練隊と言いまして、一本建の訓練をしております。来月末には訓練を終わりますので、五百名は川崎、五百名は扇町へ配属されるのであります。」

「訓練」は始まったばかりで、「三月二十九日に第一回輸入致しましたものが百名、三十日に百名、来月二、三、四、五の間に八百名入って参りまして、一千名が割当てられます」というから1000名の受け入れというのは、この時点ではまだ予定であったらしい。

現在受け入れ中の200名に限っていえば、「戸籍は二十歳であっても、実際は二十四、五歳のものが沢山おります。二百名の中で妻帯者が十名でございます。尋常小学校卒業程度のものが百四十名、中学一年中途退学のものが十五名、四年程度のものが二十名、高等一年程度以上のものが、二十一名おります。工業学校卒業程度のもの二名」であるという。当時の教育水準からすれば、かなりの高学歴の者が含まれていたことが分かる。

1943年12月には、朝鮮の元山に製鉄所を建設することになる日本鋼管は、「官斡旋」による労働動員の初期においては、おそらく日本語能力があり、場合によっては指導的な立場にも立てるような朝鮮人労働者を選別することが出来たのかもしれない。

「訓練」の指導に関しては、「指導にあたる指導員は三十人に一人という具合で現場から推薦されました。優秀なる工員をもって指導員にしております。（中略）最初は自分が半島人の身になりきって訓練しなければなりません。時

には殴打の事件も起こります。一人を殴打すれば他のものも付和雷同する傾向があります。彼等は直ちに結びつきます。そして彼等は何時迄も執念深い。却々自分が受けた懲罰を忘れません。私は絶対に殴打することはいけない。そういう場合には訓戒を与えるべきもので、自分自身の部屋に招いて訓戒を与えるという事を言っております。言葉等分からないために殴打したというのがありますが、これは特に戒めております」と述べている。

　中込舎監の「訓練」の基本姿勢は、まさに内鮮一体の同化教育そのものであったことが分かる。彼は、話をしめくくるにあたって、「労務に於きましては一般工員に半島労務者の取扱いを徹底させ、差別観念の払拭をということを一般工員に知らせるような方法をとっております。そして一番肝要な事は矢張り半島出身者の差別的観念、或は中には自治的傾向をもっている分子も若干ございます。それにつきましては幸い朝鮮民族史の研究を若干しておりましたので、日本国民と朝鮮半島の民族性を結びつけて確りと歴史的な意義を与え、日韓併合等の問題について出来る丈け穏健な方法で彼等の説得に力めております。現在では彼等は大体落附いて只一日も早く現場につき立派な産業戦士になりたい。従業したいという希望をもっております」と自信のほどを示している。

　中込舎監によれば、「彼等は二ヶ年間の契約期間内に立派な技術者となって半島に帰り、そうして指導者になるという事を希望しております」というのだから、日本鋼管の場合には動員労働者との間に、形式的にせよ２年間の雇用契約があり、そのうち１ヶ月が以上のような研修であったことになる。

　神奈川と朝鮮の関係史調査委員会が整理した「神奈川県警察署管内別被強制連行朝鮮人人数」および「日本鋼管稼動朝鮮人『訓練工』数」によれば、このような形で日本鋼管川崎工場および扇町工場に動員された朝鮮人労働者の数は、1942年３月の時点で200人、６月で964人、12月で1656人、1943年12月で2001人であり、それ以降は不明である[32]。

2）協和会の皇民化政策

　日中戦争にはじまる戦時下の内鮮一体と皇民化の文化政策を具体的に推進したのは，協和会である。日本の内務省，警察当局は，すでに1920年代のはじめから在日朝鮮人の失業問題や差別問題への対策として大阪，兵庫などに「内鮮協会」を作って，融和対策を講じていたが，1926年2月には，県庁社会課内に事務所をおいて，神奈川県内鮮協会を立ち上げた。

　内鮮協会は，当初，さかんに啓蒙活動や職業紹介を行い，1927年3月には定員40人の労働者簡易宿泊施設として内鮮協会根岸会館を横浜の根岸に設けたが，あまり大きな役割を果たすことができなかった。しかし国内の労働力不足が深刻になり朝鮮人労働者の必要性が増してくると，政府は1936年から，官製機関として協和会を全国に組織しはじめる。梶村秀樹によれば，「神奈川県の場合，当面既存の神奈川県内鮮協会に補助を与えてその代行機関とした。これによりそれまで不活発であった内鮮協会がにわかに活動し始め，37年から40年までの間に県下全体をカバーする支部・分会網が上から創出された。（中略）そして中央協和会の設立にともない，39年7月にこの内鮮協会がそのまま財団法人神奈川県協和会と改称されたのであった。」[33]

　協和会の支会事務所は，ほとんど警察署内におかれ，支会長は警察署長が占めた。川崎には，高津，臨港，中央の3つの支会が置かれた。支会の下には指導区，地域の分会，職場の分会がおかれ，川崎のように「居住者ノ特ニ密集スル大都市等ニ於テ約二十補導班ヲ以テ一区」とする補導班が組織され，補導班は「十乃至二十世帯ヲ以テ組織シ指導単位トス」とし，補導員は協和会会員中より選任されて，相互の監視にあたらせられた。地域の分会長は警察官，村長，学校長，隣組長であり，職場の分会長は事務所長または労務課長であった[34]。

　当時，厚生省協和官として協和事業の推進責任者の一人であった武田行雄は，1940年に発表された「協和事業とは何んなものか」のなかで，協和事業の目的を3つと方法を2つ挙げている[35]。

　まず目的の第一は，「『一視同仁』の聖旨を奉体して，之を事業の出発点と

し，指導精神とし，又帰着点とするもの」とされる。一視同仁とは，武田によれば「内地同胞も外地同胞も，等しく帝国憲法治下の国民として，陛下の赤子として何らの区別なく，各々其の処を得しめ安居楽業せしむる状態」を意味する。つまり，一視同仁のもたらす「平等」とは，内鮮一体と皇民化を受け入れた上での平等である。

目的の第二は，「内地に在住する外地同胞を速やかに内地の生活に融け込ましむるもの」である。武田は，外地同胞が言語・風俗・習慣を内地人と異にすることを認め，そのために朝鮮同胞がその生活上極めて不便不利であることを認めているが，その解決策は「郷に入れば郷に従え」という「同化」の勧めである。彼は，そのために「入郷順俗」という朝鮮の諺も引用している。

目的の第三は，「国民偕和の実を収ること」であるという。武田によれば，協和事業はただ単に「外地の人達の内地融合を図るために（中略）指導強化に傾注する」だけではなく，「内地における七千万同胞総ての和合一体化に資するという点」にあり，さらには「是を拡大して，一億同胞の一体化に貢献せんとする所に，其の大使命が潜んで居る」というのである。武田は，一方で日本国民が「徳川幕府の鎖国政策の実施以来は，殆ど他の民族と接触する機会が無かった為に，今日の内地同胞は外地同胞に対する心構えの点に於いて，必ずしも遺憾なしとは言えない現状」であることを認め，「外地同胞に対して諸種の方策を以て善導を図ると同様に，内地同胞に対しても充分の方策を講じて，外地同胞に対する心構えを指導し其の育成を図ることが必要であります」と説いているが，結局それも「一億国民が心を一つにして，天皇陛下の御許に一致協力してこそ，東亜共同体の枢軸たる資格を具えることが出来るから」である。

さて以上の目的を実現するための方法であるが，その第一は，「外地の人々を，内地生活を基準として指導教化して生活の安定向上を図り，尽忠の精神を啓培する」ことである。武田によれば，「現在内地に在住する朝鮮同胞」の中には社会的地位も高く「内地水準を遥かに抜いた人も相当有る」が，その比率は甚だ僅少であって，「昭和十四年現在在住者九十数万人中二千人余にとどまり，他は主として筋肉労働に従事する者で教養の低い国語も解しない者」が多い。

「而も是等の人々は集団的に一ヶ所に聚落をなして居て内地同胞とは隔離した朝鮮風の生活を営む現状」である。

そこで最も重視されるのは，「外地同胞の内地的な躾け」である。協和事業は「成人教育・婦人教育・特に青少年教育即ち次代の成員となる人々の指導と教育」である。「内外地人間の文化程度や経済生活程度を出来る丈接近せしめるという方法」によって，「国民的自覚を更に昂揚し，益々忠報国の念を啓培して，相互の間の信頼の基礎としようとする」ものであるとする。

目的実現のための方法の第二は，「内地の人々の，外地同胞に対する理解を啓発していわれの無い優越感を棄て去らせて相互の信頼を深め，相愛の情誼の促進に努むる」ことである。武田は，「内地の人々の中には自己の見聞したる一二の事例を以って，直ちに全体を批判し朝鮮人の性情を云々する者もないではありません」と批判し，朝鮮の地理・風俗・習慣などを伝えたり，労働の勤勉性や楽天的な性格，その「燃ゆるような愛国的な情熱の一端である国防献金」の事実などを周知させなければいけないと説いている。

以上のような武田の主張によれば，協和事業は，内鮮一体と皇民化を掲げてはいるが，一応双方向的であり，内外「国民」の融和のためには相互理解と差別の撤廃が不可欠であると説いているようにみえる。しかし，協和会の実際に果たした役割は，戦時下における朝鮮人労働者の統制と日本文化の一方的な押し付け以外のなにものでもなかった。

まず統制についていえば，武田の挙げた協和事業機構（**図3**）に見られるように，協和会そのものが，警察署長や特高を頂点とする整然とした縦割り組織で，会員である朝鮮人は十乃至二十世帯をもって補導班を組織し，指導単位とする。この補導班の補導員こそ互選だが，その上部組織である指導区の指導員は，すべて日本人である。

こうした協和会の組織化とともに，朝鮮人がそれまで組織していた親睦団体や同郷出身者の団体などは，すべて解散させられ，自発的に横の連絡がとれなくなった。

梶村秀樹の「在日朝鮮人の生活史」によれば，「朝鮮人は必ず協和会の居住地

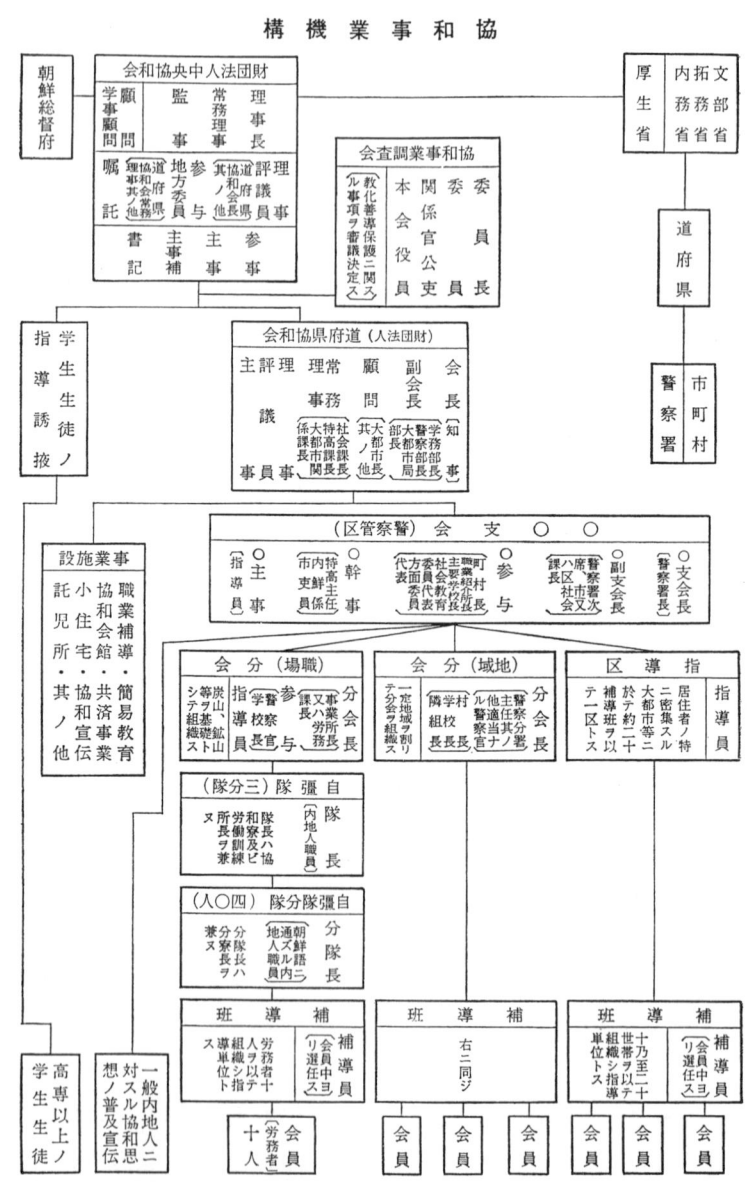

『武田行雄「協和事業とは何んなものか」『近代民衆の記録10 在日朝鮮人』(小沢有作編 新人物往来社 1978年) 所収 p.345

図3 協和事業機構

支部（分会）に加入し，事務所に出頭して協和会手帳の交付を受け所持することを強制された。」この手帳は，いわば身分証明書のような役割を果たし，これがないと旅行も就業もできず，米の配給も受け取れなかった。

日本文化の一方的な押し付けと皇民化教育についても，枚挙にいとまがない。「日本語習得を主眼とする特設夜学が設けられ（川崎，横浜），出席を強制される講演会が頻繁に開かれ，『指導細目』は，神棚の設置，日本名の強要から，ニンニク常食の禁止，白服着用禁止和服着用普及，朝鮮式食器の禁止，朝鮮靴の使用禁止，茶の湯活花の奨励にいたるまで微に入り細を穿ったものであった。」[36]

ここで，中央協和会が1940年に編纂した『協和国語読本』を見て見よう[37]。まず巻頭に「君ガ代」と「教育ニ関スル勅語」があり，つづいて「コトバ」という語彙の練習にはじまって，次第に漢字の入った例文が紹介されていく。

十五の「国旗」で祝日と国旗掲揚の義務を語ったあとの十七の婦人会では，「コノアヒダ，学校デ婦人会ガアリマシタ。校長先生ト協和会の支会長サンカラ，オ話ガアリマシタ。私ドモハ，イロイロ話アッテ，ツギノヤウナコトヲキメマシタ。一，氏神様ニオマキリスルコト。二，女モナルベク和服ヲキルコト。三，ダイドコロトベンジョヲセイケツニスルコト。四，モノヲタイセツニスルコト。五，愛国貯金ヲスルコト。六，国語ヲヨクオボエルコト。」を学ぶ。

十八の「興亜奉公日」で宮城遥拝と黙祷をした後で「皇国臣民ノ誓詞」を唱え，十九の「生活カルタ」で「あいうえお」と「いろは歌」を学んで，二十の「天皇陛下」で「海行かば」を習う。

二十一と二十二では手紙の書き方を学ぶ。そこには「竹山文昌」と名前をかえた，創氏改名の話が紹介されている。

次の二十三「まごころ」は，こんな内容である。

「これは，ちかごろ，福岡県のある炭礦にあった話です。**炭礦労務主任**『崔くん，あなたは，姉さんとお父さんとが，引きつづきなくなられたさうですね。』崔『はい。』**労務主任**『それはお気の毒です。すぐに郷里に帰っておいでなさい。』崔『ご親切はありがたうぞんじますが，私達が，内

地に来て炭礦で働く気持は，兵隊さんが戦場に臨むのと同じです。姉も父も，いま，私が帰らないで，お国の為に一塊りでも多く石炭を掘出することを，喜んでくれるに違ひないと思ひます。』

労務主任『お気持には全く感心の外ありません。それでは，踏み止まってお国の為に尽くして下さい。』崔『はい，いっしゃうけんめいに働きます。』」

二十四は「愛馬進軍歌」、二十五は「神社参拝」。最後の二十六「日の本」は，「愛国行進曲」の「皇国つねに栄えあれ」という響きで締めくくられる。

ここには，協和会の本質が，じつに分かりやすいかたちで示されているように思われる。女達は，和服を着て，清潔をこころがけ，愛国貯金をする。男達は肉親の死をも乗り越えて，肉体労働に精を出し，ともに国旗を掲げ，神社を参拝し，宮城を遥拝して，「皇国臣民ノ誓詞」を唱えて，軍歌を歌う。そして金や，李，朴などという固有の姓をすてて，竹山，金田，佐藤などという日本風の姓に改める。これが，協和会のめざす朝鮮人の理想像であり，戦時下の文化政策であった。

武田行雄たちの推進した一視同仁の平等で双方向的な「協和事業とは何んなものか」が，具体的によく示されている。

5．おわりに――「八紘一宇」から靖国へ――

今日，『協和国語読本』を開く者は，そのあからさまな文化政策の「おぞましさ」に目を覆いたくなるに違いない。この「おぞましさ」はどこから来るのだろうか。

管見によれば，この「おぞましさ」の根源は，天皇が「日本文化のすべて」であると考えたところにあると思う。

武田行雄は，「八紘一宇」を神武天皇が，都を大和樫原に奠めるにあたって下した詔「八紘ヲ掩ヒテ宇ト為ム」に基づくものとし，これは「皇祖の神勅に基づいて我が肇国の大精神を具体的に示し給うたものであります。この詔の大御心は天下を挙げて一家のように大和し，相倚り相扶けて発展せしめようとの

意であると拝察せらるるのであります」という。さらに「此の肇国以来の国史を一貫する八紘一宇の大精神は，又明治天皇の御代，新たに外地に多くの民を迎うるに当たっては，其の綏撫に軫念あらせられ，『一視同仁』の聖旨として顕現さるる事となったのであります。」とした[38]。

「八紘一宇」は，建国の神話に起源するが，明治以降，もう一度新しい内容を注入され，日本本国（内地），および植民地台湾・朝鮮（外地）の人々を「すべて」，天皇を頂点とした家族に「赤子」として組み込む装置の要となり，それ以降，天皇をはじめ誰一人，この親子関係を拒むことはできないというのである。

このように，個人の意に反して，いわれのない「親子関係」を押し付けられることは，「おぞましい」の一語に尽きる。はるか高みにあって，自分のことなど具体的には何一つ知らない他人（＝天皇）から，勝手に「一視同仁」され「赤子」とされ，その代わりに強制的に自分の「すべて」を捧げざるを得ない。これは理不尽のきわみである。

筆者は，いうまでもなく，日本という国が形を整え，大王たちのなかから天皇が登場し，この国の政治と文化を束ねるようになって以来，天皇が果たしてきた文化的な役割を否定するものではない。

たとえば勅撰の和歌や漢詩の大成は，天皇なしには考えられない。勅撰は，武家が台頭し，天皇の政治的な力が衰退しても，なお豊かな実を結び続けた。日本文化の歴史を紐解けば，こうした例は枚挙にいとまがない。その意味で，天皇および天皇制が，日本の文化と文化政策の上におよぼした影響は，はかり知れないと考える。

しかし，武田行雄が主張するように，「肇国以来の国史」を一貫して，天皇が政治と文化の唯一の中心であったというのは偽りであると考える。太平洋戦争の一時期をのぞけば，日本人がすべて「赤子」として天皇の一家に組み込まれたことはないのも事実である。

日本文化の歴史を通じて，天皇は，常にいくつかの有力な中心の一つであったのであり，「日本文化の一部」として，しかもその性格を時代によって変え

続けた,というのが真相であろう。

　太平洋戦争の終結によって,明治以降の国家神道の作り出した「八紘一宇」という神話が崩れ去り,天皇自身が自ら「現人神」ではないことを宣言した時に,天皇が日本文化のすべてではないことが明らかにされたはずである。いまでは「八紘一宇」などといっても,その意味は,ほとんど誰も知りはしない。「八紘一宇」は,死語である。

　しかし奇妙なことに,戦後も,靖国という「天皇をすべてとする装置」は残された。

　靖国神社は,周知の通り「嘉永癸丑（1853）以来の国事殉難者,戊辰戦争の戦没者に加え,西南戦争の戦死者をはじめ,以後日本の対外戦争における戦死者を〈靖国の神〉となして国家がまつったもの」である[39]。ここには,嘉永癸丑以来,賊軍の会津藩士などをのぞき,天皇の赤子として国に殉じた者が「すべて」祀られ続けてきた。

　太平洋戦争の敗戦を受けて,天皇はまた「人間」として生きはじめ,「国家のために殉ずること」と「天皇のために殉ずること」は,直接的な結びつきを失ったにもかかわらず,天皇を頂点として戴く靖国がそれまで果たし続けた政治的・文化的役割が消え去ったわけではないのである。

　そこには,神道という宗教の解きがたいパラドクスがある。神道においては,死者の魂は時とともに次第に個性を失い,「霊」として浄化され,一体化される。一度,祀られた霊は,分祀することは不可能なのである。

　戦争の終結までに祀られた天皇に殉じた英霊の後に,戦後も国家のために殉じたとされるＡ級戦犯をふくむ様々の霊が合祀され,天皇を頂点とした「英霊」の列に陸続と連なっていく。たとえ遺族が,「合祀されたくない」といっても,いったん合祀された霊は,分離不可能なまま,英霊に組み込まれてしまう。

　これは,まさに霊界の「八紘一宇」であるといってよいだろう。生前のみならず,死後も「天皇を父と戴く擬似家族」や「日本国の英霊一族」に組み込まれ,それを拒むことができないのである。

かつて「皇国臣民ノ誓詞」という踏み絵を踏まされ，神社参拝を強制させられて，むりやり八紘一宇の世界に組み込まれてしまった経験を持つ韓国・朝鮮，そして台湾の人々や，「大東亜共栄圏」や「五族協和」を旗印に，国を踏みにじられた中国の人々が，事態を座視できないのは当然であろう。

靖国という宗教装置を，特定宗派の信者達が護持するのは自由だが，これを国家の英霊を祀るものとして，今も政治家が公的に参拝するのは，言語道断であると批判されてもしかたがない。

韓国をはじめ，東アジアにむかって，新しい日本を知らせる力強い文化政策を推進するためには，まず国として靖国というネガティヴな過去の遺産を払拭する必要があると考える。

注
1) たとえば，池上惇・端信行・福原義春・堀田力編『文化政策入門』（丸善ライブラリー2001年）で編者は，文化政策を「創造環境を整備するための公共政策であり，地域社会や都市，あるいは企業や産業の中にある文化資源を再評価して，創造環境の中に位置づける政策」と定義している（同書 p.12参照）。
2) 川崎市国際課提供資料「外国人登録者市区町村別主要国籍別人員調査票（2003年12月31日現在）」による。同調査票によれば，神奈川県在住の外国人登録者の国籍は159カ国にのぼる。
3) 『川崎市史　通史編2　近世』（川崎市　1994年 p.296参照）
4) 『川崎市史　資料編3　近代』（川崎市　1990年 p.376-377参照）
5) 石塚裕道「京浜工業地帯成立期の都市問題」『神奈川県史』所収（神奈川県県民部県史編集室　1983年 p.422参照）
6) 前掲論文　p.423参照
7) 前掲論文　p.429参照
8) 前掲論文　p.437参照
9) 「工場製造能力・日本鋼管2」『横浜貿易新報（1918年3月4日）』『川崎市史　資料編3』（川崎市　1990年 p.550-551参照）
10) 「職工の外に夥しき土工人夫の群」『横浜貿易新報（1918年3月17日）』『川崎市史　資料編3』（川崎市　1990年 p.561-562参照）
11) 『川崎市史　通史編3　近代』p.367参照
12) 前掲書　p.368参照
13) 「第1回国勢調査報告（大正9年）」『川崎市史　資料編3　近代』p.809参照

14)『川崎市史　通史編3　近代』p.462参照
15) 梶村秀樹「在日朝鮮人の生活史」『神奈川県史』p.656参照
16) 神奈川と朝鮮の関係史調査委員会編「神奈川と朝鮮」(神奈川県渉外部　1994年 p.122) および　田村紀之「内務省警保局による朝鮮人人口」(『経済と経済学』第46－47号　1981年参照)
17) 前掲『神奈川と朝鮮』p.171参照
18) 森田芳夫『数字が語る在日韓国・朝鮮人の歴史』(明石書店　1996年 p.18－19参照)
19) 前掲書　p.66参照
20)『神奈川と朝鮮』p.97参照
21) 森田芳夫　前掲書　p.67参照
22)『神奈川と朝鮮』p.105およびp.108参照
23) 前掲書　p.125参照
24) 前掲書　p.106参照
25)『日本鋼管株式会社40年史』(日本鋼管株式会社　1952年　p.4参照)
26) 前掲書　p.186－187参照
27) 前掲書　p.254参照
28) 前掲書　p.519参照
29)「半島人青少年工資質練成の日本鋼管訓練隊に就いて」(『労務時報』1942年9月24日発行186号　p.15－21参照)
30)「日本鋼管の訓練状況を観る」(『労務時報』1942年5月14日発行167号 p.26参照)
31)『川崎市史　資料編4上　現代』(川崎市　1991年 p.267－270参照)
32)『神奈川と朝鮮』p.110およびp.125参照
33) 梶村秀樹　前掲論文　p.678参照
34) 前掲論文　p.679参照
35) 武田行雄「協和事業とは何んなものか」『近代民衆の記録10　在日朝鮮人』(小沢有作編　新人物往来社　1978年) 所収　p.338－344参照
36) 梶村秀樹　前掲論文　p.679参照
37) 中央協和会編『協和国語読本』『近代民衆の記録10　在日朝鮮人』(小沢有作編　新人物往来社　1978年) 所収　p.346－356参照
38) 武田行雄前掲論文　p.339－340参照
39) 小木新造「靖国神社」『CD-ROM《世界大百科事典　第2版》』1998年　日立デジタル平凡社より引用

第9章
日露戦後の対米宣伝とその目的
―― ニューヨークに設立された東洋通報社とその活動について ――

大谷 正

1．はじめに

　筆者は旧稿「国際通信社設立の前史――清国新聞電報通信とニューヨークの東洋通報社について」（『メディア史研究』16号，2004年4月）において，次のように主張した。従来の日本における通信社の歴史的研究では，1914年3月に設立された国際通信社こそが，国際ニュースの収集，配信と日本のニュースの海外配信を目的にした，すなわち通信社本来の役割である海外活動という理念をもった，わが国ではじめての本格的な通信社であると位置づけられている[1]。しかし，国際通信社設立の一角を担った外務省は，すでに1909年から通信社を使った対中国・対米国宣伝をはじめていた。このうち東洋通報社の活動は1912年度末に，清国新聞電報通信事業は1913年6月限りで，行財政整理の一環として費用支出に見合う効果がないという理由で，それぞれ廃止されたが，この外務省の試みは1914年3月の国際通信社設立に直接的につながっていく前史である[2]，と。本稿は直接的には筆者の旧稿の続編で，旧稿で不十分にしか検討できなかった「東洋通報社」――ニューヨークに設立された，外務省による「ニュースの輸出機関」――の，1909年の設立から1912年末に至るまでの活動について再検討を試みるものである。

　前記『メディア史研究』16号所収の旧稿も本稿も，日露戦争開戦100年を意識して刊行された小森陽一・成田龍一編『日露戦争スタディーズ』（紀伊國屋書店，2004年2月）所収の拙稿「義和団出兵／日露戦争の地政学――補給基地と

しての日本」（以後「地政学」と略称）と問題意識を共有している。「地政学」では1900年の義和団出兵から日露戦争に至る時期の，東アジア地域への帝国主義列強の進出を，対立・対抗関係だけでなく相互依存関係の側面から検討した。具体的には，ロシアが関東州経営に乗り出す際，そして米国がフィリピンを占領して植民地経営に乗り出す際に，日本がエネルギーや労働力を含む，多様な物資の補給基地となり，日露米は対立・抗争関係を持ちながら，一方で深い相互依存関係に入ったと主張した。日露戦争の勃発は一時この関係を動揺させたが，日露戦後，再び3国は東アジア地域で複雑かつ密接な，依存と対立の関係を構築し，この地域における舞台の主役となっていく[3]。英仏両国から，日露米の3強国に帝国主義側の主役の地位が移動していくのが20世紀初頭の東アジア地域の特徴の一つであった。

　本稿で取り上げる「東洋通報社」構想のそもそもの発端も1908年秋のことで，同年9月29日付で小村寿太郎外相がワシントン駐在の高平小五郎大使に太平洋問題に関し日米両国間に適当な時期に商議を開くよう訓令し，高平・ルート協定締結へ向けて交渉が進められていた時期であった（協定は11月30日成立）。本稿は，このような日米関係を背景に外務省によって対米宣伝専用の通信社が構想され，どのように実現し，廃止されたのか，そしてその通信社はどのような内容のメッセージを，どのような方法で米国民に伝えようとしたのかを検討するものである。

　つぎに本稿で使用する主な資料について述べておこう。

　対米国宣伝に関する資料は，おもに外務省記録の『紐育ニ東洋通報社設置一件』（明治大正1・3・1・19，以下『東洋通報社一件』と略称）に含まれており，対清国宣伝に関する文書をつづった『清国ニ於ケル新聞操縦ノ為メ内外新聞社ニ電報通信配布雑件』（明治大正1・3・1・18，以下『清国電報通信雑件』と略称）にも関連資料がある。本稿で出典を示さず史料を引用する場合は，『東洋通報社一件』からの引用である。

　また，読者の理解を助けるために，東洋通報社設立から廃止に至るまでの経緯と関連事項を年表としておいた（**表1**）。

第9章　日露戦後の対米宣伝とその目的　　189

表1　東洋通報社関係年表

1908. 2.18	移民に関する日米紳士協定成立
7.14	第二次桂太郎内閣成立　8.27　小村寿太郎外相就任
9.25	閣議，小村外相提出の満州に関する対清諸問題解決方針並対外政策方針を決定
10.18	米国世界周航艦隊（The Great White Fleet）横浜寄港，朝野を挙げての大歓迎
11.30	太平洋方面に関する日米交換公文（高平・ルート協定）成立
12.28	駐清伊集院公使，清国と満州懸案に関する交渉を開始
1909. 5. 6	小村外相，頭本元貞に東洋通報社設立のために米国派遣を命ず
7. 6	閣議，韓国併合の方針を決定
9. 1-11.30	渋沢が組織した渡米実業団約50名が米国滞在，頭本は渋沢の通訳
12.18	ノックス米国務長官，満州諸鉄道中立化提案
1910. 7. 4	第二次日露協約調印，秘密協定で満州の権益を両国で分割
8.22	日韓併合に関する日韓条約調印
11.10	Oriental Economic Review 創刊，1911. 2.25　Oriental Review に誌名を変更
1911. 8.30	第二次西園寺公望内閣成立　10.16　内田康哉外相就任
1912. 1. 1	孫文中華民国臨時大総統就任
11. 4	内田外相，Oriental Review を年末に廃刊，東洋通報社は年度末に廃止を指示

注）出典は外務省編『日本外交年表竝主要文書』上（原書房，1965年）など。

2．東洋通信社構想から東洋通報社へ

　前記の外務省記録『東洋通報社一件』第1分冊末尾の「参考」という項目に，東洋通信社規程案（史料に標題はなく，外務省の罫紙に書かれたメモで，欄外に「極秘」「最初ノ案綴込保管ノコト」と書き込みがあり，小村の花押もある）および東洋通信社予算（案）がある。残念ながら起草された年月日が不明で，「はじめに」に記したように，1908年の高平・ルート協定締結交渉の時期ではないかと推定する。これが後の東洋通報社として実現する通信社プランの最初の規程と考えられるので，冗長だが最初の規程案を紹介する。

〔史料１〕
　第一，東洋通信社ハ外務省ノ指揮監督ノ下ニ通信事務ヲ取扱フコト
　第二，東洋通信社ハ本社ヲ東京ニ置キ支社ヲ紐育ニ置クコト
　第三，東京本社ハ左記ニ拠リ通信事務ヲ取扱フコト

一，外務省ヨリ通信ヲ命セラレタル事項ヲ支社ニ報導スルコト
二，本社ノ発意ニ係リ又支社ノ依頼ニ基キ通信ヲナスヲ適当ト認メタル事項ニシテ外務省ノ承認ヲ受ケタルモノヲ支社ニ報導スルコト
三，外務省ヨリ通信ヲ命セラレタル事項ヲ内地諸新聞ニ報導スルコト
四，支社ヨリ受ケタル通信ニシテ外務省ノ承認ヲ受ケタルモノヲ内地諸新聞ニ報導スルコト
五，前項以外ノ報導殊ニ内国政治ニ関スル通信等ハ一切之ヲ取扱ハサルコト

第四，紐育支社ハ在米帝国大使ノ監督ノ下ニ左記ニ拠リ通信事務ヲ取扱フコト
一，帝国大使領事又ハ外務省ヨリ受ケタル材料其他正確ナル材料ニ依リ常ニ帝国諸般ノ事項ニ関スル調査ヲ為シ，外国政治家新聞記者又ハ事業家等ヨリ帝国ニ関スル問合アリタルトキハ直チニ之ニ応シ必要ナル回答ヲ与フルコト
二，帝国大使領事又ハ本社ヨリ受ケタル通信ヲ米国諸新聞ニ報導スルコト
三，帝国大使領事ノ承認ヲ受ケ帝国ニ関スル事実ノ真相ヲ米国諸新聞ニ掲載セシメ，又ハ米国諸新聞中帝国ニ不利ナル報導ヲナシ，又ハ誤報ヲ伝フルモノアル場合ニ，随時之ガ弁駁又ハ正誤ヲナスコト
四，帝国大使領事ヨリ通信ヲ命セラレタル事項ヲ本社ニ報導スルコト
五，米国諸新聞ノ論調ヲ調査シ，随時之ヲ帝国大使領事及外務省ニ報告スルコト
六，帝国ニ関係アル事項ニ関シ内密ニ開知セルコトアルトキハ直ニ之ヲ帝国大使領事ニ報告シ又場合ニ依リ之ヲ外務省ニ報告スルコト

第五，東京本社及紐育支社ハ読者又ハ依頼者ヨリ相当ノ代金又ハ報酬ヲ収ムルヲ期スルコト

第六，東京本社及紐育支社ハ表面上純然タル営業トナシ政府トノ関係ハ厳ニ之ヲ秘密トナシ置クベキコト

前掲『メディア史研究』16号所収の拙稿で明らかにしたように，上記の東洋通信社設立プランがつくられた初期の段階では，対米宣伝と対清国宣伝を東洋

通信社が兼務することが考えられていた。その証拠はつぎのような史料があることから分かる。すなわち，外務省記録『清国電報通信雑件』の第2分冊の末尾に「参考」という部分があり，そこに清国に対する宣伝事業計画である「清国新聞通信概目」(1909年4月12日付で在清公使・総領事・領事に通知) の草案と見られるものが何種類か綴じられている。そこに「最初ノ案」と欄外に書かれた史料があり，その第一項は「清国新聞紙操縦ノ為メ東京ニ新聞通信員一名ヲ置クコト，右通信員ハ可成東洋通信社員ヲ以テ之ニ充ツルコト」とある。実際に通知された「清国新聞通信概目」の第一項は「清国新聞紙ニ通信ヲナサスル為メ東京ニ新聞通信員ヲ置クコト，右通信員ハ追テ選定ノ上通知スルコト」である。清国新聞通信概目草案は下線を施したように，目的規定が「清国新聞操縦」とあからさまなこと，および東京の通信員を「東洋通信社員」としたところが成案と違う。草案段階では，東京に設置される東洋通信社が，対米宣伝のみならず，対清国宣伝に関与する構想だった。考えてみると，対米国宣伝と対清国宣伝の両方を担当するには「東洋」通信社──すなわち英語でアジアをOrientと，清国では日本を東洋と称す──が適切な名称であったのだろう。

　〔史料1〕に続いて，「東洋通信社予算」なるメモが添付されており，数字の修正の跡があるが，「一，本社費用　七八〇〇円　二，支社費用　三三三〇〇円　三，本支社電報料　五〇〇〇円　四，予備費　三九〇〇円　総計　五〇〇〇〇円」という費用の見積もりがされている。翌年，東洋通報社とほぼ同時にはじまった対清国新聞電報通信事業のために，外務省が電報通信社に支出した金額が年間5000円強であったのと比べると，対米宣伝に対する意気込みの強さが感じられる。

　この後，東洋通信社構想から対清国宣伝が抜け落ち，組織の名前も「日本通報局」(Japanese Information Bureau) から「東洋通報社」(Oriental Information Agency) に変化していく。そしてその過程で，担当者として頭本元貞が浮上してきた。頭本は鳥取県日野郡黒坂の生まれ，官立名古屋英語学校，大学予備門を経て1884年札幌農学校卒業，横浜のジャパン・メール記者となってジャーナリストとして活動した後，1896年に首相秘書官となって伊藤博文との

関係が生じ，第3次伊藤内閣でも首相秘書官，1906年伊藤が韓国統監になると総督府嘱託となった。この間，伊藤のお声掛かりで対外宣伝機関であるジャパン・タイムスを発刊し（1897年），伊藤統監に同行した韓国ではソウル・プレスを英国人から買収して，韓国統監府の対外宣伝機関として経営した。伊藤の広報担当，対外宣伝担当の秘書官という役回りであり，ジャパン・タイムス設立では外務省の援助を受けた[4]。彼にニューヨーク行きの話が回ってきた際に，彼が作成したメモがやはり『東洋通報社一件』第1分冊末尾の「参考」項目にある。用紙は明治41年用の「セウルプレス社用箋」で，欄外に「東洋通報社ノ件」「頭本ノ提出案」（筆跡が違うので「東洋通報社ノ件」は後日整理の際の書き込みか？）とあり，頭本作成メモを外務省内の詮議に廻したのであろうか，何人かの署名と捺印がある。

〔史料2〕

「了」（朱筆）　　事務開始ノ順序

一，紐育市中商業ノ中心ニ近キ場所ニ事務所ヲ開キ日本通報局（Japanese Information Bureau）ノ看板ヲ掲クルコト

一，通報局ノ事務ハ左ノ如シ

（イ）我財政，経済，政治，文学，歴史其他各般ノ事項ニ関シ相当ノ手数料ヲ以テ調査通報ノ依需ニ応スルコト

（ロ）我商業会議所，興信所等ト連絡ヲ保チ彼我通商上ノ紹介ヲ為スコト

（ハ）我該官省，会社等ノ報告書其他出版物ヲ基トシテ各種ノ調査ヲ為シ随時新聞雑誌ニ投書スルコト

（ニ）毎月一回我財政并ニ経済ニ関スル小雑誌ヲ発行スルコト

（ホ）日本ニ関スル誤報ヲ正誤スルコト

（ヘ）和文英訳英文和訳ノ需ニ応スルコト

世間ニ向テハ前記ノ事業ヲ以テ専業ト為スノ体裁ヲ保チ可成広ク有力者間ニ交際ヲ為シ且筆ト舌ヲ以テ我国情ヲ紹介シ我利益ト主張ヲ保持スルコトヲカルモノトス

　　　（中略）

経常費	四五，六〇〇円
創業費	一五，〇〇〇円
計	六〇，六〇〇円

史料1と**史料2**を比較すると，まさに官僚の発想とジャーナリストの発想の落差が明らかであろう。**史料1**では第4条がニューヨークでの活動になるが，すべてに「帝国大使領事」の監督を受けて，与えられた情報を使って「外国新聞操縦」(外務省が宣伝を意味する語として大正初期まで使用した用語，ジャーナリズムが未発達だった明治期の日本国内における金銭による御用新聞化政策を単純に国外に拡大する発想，多くは失敗に終わったことは拙著『近代日本の対外宣伝』で述べた)をおこない，一方で情報収集に当たれというもので，およそジャーナリズムに対する理解のない発想である。一方，**史料2**の頭本メモはより具体的で，商業ジャーナリズムの形を表面に出して活動しながら(イ，ロ，ヘ)，可能な範囲で米国経済人の興味を引きそうな月刊の日本経済財政情報誌を発行する。そして米国政財界要人と交流を深めつつ，日本の立場をプロパガンダしていこうというものだった。

対清国宣伝を別機関が担当することになり，対米宣伝に一本化するとともに，**史料1**の外務省の原案から第1条から第3条が削除され，第4条以下が修正されて，東洋通報社構想が確定した。1909年5月6日付で頭本に与えられた小村外相の命令はつぎのようになった。

〔**史料3**〕

第一，貴下ハ紐育市ニ於テ日本(日本を抹消，東洋に修正)通報局(局を抹消，社に修正)(Japanese Information Bureau〔Japaneseを抹消，Orientalに修正〕)ヲ開設セラレ，在米帝国大使監督ノ下ニ当分ノ内左記ノ事務ヲ取扱ハルヘシ

　一，帝国大使，領事又ハ外務省ヨリ受ケタル材料其他正確ナル材料ニ依リ，常ニ帝国諸般ノ事項ニ関スル調査ヲ為シ，外国政治家新聞記者又ハ事業家等ヨリ帝国ニ関スル問合アリタルトキハ，直チニ之ニ応シ必要ナル回答ヲ与

フルコト
　二，帝国大使領事ノ承認ヲ受ケ，帝国ニ関スル事実ノ真相ヲ米国諸新聞ニ掲載セシメ，又ハ米国諸新聞雑誌中帝国ニ不利ナル報道ヲナシ，又ハ誤報ヲ伝フルモノアル場合ニ，随時之力弁駁又ハ正誤ヲナスコト
　三，帝国大使領事又ハ外務省ヨリ受ケタル通信ヲ米国諸新聞ニ報道スルコト
　四，米国諸新聞ノ論調ヲ調査シ，随時之ヲ帝国大使領事及外務省ニ報告スルコト
　五，帝国ニ関係アル事項ニ関シ内密ニ聞知セルコトアルトキハ，直ニ之ヲ帝国大使領事ニ報告シ又場合ニ依リ之ヲ外務省ニ報告スルコト
前項各号ノ外尚新聞通信事務ヲ開始スルコトアルヘシ，但シ其開始ノ時期方法等ハ追テ詮議ノ上之ヲ決定スヘシ
第二，貴下ハ前項ノ事項ニ関シ依頼者又ハ読者ヨリ相当ノ代金又ハ報酬ヲ収ムルコトヲ得ヘシ
第三，貴下ハ毎月一回通報社業務ノ実況及貴下ノ取扱ハレタル事項ニ関シ外務省ニ報告ヲナシ，且六ヶ月毎ニ通報社ノ収支計算書ヲ外務省ニ提出セラルヘシ
第四，貴下ハ通報社ノ業務ヲ表面上純然タル営業ノ形式ト為シ政府トノ関係ハ厳ニ之ヲ秘密ト為シ置カルヘシ

　史料3を見ると，第1条は，「貴下ハ紐育市ニ於テ東洋通報社（Oriental Information Bureau）ヲ開設セラレ在米帝国大使監督ノ下ニ当分ノ内左記ノ事務ヲ取扱ハルヘシ」とあり，その「事務」の内容は，①外国政治家・新聞記者・実業家の日本事情に関する問合せへの応答，②米国新聞雑誌に記事を掲載し，誤報に反駁するなどの宣伝活動，③大使館・外務省から手交された通信を米国諸新聞に掲載させる，④米国新聞の論調調査，⑤情報収集であった。頭本の提案した英文経済雑誌の発刊を命ずる項目はなかったが，「当分ノ内」という限定がつけられていたので，将来に雑誌発刊の可能性は認められていたらしく，彼は渡米後1年半で英文誌「東洋評論」発刊にこぎ着ける。通信社の業務報告

は毎月，会計報告は半年ごとにおこなう義務があり（第3条），日本外務省の機関であることを秘匿して，民間通信社を装って営業せよ（第2条および第4条），とも定められた。頭本プランは規程に必ずしも反映されていないように見えるが，その後の行動を見ると，米国滞在中の頭本は彼のプランに従って事業を進めたようである。

3．頭本元貞の米国赴任と東洋通報社の設立

1909年5月6日付の頭本元貞宛小村外相の短い訓令「今般貴下ヲ米国ニ派遣致候ニ付テハ左記ノ御心得相成度此段申進候也」で，頭本は東洋通報社主幹就任を正式に命じられた。同日，高平小五郎在米大使に小村外相から訓令（機密送第27号）が送られたが，これには東洋通信社が業務を限定した東洋通報社に変更される経緯が書かれている。

〔史料4〕

　　紐育ニ東洋通報社設置ノ件

昨年十二月二十一日付機密送第六十一号信末段ヲ以テ，本省秘密監督ノ下ニ東京ニ一通信機関ヲ興シ支社ヲ外国ニ設ケシメ，帝国ニ関スル事実ノ真相ヲ外国新聞ニ掲載セシメ，且外国新聞ガ帝国ニ不利ナル報道ヲ為シ，又ハ誤謬ヲ伝フルモノアル場合ニ，随時之カ弁駁又ハ正誤ヲ為ス等ノ事ニ当ラシムルコトトシ，不取敢右支社ヲ紐育ニ置クコトトナスベキ旨申進置候処，右計画ノ目的タル新聞通信事務及通報事務ノ取扱方ニ付テハ其後尚種々詮議ヲ遂ケタル結果，新聞通信ニ関スル事務ノ開始ハ暫ク之ヲ後日ニ譲リ，此際不取敢通報事務ノ取扱ヲナスベキコトト決シ，今回東洋通報社ヲ紐育ニ置キ頭本元貞ヲ右主幹トナスコトトシ，同人ニ対シ別紙写ノ通命令致置候間，委細ハ右ニテ御承知置ノ上監督方可然御配慮相成，尚何等御心付ノ点モ有之候ハバ御申出相成候様致度候，将又右ノ如ク新聞通信事務ノ開始ヲ後日ニ譲リタル結果，差当リ本社ヲ東京ニ置クノ必要無之様相成候間，右ノ設置ハ当分之ヲ見合セ置ク筈ニ有之，又頭本ハ多分来ル七月上旬頃着米ノコトト可相成ト存候間，是又御含置相成度，此段申進候敬具

この訓令の後段部分とほぼ同じものが，同日付でニューヨーク駐在小野総領事に送られ（機密送第10号信），各国駐在の大使公使にも高平大使宛の訓令写が送付されている。ここに書かれている「新聞通信事務」を延期するということの意味について背景説明が必要である。当時，日本を含むアジアの大半の地域では，各国の通信社は英国のロイター通信社の同意なしには，第三国の通信社とニュース供給協定を結んだり，外国にニュースを頒布することができなかった。これは，ロイター（英），アバス（仏），ウォルフ（独）の世界三大通信社が1860年代以来，世界を地域分割する協定を結び，アジアの大半がロイターの勢力範囲・既得圏とされていたためであった。東洋通信社構想挫折の後，国際通信社，聯合通信と外務省の援助とコントロールを受けた国策通信社が作られたが，1934年まではロイターを通さずに日本のニュースを海外に自前で送ることができなかった[5]。それに加えて，移民問題と満州問題に起因する日米摩擦報道，さらに日米未来戦問題で盛りあがっていた当時の米国新聞業界が，日本に都合の良い宣伝ニュースを有料で購入するとは考えられなかった。このような事情から，東洋通報社は通信社機能を放棄して，限定的な，つまり効果の薄い宣伝機関として出発せざるを得なかったのである。

　再び頭本の立場に戻ろう。彼は東洋通報社主幹就任命令を受けた2日後，日本から満州経由で，北京，天津，上海，南京，漢口を廻る清国視察に旅立った（1909年5月5日付，石井次官から伊集院公使，天津，漢口，上海，南京領事宛訓令）。この旅行の目的は何であろうか。ここで「表1　東洋通報社関係年表」を再度見ていただく必要がある。彼はもともと韓国統監府の宣伝用英字新聞の経営者であったので，来るべき「日韓併合」問題を熟知していた。しかし，米国赴任に当たっては，日米が権益を争いつつある清国，そして何よりも満州を現地に赴いて実際に見聞し，その実体験に基づいて米国の人々に，朝鮮，中国そして満州問題に関する日本の立場を弁明し，理解を求める必要があった。清国旅行は彼には不可欠な準備作業であった。

　頭本の帰国を待って，6月28日，石井菊次郎外務次官は渋沢栄一他の主要な

財界人を官邸に招き，東洋通報社設立趣旨と頭本を紹介して協力を求めた。石井次官が示した「東洋通報社業務ノ大要」（発表案）は対外宣伝的側面を捨象して，同社が日本の商業会議所等の実業団体や実業家個人の求めに応じて，調査業務，エージェント業務，和文英訳をおこない，月1回経済情報誌を会員に配布することを強調している。これに応えて渋沢は一同を代表して各自が毎年1000円を醵出し，事業に協力すると発言した。これは頭本の東洋通報社を後援する実業家の「日米情報会」設立に帰結し，渋沢以下20名の会員が年会費1000円を3年間醵出する規約を，外務省が作成して渋沢を始めとする会員に渡した。

1909年7月，頭本は米国に向かった。この時の同行者は馬場恒吾の回想によると，「頭本氏に連れられて行くのは，私のほかに秋本宗市（頭本氏の秘書）と白という朝鮮人」であったという[6]。馬場は早稲田大学在学中から，頭本が創ったジャパン・タイムスで働き英文記者として活躍していたので，2人の編集者の1人として採用されたのである。一行が米国シアトルに到着すると，頭本に対して渡米実業団の正式メンバーとして米国各地を巡回せよとの小村外相の指示（7月14日付，在シアトル田中領事宛小村外相訓令）がまっていた。一行は7月26日ニューヨークに到着，2日後にはもう一人の編集者として元東京高等師範教授の本田増次郎が留学先のロンドンから合流した[7]。

頭本はニューヨークのウォール街に近い「ナッソー・ストリート」35番地に事務所を借り，最初にAP通信（Associated Press）の総支配人メルヴィル・ストーンを訪ねて協力を求めると，ストーンは即座に頭本に主な加盟新聞社社長と主筆宛の紹介状90通余りを与えた。ストーンが10月にニューヨークを発ち，欧州と東洋を訪問する予定であることを聞いた頭本は，「愈来朝ノ節ハ満韓ハ勿論来邦中ニ於テ可成各種ノ便宜ヲ与ラレ候様致度」と外務省に申し出た[8]（8月19日付，石井次官・倉知政務局長宛頭本書簡）。ストーンの1910年の来日が後年の国際通信社設立の契機になると前掲『通信社史』は述べるので，ニューヨークにおける頭本とストーンの出会いは，その前提として意味を持ってくる。

頭本が合流することを指令された渡米実業団は渋沢栄一が中心に組織したもので，前年10月から11月にかけて約1ヶ月間日本を訪問して歓迎を受けたアメリカ太平洋沿岸実業団の招待に応じる形で組織されたものであった。一行は1909年9月1日シアトルに到着し，以後3ヶ月間全米を巡回して11月30日サンフランシスコから帰国の途に着いた[9]。前述したように，日露戦後の日米関係は，①移民問題，②満州開放問題，③太平洋における日米海軍の増強問題で悪化しつつあると考えられていた。そんななかで，1908年から1909年にかけて，日米両国の実業団が相互訪問したことと，米国世界周航艦隊日本寄港歓迎運動[10]は，両国の相互理解に寄与するとともに，日本側の日米友好ムードを盛り上げた。

　頭本は団長の渋沢の通訳を務め，3ヶ月間の全行程をともにした。太平洋岸から大西洋岸まで，全米「53都市で商業会議所その他アメリカ官民の歓待を受け，3ヵ月にわたる11,000キロの大旅行が行われた」[11]。一行と別れた後はストーンの紹介状を持って米国南部の各新聞社を訪ね，ニューヨークに帰ってきたのは年末も近かった。5月6日に東洋通報社主幹を正式に命じられて以後，満州・清国視察（5月から6月），ニューヨークへの赴任，渡米実業団の一員としての3ヶ月にわたる米国視察旅行，米国南部旅行（広い北米大陸を2度も往復する旅）と，頭本には半年以上の休む間もない強行軍であった。一方で東洋通報社は主を失って開店休業状態にあったことは仕方のないことであった。

4．東洋通報社の活動

　明治42年度も終わろうとする1910年3月4日付で，小村外相は山崎ニューヨーク総領事代理宛に，「東洋通報社ノ現状詳細御報アリタシ」との素っ気ない電報を打った。頭本は着任後半年以上，規程に定められた業務報告も会計報告もせず，また財界人の後援会である日米情報会との約束も果たしていなかったらしい。ニューヨークの山崎馨総領事代理は4月6日付の機密送第2号「東

洋通報社ニ関スル件回答」と頭本作成の会計報告[12]を送ってきた。つぎに東洋通報社の活動を紹介した部分を引用する。

〔史料5〕

（前略）昨年八月当市「ナッソー・ストリート」三十五番地ニ事務所ヲ借リ入レ（中略）主幹ノ下ニ本田，馬場ノ両助手及二名ノ邦人事務員及一名ノ米人速記者ヲ置キ，同月中旬事務ヲ開始シタル以来，外人ノ問合ニ対シテ我国ニ関スル各種事項ノ取調応答ヲ為ス傍ラ，新聞雑誌及社交的方面ヲ利用シテ当地ニ於ケル非日本的言論ニ対シ，反駁若シクハ弁解ヲ為スニ力メ居リ候。

最初主幹ニ於テハ経済月報様ノモノヲ発刊シテ，我経済財政其他諸般ノ事情ヲ普ク米人間ニ知ラシメントノ計画ヲ有シ候ヘ共，予定ノ広告料ヲ得ル見込無キヲメ不得已之ヲ中止シ，別ニ全国ノ重ナル新聞社五六十個ト聯絡ヲ通ジテ「シンジケート」ヲ組織シ，我邦ニ関スル記事通報ヲ此等新聞社ニ配布スルノ計画ヲ立テ，過半実業団一行ト旅行中諸方ノ新聞社主ト交渉ヲ開キ候ヘ共，捗々シク相談纒ラズ今日ニ及ヒタル次第ニ有之候。

過般来当地言論界ニ於テ我対満州政策ヲ攻撃スル声起ルヤ，主幹ハ屡々反駁文ヲ草シテ投書ヲ試ミタル趣ニ候ヘ共，多クノ新聞雑誌社ハ社説ニ反対ナル議論ヲ歓迎セザル気色アリテ，充分其ノ意見ヲ発表スル機会無之，是非共自ラ一ノ機関雑誌ヲ発刊スルニアラザレバ充分目的ヲ達スルコト能ハザルヲ感ジ，目下機関雑誌発行ノ目論見ヲ有シ居候。此等計画及社ノ現状詳細ハ近々主幹帰朝ノ積リニ候間，其際縷々可及面陳（後略）

中国視察旅行や渡米実業団の随行で多忙を極めたため，頭本が実際に通報社の業務に従事したのは1910年1月以降であったが，最初に計画した経済月報発刊計画は挫折，つぎに企てた日本ニュースを配布するシンジケート計画は実現せず，折から問題になっていた満州問題（日本の桂内閣の満州利権維持策に対して，タフト政権下のノックス国務長官がドル外交を展開しつつあった）に関して，日本の立場を主張する投書を新聞雑誌に試みても無視される有様だった。この解決策として発案したのが英文雑誌刊行策であり，この協議のため頭

本は4月26日サンフランシスコ発の「マンチュリア」号で帰国の途に着いた。

東京での協議の結果、雑誌発刊の許可と経費増額（年間3000円）を認められた頭本は、8月3日横浜から米国へ戻り、11月10日付で雑誌（東洋経済評論、Oriental Economic Review、月2回刊行、16頁～20頁、1500部印刷）の第1号発刊にこぎ着けた（1910年7月27日付、在米内田康哉大使宛小村外相訓令）。

事態は順調に進むかに思えたが、11月18日頭本から「昨日突然「ジャパン・タイムス」窮迫ノ報ニ接セルカ、右ハ直ニ相当ノ措置ヲ施ササレハ滅亡ノ外ナカルヘシ、左スレハ多年来政府ノ費シタル保護金水泡ニ帰スルト共ニ、拙者ハ持主ノ一人トシテ破産セサルヲ得ス。依テ此際一時帰朝同新聞ノ始末ヲ付ケタシ。改革方法ニ付テハ愚案アリ、絶望ニアラス（後略）」との電報が入った（11月18日付小村外相宛水野総領事電報）。

結局、頭本は日米を往復して事態の始末をつけたのちに、日本でジャパン・タイムス経営に当たるため東洋通報社主幹を実質的に辞任したが、主幹の名義だけは残し、編集助手の本田増次郎が主幹代理として業務を引き継いだ（1911年2月17日付、水野総領事宛小村外相訓令）。本田編集の8号（1911年2月25日）から、誌名が東洋評論（Oriental Review）に変わった。

雑誌発刊1年後、1911年10月1日付の外務省宛の業務報告（同年4月から9月末まで6ヶ月間の）で、本田は「社報『東洋評論』ハ従来ノ如ク毎月二回一千五百部ヅヽ刊行、購読者ノ数ハ未ダ其三分一ニ達セザルモ、広ク新聞雑誌社、図書館、実業団体、平和協会、公人等ニ寄贈シ、又ハ之ト出版物ノ交換ヲ行ヒ」、その結果として各地新聞雑誌に転載されるのみならず、各方面から「我社報ヲ以テ日本帝国ノ主張方針ヲ代表スルモノト認」められた、と実績を誇った。その上で、20頁ではパンフレットと見られ、販売と広告募集が困難であるので、第2年度となる本年11月から月刊誌（48頁以上、1冊15セント）とすることを報告した。また、雑誌発行だけにとどまらず、日本代表の参加する国際会議に通訳・翻訳担当として出席することがあり、この間、臙脂臍保護会議のためワシントンに1ヶ月余、阪谷芳郎蔵相に随行して欧州に2ヶ月出張したこと、および本田自身がコネチカット州ハートフォードのトリニティ大学か

ら名誉文学博士号を授けられたこと，高峰譲吉が主張するように米国人との社交を通じて日本理解を深める活動をおこなっていることなども付言している。

　馬場恒吾は回想の中で，本田は英語の発音とマナーがパーフェクトであったので，米国人との座談や講演に特技を発揮したと述べている。また，「紐育に於ける最後の一年間は本田君はコネチカット州のハートフォド保養院に居つた。其処には各国のブラブラ患者が居た。」とも述べている[13]。頭本帰国後の本田は雑誌編集に加え，外務省等の用務，社交・講演等で多忙を極め，心身共に疲労し（「ブラブラ患者」），「最後の一年間」つまり1912年はニューヨークを離れざるを得なくなったのであろう。編集長として本田は責任を負い続けたが，日常業務は馬場と米国人チャップマン（Lucian Throp Chapman）の二人が担うことになった。発刊当初は日本政府から提供された材料をもとに，編集スタッフが記事の多くを書く，国策宣伝の道具としての性格が強かったものが，1911年11月から雑誌の第2期が始まると，月刊化して，日本人と親日米国人の署名論文を掲載する普通の雑誌となった理由の一つには，頭本と本田が第一線を離れたための編集スタッフの弱体化がある。

5．英文雑誌「東洋評論」について

　東洋通報社が発行した英文雑誌は，最初の1年間は月2回発行，20頁，印刷部数1500部で，1号から7号まで（1910.11.10－1911.2.10）は Oriental Economic Review と，8号（1911.2.25－）から改題して Oriental Review と称した。2年目の1911年11月以降は月刊誌となって，1912年12月の3巻2号を最後に東洋通報社の手を離れた。初年度は大体20頁，月刊化されてからは64頁である。A4判に近いサイズで，初年度は1頁目に目次があり，社説（Editorial Articles）が続き，ついで雑報，記事，新聞の関連記事摘要，最後に2頁の日本企業の広告が掲載されるという体裁である。初年度に24冊，2年度以降14冊，合計38冊が発行されている。日本国内4カ所の図書館で所蔵を確認したが，筆者は国会図書館関西館所蔵の雑誌を閲覧・複写した。紙幅の関係もあ

り，かつ前節で述べたように国策宣伝媒体としての雑誌の性格が明確に現れたのは初年度であるので，本節は初年度24冊に限定して検討する。

第1号だけは16頁である。表題は The Oriental Economic Review; A Fortnightly Summary of East Asian Affairs, 東アジアの諸問題に関する隔週刊（実際は月2回刊行）の要報という副題は，僅か16頁ないし20頁なので要報と名乗ったのであろう。表題の下に，社主兼編集長頭本元貞，副編集長本田増次郎教授および馬場恒吾とあり，事務所所在地や購読料が1部10セント，年間契約で1ドル50セントなどとある。つづいて，雑誌発行主体の The Oriental Information Agency（東洋通報社）の設立事情と業務内容が，次のように記される。①本社は東京と横浜の主要な金融業者・商人の支援を受けて，日本と極東の，とくに財政経済に関する正確な情報を米国その他の地域に伝達することを目的に1909年8月設立されたもので，上記の知識の拡大が東西の親密な関係と友情の増進に資することを希望する，②本社は「評論」の刊行のほか，廉価な料金で次のような事業を行う，特定分野に関する日本の財政，貿易，産業の情報提供，日本の適当な貿易商会の紹介，日本・朝鮮・中国・満州に関する講演の斡旋，翻訳。

表2は初年度24冊に掲載された33本の社説の一覧表である。頭本，本田，馬場の3人が書いていたもので，当初は1号に3，4本掲載されたが，頭本が帰国してからは原則1本になった。内容を便宜的に分けると，日本関係13，朝鮮関係2，中国関係6，その他12で，その他の中には東西関係，人種問題，米国の対外政策，平和問題などが含まれている。もちろん，いくつかの内容にまたがるものもある。日本に関するものは，日本の進歩や善意を強調するもの，米国との協調を目指す内容が多いようだ。社説以外の記事の中には，日本政府の外交，貿易，移民政策を代弁するもの，日本の政治，経済，社会文化の動向を紹介する記事が主流であるが，中国，朝鮮，満州に関する情報の紹介が少なからずある。「東洋経済評論」の段階では，財政，経済記事に留意した形跡があるが，頭本が去り，文学者である本田が編集長，政治に興味のある馬場が副編集長の体制では，次第に政治と文化関係の記事が増加する傾向となり，8号か

表2 東洋評論社説一覧 第1巻（1910.11.10―1911.10.25）

号数	社説題目	備考
1910年		
1 (11.10)	Our aims	頭本編集長, 本田・馬場編集助手
	The financial and economic situation in Japan	The Oriental Economic Review
	The Chinese loan	
	The Korean situation	
2 (11.25)	The East and the West: Must they part?	
	The study of China and the Chinese	
	International courtesy	
3 (12.10)	Political persecution not possible in Japan	
	To make international arbitration effective	
4 (12.25)	The Carnegie peace foundation and war alarms	
	The educational and religious future of Koreans	
1911年		
5 (1.10)	The proposed factory law for Japan	
6 (1.25)	Japanese idealism	
	The Japanese exposition of 1917.	
7 (2.10)	The immigration question	
8 (2.25)	China as a factor in world politics	本田増次郎編集長
9 (3.10)	The new treaty	馬場恒吾編集助手
	Race prejudice	The Oriental Review
10 (3.25)	Russia and Ili	
11 (4.10)	China's new nationalism	
12 (4.25)	The evolution of Japanese diplomacy	
13 (5.10)	A message of peace	
14 (5.25)	The Japanese moral fibre	
15 (6.10)	A fallacy of imperialism	
16 (6.25)	The white man in the East	
17 (7.10)	Japan in Manchuria	
18 (7.25)	The remodelled Anglo-Japanese alliance	
19 (8.10)	China, Manchuria and America	
20 (8.25)	The foreign policy of China	
21 (9.9)	Friends or Foes?	
22 (9.25)	Japan's aspirations	
23 (10.10)	The consolidation of continents	
24 (10.25)	American ideals and national policy	

ら「東洋評論」と改題したのも当然であろう。

　1号（1910年11月10日）の最初の社説は「我らの目的」である。「この簡素な雑誌は東西間の，とりわけ日米間の，通商と平和のために刊行された」で始まる文で，この数十年間に東アジア地域で発生した変化と進歩が多くの問題を惹起したが，我々は読者に諸問題，特に財政経済上の諸問題，に関する東洋側の視点を提供する，このことが東西間のよりよい理解に資し，両地域の平和と通商のより強い接合を保証することを希望する，と述べる。つづく「日本の財政経済状態」では，問題点も含め日本経済と桂内閣の財政政策を紹介，「中国借款」では米国の対中国借款と中国の政治状況を述べている。最後の「朝鮮の状況」では，併合後の朝鮮からの情報によると，朝鮮人は全面的に満足していないまでも，新しい政治秩序を受け入れつつある，と始まり，日本の韓国併合を支持する日本人と朝鮮人の動きを伝えた。創刊号なので絵に描いたようなプロパガンダ雑誌の構成となっている。

　米国で問題になっていた満州問題に直接関連する論説，言及する論説が複数ある。たとえば19号の「中国，満州そしてアメリカ」では，ノックス国務長官の満州鉄道中立化提案や四カ国借款に言及して，満州はモンタナのように地下資源が豊富な訳でなく，ロシアも日本も軍事的・政治的目的で鉄道を建設し，運営している，また中国の富の源泉は中国本土にあり，満州ではないと主張する。米国は満州から手を引いて，本土へどうぞという言い方であるが，あまりに説得力のない記事である。本来は第2年度の月刊化してからの社説と記事を含めた分析が必要だが，準備と紙幅の関係から別稿に譲らざるを得ない。

6．むすびにかえて

　1911年8月末，第2次西園寺内閣が成立し，10月16日内田康哉が外相に就任すると事態は変化した。11月22日付で珍田捨巳が駐米大使に任命され，珍田大使が米国に赴任する際，外務省は東洋評論をニューヨークの日本協会（Japan Society）に引き受けさせ，東洋通報社を廃止することを検討せよとの内訓を与

えたが，交渉は実現しなかった（1912年3月21日付，内田外相宛珍田大使第49号信）。1912年11月4日付の珍田大使宛訓令において，内田外相は経費削減のため東洋通報社の閉鎖を決定したので，東洋評論を年末までに廃刊し，東洋通報社の後始末は年度内におこなうよう指示し，これにもとづいて12月16日付で雑誌廃刊と通報社業務停止の英文広告が発表された。なお，廃刊になったはずのOriental Review は，米国人の助手・編集者だったチャップマンが巻号を引き継いで発刊を続けた[14]。

　最後に東洋通報社設立の目的と経緯を確認し，同社の次の段階への影響について述べる。1908年7月の第2次桂内閣成立および同年8月の小村の2度目の外相就任が，東洋通報社に帰結する外務省直営による日本情報発信のための通信社設立プランの契機であった。同年9月25日の閣議は小村外相の提出した，「対外方針の決定に関する件」と「満州に関する対清諸問題解決方針」を決定した。ここでは日露戦争で獲得した満州の諸権益を清国に認めさせ，米国に対しては太平洋，対米移民，満州権益に関する対立を解消して親善策を進めることが確認された[15]。朝鮮に対しては同年末に東洋拓殖会社を設立し，1909年7月6日には朝鮮併合に関する件を閣議決定している。このような日本の対外政策を，摩擦を起こしつつあった米中両国に理解を求め，あるいは押しつける手段として，従来のような原始的，個別的な「外国新聞操縦」から，本稿で明らかにしたような通信社を使った対外宣伝政策へと転換することが必要と考えられ，東洋通信社プランが浮上した。しかし，当時の日本はロイター通信社を経ずにはニュースの受信も発信もできない制約下に置かれていたため，十全な通信社の設立は不可能で，紆余曲折の末に対米宣伝の道具としてニューヨークに不完全な通信社機能しか持たない東洋通報社が設立されるに至った。東洋通報社は桂内閣崩壊の後，第2次西園寺内閣の内田外相により1912年度を以て廃止された。しかし，この試みの延長上に，1913年2月には国家代表通信社を目指す国民通信社シンジケートが結成され，そして1914年3月に国際通信社が設立されたのである。

注

1) 里見脩『ニュース・エージェンシー——同盟通信社の興亡』中公新書, 2000年, 19頁～20頁参照。

2) 今までメディア史研究者が頼ってきた『通信社史』(1958年)の国際通信社設立に関する記述は、冷静に考えると、意図的に同社の外務省の宣伝機関としての本質を隠し、高峰譲吉、AP通信東京支局長ケネディ、日米民間外交に尽力しつつあった財界大御所渋沢栄一などの著名人の同通信社設立への関与を過度に強調した、政治的な物語であったと言えよう。外務省がコントロールし、財政支援をした国際通信社を、あたかも民間主導の会社であるかのように叙述したのである。『通信社史』が戦争協力の故に戦後解体された「同盟通信社」元社長古野伊之助の「総括的指示」で完成したことを思い起こせば、その物語が政治的であるのは当たり前であり、それに十分配慮しないのは研究者の側の責任であろう。

3) 最近、韓国と日本でほぼ同時に刊行された、崔文衡『日露戦争の世界史』(藤原書店, 2004年5月, 韓国では『国際関係史から見た日露戦争と日本の韓国併合』、こちらがより正確な標題であろう)で、1910年まで日韓併合がずれ込んだのは、米国とロシアの承認を得る必要があったからだと主張されている。

4) 古林亀治郎編『現代人名辞典』(中央通信社, 1912年)および谷元二編『大衆人事録』第14版(帝国秘密探偵社, 1942年)。また、『英語青年』88巻12号(1943年3月)は頭本追悼特集号では、表紙に彼の遺影を掲げるとともに「本誌は先生ご経営のジャパン・タイムス社に呱々の声をあげ、先生の親友武信由太郎先生に育てられて今日に至ったのでありまして、頭本先生は本誌の伯父さんやうに感じます」と記す。武信もまた鳥取県の出身で、初期のジャパン・タイムス社には同県人が多かったという。ジャパン・タイムス関係の簿冊は外務省記録目録にはあるが、簿冊の現物が行方不明なのが残念である。

5) Graham Storey, *Reuter's Century*, Max Parrish, London, 1951, pp. 192-193.

6) 馬場恒吾『自伝点描』1952年(1989年中公文庫にて再刊)、45頁。

7) 米国で頭本を補佐し、後の英字雑誌発行の際にも副編集者となったのは、本田と馬場である。馬場はこの後、ジャーナリスト、評論家として活躍し、戦後は読売新聞社社長となった著名人であるが、1925年に満60歳に満たず死亡した本田を記憶している人は、英語教育および英学史研究に携わる人を除いてごく少数であろうから、ここでは本田の経歴を紹介したい。

『英語青年』の54巻9号および10号(1926年2月・3月)は本田増次郎氏追悼号に捧げられ、54巻9号表紙には1942年冬奈良に滞在中の肖像写真が掲載されている。同号掲載の佐伯好郎「故本田増次郎君略歴」および故郷の中央町役場ホームページにしたがうと、つぎのようである。本田は1866年美作国久米郡打穴村(岡山県久米郡中央町)の生まれ、1881年医者を目指し吉岡寛斎門下となるが、翌1882年5月上京して、1883年10月より嘉納治五郎家塾弘文館に学び、一方講道館で柔道を修めた。1890年キリス

ト教に入信，1891年9月，第五高等中学校長となった嘉納に招かれ同校教授，1893年から大阪高等英学校（現桃山学院）の校長。日清戦後，1896年に嘉納が東京高等師範学校長に就任すると本人も高等師範教授となり，同時に清国政府派遣留学生のために嘉納が設立した弘文学院の教育に協力した。16歳で上京して以来，嘉納と一心同体に歩んできた。日露戦後，文部省留学生として英米に英語研究のため留学，この留学期間は1905年7月より2年間，つまり1907年7月までの筈だったが，1907年3月31日付でさらに2年間の留学延長許可を得ていた。1910年7月，留学先のロンドンからニューヨークに赴任したときには，すでに5年間の留学を経験していたのであろうか，留学期間は疑問が残る。Oriental Review 編集に従事した後，1913年3月帰国，頭本を追うように，ジャパン・タイムス，Herald of Asia で編集者・記者として活動し，ベルサイユ講和会議に記者兼通訳として参加した。この間，立教高等女学校，東京外国語学校，女子英学塾（津田塾），早稲田大学の教授を兼務，晩年は奈良を愛し，英語のガイドブックを執筆した。

8) ストーンは1910年（明治43）に来日し，3月19日，オブライエン米国大使とともに参内して明治天皇に会った。『通信社史』はストーンの来日を1911年（明治44）としているが（80頁～81頁），これは誤記である。
9) 木村昌人『日米民間経済外交――1905-1911』（慶応通信，1989）年の121頁～128頁に，渡米実業団の米国滞在中の日程が記されている。
10) 宮里立士「日露戦後における日米関係の一断面――アメリカ主力艦隊世界周航と日本寄港問題の新聞報道を中心に」『メディア史研究』16号，2004年参照。
11) 前掲木村『日米民間経済外交』127頁。
12) 会計報告には1909年8月から1910年3月末までに，収入28,303円，支出29,809円で，差し引き1500円余の赤字とある。計画段階では，明治42年度予算として40,360円（ただし4月から翌年3月まで）を計上していたから，8ヶ月分としては僅かに予算を越えた程度にとどまっている。
13) 馬場「紐育に於ける本田君」『英語青年』54巻9号，1926年2月。
14) 1913年12月18日付の珍田大使宛在ニューヨーク沼野総領事代理報告には，東洋評論の状況をつぎのように述べている。チャップマンは資本金5万ドルの会社を作り，意外にも雑誌経営に成功している。この原因は，彼がアメリカ・アジア協会のジョン・フォードの姻戚で，政界・実業界に知己が多く，ワールド紙などニューヨークのジャーナリズム界にも関係があるからである。また紐育日本協会は年間1000ドルの補助を支出して，同紙を親日傾向につなぎ止める努力をしている。外務省は編集協力者として日本人（東洋通報社の馬場助手，別な報告では留学中ブライアン国務長官夫妻にかわいがられた，ジャパン・マガジン編集者の山下孫七郎）の入社を図り，関係を維持すべきである。
15) 外務省編『小村外交史』下，1953年，289頁～297頁。

第10章
沖縄米軍基地と日米地位協定の不正義

古川 純

1．米軍用地特措法・那覇地裁判決（2001.11.30）

1）「原告知花の怒り，口惜しさ」

　米軍用地特措法・那覇地裁判決は，「第1事件」の知花昌一氏の土地（米軍・楚辺通信施設，巨大な円筒型アンテナ群のいわゆる「象のオリ」内にある）については，国に何らの占有権原もない期間（平成8年4月1日から平成9年4月24日まで）における米軍への提供を「不法占拠」であると判断し，それも民法上の私的な権利侵害を意味する不法行為としてではなく国家賠償法上の「公権力の行使」による違法行為として，国に対し知花氏に損害賠償を支払えと判示した。この点は，具体的な事実にかかわらない法律の適用問題に関しては憲法判断を留保するという判決の態度とあわせてみて，手堅い実務司法に徹した判断であったと思われる。

　この判決が沖縄にある裁判所で出されたことを感情をこめた言葉で私たちに伝えるのは，知花氏の慰謝料請求に対する判断の中で示された以下の部分である。「原告知花とすれば，本件第1土地の返還を受けられるものと期待していたであろうことは推測に難くない。しかるに，改正特措法の成立，公布といういわばゲームの途中でルールを変えるに等しい手段により本件第1土地は返還されないこととなったのであって，原告知花がいわゆる反戦地主であり，反戦について強固な信念を有していると推測されることに思いをいたすと，原告知花の怒り，口惜しさは，理解できないではない。」しかし知花氏の「怒り，口惜しさ」は土地の無権原占有により通常予想される損害以上のものではない，と

法の保護からははずされてしまったのではあるが。

 2）「ゲームの途中でルールを変えるに等しい手段」は憲法31条違反
　判決はまた，被告（国）が「不測の事態」を理由としたことに対して，「法律による行政をなすべき被告が何らの権原なく故意に個人の土地を占有しうる理由とはならない」と厳しく判断した。しかしこれではなお不十分である。私は，軍用地特措法改正のときに参議院特別委員会で参考人意見陳述をした仲地博教授（琉球大学）が指摘されたのと同様に，法治主義とはただ単に法律を制定すれば権力を行使できるというものではなく，法の内容が正当であること，つまり国民の権利を守るという核心的な内容を意味するものであると考えるので，「事前の告知，弁解，防御の機会」を保障していない改正特措法15条および同法附則2項は，憲法31条に反する違憲な規定（文面上違憲，法令違憲）というべきであろうと思う。
　判決が正しく認識したように，SACO（日米特別行動委員会）最終報告で平成12年度末を目途として返還される予定だった楚辺通信所＝「象のオリ」は今なお返還されていない。ルール違反をくり返しながら米軍協力を強制する日本政府の政治・外交姿勢は，周辺事態法やテロ対策支援特措法，イラク派兵特措法の制定に共通する体質ではなかろうか。

2．米軍用地特措法・福岡高裁那覇支部判決（2002.10.31）

 1）法官僚的・技巧的判決
　米軍用地特措法・高裁那覇支部判決は，「第1事件」の知花昌一氏の土地（米軍・楚辺通信施設，いわゆる「象のオリ」内にある）については地裁判決同よう，国に何らの占有権原もない期間（平成8年4月1日から平成9年4月24日まで）における米軍への提供継続に関して，安保条約上の義務を履行するために「高度の公共性，必要性」があったので適法とする国側の主張をしりぞけて，米軍への基地用地の提供は国家賠償法上の「公権力の行使」にあたり，しかも

契約期限切れについて認知すべき公務員の職務上の法的義務に反する故意または過失による違法行為であると判断した。そのなかで判決は，国民の「所有する土地について，私法上の権原もなく，法令上の根拠もないのにこれを占有して所有者の使用収益を妨げる行為をしてはならないことは公務員の行為規範として当然のこと」と述べ，「公務員がそのような職務上の法的義務を負担していることは自明の理」と述べ当然にも国側を批判した。しかし，米軍による不法占拠＝国の違法行為に対する知花氏への損害賠償に関しては，平成9年4月23日施行の改定特措法が認めた損失補償金を国が支払いまたは供託すれば使用期限切れ土地を暫定使用できるという（明らかに知花氏の土地をターゲットとする）規定に基づく損失補償請求権と，国家賠償法上違法である不法占拠に対する損害賠償請求権は「併存するものと解するのが相当」と解釈し，「両請求権は，相互に補完しあう関係」にあるから一方が消滅すれば（国が損失補償の供託金を納めれば）他方（損害賠償金）も消滅するという大変に法官僚的・技巧的な理由づけを行い，知花氏への損害賠償金支払いを認めた部分の地裁判決を取り消した。原告の全面敗訴という不当な結果となった。

もともと国の違法行為に対する損害賠償と国の適法な行為に対する損失補償とは概念も次元も異なる制度であり，この判決のように「一方が消滅すれば他方も消滅する」と解釈できる規定を作った改定特措法は，その点で重大な問題を有するものといわなければならない。改定特措法への疑問は判決の憲法31条論にも及ぶと思われる。地裁判決に関する論評でも述べたが，法治主義（高裁那覇支部判決は「法律による行政の原理を保障した法治国家」という）とは，ただ単に国会が法律を制定すればいかなる権力をも行使できるというものではなく，法の内容が正当であること，つまり国民の権利を守るという核心的な内容を意味するものであると考えるので，紛争の途中で制定される法律の場合には特に「事前の告知，弁解，防御の機会」を保障すべきであり，したがってこれをまったく保障していない改正特措法15条および同法附則2項等そのものが憲法31条に反するもの（文面上違憲，法令違憲）といわざるを得ない。

2）市民的共感を欠いた司法官僚たち

　地裁判決は前述のように，反戦地主たちの「強固な信念」に思いをいたし「原告知花の怒り，口惜しさ」に言及した。しかし高裁那覇支部判決には，沖縄への基地集中の現実や住民の怒りに対するひとかけらの言葉も見られない。同じ沖縄に居住するものとしての市民的共感や悩みがまったくない。司法制度改革審議会は2002年6月，21世紀の日本を支え国民の期待にこたえる司法制度や法曹のあり方について「意見書」をまとめた。その中で，21世紀の司法を担う法曹に必要な資質として，「豊かな人間性や感受性，幅広い教養と専門的知識，柔軟な思考力」などの基本的資質に加えて，「社会や人間関係に対する洞察力，人権感覚」などが求められると指摘された。このたびの判決にかかわった裁判官たちはこの意味を深く考えるべきであろう。（弁護団は上告したが，最高裁第一小法廷で上告棄却の判決が出された［2003.11.27］。）

3．米軍普天間飛行場の移設と名護沖合の海上基地新設問題

　（1）1995年9月沖縄で発生した米海兵隊員による少女暴行事件によって，沖縄への米軍基地集中の現実と被疑者取調べをはじめとする地位協定に基づく日本側刑事裁判権の制約の現実があらためて全国的に政治課題の所在を明らかにした（参照，沖縄タイムス社編『沖縄から　米軍基地問題ドキュメント』，朝日文庫・1997）。これを転機に，日米両国政府は，在日米軍施設の整理・統合・縮小を協議する機関として，同年11月 SACO（Special Action Committee on Okinawa，日米行動委員会）を設置した。SACOは1996年12月，普天間飛行場など6施設の全部と北部訓練場など5施設の一部の返還などを内容とする最終報告をまとめた。宜野湾市の米海兵隊普天間飛行場は，住宅地に密接する軍事基地として，沖縄基地問題の象徴的存在であった。ラムズフェルト米国防長官が2003年11月に沖縄を訪問した際，市街地の真ん中にある普天間飛行場を上空から視察して，「こんな所で事故が起きない方が不思議だ。代替施設計画自体，もう死んでいる」と指摘し，SACO最終合意の見直しを国防総省に指示したと

いわれる（朝日新聞2004.2.13）。普天間飛行場については，稲嶺知事が1998年知事選で，県内移設を認める条件として代替施設の「15年使用期限」を要求し，1999年に政府が名護市沖合への移設を決めた際に米国政府と協議する方針を示した。その後米軍は，2001年9月の「9・11同時多発テロ」以降，大量破壊兵器の拡散や国際テロなどの「新たな脅威」に対抗するためのミサイル防衛（MD）網の構築と米軍部隊を迅速に海外展開させる機動力の強化を急いでおり，また2003年11月にはブッシュ大統領が在日米軍を含む世界規模の米軍の再編成（トランスフォーメーション）を発表した。この再編成は自衛隊を米軍の臨機応変のシステム構築に組み込むことになるであろう。2003年12月，日本政府は米国のMDシステムの導入と「国際貢献」を自衛隊の主任務とする（海外任務を本来任務へ格上げする）方向での「防衛大綱」見直しの方針を閣議決定した（この方針に基づく「新防衛計画大綱」は2004年11月に決定された）。米海兵隊（第3海兵隊遠征軍，約15000人，在沖縄米軍全体の60％）が沖縄復帰25周年の1997年5月，機関紙「オキナワ・マリーン」で主張したところによれば，海兵隊の沖縄駐留の理由は，①朝鮮半島で可能性がある大規模紛争での諸支援任務，②非戦闘員救出作戦など小規模紛争における迅速な対応と危機管理，③太平洋地域の自然災害などでの人道援助や救助，④太平洋の同盟国と年間約70回の共同訓練を行いこの地域の平和と安定を構築する平時の関与の4点をあげたといわれる（沖縄タイムス2002.12.21）。

　一方，名護市は1999年12月，「15年使用期限」を前提に普天間基地の名護市・辺野古沖合への移転受け入れを表明したが，2004年4月，那覇防衛施設局による埋め立て飛行場建設のための海底地盤ボーリングを阻止する住民の座り込みが行われ，ボーリングのストップのまま7月28日には「座り込み100日集会」が開催されるに至った。辺野古の沖は，サンゴ礁と「ジャングサヌミー」（ジャンはジュゴン，ジャングサはジュゴンのえさである海草，「ジュゴンの草原」の意味）の豊かな海である（参照，ジュゴン保護キャンペーンセンター編［宮城康博ほか］『ジュゴンの海と沖縄―基地の島が問い続けるもの―』，高文研・2002）。またキャンプ・ハンセンの所在する金武町では，市街戦を想定した米

軍の特殊部隊用都市型訓練施設の建設（隣接する住宅地域まで約300メートル，高速道路まで250メートル）に反対する住民の抗議集会が基地ゲート前で開かれた（朝日新聞2004.7.28）。

　根本的な問題は，面積にして本土の0.1％，人口にして1％しかない沖縄に米軍基地の75％が集中している現実にある。加えて，すでに述べた米軍用地特措法違憲訴訟判決の論評で指摘したように，憲法31条の手続き的正義の保障を無視し，かつ実態としては沖縄にのみ適用されるに等しいにもかかわらず憲法96条の義務付ける地方的特別法に対する住民投票（沖縄県民投票）を全く行なわずに成立した米軍用地特措法によって，米軍駐留の既成事実を「合法化」する政府と違憲判断を回避する裁判所の政策の不正義が糾弾されなければならないであろう。

　（2）1995年の少女暴行事件以来，特に刑事裁判権の制限に関する規定を中心に根本的な改定が求められてきた日米地位協定について，2003年5月沖縄でまた発生した米海兵隊員による女性暴行致傷事件を受けた衆議院沖縄北方特別委員会は米軍に特権的地位を与える地位協定の抜本的見直しを求める決議を全会一致で採択した（しんぶん赤旗2003.7.4）。しかし小泉内閣は（外務省，防衛庁の意向を受けて），日米同盟関係の維持最優先の政治方針によって地位協定の改定ではなく，「運用改善」（殺人・婦女暴行などの罪に限り起訴前でも被疑者米兵を日本警察に引渡すことができる）という（主権確立の点でも人権保障の点でも）きわめて不明確・不安定な対応を行ってきた。この問題が典型的に噴出したのは，2004年8月13日に宜野湾市所在の沖縄大学構内への米海兵隊ヘリコプターCH53D墜落事件（大学の建物の一部への損傷あり）と米軍による捜査妨害行為であった（沖縄タイムス2004.8.14）。この事件は，常日頃から危険性ありとして恐れられていた民有地・民間施設において起こった典型的な軍用機墜落事件であるが，米軍側は墜落機体の軍事機密保全を理由に即座に立ち入り禁止線を設けて機体等の証拠物件を回収し，日米地位協定に基づく刑事特別法13条による米軍当局の同意を求めた沖縄県警の法的に当然な捜査さえ拒否・妨害したのである（沖縄タイムス2004.8.17）。

日米地位協定（「日本国とアメリカ合衆国との間の相互協力及び安全保障条約第6条に基づく施設及び区域並びに日本国における合衆国軍隊の地位に関する協定」，1960.6.23発効）17条（裁判権）3項は，「裁判権を行使する権利が競合する場合には，次の規定が適用される」とし，「(a) 合衆国の軍当局は，次の罪については，合衆国軍隊の構成員又は軍属に対して裁判権を行使する第一次の権利を有する。(i) もっぱら合衆国の財産若しくは安全のみに対する罪又はもっぱら合衆国軍隊の他の構成員若しくは軍属若しくは合衆国軍隊の構成員若しくは軍属の家族の身体若しくは財産のみに対する罪　(ii) 公務執行中の作為又は不作為から生ずる罪」，「(b) その他の罪については，日本国の当局が，裁判権を行使する第一次の権利を有する。」同条5項は，「(a) 日本国の当局及び合衆国の軍当局は，日本国の領域内における合衆国軍隊の構成員若しくは軍属またはそれらの家族の逮捕及び全諸項に従って裁判権を行使すべき当局へのそれらの者の引渡しについて，相互に援助しなければならない。」「(c) 日本国が裁判権を行使すべき合衆国軍隊の構成員又は軍属たる被疑者の拘禁は，そのものの身柄が合衆国の手中にあるときは，日本国により公訴が提起されるまでの間，合衆国が引き続き行うものとする。」同条6項は，「(a) 日本国の当局及び合衆国の軍当局は，犯罪についてのすべての必要な捜査の実施並びに証拠の収集及び提出（犯罪に関連する物件の押収及び相当な場合にはその引渡しを含む。）について，相互に協力しなければならない。……」「(b) 日本国の当局及び合衆国の軍当局は，裁判権を行使する権利が競合するすべての事件について，相互に通告しなければならない。」と定める。実際には，1995年9月の少女暴行事件後の地位協定「運用改善」合意にもかかわらず，1998年10月に北中城村で起こった米兵による女子高生轢き逃げ死亡事件でも米軍は被疑者の起訴前引渡しを拒否しており，2002年1月の放火事件米兵被疑者の起訴前引渡しも拒否し起訴後に引渡したという実態がある。沖縄大学構内への海兵隊ヘリ墜落事件に関していえば，これは米軍の公務（訓練）遂行中の行為であるとしても，刑法の建造物損壊罪が成立する事件であって，少なくとも地位協定17条6項（a）に基づき米軍当局は証拠の収集や提出に協力する義務

を負うといわなければならないであろう。なお，5．を参照。

4．在韓米軍基地の縮小（返還）計画と米軍の「海上基地」構想

（1）在韓米軍の再配置をめぐる米韓協議が行われ，ソウル中心部にある竜山(ヨンサン)基地等を南部の平沢(ピョンテク)地域へ集中移転する件について，移転方法と移転経費負担（韓国側の負担は30億〜40億ドル，現金ではなく輸送手段の現物支給）に関する暫定合意がまとめられた（朝日新聞2004．7．24夕刊）。今後の日程としては，現在の米韓連合軍・朝鮮国連軍・駐韓米軍の各司令部を2007年末までに，そのほかの機能と関連施設は2008年末までに完全移転する見通しとされる。これにともない，釜山(プサン)，春川(チュンチョン)など9ヶ所の基地が（予定より5〜6年前倒しして）2005年中に韓国に返還されることが合意された。再配置が完了する2011年までに，現在34ヶ所ある基地が半減され，総面積は34％に減らされる見通しである。在韓米軍は現勢力の3分の1に当たる12500人の削減を明らかにしており，米軍の全世界的再編成の特徴である機動性重視の運用への変更が目標とされると考えられる（朝日新聞2004．7．25）。

（2）在韓米軍のみならず在沖縄米軍の再編成にも影響を与える米軍の全世界的な再編計画の一環として，西太平洋に海に浮かぶ出撃拠点となる「海上基地」を作る構想が報じられた（朝日新聞2004．7．21）。それによると，海兵隊など地上部隊の武器を搭載して保管しておく大型の「事前集積船」（戦車から食糧，修理部品まで海兵隊の作戦に必要な物品を積んだ船で，作戦を30日間支える能力を持つ，太平洋・インド洋・地中海の計3つある海兵遠征軍に1個船隊ずつ付属し計16隻からなる）などからなる船団を出撃基地とする考えで，紛争地域の近くに地上基地を確保できなくとも作戦を展開できるようにするものである。背景として，イラク戦争でトルコが米軍の受け入れを認めず作戦に支障が出たことから，軍の展開力強化のため米軍内で研究が本格化したことがあげられている。もしこの方向が徹底されるならば，補給拠点である在沖縄米軍基地は大幅に縮小されることになるのではなかろうか。ただしその場合の自衛隊

の（米軍側の位置づけでの）役割変化に注意しなければならないであろう。

5．日米地位協定の不正義と韓米地位協定の改定の現実

（1）駐留米軍の地位協定に関する比較資料を参考にするならば，次のように（当事国間の力の差に応じた）格差が存在する（駐韓米軍犯罪根絶のための運動本部『韓米行政協定』，日本語版は在日韓国民主統一連合大阪本部平和委員会が発行，参照 http://www.korea-htr.com/osaka/sofa/）。韓米協定をＡ，日米協定をＢ，ＮＡＴＯにおける独米協定をＣとする。①拘束捜査：Ａ不可能，Ｂ可能，Ｃ可能，②検察の上訴権：Ａ制限，Ｂ規定なし，Ｃ規定なし，③公務判断：①米軍将校・高級指揮官，Ｂ日本法院（裁判所），Ｃ（記載なし），④専属裁判権放棄：Ａ重要な場合でない限り原則放棄，Ｂ米軍の要請時　好意的配慮，Ｃ米軍の要請時　好意的配慮，⑤米軍官吏の参加なき尋問調書の証拠能力：Ａ不認，Ｂ認定，Ｃ認定，⑥警察権行使：Ａ米軍施設内では逮捕・押収・捜索などの強制権行使不可能，Ｂ軍属・米軍家族などの民間人は米軍が逮捕したり米軍施設内にいても日本当局に引渡し，Ｃ現行犯である場合，令状なしで逮捕・拘禁可能，犯罪予防のために米軍の同意なく武器押収可能，となっている。

（2）沖縄では日米地位協定の問題点や改定の展望に関してシンポジウムが開かれてきた。2002年3月には名護市の名桜大学において，長元朝治氏（現沖縄タイムス編集局長）を司会に，本間　浩氏（現法政大学教授），新垣　勉氏（弁護士），東門美津子氏（衆議院議員，社民党），下地幹郎氏（衆議院議員，自民党）をパネリストにして開かれたが，県選出国会議員を核とした超党派の「新日米地位協定案」をもとにした見直しへの取り組みが強調された。公務外の米軍人の犯罪に対する特権（被疑者引渡しを起訴の後にする）を否認すること，公務外米軍人と軍人家族による事件・事故への被害補償の不備の問題を改善すること，基地返還における原状回復義務を果たさない米軍当局による恩納通信所跡の有害なＰＣＢ（ポリ塩化ビフェニール）や北谷町の廃油ドラム缶問題

といった公共財産たる自然の破壊，米軍には適用されない国内法上の環境問題を地位協定によって厳しく規制することなど，不平等・不正義にみちた日米地位協定の全面改定が提案されている（沖縄タイムス2002．4．1）。また，2004年2月に，琉球新報主催の緊急フォーラム「日米地位協定を考える」が開かれ，稲嶺恵一県知事の基調講演のあと，宮良健典氏（琉球新報編集局長）をコーディネーターとして，本間浩氏（法政大学教授），仲宗根正和氏（沖縄市長），新垣勉氏（沖縄弁護士会会長），狩俣吉正氏（連合沖縄会長），上原幹士氏（日本青年会議所　沖縄地区協議会会長）をパネリストに，同様の地位協定の問題点と全面改正論が主張された（琉球新報2004．2．12）。その中で，外務省が1973年4月に「地位協定の考え方」を作成し，「無期限秘」扱いとしたことが紹介されているのは興味深い（琉球新報2004．1．13に全文掲載）。

　（3）沖縄では本土を媒介せずに，共通の米軍地位協定問題を抱える沖縄と韓国の運動体同士の交流が行われており，「沖・韓交流」という市民連携——新たな「市民社会」の形成が試みられていることは，国境を超えるアジア「市民社会」構築へのひとつの動きというだけでなく，いわば"本土を捨てる"沖縄市民運動からの挑発的問題提起という性格も読み取るべきであろう。例えば，「米軍基地に反対する運動を通して沖縄と韓国の民衆の連帯を目指す会」（1995年設立，代表世話人＝新崎盛暉沖縄大学前学長）は，1998年以来，那覇市とソウルにおいてシンポジウムを毎年開催し，地位協定改定問題，環境汚染と浄化問題などの課題について相互理解を深めてきた運動があげられよう（琉球新報2002．4．13，「対日講和・日米安保発効50年　軍事基地と沖縄——国外から沖縄を問う」）。ソウルで米兵犯罪の被害者救済に取り組んできた「在韓米軍犯罪根絶運動本部」の前事務局長（現在は韓国政府が2001年1月に発足させた人権委員会に勤務）の鄭柚鎮（チョン・ユフン）氏は，沖縄サミットをはさんだ2000年に半年間，沖縄に留学し沖縄大学特別研究員として反戦運動にかかわる28人にインタビューをするなど，沖縄基地問題と歴史を学んだが，「命を大切にし，環境，文化，人間の尊厳を重んじる」ことを意味する沖縄の「命どぅ宝」の精神に衝撃を受け，以後自分の行動の基盤となっていると語る（前

掲・琉球新報2002.4.13)。鄭氏は当時32歳であるが，沖縄―韓国の市民交流は，このような世代を通じて確実に強い連携の絆を作り上げているのではなかろうか。

（沖縄における資料収集と聞き取りに当たっては，後多田　敦氏（しいただ・あつし，沖縄タイムス学芸部）の昼・夜とものご協力を得た。ここに厚くお礼を申し上げる次第である。)

第11章
武力攻撃事態法等「有事3法」と自衛隊イラク派兵のもたらすもの
——岐路にたつ日本の立憲・平和主義——

古川 純

1．はじめに——「翼賛」国会の"異常"——

（1）2003年5月5日，連立与党（自民・公明・保守新党の3党）と民主党との法案修正合意に基づき修正された**有事法制関連3法案**が，共産党・社民党および無所属の一部を除く議員の約9割もの賛成によって衆議院本会議を通過した。さらに6月6日，参議院本会議でも可決され，3法は成立した。3法案をめぐる連立与党と民主党の修正協議が最終合意に達したときに小泉首相は，「長年，タブー視された問題が，与野党間で合意したのは，（戦後）日本の政治史にとっても画期的だ」と述べた。「誰のための安全保障か」という平和保障の中心的論点や，市民の生命や人権，財産という価値を憲法に基礎づけられた法制度によって守るという立憲主義の課題をすべて棚上げして衆議院の約9割の議員がこのような3法案を可決したことが"異常だ"という意味で，戦後史にない「画期的」なことである。それは，修正協議を担当した自民党政調会長代理（当時）の久間章生氏でさえ，「ある意味では危ない。みんな『やれやれ』になっている。批判が出てこない空気は気になる。翼賛になってしまったら……」（朝日新聞「有事法制緊急緊急インタビュー」2003．5．15）と危惧するくらい"異常な"事態であった。

その小泉首相は，3法案を審議する参議院有事法制特別委員会で5月21日，次のように答弁した。「私は，自衛隊が我が国の平和と独立を守る軍隊である

ことが正々堂々と言えるように，将来，憲法改正が望ましいという気持ちを持っている……。私は実質的に自衛隊は軍隊であろうと。……いずれ憲法でも自衛隊を軍隊と認めて，……日本の独立を守る戦闘組織に対して，しかるべき名誉と地位を与える時機が来ると確信している。」(朝日新聞2003.5.22) 首相が自衛隊を「軍隊」とする「憲法改正が望ましい」と発言しても審議がストップしなかった国会はまさに"異常"であったといわざるを得ない。憲法の基本原理を侵害する諸立法の制定を積み重ねるばかりではない。自民党は結党50年を迎える2005年秋に改憲案を決定・公表するプランを立て党内で素案を起草している（起草委員会は2004年11月17日に「憲法改正草案大綱素案」を作成したと報じられたが，その後この素案に関しては中谷元起草委員長（元防衛庁長官，自衛隊制服出身）が陸上自衛隊幕僚幹部防衛課の2佐に意見提出を求めて出された「憲法草案」および安全保障関連で「盛り込むべき事項」（この関与行為自体，武力行使を担当する制服の現職自衛隊幹部として負う特別に重い憲法尊重擁護義務に違反し，罷免相当である）を内容に反映したもの（中谷元防衛庁長官のこの行為自体，シビリアン・コントロールの精神に反し，政治責任をとって直ちに議員を辞任すべきもの）であることが報道され〔東京新聞2004.12.5，朝日新聞2004.12.6など〕，「策定の経過が不透明」などの批判を受けた自民党執行部は大綱素案を白紙撤回することに決めたとされる〔毎日新聞2004.12.5〕)。

　衆議院有事法制特別委員会で3法案の審議中に，石破防衛庁長官（当時）は，法案が対象を日本領土に限っていないので海外派兵も理論上はありうるのではないかという質問に答えて，要旨次のように答えた。海外（公海上）で自衛隊艦船などが攻撃を受けた場合，これを「有事」と認定して，自衛隊に武力攻撃が許される自衛権発動の3要件（①我が国に対する急迫不正の侵害がある，②これを排除するために他に適当な手段がない，③必要最小限度の実力行使にとどめる）に「当てはまるとすると，法理論上は排除されない」（東京新聞2003.5.10）。「有事」とは端的に戦争事態であるが，この武力攻撃事態はアメリカが引き起こす「周辺事態」（地理的限定がない，1999年成立の周辺事態法）と重

第11章　武力攻撃事態法等「有事3法」と自衛隊イラク派兵のもたらすもの　223

なって，または連続して起こると考えられる。周辺事態法が発動されると，米軍に燃料補給等の「後方地域支援」中の自衛隊が米軍の交戦当事者から攻撃を受ける危険性はかなり高い。実はそのような「周辺事態」こそが，有事法制発動の最も近いケースになることを認識しておかなければならないのである。

　（2）**イラク**では，2003年5月1日のブッシュ米大統領による「主要な戦闘の終結宣言」が出されたにもかかわらず戦闘は続き，米英軍ほかの連合軍兵士の死傷者とフセイン圧政から「解放」されたはずのイラク人の死傷者があとを絶たない。しかし，臨時国会の終盤の7月26日，イラクの復興支援を名目とするイラク人道復興支援・安全確保支援特措法（イラク特措法）が，今度は民主党を含む野党の反対（与党内からも「専守防衛」の自衛隊を外国の"戦場"に派兵することに反対して採決時に退席者が出た）にもかかわらず制定された。現状で「非戦闘地域」がありうるという非現実的な派兵地域の想定をしながら連合軍による「統合された司令部」（占領行政機関）のもとに自衛隊の部隊を派兵することは，組織的「武力行使」と自衛官個人の「武器使用」の区別というさらに非現実的な想定を加えたとしても，任務遂行中に「応戦」せざるを得ないような実態があれば自衛隊が外国領土において部隊で武力を行使することに等しい状態が生ずるといわなければならない（現地では「自衛隊による戦闘＝武力行使」と見なされるだろう）。日本は自衛隊のイラク派兵で米英のイラク戦争の連合軍に参加することによって"参戦当事者"になり，また占領行政に参加することによって憲法第9条2項が禁じる「交戦権」を行使する法的主体になる可能性がある。自衛隊は，歴代政府が慎重に主張してきた個別的自衛権に根拠を置くことから制約をうける「専守防衛」という奉仕理念を転換して，遠く中東であれどこであれ外国の領土で武力行使する（「戦争」をする）ことが可能な軍事組織に変質しようとする重大な転機を迎えたのである（参照，箕輪登・内田雅敏『憲法9条と専守防衛』2004，梨の木舎）。

　そもそも米軍のイラク攻撃開始直後に満場一致で採択された安保理決議1472（2004.3.28）は，本文で「関係する諸勢力に国際法，特にジュネーブ諸条約およびハーグ規定の遵守を強く要請する」とし，また賛成14（シリアの棄権）

で採択された安保理決議1483（2004.5.22，統一司令部の下にある占領軍＝施政当局が国際法の下で特定の権限と責任，義務を負うこと等を承認）は，本文で「当局に対し，国連憲章と関連する国際法を遵守し，イラク民衆の福祉向上に努力することを要請する」「すべての関係者に対し，特に1949年ジュネーブ諸条約及び1907年のハーグ陸戦規則を含む国際法上の義務を完全に遵守するよう要請する」としていたのであるから，虐待行為がこれらの国際法規違反であることは疑いない。しかし加害行為を行いそれを映像に残した米兵がこれら国際条約の遵守に関する「教育」を施されていたかは疑問である（その意味で第2次大戦当時の日本帝国陸軍の兵士の中国大陸侵略における中国人虐待・虐殺と共通する問題が露呈したといえる）。捕虜や文民の虐待はもちろんそれを禁じている米国統一軍法典（Uniform Code of Military Justice，UCMJ）に違反することになるから，加害米兵は当然にも軍法会議に訴追された（朝日新聞2004.5.10夕）。

　安保理決議1483は序文において，「現在および将来占領軍に参加しない国家も施政当局の下で活動することになる可能性のあることに留意し」ており，占領軍司令部の下にある施政当局（連合軍暫定施政当局，Coalition Provisional Authority，CPA）と派兵された自衛隊との関係は，安保理決議の意味における「施政当局の下での活動」状態にあるというべきではなかろうか。自衛隊の派兵はもともとCPAの同意を得た点で連合軍イラク占領への加担であり，憲法第9条2項の禁止する「交戦権」（占領地行政への参加を含む）の行使というべきなのであるが，それに加えて1949年ジュネーブ諸条約（第1条約＝戦地にある軍隊の傷者及び病者の状態の改善，第2条約＝海上にある軍隊の傷者，病者及び離船者の状態の改善，第3条約＝捕虜の待遇，第4条約＝戦時における文民の保護）・ハーグ陸戦規則に違反するイラク市民虐待への加担と評価される可能性がないわけではない。このままでは派兵＝イラク駐留の継続は「不正義」の拡大をもたらす危険性が極めて高いと思われるので，なによりもまず一日も早い自衛隊の撤兵が必要であることを強調したいと思う。（参照，天木直人・池田香代子・野中広務・田島泰彦『イラク派兵を問う』岩波ブックレット

No.616，2004，藤原帰一『「正しい戦争」は本当にあるのか』ロッキング・オン，2003）

2．「有事法制」とは何か

「有事」に相当する内容は英語では"war time"，"emergency"，ドイツ語では"Notstand"といい，要するに「戦時」または「非常事態」のことである。ずばり「戦時」といわずにあいまいに「有事」という"日本語事情"をふりかえってみると，太平洋戦争末期，大本営は海軍の海戦・航空戦の「敗北」を「転進」と発表して真実を国民に隠したが，今日の「有事」の語もやはり真実を隠す機能を果たすといえるのではなかろうか。

西欧の古い法格言に「必要（緊急）は法を知らない」というのがある。わかりやすくいえば，非常時・戦時に国家は法を破ってでも事態を処理して権力的意思を通す，という意味である。近代民主制のもとでは，戦時・非常時における国家の異常な行動に対して国民代表機関（議会）による立法的統制が必要であるといわれる。しかし同時に，人権保障に仕える近代立憲主義は，議会の上にあってまさに議会を設立した憲法によって，戦時・非常事態に平時とは異なる国家の特別の権力行使を正当化する「緊急権」の掌握（制度化）を要求する。ところが日本国憲法のどこを見ても，「緊急権」規定は置かれていない（むしろ明治憲法にはあった「戒厳」等の「緊急権」規定を排除した）のである。この事実は，今日「有事法制」を論議する場合に基本をなす原点としておさえておかなければならない。小泉首相は国会答弁で事あるごとに「備えあれば憂いなし」という短いキャッチフレーズを繰り返し述べたが，しかし戦争は自然災害とは違って，紛争原因の放置や除去の失敗，紛争解決をめぐる外交や国際的調整の失敗等に起因するのであり，優れて政治や権力のあり方にかかわる問題である。いわば軍事的「備え」がかえって「憂い」＝戦争を招き寄せることになりかねないという危険な脈絡を冷静に認識する必要があろう。（参照，憲法再生フォーラム編『有事法制批判』2003，岩波新書）

3．新日米ガイドラインと周辺事態法から「アーミテージ報告」へ

（1）**日米新ガイドラインと周辺事態法**　1997年9月，ニューヨークで開かれた日米安保協議委員会で新日米ガイドラインが決定された。新ガイドラインによれば「日本有事」には日米共同作戦計画を，「周辺事態」には日米相互協力計画を検討することとされる。しかしこれら2つの計画は「まったく別個に独立して存在しているのではなく，極めて密接な関連がある」のであり，「両者はワンセットであり，両者はリンクしているのである。」（松尾高志「「日本有事」の前提は米軍がアジアで行う戦争」，週刊金曜日2002．4．5）すなわち，共同作戦計画の検討と相互協力計画の検討とは「整合を図るよう」（must be consistent）留意するものとされており，両者は矛盾なく一貫性を持つものとならなければならないことが予定されているのである（松尾・同）。「整合性」を図る前提として考えられる事態は，「周辺事態」が「日本有事」へと波及する場合，「周辺事態」と「日本有事」が同時に発生する場合が，どちらの事態であっても対処計画は「統合」されているわけである。「周辺事態はアメリカ軍が「周辺地域」で戦争を行っていることが前提となっており，この前提以外に「日本有事」が想定されていない」（松尾・同）のである。

（2）**「アーミテージ報告」**（2000．10，アメリカ国防大学国家戦略研究所・特別報告）　アメリカ・ブッシュ政権の国務副長官であるリチャード・アーミテージ氏は，安全保障問題の専門家16名の民主・共和両党にわたる研究グループによる検討結果を政策提言書「米国と日本：成熟したパートナーシップに向けた前進」にまとめて発表した（アメリカ国防大学国家戦略研究所，全文は次のウェッブサイトから入手できる，http://www.ndu.edu/ndu/sr_japan.html）。特にSecurity（安全保障）の項目では，「日本が集団的自衛権を禁止していることは同盟間の協力にとって制約となっている。この禁止を除去することによってより緊密で効果的な安全保障協力が可能となるだろう。これは日本国民のみが決定できる政策である。……しかしワシントンは，日本が進んでよ

り大きな貢献をし，より対等なパートナーとなることを歓迎することを明らかにしなければならない」と述べている。さらに「米英間の特別な関係を同盟のモデルとみなして，いくつかの措置を要請する」とし，「①防衛公約の確認，②危機管理立法（crisis management legislation，「有事立法」と同義）の制定を含むガイドラインの誠実な実行，③アメリカの三軍すべてと日本の自衛隊との力強い協力，日米両国による施設の使用における統合および訓練活動の統一のための努力，④平和維持活動および人道的救援活動への完全な参加，日本は1992年にこれらの活動に関してみずからに課した制約を他の平和維持活動参加国の負担とならないように除去すること，⑤可動性・柔軟性・多様性などの特徴を有する軍事力構造の発展，軍事力の調整は人為的な数字によるべきではなく地域の安全保障環境を反映して行うべきであること，⑥アメリカの防衛技術の日本利用に関する優先性の確保，⑦日米ミサイル防衛協力の範囲の拡大」など7項目が挙げられている。さらにIntelligence（諜報活動）の項目では，「日本の秘密保護法制定のために市民の政治的支持を獲得する」よう要請している。先のような「一貫性」の位置付けのもとで考えるならば，「周辺事態法」を踏まえた「有事立法＝有事3法」制定の目標は，このレポートによって，端的にアメリカ（米軍）に奉仕するものであることが明白になるであろう。

4．武力攻撃事態法等3法の問題点

（1）法令のモデルとしての「三矢研究」　「有事法制」の「研究」は，1965年に国会で衝撃的に暴露された昭和38年（1963年）の自衛隊・統合幕僚会議による「統合防衛図上研究」（「三矢研究」）において，まず「非常事態措置諸法令の研究」としてはじめられた。これは，「朝鮮半島における武力戦」つまり第2次朝鮮戦争の勃発を事態想定とし，日本の国土を戦場とする「戦時」に発展することを予想している。「統合防衛図上研究」では，それに伴い国会で緊急立法すべき「非常事態措置諸法令」の一覧を掲げているが，それによると「大東亜戦争間」の法令（徴用令，総動員準備要綱，戒厳令，兵役法，徴発令，

軍法会議法，軍刑法，国防保安法，軍機保護法など）が参照されるべきものとして指示されている。米ソ冷戦の真っ只中で，防衛庁長官や首相にも秘匿されて自衛隊制服だけで行われた「研究」は，廃棄されたといわれながらその後も「有事法制」の基本モデルの地位に座り続けたといってよい。今回の自衛隊法改正案（特に103条の防衛徴発・防衛徴用関係）を見れば，冷戦終結（1989年12月）から13年後でも「三矢研究」の「法令研究」モデルがいかに根深く防衛庁に存続してきたかが理解できるであろう。（参照，山内敏弘編『有事法制を検証する』2002，法律文化社）

　（２）武力攻撃事態法（参照，全国憲法研究会編『憲法と有事法制』法律時報臨時増刊2002.12）　①「**武力攻撃事態**」とは何か。修正合意を受けて成立した定義によると，武力攻撃が発生した事態又は武力攻撃が発生する明白な危険が切迫していると認められるに至った事態とされる（２条２号）。また「武力攻撃予測事態」が新たに別分けで規定され，武力攻撃には至っていないが事態が緊迫し武力攻撃が予測されるに至った事態をいうとされる。問題なのは，「武力攻撃予測事態」において自衛隊には防衛出動待機命令が発せられるが，連動する自衛隊法改正により（ⅰ）その待機命令下令のもとで防衛庁長官は新たに必要に応じて土地の使用を行い防衛施設（陣地）構築の措置を命ずることができること，（ⅱ）さらにその措置を命ぜられた自衛隊員はその職務を行うに際して，新たに自己または自己とともに業務に従事する隊員の生命または身体の防護のために武器を使用できることとされた点である。さらに改正自衛隊法では，「展開予定地域」を定めるが，防衛庁のQ&Aによると，これは平時において駐屯地等に所在する自衛隊の部隊が武力攻撃が予測される重要施設や相手国（どこの国か？）による侵攻が予測される地域などに予め展開して態勢を整える地域のことで，「展開予定地域」では「防衛施設」（陣地だけでなく指揮所や物資集積所など）構築できるだけでなく，防衛出動下令前に一定範囲で土地の使用や武器の使用が可能となるなど，自衛隊の部隊の行動を防衛出動前にかなり緩やかに前倒しできるようにするものなのである。

　「**武力攻撃事態**」と先述の「**周辺事態**」とはどのような関係にあるのか。周

辺事態法では、「周辺事態」とは「そのまま放置すれば我が国に対する直接の武力攻撃に至るおそれのある事態等我が国周辺の地域における我が国の平和及び安全に重要な影響を与える事態」をいうとされており、日本は米軍に対して「後方地域支援」や「後方地域捜索救助活動」を行うと規定されている（参照、山内敏弘編『日米新ガイドラインと周辺事態法』1999、法律文化社）。したがって、米軍の（「極東」のような地理的範囲の限定のない）戦闘行為が行われていて「周辺事態」が発生したと判断されると、自衛隊は米軍に対して、（活動海域・空域に条件はあるものの）いわゆる後方支援（軍事学的には戦闘活動を支えるための「兵站」）活動を行うわけであり、これは米軍の交戦相手国側からみて米軍に対する日本の集団的自衛権行使（交戦当事国扱い）と評価されざるを得ない。そのため、自衛隊の艦船・航空機は活動海域・空域において米軍の交戦相手国から武力攻撃を受けることも否定できず、その場合には「武力攻撃事態」となる。かくして「周辺事態」と「武力攻撃事態」とは重畳的に起こるのであり、逆に今日の国際情勢では「周辺事態」抜きに「武力攻撃事態」（「日本有事」）のみが単独で・独立して起こることは現実には考えられないであろう。「有事法制」は結局、独立した「日本有事」のためというよりも端的に米軍の引き起こす「周辺事態」対応の国内法制と考えざるを得ないのである。首相官邸のQ&Aは、「周辺事態」と「武力攻撃事態」が「状況によっては両者が併存することはあり得ます」としながら、他方で「周辺事態」で自衛隊が行動する地域で「万一、近傍において戦闘行為が行われるに至った場合等においては、活動の一時休止等の措置をとる」ので「自衛隊の部隊等に対して武力攻撃が行われることは想定されず、政府としては、この法律を適用することも想定していません」と説明するが、政府のこの極めて非現実的空想的な想定にはあきれるばかりでなく、軍事問題の危険性を直視しない愚かさ、ひいては国の運命を過つであろう恐ろしさを感じざるを得ない。

②武力攻撃事態法では国、自治体と並んで**指定公共団体**の責務が定められている。法が例示する指定公共団体とは、「独立行政法人、日本銀行、日本赤十字社、日本放送協会その他の公共的機関および電気、ガス、輸送、通信その他

の公益的事業を営む法人で,政令で定めるもの」(2条6号)であるが,首相官邸のQ&Aによると,例示されている法人や業種以外では「公的な医療関係の法人や道路,ダム,空港等の公共施設を管理する法人など」を指定の対象とすることを検討中とする。また,民間放送事業者が指定される可能性はあるが,「現時点では,日本放送協会(NHK)を主として考えている」とする。しかし,武力攻撃事態対処で国に協力をさせる指定公共団体のモデルは,自然災害対策の場合に求められている。政府見解(Q&Aの資料4)によれば,「自然災害の場合と武力攻撃事態とでは,講ずべき措置の内容は異なるが,災害対策基本法の指定公共機関を参考にしつつ,指定の対象とする公共機関について検討する考えである」としており,別紙に災害対策基本法に基づく指定公共機関(60)をあげているのである。自然災害・非軍事=民事災害対処を「武力攻撃災害」対処に統合することの問題については,後述の国民保護法制の項を参照されたい。

③**国民の権利と自由に対する制限**について武力攻撃事態法は,「必要最小限のもの」でかつ「公正かつ適正な手続のもとに行わなければならない」と定める(3条4項)が,首相官邸のQ&Aは憲法第13条を引用して,「公共の福祉のため必要な場合には,合理的な限度において国民の基本的人権に対する制約を加えることがありうる」とし,さらに「我が国の平和と独立」や「国および国民の安全」を確保するという「高度の公共の福祉」のためには必要最小限の範囲において基本的人権を制約することが許される,と述べる。具体的には,武力攻撃事態・予測事態における市民の政府批判や個人の平和に関する信念に基づく政府への協力の拒否・抵抗などの場合に憲法の保障する精神的自由の制約が問題になりうるが,政府見解(Q&A資料5)は精神的自由権のうち,「憲法第19条の保障する思想及び良心の自由,憲法第20条の保障する信教の自由のうち信仰の自由については,それらが内心の自由という場面にとどまる限り絶対的な保障である」としながら,しかし「思想,信仰等に基づき,又はこれらに伴い,外部的な行為がなされた場合には,それらの行為もそれ自体としては原則として自由であるものの,絶対的なものとは言えず,公共の福祉による制約

を受けることはありうる」とした。それを前提に Q&A は，「思想・良心・信仰に基づく外部的な行為」の具体的事例として，「自衛隊法第103条に基づき保管命令を受けた保管者が，その思想，信仰等のために自衛隊に協力しないという考え方に立って，当該命令の対象となっている物資を毀棄したり，搬出したりする行為」をあげる。この事例の行為は，今回の改正自衛隊法によって（後述のように），6月以下の懲役または30万円以下の罰金が科されることになるのである。自己の信仰や世界観・哲学的信念（良心）に基づく一切の戦争協力・軍事的役務拒否（conscientious objection）を国家が処罰するのは，個人の信仰・良心を処罰することと等しく，人権保障という文明国の水準に達しない"野蛮な"国家行為であると言わなければならない。

④武力攻撃事態法は事態対処法制における「**国際人道法**の的確な実施」の確保を定める（21条2項）。Q&A はこれを「人道的観点から武力紛争において遵守すべき国際法規範であり，具体的には傷病者や捕虜等の戦争犠牲者の保護に関する1949年8月12日のジュネーヴ諸条約等」を指すというが，日本政府は国際的武力紛争の犠牲者の保護に関する第1追加議定書や非国際的武力紛争の犠牲者保護に関する第2追加議定書にまだ加入していない（Q&A は「現在加入する方向で検討中」というが具体性がない）。さらに特に第1追加議定書の「**無防備地域**」（non-defended localities，一定要件の具備のもとに紛争当事国による武力攻撃から特別な保護を受ける地域）の宣言を行う「適当な当局」に関して，Q&A は，「我が国においては，国において行われるべきものであり，地方公共団体がこの条約の「無防備地域」の宣言を行うことはできません」と主張するが，これは誤りである。憲法第9条を持つ「我が国」としては，何よりもまず第1追加議定書に加入することを優先して急ぐべきであり，「住民の安全」に責任を有する地方自治体は，「我が国」が加入した場合にはもちろんであるが近い将来の当然の加入を前提にして，「無防備地域」宣言条例を制定して非軍事・非攻撃の有資格条件を具備するとともに「無防備地域」宣言を行うことを否定されないのである。

（3）自衛隊法改正　　自衛隊法改正の内容の主なものをあげるならば，①

陣地等構築の措置，②防衛出動時の緊急通行，③展開予定地域内における武器の使用，④防衛出動時における物資の収用等（立木等の移転・処分，家屋の形状変更，土地等の使用・取り扱い物資の保管命令・物資の収用等への損失補償，業務従事命令従事者への実費弁償，従事者の死亡・負傷・疾病・障害状態に対する損害賠償），⑤取り扱い物資保管場所・使用土地等への立ち入り検査，⑥罰則（立ち入り検査妨害罪＝20万円以下の罰金，保管命令違反＝6月以下の懲役または30万円以下の罰金），⑦法律の適用除外や特例措置・一部改正などとなっている。

　一つ特に注目しておきたい問題がある。**取扱い物資保管命令**違反には罰則が規定されたが，**業務従事命令**違反に罰則は設けられていない。その理由について防衛庁のQ&Aでは，取扱い物資の保管命令については罰則によって物資を確保する効果が十分に見込めるのに対して，業務従事命令に関しては対象となる業務（医療，土木建築工事又は輸送）は「業務従事者の専門的な知識・経験や能力を用い，能動的かつ主体的に行って頂くもの」であって，「仮に，罰則をもって強制的に業務に従事させたとしても，十分な命令の効果が期待できず，場合によっては自衛隊の任務遂行に支障を及ぼしかねない」と説明する。しかし，災害救助法では業務従事命令について罰則が定められているにもかかわらず何ゆえ武力攻撃事態の場合には業務従事命令拒否に罰則が置かれていないのかという問題に関しては，防衛庁のQ&Aは，①災害は比較的短期間である場合が多いが，武力攻撃事態はこれよりも長期にわたり継続する場合が多く，業務従事者には国の防衛のため自発的かつ積極的に協力してもらうことが不可欠であること，②災害の場合は被災現場に近接した限定的な地域で業務従事者を探す必要があり業務従事者の代替性がないので罰則で強制する必要があるが，武力攻撃事態の場合は（自衛隊法103条2項の規定上）戦闘地域から隔離した比較的安全な広い地域で業務従事者を選定することができるので，業務従事者の代替性が比較的高いこと，などの理由を述べる。しかしながらこの答えは，憲法と自衛隊法（軍事法）の衝突に関する重要な理論問題を避けていると言わざるを得ない。すなわち，自衛隊の防衛出動時の業務従事命令は旧軍隊の

「徴用」に相当し、これを罰則によって強制することは憲法第18条が国に禁止する「その意に反する苦役」の強制にあたり、国民皆兵制としての「徴兵制」が禁止されるのと同様の理由で許されないのである。保安庁法を防衛庁設置法・自衛隊法に全面改正する作業を行った際、「徴用」にあたる自衛隊法第103条2項（1項は「徴発」にあたる）に罰則を設けることも検討されたが、国民一般の「徴用」を罰則で強制することは政府解釈の「徴兵」禁止に抵触する疑いがあり、罰則の規定化は見送られたという事情がある（参照、拙稿「有事法制問題の新局面」法律時報53巻12号、1981.11）。この事情はその後なんら変化していない。罰則不在についての上記①および②の理由は、真実を覆い隠すという、「有事3法」全体を貫いている政府・防衛庁の姿勢を明白に示している。

5．国民保護法制の問題点

（1）「戦時」における軍隊と国民の関係を考えるときに参照したい怖いエピソードがある。「司馬遼太郎は敗戦前、上陸した米軍を迎え撃つ戦車兵士として栃木県佐野にいた。近所で遊ぶこの子らの将来のために、と死ぬ理由を思い定める日々。だがいざ出動のとき、街道は北上する避難民であふれるだろう。『交通整理はあるのですか』との質問に、大本営から来た参謀はこう言った。『ひき殺していけ』」これは司馬遼太郎の本から紹介した木村彰一氏の文章である（「今国のかたち考『立憲主義とは何か』―下―」（朝日新聞2000.4.27夕、司馬遼太郎『沖縄・先島への道　街道をゆく　6』朝日文庫・1978　36頁）。今回の3法案が前提としている国土を「戦場」にした「戦時」がいかに恐ろしい実態であるかは、1945年4月から6月にかけて行われた沖縄・地上戦における住民の犠牲を見聞すれば明白である。つまり軍隊というものは結局、「国民のため」という名目を使いながら、「軍隊そのものを守る」ものなのである（新崎盛暉「体験に学ばぬ論議は危ない」、朝日新聞2002.5.19）。

これを現在に置き換えて関係の深い発言をあげてみよう。石破茂氏（元防衛庁長官、当時衆議院議員、自民党国防部会）は、「有事で自衛隊は国民を助け

られない。自衛隊は敵と戦うことに専念すべきで，災害時のように住民を救助する余裕はない」と率直に語っていた（東京・対談，2002.6.6）。また2002年7月の国会会期末の衆議院有事法制特別委員会審議では，自衛隊の作戦行動中に教会や神社・仏閣の撤収や除去は可能かという質問に対して「根拠となる法律は必要だが，収用されることはありうる」という解釈が津野内閣法制局長官から答弁されている（朝日新聞2002.7.25）。これらは，「有事法制」の人権侵害的な性格と反立憲主義的な本質をよく示すといえるであろう。

（2）首相官邸の「国民の保護のための法制」に関するQ&Aは政府提出の「国民の保護のための法制について」において，「**武力攻撃災害（武力攻撃に伴って発生する火災，水害，建物の倒壊等）**」という災害概念を作り出し，自然災害・大規模火災などの非軍事＝民事災害と類似する現象を意図的に「災害」としてひと括りにして，自然災害・民事災害経の対処方策を全く異質な戦争被害対処へ連動させる考えを明らかにしている。日常的には，「災害」対処訓練として統合することになるであろう（毎年9月1日に行われる大震災対処訓練が「武力攻撃災害」対処訓練になるわけである）。関連していえば，検討されている「国民保護法制」では，武力攻撃事態において住民の自主的な防災組織やボランティアに対して国や地方自治体が必要な支援を行うよう努める規定が置かれるが，これも自主防災組織やボランティア団体を「有事」統合型組織とする意図であると考えられよう。（なお参照，白藤博行「『国民保護法制』の何が問題なのか」世界2003.6）

（3）**戦争と国民動員**を考える比較の視座を持つために，過去の歴史となったと思われている戦前の戦時総動員体制を概観しておきたい。

企画院は，日中戦争の拡大に伴う総動員計画の実施の必要から，**国家総動員法**を立案し，1938年（昭和13年）4月に公布，5月に施行された（参照，末川博編著『總動員法體制』1940，纐纈 厚『総力戦体制研究 日本陸軍の国家総動員構想』1981）。この法律によれば，「国家総動員」とは「戦時（戦争ニ準ズベキ事変ノ場合ヲ含ム以下之ニ同ジ）ニ際シ国防目的達成ノ為国ニ全力ヲ最モ有効ニ発揮セシムル様人的及物的資源ヲ統制運用スル」ことをいい（1条），

「総動員物資」とは「兵器，艦艇，弾薬其ノ他ノ軍用物資」や「国家総動員上必要ナル」被服・食料・飲料・飼料，医薬品・医療機械器具，船舶・航空機・車両・馬，通信用物資，燃料・電力などの物資とされ（2条），さらに「総動員業務」とは「総動員物資の生産，修理，配給，輸出，輸入又ハ保管ニ関スル業務」のほか「国家総動員上必要ナル」運輸・通信，金融，衛生・救護，教育訓練，試験研究，情報・啓発宣伝，警備などの業務とされた（3条）。政府は，戦時に国家総動員上必要があれば帝国臣民を徴用して総動員業務に従事させることができ（4条），また帝国臣民・法人その他の団体に対して国・地方公共団体または政府の指定するものが行う総動員業務に協力させることができた（5条）。また政府は，物資の生産・修理・配給・譲渡その他の処分・使用・消費・所持・移動に関して必要な命令を出すことができ（8条），総動員業務に必要な土地・家屋その他の工作物を管理・使用しまたは総動員業務を行うものにこれを使用・収容させることができた（13条3項）。さらに政府は，新聞紙その他の出版物の掲載につき制限・禁止することができ（20条1項），禁止違反に対しては出版物を差押え，またその原版も差押えできた（同2項）。命令違反の場合，四条（総動員業務従事命令）違反に対しては1年以下の懲役または千円以下の罰金（36条），8条（土地家屋・工作物の管理・使用等）違反に対しては10年以下の懲役または5万円以下の罰金（31条の2）20条1項（新聞・出版物の制限・掲載禁止）違反に対しては発行人・編集人・発行者・著作者・編集担当者・記事署名者に2年以上の懲役または2千円以下の罰金（39条）が科されることなどを定めた。

　総力戦・総動員体制下の民衆の生活を組織したのは，**町内会**であった。町内会はすでに東京・大阪などの大都市に組織されていたが，全国的に整備したのは内務省訓令第十七号（1940年＝昭和15年9月）であり，町内会は「隣保団体ノ精神ニ基キ市町村内住民ヲ組織結合シ万民翼賛ノ本旨ニ則リ地方共同ノ任務ヲ遂行セシムル」組織となった。東京市町会規約準則（1938年＝昭和13年5月）にはじめて登場した「隣組」は，内務省訓令では「隣保班」と呼ばれ，それは「五人組」「十人組」等の旧慣を尊重して組織され，10戸内外の戸数からなる

町内会の単位とされた（秋元律郎『戦争と民衆　太平洋戦争下の都市生活』，1974)。住民自治組織の「有事」＝戦時動員の原型として認識しておかなければならない。

6．むすび――深刻な立憲・平和主義の危機――

（1）自衛隊が「有事」に「普通の軍隊」として効果的に行動するためには法律の適用除外や特例措置の新設，国民動員の具体化，法律の改正が必要だという議論は，一見もっともなように聞こえるかもしれない。しかし，国家自衛権と緊急権に関する明文規定を欠いた（排除した）憲法のもとでは，戦争や「普通の軍隊」が座ることのできる場所はないのである。戦後日本の立憲主義の力は非戦・反軍の国民世論に支えられて，これまで自衛隊を法制や作戦行動の面で強い制約の下に閉じ込めてきた。「有事3法」はこの基本枠組みを壊そうとするものである。先に述べた自民党をはじめとする諸政党（公明党，民主党）の改憲作業は，日々緩慢に（次第に熱くなる湯の中で茹で上がる蛙のように），または基本枠組み崩壊の上に一挙に，成立するものであろうか。立憲主義の力が弱体化する中での改憲は，はたして民主主義の名で正当化されるであろうか。被治者が治者に同一化する（カール・シュミットのいった）「拍手喝采による民主主義」（Akklamationsdemokratie）も「民主主義」だというのであれば，私は言論の自由を核心とする個人の人権保障のための「立憲主義」に立って，いまや滔々たる流れのポピュリズム（大衆迎合主義）に強く抗したいと思う。

（2）2003年9月の自民党総裁選に関連して，石原慎太郎東京都知事の"爆弾"発言が飛び出した。石原都知事は，以前から「第三国人」発言や在留外国人＝犯罪者同視発言，高齢者女性全体への差別・侮辱発言など，名うての暴言・妄言の数々であきれ果てるような人物であるが，同年9月10日，田中均・外務省審議官（当時アジア大洋州局長）の自宅敷地内で時限式発火装置のついた爆発物が発見されたことを受けて，石原は，自民党総裁選亀井静香候補

第11章 武力攻撃事態法等「有事3法」と自衛隊イラク派兵のもたらすもの 237

の応援演説の中で，北朝鮮による日本国民拉致事件解決に関する外務省の活動に触れて次のように発言した。「北朝鮮とのかかわりの問題だって，何やってんですか。田中均というやつ，今度爆弾しかけられて，あったり前の話だ。」（朝日新聞2003．9．11）政界からの暴言批判を受けた翌9月11日，さらに次ぎのように同じ亀井候補応援演説で，再び「彼がそういう目に遭う当然のいきさつがあるんじゃないですか」と発言した（朝日新聞2003．9．12）。自分の考えとは異なる活動をする者（公務員であれ市民であれ）に対して「爆弾仕掛けること」はテロ行為以外の何ものでもない。そのテロ行為に対して「あったり前の話だ」とか「そういう目に遭う当然のいきさつがある」というのは，そのテロ行為を容認し煽ることである。

　いま世界は国連を中心にさまざまなテロ行為を容認しないという言論と民主主義の枠組みを作っている最中である。3年前の9月11日，イスラム教徒を名乗る集団によってアメリカ東海岸＝ニューヨーク・ワシントンDC・ペンシルバニア同時多発テロ事件が引き起こされた。世界貿易センタービル2棟が完全に倒壊し，3000名を超える働き手が亡くなった。石原発言は，あたかもこの同時多発テロ行為を「あったり前の話だ」とか，彼らが「そういう目に遭ういきさつがある」と言ったのに等しいものだ。石原は，言論の自由を最大限に尊重する日本国憲法の下で，「頭を叩き割るよりも頭数を数えるほうがよい」という（暴力の連鎖を断ち切る）民主主義の制度を享受しているからこそ，好き放題の暴言・妄言をはいても頭を叩き割られることなく政治家であり続けられているのではないのか。いま日本社会には政治的テロ肯定の首都東京の知事を辞任させない，まことにいやな「空気」が醸成されつつあるようだ。歴史を振り返れば，日本の過去に似たような時代状況があった。石原は記者会見で，「2・26事件」の青年将校らが好んだという「昭和維新の歌」を披露した。またかつて社会党の浅沼稲次郎委員長を暗殺した少年の名を親しげに口にしたともいう（朝日新聞2003．9．13社説より）。かつて昭和の暗い時代に，「5・15事件」でも「2・26事件」でも，暴力による暗殺者の卑劣な行為を「憂国の至情」を重んじて容認するような公的な言説が横行した。さらに「一人一殺」の思想

を説く"思想家"も存在した。「国賊」という言葉で相手の言論を封じるだけでなく，その相手の肉体を抹殺することも正当であるとする支配的な雰囲気もあった。石原発言は，日本国憲法57年を飛び越えて，日本社会のこの暗い深奥部を呼び出すことになるのであろうか。衆議院議員の約9割の賛成で成立した「有事3法」は，石原の発言に象徴される日本社会の暗い深奥部の露出と無関係ではない。いま日本の立憲主義は実に深刻な危機のなかにあるのである。

（3）イラク・サマワに派兵された自衛隊による人道復興支援活動が果たして期待された「成果」をあげることができるのか否か，また軍隊である自衛隊に「期待」に応えることは可能なのか，検討するほどに重大な疑問が出される。

日本政府調査団に対してサマワ市評議会が渡した15項目の「要望書」（朝日新聞2003.11.6）には，浄水設備と給水システムの修理・建設，排水網の整備，市中心部の小学校10校の再建・修理を最優先に，郊外の15校の再建・修理，小学校，特に郊外校に給食施設の整備，スクリーンなど視聴覚機材，日本企業が80年代に建てた総合病院の建て替えと設備の更新，小児・産婦人科病院に最新の医療機器，救貧院，孤児院の建設，幼稚園，小学校の通園・通学バス，小型のゴミ収集車，高齢者，障害者施設の建設，などがあげられた。これらは戦争被害に対して自衛隊＝軍隊によってしかできない「人道復興支援活動」としての位置付けよりも，ODA（政府開発援助）予算に基づく日本のNGOなど民間団体・企業の開発協力，または現地イラク人の雇用創出による市民自身の手による建設・整備が望ましいものばかりであるといえよう。CPA任命にかかるイラク統治評議会の下部組織のサマワ市評議会議長は，「市周辺の治安は万全だ。失業解消のため，日本の企業にも進出してもらいたい」という雇用創出の期待も述べているというから，皮肉なことに派兵自衛隊の「人道復興支援活動」は，サマワ市民から雇用機会を奪う結果になっているのではないか。（参照，酒井啓子「空回りするアメリカの対イラク占領政策」世界2003.12，安田純平「『来てほしいのは軍隊じゃない』」マスコミ市民2004.1）

より根本的な疑問として，「自衛隊には，民生協力の専門部隊がなく，復興支援などといっても自衛隊だけでは限界がある」という問題がある（寺島実郎

「ブッシュ単独覇権主義の破綻と日本」論座2004.6）。本来的には「軍民協力専門組織」が必要であり、「経済協力や産業再生、インフラ再構築、治安確保、救助、医療などの専門スキルが不可欠」でかつ総合化されていなければ効果がないと指摘される（同）。サマワ市民の要望に対応する「専門部隊」も「専門スキル」も持たずに基地用地の借地に高額の金銭を支払ってサマワに駐留する自衛隊は、"show the flag"（単に「日の丸」旗を立てるというのではなく、米国の忠実なアジア同盟軍である立場を示す）という政治的な目的のために派兵され駐留しているのであって、「要望書」との関係ではたいした有効性を持たず日々「壮大な無駄」をさらしているのみだということになるであろう。紛争地域で活動する国際NGOの意見として、極限的な状況を除き「軍隊が人道支援をするべきではない」という指摘がある（以下、熊岡路矢（JVC代表理事）「『人道』支援ということ」世界2004.6による、また参照、同「イラクから見たNGOと自衛隊」軍縮問題資料2004.5）。その理由は、①軍隊は、敵と戦い倒すために訓練されている組織であり、弱い立場の人々を対象とする人道支援のための専門性はない（低い）、②軍隊は通常、その属する国の利益を反映するので、中立性・公平性という人道支援の原則を守りにくい、③軍隊が人道支援を行うことで、本来これを行っているNGOの中立性まで疑われ政治的・軍事的に標的にされる、などである。

　これらの疑問にもかかわらず自衛隊はサマワから撤退しない。それどころか、2004年12月9日、12月14日で当初の「派遣」＝派兵期限が切れることを踏まえて1年間の派兵延長（派兵先サマワにおける治安維持・警備を担当してきたオランダ軍が2005年3月末で撤退するため、延長期間における自衛隊の途中撤退の可能性を示唆する条件付ではあるが）について閣議決定を行った。その後の朝日新聞社のアンケート調査によれば、自衛隊のイラク派兵延長そのものに反対する意見は58％、賛成は31％で、小泉首相が派兵延長の説明責任を果たしていないとする意見は76％もの高さに達した（朝日新聞2004.12.21）。日本の立憲・平和主義はここから将来に向かって回復しうるであろうか。

Ⅲ編

東北アジアの法体制の変革と展望

第12章
中国における物権法立法の進捗と問題

渠 涛

1．はじめに

　周知の通り，1998年に開かれた中国全国人民代表大会（以下は「全人代」と称す）第九期大会において，2010年までに社会主義市場経済体制に相応する法体系を完備させるという立法計画が打ち立てられ，これに基づき，中国の民法典立法作業が進められている。

　中国現行民事法制度のなか，もっとも制度化が遅れているのは，物権法である。その原因は，新中国では長い間，物権概念が拒否しつづけられてきたからである。新中国が成立して間もなく，社会主義公有制と計画経済体制が形成されはじめた。このような歴史的背景から，個人所有と個人間の取引が完全に否定され，本当の意味での商品の流通がなく，財産の所有権に基づく利益対立関係の存在も当然認められなかったため，物権概念を認める必要もなかったわけである。

　改革開放以降，社会主義市場経済体制の確立に伴い，物を商品として取引することがまず認められ，そして，取引の対象たる物の範囲も逐次に拡大していった。改革開放初期段階に出された目標的なスローガンは，「経済の活性化」であり，すなわち流通分野での活性化を率先的に実現しようとしていた。民事法関係の制度整備もそれにしたがい，いわゆる「経済契約法」が民事制度としてもっとも早くあらわれた。その後，計画経済のシェアの縮小と市場経済のシェアの拡大に伴って流通分野の規範となる契約法──すなわち，1999年統一契約法──が完備されていく一方で，物の流通過程における権利帰属関係の規

範の整備も要求されるようになった。これによって、物権法立法が提起され、また、物権という概念も自然に認められるようになった。

しかし、物が商品としての流通を認めるか否かは、伝統的な社会主義経済体制に関わるというならば、物の権利が自由に帰属することを認めるか否かは、伝統的な社会主義政治制度の根底にある所有制の問題に関わることになる。両者とも形而上のイデオロギーの問題ではあるが、後者は前者よりさらに複雑な問題を抱えているといわざるを得ない。この問題を解決したのは、1999年の憲法改正であり、これにより、非公有制経済が社会主義市場経済の重要な一部として位置付けられたため[1]、物権のイデオロギー上の問題はほぼ解消した。

このような経過を背景に、現在、中国における物権法の立法が進んでいるが、草案形成の推移及び草案起草に関する学界の議論はいずれも多岐にわたっている。そこで、本稿では、このような社会的な変動を背景に、現段階までにあらわれている物権法の各草案、中国における物権法起草の進捗状況を紹介し、並びに立法に遭遇した問題などを浮き彫りにしたい。

2．物権法草案の形成経緯

中国の物権法起草は、1998年から始められた。当時、統一契約法立法が一段落したため、民事立法の重点が立法計画に基づき、ついに物権法立法に移されたということである。物権法の起草は、統一契約法と同じく、立法機関の依頼に基づき、法学者による起草から始められたのであるが、今日まで、公開された草案は四つ存在し、そのうち、学者により起草されたものは二つ、立法機関の草案は二つあり、そのほか、未公開の立法機関の草案も二つ存在している。

最初に完成したのは、中国社会科学院法学研究所の梁慧星教授が指導する物権法起草グループによりまとめられた草案（以下は「社会科学院草案」と称す）であり、1999年10月に立法機関に提出されたあと、学者の研究書として出版されている[2]。

次に完成したのは、中国人民大学法学院王利明教授が指導する物権法起草グ

ループによりまとめられた草案（以下は「人民大学草案」と称す）であり，この草案も2000年末に立法機関に提出された後，学者の研究書として出版されている[3]。

その後，全国人民代表大会常務委員会法律工作委員会は，上記の学者の両草案を基礎に全人代の初めての物権法草案（第１案）[4]をまとめ，2001年５月22日から29日にかけて，民法学者を招集してこの草案に対する意見徴収を行った。

この草案は，二つの学者草案に比べ，内容も簡単であるし，制度設計上も問題が数多く存在すると，会議に出席した学者からの厳しい批判を受けた[5]。全人代常務委員会法律工作委員会は，この会議で出された意見と議論を検討し，取捨したうえ，「中華人民共和国物権法（徴収意見稿）」（以下は「意見徴収草案」と称す）を完成させ，2002年１月に全国の大学法学部，専門研究所，各級裁判所などの司法機関，関係行政機関，地方人民代表大会などに配布して，立法機関の法律草案として，意見徴収を開始したのである[6]。

一方，2000年３月に開かれた第９期全人代会議第３回会議において，李鵬（当時全人代常務委員会委員長）氏は，今期全人代任期以内に，完備した民法典を制定するよう努める旨を表明したので，これによって，物権法の制定を含め，民法典全体の起草作業に拍車がかかった。とりわけ，この間，中国がWTOに加盟してから，全人代では，民法典立法に対する要求が一層強くなり，過去の立法計画より早く制定させよう，という姿勢が現れている。

物権法意見徴収稿の配布と前後して，2002年１月11日，全人代常務委員会法律工作委員会により民法典起草準備委員会拡大会議が招集された。この会議では，李鵬氏の指示が伝達され，これに基づいて民法典起草をさらに加速化することが提起された。これを踏まえて，学者の間に民法典全体の起草作業の具体的な分担がさらに細かく振り分けられたうえ，同年３月を締切として各部分の学者草案の完成が要求され，さらにいわゆる「連絡人」という監督役もつけられた[7]。この会議を契機に，物権法先行という立法計画が民法典の一括立法に改められたと一般的に見られている。

このようにして，学者と立法機関の努力により，中華人民共和国民法典草案（以下は，「審議草案」と称す）が全人代常務委員会第31回会議に提出され，2002年12月23日に第1回の審議を経た[8]。審議草案にある物権法の部分は，上記の物権法意見徴収草案の内容を（ごく一部分を除くほか）踏襲している。

審議草案は，審議に付す前後から，学界において激しい議論が引き起こされ，学者の間ないし学者と立法機関の間に調和しかねる対立が続いてきた。これが原因の一つとして，民法典一括立法の計画が再度変更され，物権法立法を先行するというもとの計画に戻ったのである。

全人代常務委員会法律工作委員会は，これを受けて，2004年8月に物権法草案の修正案（以下は「物権法修正草案」と称す）をまとめて法学者を中心とするいわゆる専門家会議を開き，意見徴収を行った。そして，そこで現れた意見を参酌して，草案に再度修正を施し，2004年10月22日に第10期全人代常務委員会第12回会議に物権法審議草案を提出し，同会議で審議を経た[9]。

しかし，審議にあたってさまざまな問題が指摘されたため，全人代法律工作委員会はこれを受けて現在の草案をさらに修正しているようで，2005年3月に開かれる全人代全国大会に提出し，その審議を経て通過する見込みである。

3．各草案の内容比較

中国物権法立法に関しては，現段階においては六つの草案が存在するが，草案の成立する各段階に邦文文献として三つあらわれている[10]。六つの草案のうち，民法典審議草案の物権編は物権法意見徴収稿と基本的に相違がない[11]ため，表1に五つの草案のみを収め，各草案の間の体系上及び内容上の相違を示し，以下は，これにそって主な相違点を中心に考察していく。

1）全体体系の比較

第一に，学者の両草案は，民法典物権編の設計として，章と節及び目にわけて並べるのに対して，全人代草案は単行法として編，章，節と並べている。

第12章　中国における物権法立法の進捗と問題　247

表1　各物権法草案の基本内容

社会科学院草案	人民大学草案	物権法意見徴収稿	物権法草案修正稿	物権法審議草案
第1章　総則 　第1節　一般規定 　第2節　物権変動 　第3節　物権請求権 　第4節　不動産登記と引渡し 第2章　所有権 　第1節　土地所有権 　第2節　建築物区分所有権 　第3節　相隣関係 　第4節　不動産相隣関係 　第5節　動産所有権 　第1目　善意取得、無主物先占、遺失物拾得、埋蔵物発見：第2目　添付：第3目　金銭と有価証券の所有権 第6目　共有 第3章　用益物権 　第1節　一般規定 　第2節　建築用土地使用権 　第3節　農業用土地使用権 　第4節　隣地利用権（地役権） 第4章　抵当権 　第1節　一般規定 　第2節　最高額抵当 　第3節　企業財産集合抵当 第5章　質権 　第1節　一般規定 　第2節　動産質権 　第3節　権利質権 第9章　留置権 第10章　占有 第11章　譲渡担保 第12章　附則	第1章　総則 　第1節　一般規定 　第2節　物権の公示 　第3節　不動産登記：第2目　動産の占有 第2章　所有権 　第1節　一般規定　所有権通則：第2目　所有権の範囲 取得、無主物先占、遺失物拾得、添付 　第1節　国家所有権：第2目　集団土地所有権 　第2節　集団所有権 　第3節　組合・会社、社会団体、宗教組織の所有権 　第4節　個人所有権 　第5節　建築物区分所有権 　第6節　先買権 　第7節　相隣関係 第3章　用益物権 　第1節　一般規定 　第2節　土地使用権 　第3節　農地請負経営権 　第4節　地役権 　第5節　典権 　第6節　空間利用権特別物権：第3目　薬師権と漁労権：第4目　鉱物権：第5目　林業権 採掘権と漁労権 第4章　担保物権 　第1節　一般規定 　第2節　抵当権 　第1目　最高額抵当：第2目　共同抵当：第3目　フローティングチャージ：第4目　集合抵当：第5目　動産質 第3目　特別抵当：第2目　先取特権：第3目　先取特権と知的財産との関係 　第3節　質権 　第4節　留置権 　第1目　一般規定：第2目　先取特権 第5章　占有 第6章　附則	総則 第1章　一般規定 第2章　物権の設定、変動、譲渡及び消滅 　第1節　不動産登記 　第2節　動産による引渡し 　第3節　その他の規定 　第4節　物権の保護 所有権 第4章　一般規定 第5章　国家所有権 第6章　集団所有権 第7章　個人所有権 第8章　建築物区分所有権 第9章　相隣関係 第10章　所有権取得に関する特別規定 第11章　用益物権 第12章　土地請負経営権 第13章　建設用土地使用権 第14章　宅地利用権 第15章　隣地利用権（地役権） 第16章　典権 第17章　居住権 担保物権 第18章　一般規定 第19章　抵当権 第20章　最高額抵当権 第21章　質権 　第1節　動産質権 　第2節　権利質権 第22章　留置権 第23章　譲渡担保 第24章　占有 附則	第一編　総則 第1章　一般規定 第2章　物権の設定、変動、譲渡及び消滅 　第1節　不動産登記 　第2節　動産による引渡し 　第3節　その他の規定 　第4節　物権の保護 第二編　所有権 第4章　一般規定 第5章　所有権の基本類型 第6章　建築物区分所有権 第7章　相隣関係 第8章　共有 第9章　所有権取得に関する特別規定 第三編　用益物権 第10章　一般規定 第11章　土地請負経営権 第12章　建設用土地使用権 第13章　宅地利用権 第14章　地役権 第15章　居住権 第四編　担保物権 第16章　一般規定 第17章　抵当権 第18章　質権 　第1節　動産質権 　第2節　権利質権 第19章　留置権 第五編　占有 附：フローティングチャージ　先取特権	第1編　総則 第1章　一般規定 第2章　物権の設定、変動、譲渡及び消滅 　第1節　不動産登記 　第2節　動産による引渡し 　第3節　その他の規定 　第4節　物権の保護 第二編　所有権 第4章　一般規定 第5章　所有権の基本類型 第6章　建築物区分所有権 第7章　相隣関係 第8章　共有 第9章　所有権取得に関する特別規定 第三編　用益物権 第10章　一般規定 第11章　土地請負経営権 第12章　建設用土地使用権 第13章　宅地利用権 第14章　地役権 第15章　居住権 第16章　担保物権 第17章　一般規定 第18章　抵当権 第19章　最高額抵当権 第20章　質権 第21章　留置権 第22章　占有 附則：

第二に，学者の両草案の間には，社会科学院草案は章立てで用益物権や担保物権のような分類をせずに並んでいるのに対して，人民大学草案は章立てで総則，所有権，用益物権，担保物権と分けている。

第三に，担保物権について，両学者草案は比較的より多くの制度を設けようとするのに対して，全人代の草案は，いずれも慎重な態度を示している。

第四に，修正稿の付録には，章番号を振っていないフローティングチャージと先取特権という二章が予定されていたが，審議草案では消えている。

最後に，修正稿と物権法審議草案との間には，条文の文言に細かな差異があるほか，後者が典権と譲渡担保の制度を追加したのが根本的に異なるところである。

2）物権法定の原則

物権法定の原則については，各草案とも定められているが，その規定の内容がそれぞれ微妙に異なっている。

社会科学院草案3条：「物権は，本法その他の法律より明確に規定されたほか，創設しえない」。

人民大学草案3条：「当事者は，本法及びその他の法律によるほか，物権を創設し得ない（1項）。本法及びその他の法律に定められた物権の種類，内容に基づいて設定した権利でなければ，その権利は物権的効力を有するものではない（2項）。法規，司法解釈により形成された物権については，相応する公示方法を具備した場合には，その効力を認めうる」。

意見徴収稿4条：「物権の種類及びその内容は，本法またはその他物権に関する法律により定められる」。

修正稿3条：同上。

3）物に関する定義について

学者の両草案には，物に関する定義が設けられているのに対して，物権法の意見徴収稿には，このような内容が存在しない。一方，修正稿には設けられて

いる。

　社会科学院草案10条：「本法でいう『物』とは，人力により支配可能で，且つ価値を有する有体物を指す（1項）。人力により支配可能で，且つ価値を有する空間は物と見なす。人力により支配可能な電気も物と見なす（2項)」。

　人民大学草案8条：「本法でいう『物』とは，人力により支配可能で，且つ経済的価値を有する人身以外の有体物を指す。但し，次に掲げたものは物と見なす。①法により物権の客体とされる権利，②人力により支配可能で，且つ価値を有する特定の空間，③人力の支配下にある電気，気体」。

　修正稿2条2項：「本法でいう『物』とは，不動産と動産を指す。不動産は土地及び建築物などの土地に付着するものを指す。動産は機械設備など不動産以外のものを指し，人力により支配しうる電気，気体，光波，電磁波などを含む。権利が法律により物権の客体とされる場合は，その規定に従う」。

4）物権変動制度について

　物権変動制度の設計については，動産が引渡し，不動産が登記を物権変動の公示とする点，また，大型動産の公示は対抗要件とする点では異論がないが，不動産登記が如何なる効力をもつかは物権法起草が開始する前から議論されている。議論は，物権行為理論の取捨，すなわち採用説と拒否説を中心に展開され，とりわけ，物権行為の無因性を含む物権行為理論を全般的に取り入れるか，それとも無因性を拒否した形式主義，効力発生要件主義（スイスモデル）をとるかの間で激しく議論されてきた[12]。したがって，各草案には，物権変動に関する制度は一致していない。

　社会科学院草案6条[13]では，はっきりした形で動産は引き渡し，不動産は登記を効力発生要件とする原則を設け，航空機，船舶などの大型動産が登記を対抗要件としている例外を設けている。

　人民大学草案6条[14]では，大型動産については対抗要件を取る一方で，不動産登記については効力発生要件と対抗要件の両方を取り入れており，また，その両要件の主従関係や体系上の峻別は明らかでない点に問題が大いに残され

ている。例えば、6条では、不動産は登記を経なければ第三者に対抗できないとしながら、23条では、不動産の権利設定、移転の場合には、譲受人が登記を完成させたときに物権を取得するとされ、また、24条では、不動産変更の場合には、登記を経なければ第三者に対抗できないとされている。

意見徴収稿9条では、大型動産が対抗要件とされているが、不動産は登記しない場合には、物権的な効力が発生しない（2項[15]）とはっきり定められ、また、登記にあたって、実質的な審査制度（11条）、及び登記機構の過誤による損害賠償制度（23条）があわせて規定されているが、用益物権のなかの農村土地請負権（126条）と隣地使用権（地役権、181条）の物権変動についてのみ対抗要件を取っている。

この点は、修正稿も物権法審議草案も、全面的に意見徴収稿を受け継いだが、新たに追加した典権については登記が要求されるものの、登記の効力が明らかにされていない。

一方、両学者草案では「登記機関」という用語を使っているのに対して、全人代の各草案では「登記機構」を使っている。機関とは、中国語では行政機関のニュアンスが強く、機構にはそれがない。とはいえ、このような用語の用い方が登記機関の行政力が今後弱まっていく姿勢を示しているかといえば、これは、また判断しかねるところである。

5）所有権について

所有権制度に関する制度設計は、両学者草案の間にかなり隔たりがあり、また、意見徴収稿と修正稿の間も異なっている。

まず、社会科学院草案における所有権制度の設計は、土地所有権を国家所有と集団所有とにわけ、また、憲法及び特別法の規定に対する確認という形で特別に規定している以外は、国家所有、集団所有、個人所有とに分けて規定していない。その趣旨としては、所有権はその主体――つまり、国家、集団、個人――を問わず、一律に保護を受けるべきであるということにある。これに対し、人民大学草案は、国家所有、集団所有、個人所有を分けて規定し、その趣

旨としては，国家財産は特別に保護すべきであるということにある。

意見徴収稿は，所有権に関する規定について，基本的に人民大学草案を踏襲しているが，修正稿では，所有権の基本類型（第5章）として，国家財産に対する特別保護という強いニュアンスは緩和されている。

6）特許物権について

人民大学草案の用益物権章にある特許物権は，社会科学院草案にない内容であるが，意見徴収稿にほぼ全部取り入れられている。しかし，これが修正稿ではまた消えている。表1に示したように，人民大学草案にあげられた特許物権が5項目あるが，そのうち，鉱物と取水に関する規定のほか，いずれも日本法上の入会権範疇のものである。人民大学草案では，代々利用してきた権利もあらためて特別に国家の許可を得なければ，即座に失われることになるが，この点は問題として指摘されている。一方，取水権制度の正当性も問質されている。意見徴収稿227条以下の規定によれば，「自然人または法人は，直接河川，湖または地下から水資源を汲み取る場合には，国家の取水に関する制度と水資源の有償使用制度の規定に基づき，主管部門に申請して取水許可書を受領し，水資源費を納入して取水権を取得する」となっている。河川，湖などの水源の国家所有には疑問はないが，それを汲み取るには，国家の許可を得なければならず，また，有償取得となると，このような水源を国家財産として位置付けることにほかならないので，国家管理者の国家財産に対する責任を明らかにしなければならない。例えば，河川の氾濫により災害がもたらされた場合には公民が国家財産による被害として国家賠償を請求しうるのか，また，河川の水が絶え間なく海に注いでいることは国家財産の流失として国家管理者の責任を請求できるか，などの疑問が生じるであろう[16]。

民法典審議草案物権編224条には，基本的に上記の規定を踏襲しているが，上記の批判も受けて，但書に「家庭生活及び野放し飼育と囲み飼育の家畜の飲用水など少量の取水はこの限りではない」と付け加えているが，問題が根本的に解決したわけではない。この点が原因であるためか，この制度は修正稿には

現れてない。

7）慣習法の位置付け

　慣習または慣習法に適用するという条文は，社会科学院草案にはもっとも多くあらわれている。具体的には，14条（主物・従物），18条（果実），116条（貯水などの工作物の破損，決壊，詰まりの修繕または予防），118条（土地所有者，利用者の疎水権），119条（土地所有者，利用者の通水権）3項，121条（水流地の所有者，利用者の自由用水権），124条（土地所有者，利用者による水流または幅の変更に対する制限）3項，125条（堰の設置と利用）3項，126条（配管配線の敷設権），131条（土地進入の禁止と例外）1項2号，134条（計量不能のものの進入禁止），148条（無主物の先占）4項などがあげられる。そのほか，「特約があった場合にそれに従う」というような条文も数少なくある。例えば，41条（動産の占有と引渡に関する一般規定），95条（区分所有権者の建物の共有部分及びその基地に対する使用収益権），181条（共有の持分と共有目的物の処分），364条（質権の担保範囲），412条（譲渡担保の目的物の収益の帰属と費用の負担）などがあげられる。

　人民大学草案には，「慣習に適用する」といった明文の規定として，11条（主物・従物），80条（無主物先占の制限），214条（慣習による他人所有土地への進入の可否）[17]などがあげられるほか，「特約があった場合にそれに従う」というような条文が数多く用いられている。例えば，13条（果実），（投資者の財産権），64条（家屋の追加建築の財産権），187条（共有権の確定），247条（土地使用権の譲渡），348条（典権の転設定），365条（空間利用権の享有），368条（空間利用権の抵当），439条（最高額抵当権の担保する実際債権），452条（フローティングチャージ抵当と他の担保物権との関係），453条（抵当権者の抵当権設定者の生産経営に対する監督），461条（質権担保の範囲），509条（不動産収益権に対する質権の効力）などがあげられる。

　意見請求稿においては，慣習に適用する規定として，81条（他人所有土地進入の禁止と例外），87条（明文規定のない相隣関係の処理），115条（天然果実の

帰属）などがあるほか，「特約があった場合にそれに従う」というような条文も存在している。これは，ほぼ下記に掲げる「修正稿」に承継されているので，ここでは省略する。

修正稿には，慣習に適用する条文として，81条（他人所有土地進入の禁止と例外），89条（明文規定のない相隣関係の処理），117条（天然果実の帰属）などがあげられるが，特約があった場合にそれに従うような条文は，下記の通り存在している。つまり，116条（譲渡の場合の主物と従物），118条（加工），119条（附合），133条（農地請負期間内の請負農地の配分調整），155条（建設用地使用権期間の満了），174条（隣地利用権の譲渡），182条（地益権者所有の施設の利用），191条（居住権者の家屋使用の条件），192条（居住権の専属性），200条（担保物権の範囲），217条（抵当権の権限たる債権の譲渡）などがあげられる。

物権法審議草案は，上述したとおり，修正稿と基本的に異ならないが，修正稿に追加した「特約があった場合……」の条文として，185条（地役権の期間満了），196条（出典物の賃貸と典権の転設定），282条（譲渡担保の期間内の収益），283条（譲渡担保期間内における担保物処分の禁止）などがあげられる。

上記のように考察することで明らかにしたいのは，中国の物権法ないし民法典立法において慣習法の有用性が十分認識されていないということである。条文数から見れば，慣習に関するものは，社会科学院草案がもっとも多く，人民大学草案がもっとも少なく，全人代草案が両者の中間となっている。一方，特約優先に関する規定は人民大学草案がもっとも多く，社会科学院草案がもっとも少なく，全人代草案は人民大学草案とさほど変わらない。日本民法典物権編の慣習の効力に関する条文の数はこれに比べてはるかに多いが，それは，日本民法立法の時代的な特徴を表わすとともに，慣習が物権法の重要性を重視したことも物語っていると思われる。この点については，中国における物権法ないし民法典立法において十分参酌する必要があると考える[18]。

8）農村土地財産権

中国における農村部土地の権利関係は，長期にわたって法律上明確な形で規

定されていないので，物権法においては徹底的に解決されるべき問題である。しかし，農村土地の所有権関係が憲法に定められた集団所有という社会主義体制の砦である公有制に深く関わるため，所有権以外の利用に関わる権利関係が如何に財産権中心に構成されていくことだけは大いに工夫する余地があると思われる。したがって，各草案はいずれも集団所有を確認した上で，利用関係の権利においてそれぞれ特徴のある設計を呈示している。

社会科学院草案では，農村土地の利用権利関係について，都市と農村または国有と集団所有という従来の前提概念を超えて一括して構成する姿勢を示している。つまり，その第3章に建築用土地使用権を，第4章に農業用土地使用権をそれぞれまとめて規定している[19]。

人民大学草案は，第3章用益物権の第2節に現行法の概念である農村土地請負経営権として規定している。

学者の両草案を比べてみれば，以下の相違点が注目される。

第一に，両草案において，農地使用権と農村土地請負権という異なった概念が使われているが，前者が後者よりやや広い概念になるものの，基本的には，同一の内包と外延を有する農地利用権を指すものである。

第二に，両草案とも，この農地利用権の相続と賃貸を認めている。

第三に，農地利用権の期間について，社会科学院草案は50年を一律に規定しているのに対して，人民大学草案は50年を最長期間として規定している。

第四に，社会科学院草案は，農用地使用権として，集団所有の農用地使用権と国家所有の農用地使用権とに分けて考えている。つまり，前者は身分により取得するもので，譲渡と抵当は禁止されるが，後者は競売や入札で取得するもので，譲渡，抵当を認める。これに対して，人民大学草案は，農村土地の請負経営権として，その権原である集団所有と国家所有を問わずに，一律して譲渡と抵当を認めている。

一方，全人代の三草案とも上記と異なった規定を設けている。

第一に，農地の利用権については，請負経営権として一律に規定されている。

第二に，請負期間としては，農地を30年に，草原地を30〜50年に，林野は30〜70年にそれぞれ分けて規定されている。

第三に，請負権に相続，賃貸だけではなく，さらに再請負，交換，譲渡も認められている。

第四に，譲渡については，発注者たる集団所有組織の同意を必要とするが，それ以外は届出（通知と理解しうる）だけを必要とする。

第五に，抵当については，意見徴収稿では制限的な姿勢を示していたが[20]，修正稿と物権法審議草案では，この点が緩和されたものの，条文の文言としては曖昧なところがある。例えば，修正稿209条3号と物権法審議草案228条3号には，抵当権の設定をしうる財産として，「法律規定により抵当権を設定しうる農村土地請負経営権」とあげられているが，同上両草案の211条2号と231条2号には，抵当権の設定をしえない財産として，「耕地，宅地，自留地，自留山など集団所有の土地使用権，但し，法律により認められるものは除く」とあげられている。このような前後の規定をあわせてみれば，唯一の理解としては，法律の規定に基づいて権利の性質が抵当に適するものに限って認められるといえよう。

4．結語

上述したとおり，中国の物権法は，2005年3月に開かれる全人代大会で通過する予定である。しかし，上記の考察にも明らかなように，最新の草案にも，さらに検討すべき問題が多々残っている。紙数の関係で，筆者の問題意識にそって，物権法審議草案に対して，以下の二点を指摘しておき，簡単な結語とさせていただくことにする。

第一に，物権法審議草案は，物権変動，とりわけ不動産物権変動の制度設計について，用益物権のうちの農地請負経営権と地役権のみを登記対抗要件としており，それ以外の不動産物権変動はすべて登記効力発生要件とされている。さらに登記効力発生要件の裏付として実質的審査制度と損害賠償制度をあわせ

て設けている。しかし，不動産登記と物権変動制度とは，畢竟，手続き法上の制度と実体法上の制度との関係にあり，不動産登記制度が完備されなければ，このような制度設計は失敗する結果としかなりえないと思われる。この問題に関して，不動産制度の整備にかかる社会的コストなどから考えて不動産変動制度の取捨を決めたほうがよいのではないかと考えるのが，筆者の視点である[21]。

第二に，農村土地財産権については，とりあえず二点を指摘しておく。

その一，物権法審議草案は，農村土地を憲法上の集団所有として確認しただけで，民法制度としてこの所有の形態を明らかにしていない。

その二，農村都市の所有以外の利用権については，請負経営権しか設けていないし，さらに，これを農地利用関係の唯一の制度としようとする姿勢さえうかがえる。例えば，第5章所有権の基本類型に設けられた57条では，「農民集団所有の土地など，法律の規定に基づき，請負経営を実行すべきである」と定められている。しかし，広大な中国においては，農村の地域による格差が非常に大きく，現実にすべての地域で請負経営を実行しているわけではない。また，人民公社の失敗は政治上の原因だけでなく，この地域的な格差を無視して，一律に同じ制度を貫徹しようとしたことも重要な一因であることが明らかになっている。このような現状と歴史的教訓に鑑みると，中国の農村土地に関わる権利関係を請負経営権のみで規律することは，大変重大な問題になる可能性が高いと考えている。

注

1) 1999年，中国の憲法修正案により，憲法第11条に定められた「法律に定められた範囲内の都市と農村部にある労働者個人経済は，社会主義公有制経済の補充である。国家は個人経済の合法的な権利と利益を保護する。」「国家は行政管理を通して，個人経済に対し指導，扶助，監督を行う。」「国家は私営経済の法律に定められた範囲内での存在と発展を認める。……」という条項が，「法律に定められた範囲内の個人経済，私営経済など非公有制経済は，社会主義市場経済の重要な一部分である。……」と改められた。

2) 梁慧星編著『中国物権法草案建議稿』社会科学文献出版社，2000年3月。

3) 王利明編著『中国物権法建議稿及説明』中国法制出版社，2001年4月。
4) この全人代の物権法草案（第1案）は，10章191ヵ条からなっているが，現在までは未公開である。
5) 批判の主な内容は，学者草案に設けられていた比較的重要な制度及び概念の規定が欠落している点に集中している。つまり，①担保物権の規定，②典権の規定，③時効取得の規定，④統一した不動産登記機関に関する規定，⑤法律上の物及び物権に関する定義規定などである。そのほか，幾つかの制度や概念について，学者間にも意見の齟齬が生じ，これに関しても議論が交わされた。例えば，財産の所有主体によって所有権規定をそれぞれ分けて規定されるべきか，農地の用益物権として現行の農村土地請負制度や請負という概念で規定されるべきか，それとも農地使用権概念に基づいて制度設計されるべきかなどである。
6) この意見徴収草案は，27章336ヵ条からなっている。なお，1990年代に入ってから，法律草案が公開されて一般社会から意見徴収することは，立法のプロセスの一環となっている。物権法の個々の草案の内容について，紙数の関係で詳しく紹介することができないが，各草案の内容及びその比較については，梁慧星「中国物権法的制定」（2002年1月15日に早稲田大学で開かれた「中国における民法典及び物権法の制定」シンポジウムでの講演）『為中国民法典爾闘争』（中国：法律出版社，2002年7月）所収，181頁以下を参照されたい。また，この意見徴収草案における学者草案の内容に対する取捨については，後述する。
7) この会議に出席した法学者及び実務関係者は，王家福，梁慧星，鄭成思，王利明，巫昌禎，費宗禕，魏耀栄，肖峋，唐徳華，奚暁明，李凡，王学政などであるが，起草分担等については，以下のとおりである。総則は梁慧星が責任者，姚紅（全人代民法室）が連絡人；物権法は完成した意見徴収稿があるため，全人代民法室が責任者；債権総則と契約は梁慧星が責任者，賈東明（同上民法室）が連絡人；知的財産権は鄭成思が責任者，姚紅が連絡人；婚姻家庭，相続は巫昌禎が責任者，何山（同上所属）が連絡人；人格権と不法行為は王利明が責任者；民事責任は唐徳華が責任者，孫理海（同上）が連絡人；渉外民事関係の法律適用は費宗禕が責任者，何山が連絡人。梁慧星「中国物権法的制定」（同上著書）197頁を参照。
8) この審議草案の内容については，拙稿「中国における民法典審議草案の成立と学界の議論（上・下）」『ジュリスト』1249，1250号（2003年7月15日，8月1日）を参照されたい。
9) 今回の物権法草案審議については，中国の各新聞，及び人民網 www.people.com.cn/GB/14576/28320/39838/39841/などインターネット各サイトを参照されたい。
10) 筆者の不完全な検索によれば，主に以下のものがあらわれている。つまり，拙稿「中国における物権法の現状と立法問題」『比較法学』（早大）第34巻第1号（2000.7）；拙稿「中国物権法の起草について」『明治大学国際交流基金事業招聘外国人研究者講演録』No.3（2001.1）；熊達雲「中国における物権法制定の動向」山院 No.48

（2001.11）；『中国物権法研究課題組』（責任者梁慧星）原著，熊達雲訳「中国物権法建議草案」山院 No.48（2002）；中国人民大学民商事法律科学研究センター原著，熊達雲訳「中国物権法草案建議稿」山院 No.49（2003.3）；西村峯裕・周喆「中国物権法草案」産法35巻3・4号（2002.2）；同「梁慧星中国物権法草案（2）」産法36巻1号（2002.7）；同「梁慧星中国物権法草案（3）」産法36巻2号（2002.10）；「梁慧星中国物権法草案（4）」産法36巻3号（2003.1）；「梁慧星中国物権法草案（5）」産法36巻4号（2003.3）など参照。

11) もっとも，民法典審議草案の物権編草案と物権法意見徴収稿との間には，微妙な差異があるが，紙数の関係で割愛する。

12) 物権行為理論を全般的に採用する説を主張する代表的な学者は孫憲忠教授（中国社会科学院法学研究所）であり，無因性を拒否して形式主義，登記効力発生要件主義を採用する説を主張する代表的な学者は梁慧星教授（同上所属）であり，ごく少数説である意思主義対抗要件主義を主張するのは筆者である。梁慧星「我国民法是否承認物権行為」『法学研究』1989年第6期，孫憲忠「物権行為理論探源及意義」『法学研究』1996年第3期，拙稿「不動産物権変動制度研究與中国的選択」『法学研究』1999年第5期（なお，邦文として拙稿「中国における物権法の現状と立法問題」『比較法学』，「中国物権法の起草について」前掲）などを参照。

13) すなわち，「法律行為に基づく不動産物権の設定，移転，変更または消滅は，登記を経なければならない。登記をしないものは無効である。法律に基づく船舶，航空機及び自動車に対する物権の設定，移転，変更または廃棄は，登記を経なければ，第三者に対抗し得ない（1項）。法律に基づくその他の動産物権の設定，移転，変更または消滅は，その動産の引渡しによってその効力が発生する（2項）」。

14) すなわち，「不動産物権の設定，移転，変更と消滅は，法による公示すべき場合には，公示をしなければならない。船舶，航空機及び自動車などの交通工具に対する物権の設定，移転，変更は，登記を経なければ，第三者に対抗し得ない（1項）。法律行為に基づくその他の動産物権の設定，移転，変更または消滅は，引渡しによってその効力が発生する。但し，法律に特別の規定，または契約に特約がある場合には，この限りではない（2項）。物権の設定移転を目的とする契約は，法に基づき成立した場合には，直ちに当事者間でその拘束力を生じる。但し，法に基づき公示をすべき場合には，それを公示しなければ第三者に対抗し得ない」。

15) すなわち，「法律に他の規定があるものを除き，国家，集団個人により不動産物権の設定，変動，譲渡及び消滅などをなされる場合には，登記をしなければならない。登記をしなければ，物権的効力を発生しない」。

16) このような批判は，梁慧星「物権法草案的幾個問題——在清華大学的講演」中国法学網 http://www.iolaw.org.cn/参照。

17) 人民大学草案214条は，「現地の慣習に基づき，一定範囲内の住民は土地権利者が囲障を設けていない田畑，牧場，山林に入り，雑草を刈り，枯れた枝や幹を採取し，また

は野生植物を採集し，家畜を放牧した場合には，土地権利者はその進入を禁止し得ない。それによる補償の有無は現地の慣習に従う」と定められている。これは，日本民法典263条及び294条に定められている共有の性質を有する入会権と共有の性質を有しない入会権と深く関わるものである。
18）筆者は中国の物権法立法ないし民法典立法において慣習及び慣習法を十分重視すべきであると主張しており，その詳細は，拙稿「中国物権法立法における慣習法の位置付け」早大『比較法学』36巻2号（2003.3）を参照されたい。
19）このような構成は，現行法より一歩進んでいると評価されるべきであると同時に，いろいろな問題を内包しているといえよう。問題の詳細については，紙数の関係で，拙稿「中国物権法の起草について」（前掲）を参照されたい。
20）例えば，この問題に関して規定された唯一の条文である153条（抵当権の設定をする財産）5号には，「法に基づいて請け負い，発注者たるものに抵当権設定の同意を得た請負経営権」とあげられている。
21）この点については，前掲した拙稿のほか，「不動産変動制度研究與中国的選択」『法学研究』1999年第5期を参照されたい。

第13章
中国行政法の発展と課題[1]
―― 中国法制度改革の現状に関する管見 ――

呂　艶濱

1．行政法制の現状

　中国では，改革開放の推進につれて，行政法制整備の要請も高まってきた。それは，中国の行政法が発展する社会的基礎と経済的基礎となっていると認められている。特に，計画経済から市場経済への移行につれて，行政管理の方式もいろんな面で，根本的な変革が行われて，すばらしい成果を収めた。以下では，発展する状況を簡単に纏めて，紹介したい。

1）政策による行政から法による行政への転換

　80年代まで，中国では，行政機関およびその工作人員が主に国と共産党の政策或いはリーダーの指示・命令に基づいて，事務を処理していたので，基本的には「法治」とは言えないと言われている。経済改革につれて，このような状況を変えようとしていたが，当時の普通の人々は，刑法，民法或いは法による司法しか知らずに，行政法或いは法による行政について全然知らなかっただけではなく，行政関係の法律も物凄く少なかったのである。1984年に，彭真元全国人民代表大会常務委員会委員長が，国の管理も「政策によって行うことから次第に政策だけでなく法制を樹立・完備して，法によって行うことへ移行させるべきだ」と指摘した。1993年にいたって，李鵬元政府総理が，全国人民代表大会に対する「政府活動報告」で正式に「法による行政」の原則を提唱した。1996年に採択された「国家経済と社会の発展の『九・五』企画と2010年遠景目標

綱要及び『綱要』報告に関する議決」で，法に基づいて国を治めて，社会主義法治国家を建設することが，国を治める方針として，樹立された。1999年に，それが「憲法」にも書き込まれた。それとともに，全国人民代表大会及びその常務委員会では，土地管理，税収管理，環境保護，教育，弁護士などの行政管理に関係する，数百の法律が採択された。中国では，関係法制度も整備されている。

2）行政救済制度の整備

　中国では，昔から国民が政府機関及び官僚を告発することが認められなかった。新中国成立後，1954年憲法，1975年憲法では，官僚を告発することが認められたのに対して，1982年憲法では，一歩進んで一切の国家機関とその公務人員の違法行為に対して国民が告発することができると定めているが，実際は，そのやり方は認められなかったのである。それは，中国では，長い間で，行政機関と国民が平等に裁判などを受けるという対抗的な方法が政府と人民大衆の関係を疎遠させるという考え方，及び法律を遵守しなければならないのが国民で，政府機関でないという観念があったからだと思われる。しかし，経済の発展につれて，行政機関による権利侵害を救済しなければならないので，中国でも段々行政訴訟と行政不服審査の制度が導入されることになった。1982年3月8日付で採択された「中華人民共和国民事訴訟法（試行）」で，他の法律で人民裁判所が審理すると定める行政事件について，この法律を適用すると定めた。それから，裁判所の経済審判廷が行政事件を審理することになった（第3条第2項）。それは，中国行政訴訟制度の出発点と考えられている。また，1986年9月5日付で採択された「中華人民共和国治安管理処罰条例」（1994年5月12日付で改正された）で，治安処罰に対して，処罰対象の国民が行政訴訟を起こすことができると定めた（第39条）。この2つの法律が中国行政法の発展に重要な影響があり，中国行政訴訟法の成立に条件を提供したと考えられている。1989年4月4日付で「中華人民共和国行政訴訟法」の成立に伴い，民事訴訟から独立して裁判所内部の行政審判廷が裁判する，系統だった行政訴訟制度が成

立することになった。それと同時に，行政不服審査については，一般法として，1990年12月4日付での「中華人民共和国行政不服審査条例」が成立して，1999年4月29日付での「中華人民共和国行政不服審査法」となった。この2つの法律に基づいて，行政機関及びその工作人員の具体的行政行為[2]で合法的権益が侵害されたと思う国民などが，行政訴訟を起こしたり，行政不服審査を申し立てたりすることができるようになった。これは，中国行政法発展の重要な事件であり，行政法の立法を促進し，行政機関の法による行政を強化して，国民の権利意識を向上させることに役立っている。行政訴訟法で一つの訴訟制度が樹立されただけでなく，最も重要なのは，一つの民主制度が樹立されたのである。特に，行政監督の面で，行政機関に法による行政を要求するようになった。90年代のなかばに政府活動報告で「法による行政」を提唱されたのも，その論理的な発展であると言える。1989年以後の行政法に関する研究，立法活動などが，行政訴訟法から直接の影響を受けていると言われている。

3）国家賠償制度の成立

中国では，90年代まで，国家機関による権利侵害について，国民が陳情などの手段によって，賠償などを求めるしかなかったのである。賠償するか，如何に賠償するかは，関係機関のリーダーが決めるので，随意性が強くて，国民の権益がちゃんと保障できなかったのである。市場経済の発展と行訴訟制度の成立につれて，立法で国家賠償制度を導入する声が高くなったことを背景に，全国人民代表大会常務委員会では，1994年5月12日に「国家賠償法」が採択された。それに基づいて，国民は行政機関及びその公務人員の不法な行政行為による損害について国家賠償を請求できるだけでなく，司法機関及びその公務人員が捜査，検察，審判，監獄管理の職権を果たす場合に，行った不法行為による損害についても国家賠償を請求できる。即ち，中国では歴史上初めて「国による損害を賠償すべき」という原則が確立されたと言えよう。これは，中国人権保護の面で重要な事件で，現代法治の精神を現したと言われている。

4）手続法に対する重視

　中国では，長い間で，実体法しか重視されなくて，手続法がなかったと言っても過言ではない。法律にはあまり手続規定もなければ，行政機関として手続を遵守する意識もなかったのは，昔の状況であった。「行政訴訟法」が実施された後，裁判所は行政行為の手続が合法かどうか審査できるようになったので，それまでのやり方ではだめになった。また，デュー・プロセスの理念もだんだん中国で認められた。それで，1987年4月21日付で採択された国務院「行政法規制定手続暫定条例」（2001年11月16日付で採択された「行政法規制定手続条例」に基づいて廃止された），1994年5月12日に修正された「治安管理処罰条例」などで，関係の手続を詳しく定めているのである。その中で，一番注目されたのは，1996年の「行政処罰法」である。当該法律によって，「処罰法定」，即ち法律に明確な規定がない限り処罰してはならないという原則が確立された。また，行政処罰の設定原則が明確にされた。例えば，国民の人身の権利に関する処罰を法律で設定しなければならないのである。それから，初めて処罰の手続について，詳細に定めた。事件を処理する場合に，行政機関の公務人員が，自分の身分証明書を提出して，身分を表明しなければならないのである（第34条）。また処罰を決定する場合に，処罰の理由，根拠を説明し，当事者の弁解，陳述を聞かなければならなくて（第31，32条第1項），当事者の弁解によって処罰を加重してはならないのである（第32条第2項）。処罰を決定した場合に，決定書類を当事者に送達し，救済の方法を教示しなければならない（第39，40条）。処罰に関する根拠，事実，理由を教えなかったり，当事者の陳述，弁解を聞き取らなかった場合に，処罰が成立できないのである（第41条）。また，この法律で，初めて聴聞制度が導入された。すなわち，重大な処罰を行う場合に聴聞を行わなければならないのである（第42条）。

　この聴聞制度は，価額確定活動にも導入された。1997年12月29日付での「中華人民共和国価格法」で，国民の生活と緊密な関係のある公共事業などの商品価格を確定する場合に，聴聞会を開催して，国民の意見を聞かなければならないと定められている（第23条）。2001年7月2日付で採択された国家発展計画

委員会「政府価格決定聴聞暫定方法」(2002年11月22日付での「政府価格決定聴聞方法」に廃止された)で，その手続きについて詳しく定めている。同年11月23日に，国家計画委員会が「価格聴聞カタログ」を公布した。それによって，電力，鉄道と民間航空業のサービスの価格の確定と調整が国家計画委員会が主催した聴聞会でしなければならないのである。2002年までの2年間で，全国で30回ぐらいの価格聴聞会が開催されたそうである。主に，水道，電気，ガス，交通，観光地の入場券，教育，電信などの分野に集中している。2000年3月15日付で「中華人民共和国立法法」の成立につれて，聴聞の制度は，立法手続きにも導入されるようになった。手続法整備のもう一つの重要事件は，2003年8月27日付で成立した「中華人民共和国行政許可法」である。それは，行政機関行政許可行為の規範化，国民権益の保護，行政許可による腐敗の抑制に役立つと皆期待している。それだけでなく，今，中国では，行政行為を規律するために，行政手続を定める個別の法律を基に，「行政手続法」を起草している。

このように見れば，中国における現代的行政法が発展する特徴は，行政訴訟制度の樹立を持って，行政機関の法による行政を促進・監督し，行政機関の行政行為を規範化して，だんだん行政法治へ向かっていると言えるであろう。つまり，中国では，行政機関が法による権限行使と行政権乱用の防止を原則として，行政法制の整備が大いに発展していると言える。行政権及びその運用にとっては，その発展は，権限の付与と権限の制約との統一でもあり，保障と監督の統一でもある。

今まで，中国では，法によって国を治める方針は，もう正式に認められた。その方針の重点と難点は，法による行政であり，即ち，強大な行政権を規制することだと言われている。経済と社会の発展に大いに影響を及ぼして，国民と緊密な関係があるのが行政機関であるので，行政機関が法によって行政を行うかどうかは，中国で，法によって国を治める方針が実現できるかどうかに関わっていると言われている。そのために，関係法律を整備して，厖大な行政機関の公務員の，法律の規定を守って権限を行使するなどの法意識を向上させなければならないのである。法によって国を治める方針は，中国の行政法が発展

する一つの動力となっていると言えるであろう。

2．WTO加盟による行政法治理念の変化

今まで，中国では，「法治」は，政府の推進によって，発展を遂げていると言われている。歴史的な原因によって，市民社会の力がずっと弱いので，法治のプロセスと発展にとって，外部からの圧力と推進力が欠けている。ただし，周知のように，2001年に中国は，長い間の努力を経て，やっとWTO加盟が実現できた。それは，中国の経済発展にとって重要な事件だけではなく，中国の法治建設にもものすごく重要であると認められている。WTOは，その法律原則と法律仕組で中国の法治に深刻な影響を及ぼすと信じられている。それは，中国の法治建設にとって，外部からの強大な推進力となるに違いないのである。

WTOに加盟した後，一番挑戦に直面しなければならないのは，中国の企業或いは農民たちではなく，政府機関であると考えられている。特に，中国の行政機関が如何にWTO規則に適応して，政府の役目と位置づけを見直すかは，現在の大きな課題である。

計画経済時代では，政府は，公共秩序と社会的利益を守るだけではなく，社会資源を配置し，国民の衣食住までも管理して，あたかも万能の政府のようであった。それは，人治社会の象徴で，中国では，それによって高い代価を支払ったのである。今までの改革開放のお陰で，そのような状況が随分変わってきた。しかも，WTO加盟によって中国の政府が最終的に有限政府に転換する障害が排除されると考えられている。

長い間で，政府が権力で社会を管理して，国民を制約すべきだと考えられてきたので，権力を奪い合い，国民の権利を無視することを導いた。それと同時に，政府機関が責任を回避して，裁判所の審査を受けないように工夫することもよくある。これは，官僚主義だけでなく，腐敗を引き起こす原因となっている。また，国民と政府の関係も逆様にされた。WTO規則によって，貿易分野

のすべての政府行為が裁判所の司法審査を受けなければならないので，政府の行為を大いに制限されるようになるわけである。特に，行政が最終的に裁決する制度を変えなければならないのである。知的所有権に関する処分，外国人入国に関する行政処罰，自然資源に関する権利の確認などは，高度な政治性と専門性を有しないので，審査できない程度に達していないと思われている。2001年，WTO加盟の一つの条件として，知的所有権の関係規定は，もう改正された。ほかの分野の関係規定を速やかに改正しなければならないと思われる。

　もう一つ重大な影響と言えば，WTO加盟は，中国の行政活動の透明性に対して強く要請した。神秘によって，美が生ずるだけでなく，権威も生ずるので，今までの政府機関は，国民に知らせずに，権威保持に工夫していると言えよう。WTO規則によって，情報公開は，もう道徳上の要請でなく，法律上の要請になった。即ち，政府機関が，最大限に情報を開示して，国民の情報公開請求を満足させなければならないのである。WTO加盟による透明性の要請は，中国の政府権力の存在する方式を変えて，絶対的権力と絶対的権威を防止することによって，中国の法治の発展を推進できると思われる。中国情報公開制度の整備について，後で，「中華人民共和国秘密保持法」と合わせて，少し紹介しようと思う。

3．行政法制の課題と変革

　中国は，「人治」から「法治」という目標へ向かっている中で，まず，「法治」の一つの内容としての「法制」の問題を解決しなければならない。即ち，法律がない場合に，「法治」を論ずるには足りないので，立法を強化しなければならない。でも，昔大部分の分野で法制度がなかったことに対して，今ではもう随分整備されているので，今より，主な矛盾は，経済・社会の発展に基づいて，如何に良き法を制定し，政府に法律を遵守させ，国民の権利自由を保障することである。これも，これから中国行政法の一課題であると思われる。以下は，代表的な制度をめぐって，今までの制度に対する評価とこれから直面し

なければならない問題を簡単にまとめて紹介しよう。

1）行政訴訟制度

中国の「行政訴訟法」は，1990年から施行されて今までもう15年間近くになる。当該制度の完備と発展は，中国最高裁判所が司法解釈[3]を発布することによって，遂げられたと言える。最初の司法解釈は，「行政訴訟法」の規定を具体化して，当該法律が操作できることを強化するために，試行された1991年7月1日付での「最高人民法院『行政訴訟法』を貫徹・執行する若干問題に関する意見（試行）」である。その代わりに，2000年3月10日から，新しい司法解釈，即ち「最高人民法院『行政訴訟法』を執行する若干問題に関する解釈」（以下「2000年解釈」という）が施行されることになった。

2000年解釈は，解釈技術の活用によって，国民，社会組織に対する司法保護の拡大・強化について，高く評価されている。簡単にいえば，中の代表的な面は，以下のとおりである。

1. 原告適格の規定を緩和した解釈によって，行政訴訟の範囲が広がった。従前のように，具体的行政行為に侵害された者にしか原告として行政訴訟が起こせないとのやり方を変えて，具体的行政行為に法律上の利害関係がある者が，当該行為に不服がある場合に，みな行政訴訟を起こすことができると定めている（第12条）。
2. 原告にもっと有利な証拠制度を定めた。2000年解釈では，被告が時間通りに弁明書及び具体的行政行為を行う当時の根拠・証拠を提出しなかった場合に，当該具体的行政行為に根拠，証拠がなかったと認めなければならないと定めいている（第26条）。また，「行政訴訟法」では，訴訟中において，被告が自ら原告と証人に証拠を取り集めてはならないと定めているが（33条），2000年解釈では，①被告とその代理人としての弁護士が具体的行政行為を行った後に証拠を取り集めてはならない（第30条第1号），②違法に取り集めた証拠をもって，起訴された具体的行政行為が合法であると認める根拠としてはならない（第30条第2号），③行政不服審査機関が

審査中で取り集めた証拠は，元の行政行為を維持する根拠としてはならない（第31条第2項），④一審で提出されなかった証拠を二審で一審判決を取り消し或いは変更する根拠としてはならない（第31条第3項），などと定めている。こうして，行政機関が決定をするときに十分な証拠を有しなければならないことを要求するようになった。

3．確認判決の形式が導入された。2000年解釈では，起訴された行政行為が合法或いは有効と確認する判決を下すことができて，一定の場合に違法或いは無効と確認する判決を下さなければならないと定めている。これによって，裁判所が国民，法人或いは他の組織の合法的権益を保護する司法的手段が広がり，裁判所が行政事件を裁判する場合の融通性などが強化されたものだと思われる。

しかし，中国の行政訴訟制度は，直面しなければならない問題も少なくないといえる。まず，「行政訴訟法」12条によって，国防，外交などの国家行為，行政法規・規則或いは行政機関が制定・公布した普遍的拘束力のある決定・命令，行政機関の要員に対する賞罰・任免などの決定，及び法律で行政機関が最終的に裁決すると定めた具体的行政行為に対して，行政訴訟を起こすことが認められないのである。この規定を修正しなければ，国民の権利保護にすごく制限があるだけでなく，WTO規則に合致できないと考えられる。また，最高裁判所の司法解釈中のよい方法を法律で認めなければならないのである。

更に，司法独立の問題もある。中国では，裁判所は財政，人事などが同クラスの政府に管理されており，また，裁判所では，ずっと行政的管理方式が実行されているので，行政機関からの干渉をよく受けている。たとえば，政府或いは関係行政機関が被告として起訴された場合に，政府部門から圧力によって，裁判所が受理しないことがよくある。受理しても，法によってちゃんと判決を下せないこともよくある。2000年司法解釈は，このような状況を念にして，「行政訴訟法」14条3号で定めた，いわゆる中級人民法院が管轄する「重大かつ複雑」な事件が，「被告が県以上の人民政府であり，末端の人民法院が審理するのに適しない場合」を含むと解釈した。しかし，一時的解決が根本的解決

でないと言わざるを得ないのである。この問題の解決は，これから中国司法改革運動で，司法の独立を図ることに依存するしかないと思える。

2）行政不服審査制度

中国の「行政不服審査法」は，国務院が制定した「行政不服審査条例」が施行された中で蓄積した実務上の経験を基に，それまでの行政不服審査を完備して，定めたのである。「行政不服審査条例」より，「行政不服審査法」は以下の面で発展を遂げたと考えられる。

（1）不服審査を請求できる行政行為の範囲が広がった。当該条例に基づいて，不服審査を申請できるのは，法律，法規で明確に定めた人身権利と財産権利にかかわる具体的行政行為に限ったのに対して，「行政不服審査法」では，国民が具体的行政行為によって，合法的権益が侵害されたと考える場合に，不服審査を請求できると定めている（第2，6条）。それによって，国民の権利保護のレベルが向上したと言えると思われる。

（2）一部分の抽象的行政行為が審査対象になった。「行政不服審査法」に基づいて，具体的行政行為の根拠となった国務院の部門，県クラス以上の人民政府及びその部門，郷・鎮人民政府の規定が合法でないと考える場合に，国民は一緒に審査請求を申し立てることができる（第7条）。2000年9月10日に杭州のあるコンピュータ関係の会社は，経営するインターネット・カフェでコンピュータ・ゲームを経営していることを理由に杭州市文化局に処罰されたことに不服をもって，杭州市政府に不服審査を請求して，同時に処罰の根拠となる公安部，情報産業部，文化部と国家工商局が共同発布した「インターネット・カフェの経営行為を規範化し，安全管理を強化することに関する通知」（以下は「通知」という）の合法性について，不服申し立てをした。杭州市政府は，当該規定を審査する権限がないので，権限のある国務院に届けた。2001年2月15日に国務院の法制弁公室が，当該「通知」における「インターネット・カフェがコンピュータ・ゲームを経営してはならない」との規定が合法であると回答した。この事件

は，「行政不服審査法」が実施されてから，国務院が受理した，抽象的行政行為に関する，初めての不服審査事件である。これは，中国行政不服審査制度に関する重大な進歩だと考えられている。

（3）国務院は行政不服審査機関として審査請求を受理することができるようになった。国務院の部門と省・自治区・直轄市の政府の行政行為に不服を持った場合に，当該部門あるいは省・自治区・直轄市の政府に不服審査を請求し，その決定にまた不服を持った場合に，行政訴訟を起こすかあるいは，国務院に最終的裁決を請求することができる（第14条）。これは，もともと国務院の部門と省・自治区・直轄市の政府が自分の行為を審査することより，行政不服審査の公正性を確保することに有意義だと思われている。

（4）手続き上も，国民にもっと有利になった。県クラス以上の政府の部門の行政行為に不服を持った場合に，国民は，当該部門が所属する政府或いは上級の管理・監督機関に審査請求することができる（第13条）。すなわち，国民には，審査機関が選択できる。また，書面だけでなく，口頭でも請求できる（第11条）。請求期間が原則的に60日間に統一された（第9条）。費用も一切徴収されない（第39条）。

（5）官僚同士が互いにかばい合うことを防止して，国民の行政不服審査に対する不信感を解消することを確保するために，「行政不服審査法」では，審査機関と処分機関の責任を強化した。たとえば，処分機関が請求書副本などを受け取った日より10日間のうちに書面の回答，具体的行政行為の証拠・根拠及び他の関係資料を提出しなかった場合に，当該行政機関の行政行為は，証拠，根拠がないとして，当該行政行為を取り消すことができると定めている（第23，28条）。このような場合に，処分機関の関係責任者に対して，懲戒することができる（第35条）。また，審査機関の関係者が，法律に基づいて，受理・審理しない場合にも，懲戒ないし刑事責任を追及することもできる（第35，36条）。審査期間も60日に限定されている（第31条）。

しかし,「行政不服審査法」が成立して以来, ずっと指摘されている。中国の行政不服審査制度は, 原則として, 上級行政機関に不服審査請求を申し立てて, 特別の行政不服審査機関が存在しないのである。また, 審査機関の中に設立された, 不服審査を担当する法制機構が, 同機関のリーダーの監視を受けて, ただ処理意見を提出する権限を有するのである。このような審査仕組では, 審査活動の公正と国民からの信頼が得るかについて, 疑問はないわけではないのである。いかに不服審査機関の中立性 (或いは独立性) を強化して, より独立性の強い不服審査の仕組を再編成するかは, これから中国の行政不服審査制度改革の第一の問題である。また, 審査手続の規定は, 普通の国民はともかく, 審査機関の公務員でもよく把握できないほどものすごく簡単であるので, 行政機関によって, やり方が異なり, 随意性が強いのである。次は, 行政行為の根拠となった一部分の決定について審査請求を申し立てることができると定めているが, 決定の範囲ははっきりしなくて, 特に国務院の関係部門の規則と決定とは限界が不明確である。また, 不服申し立てられる決定を審査をする場合に, 具体的行政行為の審査を一段中止するのに, 原則として執行不停止主義を採用しているのは, 国民の権利保護に不利であると思われる。それから, 国務院の審査裁決と自然資源の所有権・使用権に関する一部分の裁決が最終裁決に当たるので, 何人も自分自身の裁判官になれない及び一切の行為が司法の最終的な審査に服しなければならないという法治の原則に合致しているとは言えないと思われている。

現在, 中国政府と学界も, 行政不服審査制度の欠点を念にして, 改正方向を模索している。当該中国社会科学院法学研究所の研究グループも, 行政不服審査の司法化を目指している。行政不服審査制度の専門性と効率性を前提に, 審査機関の独立性, 審査手続きの司法性などについて, 研究して, 提案している[4]。

3) 国家賠償制度

中国で, 1995年に「国家賠償法」が実施されたのは, 政府でも国民の合法的

権益を侵害したら賠償しなければならない原則を表明して，中国民主法制建設における重大な事件だと認められている。しかし，現在，この法律の問題も一番注目されている。2001年，中国最高人民裁判所所長の肖揚氏が人民代表大会に対して発表した「人民裁判所活動報告」によって，2000年全国の裁判所が処理した国家賠償事件が6753件という。中国の人口に比べて，これは高いとは全然言えないのである。内モンゴルでは，数百万元の国家賠償基金を設立していても，6年間の間で請求する事件が一つだけだったそうである。深圳[5]でも，1995年5月から2001年12月まで，賠償請求の事件が31件しかなくて，その中で13件賠償されたそうである。賠償事件[6]が少なく，賠償金額が低くて，賠償を求めにくいなどの問題があるので，この法律に対する国民の信頼感がずいぶん低くなっている。この法律について，以下の問題点が指摘されている。

　1．当該法律では，国家機関及びその公務人員が違法に権限を行使して国民などの合法権益を侵害したことが，賠償する前提とされているが，不当な行為が排除されている。しかも，現実中，「違法」を法律，法規，規則の明確な規定に限定する理解もよくある。これは国民の権益を保障することには不利である。

　2．賠償範囲は限られている。中国の国家賠償法では，道路，橋梁などの公共施設の設置と不良管理による損害について，国家が賠償しないのである。被害者は，民法通則などの規定に基づいて，管理する企業などに請求するしかないのである。中国の改革につれて，鉄道，航空，電力などの分野では，経営する企業に賠償責任を負わせていいのであるが，国家が設立して，政府が直接に管理する公共道路，公園などについて，国家賠償で救済すべきだと考えられている。

　3．賠償の標準が低すぎる。人身の自由が侵害された場合に，毎日の賠償金は，上年度の日当たりの平均給料で計算するものである（第26条）。例えば，今北京の外資企業に勤める管理者の月給は1万元（17万円くらい）前後であるが，30日くらい人身の自由が制限された場合に，もらえる賠償は，1千元（1万7千円）を超えないわけである。また，違法な行為で人身の自由

と生命健康の権利が侵害された場合に,物質的な損失しか賠償されなくて,精神的損害賠償(慰謝料)が認められないのである。2000年に,中国の西部のある田舎の少女が,売春の疑いで警察に連れられて,一晩調べられた結果として,翌日,女郎買いの理由で行政処罰を決定されて,しかも女性なのに処罰決定書で男性と書かれた。不服審査を請求した場合に,2回も身体検査をされても,処女と認められた。それで,その少女は,処分庁と不服審査庁を被告として,行政訴訟を起こして,500万元(8000万円くらい)の精神損失賠償(慰謝料)を請求したことに対して,2日間の身柄拘束による損失を74.66元(1千円くらい),医療費,交通費,宿泊費及び180日間で仕事に出られない損失と合わせて,9135元(15万円くらい)しか認められなかった。500万元の精神損失賠償の請求は棄却された。精神上大いに傷つけられて[7],家族とともに金銭と精力を尽くした被害者にとって,それほど少ない賠償では,精神上の損害や苦痛が回復できるとは全然いえないと思われている。この事件を契機に,中国では,国家賠償法に精神賠償なども導入すべきだと最近議論されるようになった。

　4．賠償手続(特に刑事賠償手続)の仕組には欠陥がある。法律の規定と普通の理解によって,司法賠償を請求するには,司法機関に対して当該機関が違法な行為で国民の合法権益を侵害したとの確認を願わなければならない(第20,21条)。中国で公安部,検察院,裁判所,司法部が分業している状況では,違法の機関或いはその上級の機関が確認するので,このように自分が自ら自分の裁判官になるのは,手続の公正性が保証できないものである。2001年1月19日の全国高級裁判所賠償委員会主任会議では,最高裁判所の李国光副所長が,弱い賠償請求人の権利を保護するために,聴聞手続を重点とする審判方式改革を行う予定である発表したという。2001年5月27日[8]のニュースによって,全国で,3分の1くらいの裁判所でもう国家賠償審判に聴聞手続が導入されたという。すなわち,賠償請求人の証拠に対する知る権利を保障して,賠償義務機関の挙証責任を強調するとのことである[9]。しかし,法律の関係規定を修正しなければ,手続き上の問題が根本的に改善で

第13章　中国行政法の発展と課題　275

きないと考えられている。

つまり，この法律は，1995年に高く評価されたのと対照的に，今では強く批判されている。「国家賠償法」は到底「国家不賠償法」であるとの批判までもあった。行政法分野では，この法律は，最近批判される主な目標となったと言っても過言ではない。2000年から全国人民代表大会で，一部分の代表が，「国家賠償法」を修正すべきだと提案したという。

4）情報公開制度

中国では，情報公開制度があるか聞かれるかもしれないと思うが，実は，アメリカ，日本のような情報公開法はない。ここで，中国において，情報公開制度を導入する必要性，それと関連する「中華人民共和国秘密保持法」とその実施方法（以下は「秘密保持法」その実施方法）などの制度に対する検討，中国の今までの政府事務公開運動に関する評価などについて紹介しようと思う。

必要性と言えば，以下のようなことがあげられると思われる。まず，中国で，国民の知る権利を保障するには必要である。日本と同じように，中国の憲法にも「知る権利」と明確に定めていないのであるが，関係条文にその精神があり，保障すべきことに，あまり異論はない。しかし，中国では，国民の知る権利を無視して，関係情報を知ることを妨害することがよくある。2000年に，江西省で関係機関が「社会的安定」を理由に，中央政府が発布した，農民の負担を軽減する法令・政策を宣伝する「農民負担軽減工作ハンドブック」が禁止されたことがある。また，スキャンダルなどが曝け出されないように，当日の新聞までも取り上げられたこともよくある[10]。関係者の考えでは，国民が何も知らないほうが一番安全だということである[11]。又，WTOの規則によって，メンバーとして，貿易に関するすべての政策，法令及び他のメンバーとの貿易に関する協定などをすべて公開しなければならない。しかし，中国の現行制度はその規則にあまり一致していないと言うしかないのである。それから，社会資源としての政府情報について，浪費などを避けて，有効に利用するために情報公開法を導入すべきだと考えられる。例えば，中国では，高層ビルを建

てたばかりなのに，政府の開発計画が通知されて，立ち除くしかないことが，昔あった。それは，個人の損失だけでなく，国家の損失でもある。そのようなことを防止するために，前もって国民にちゃんと知らせなければならないと考えられる。しかも，正しい情報を公開することが，社会の安定にも役立つと思われる。2001年に発表された中国社会科学院年度「人口と労働ブルー・ブック」によって，中国の実際失業率が7％の警戒線に達したそうである。関係の行政機関で収集したデータによる失業率がそれほど高くないそうであるが，公開しないので，かえって国民がそれより高い数字まで推量している。そのデータを公開することによって，国民の不安を解消できるはずだという学者の意見もある。最後は，情報公開は中国で厳しくなっている汚職事件を防止することに役立つのである[12]。

　しかし，中国では，昔から秘密保持の伝統があるだけではなく，情報公開と関連する「秘密保持法」とその実施方法の規定にもいろんな問題がある。まず，秘密として保持すべきことの範囲は，広すぎて，はっきりしていないところが多いのである。「秘密保持法」第8条では，「国民経済と社会発展中の秘密事項」と「科学技術中の秘密事項」を国家秘密として保護すべきだと定めているが，その大部分は「営業秘密」に入れたほうがいいと思われる。国家秘密として保護した場合に，かえってちゃんと保護できない事件もよくあったそうである。その実施方法第4条では，ある事項は，漏らしたら，「社会的な安定」を影響する場合に，秘密として保護しなければならないと定めている。この「社会的安定」は，あいまいで，何も入れられる袋のように，いつも，先の山西省の事件のように，行政機関とその公務人員が国民が政府情報を知ることを阻害する口実となるのである。また，「秘密保持法」第11条では，関係部門が国家秘密にあたるかどうか確認する前に，行政機関が「予め秘密保持措置を取ってもいい」と定めている。これは，関係政府部門及びその公務人員に大いに自由裁量権を与えて，当該部門或いは個人の利益のために公開すべき情報を秘密とするチャンスを提供していると言わざるを得ないのである。このような状況では，国民を規律する規定がよく「内部資料」とされるので，国民は，自分の利

益にかかわる規則を知らずに，政府機関が保有する情報を知るために随分苦労しなければならないのである。

　今まで，中国では，大部分の情報は，政府機関が独占して，国民が知る方法がないので，一部分の国家機関或いはその公務人員が私利私欲をむさぼる道具となることも避けられないのである。これは，民主主義，法治主義の原則と合致できないだけではなく，社会資源の浪費となり，腐敗を引き起こす一原因ともなると思われている。

　このような状況を改善するために，中国政府は，ずっと昔から政府事務公開の実践を行っている。今まで，「（農）村務公開」，「警（察）務公開」，「（税）関務公開」，「（監）獄務公開」などの形式が出てきた。政府機関で，「情報公開法」によって「秘密保持法」を改正すべきだと言う声もある。また，1999年から，66ぐらいの中央政府の部門の提唱の下で，中国では，政府インタネット接続プロジェクト（電子政府プロジェクトとも言える）が行われてきた。2001年まで，中央政府の関係部門が52くらいのサイトを設立して，各クラスの政府機関が申請したドメインネームも2400くらいを超えたそうである[13]。今，インタネットで政府の情報をアクセスできるようになった[14]。例えば，北京市の場合は，北京市政府のサイト，「首都窓口」[15]で，情報をアクセスできる。また，最近，当該サイトでは，北京市電子政務オンライン・サービス・プラットホーム[16]が設立されて，今15くらいの政府部門のサイトにリンクし，オンラインで政府情報をリサーチし，申請資料を送って，政府部門の処理状況を調べられるようになった。

　が，今まで，政府事務公開と政府インタネット接続プロジェクトの実践の共通点は以下のようにまとめられると思われる。即ち，１．公開すべき内容の範囲が狭すぎる，２．公開すべきか，如何に公開すべきかについてはっきり定めていない，３．国民として情報を選択する権利がともかく，請求する権利も認められない，４．国家機関の不開示決定に対して，外部的な制約メカニズムがなくて，司法審査にも服さないことである。これは，本当の意味の情報公開まで，まだ随分距離があるのである。憲法の分野で，国民の「知る権利」を明確

にし，情報公開法を制定して，公開情報と不公開情報の基準を明確にすることは，これからの中国で避けられない課題である。

それで，中国政府も情報公開制度の整備を加速させている。2001年に，当中国社会科学院法学研究所の研究者が長期間の研究成果に基づいて国務院法制弁公室に「政府情報公開条例専門家提案」[17]を提出した。現在，当局で，情報公開条例の立法活動が進められている。又，当中国社会科学院法学研究所の研究者は，2003年に国務院情報化弁公室に「個人情報保護法専門家提案」を提出した。現在，上海，広州，湖南などでは，「情報公開条例」との地方的法規が成立し，行政機関の不開示決定に対して，行政訴訟が起こされたことも増えているということ。又，上海では，「上海市消費者合法権益保護条例」（2002年10月28日）に，消費者個人情報を保護する規定も盛り込まれた。

4．結び

つまり，今までの20年間で，中国では，ちょうど「人治」から「法制」へ，「法制」から「法治」へと移行する法運動に辿っていると考えられている。法制度が整備されるとともに変わっているのは，あるいはその基礎となるのは，「人治」，「法治」問題に関する人々の理念であると思われる。中国では，長い間で「法治」を資本主義のものとして，その言い方を用いるのが避けられていた。また，「法制」が「法治」と同じ意味と考える人も結構いた。しかし，法制はただ法制度の略称だけであり，どの国，どの時期でも法制の存在があるのに，ナチスのように人治を行う国もあった。「法制」か「法治」かとの相違は，価値観の相違にあるといわれている。即ち，法制を強調するのは，往々，法を，国を統治して，社会をコントロールする手段として，ひいては昔言われる「革命の道具」としている傾向がある。そういえば，「法制」と「法治」にある微妙な差を重要視しなければならないのである。それだけでなく，「法治」か「法によって，国を治める」といっても，その「法」の意味について，深く注意しなければならないと思われる。今まで，法によって地方を治めるとの言い

方があったが，その「法」は，一体どのような法であるか心配されている。実は，各地方，各部門の利益のために，制定した法規・規則が憲法・法律と抵触したり，他の部門などの立法権限を侵害したり，国民の権利自由を無視したりしたことがよくあったのである。この状況を改善・防止するために，中国では，「立法法」を定めた。それによって，全国人民代表大会及び常務委員会，国務院及び所属する部門，各地方の立法機関及び政府機関などの立法権限をはっきり定めた。即ち，「人治」を排除し，「法制」と「法治」を区別するとともに，民主主義の国の「法治」が，まず憲政の原則に沿って，国民の最大な参加を下に定めた，十分に国民の意見を反映できる法律を遵守しなければならないことを意味することに，注意しなければならないと思われる。

また，中国は，2千年以上の封建社会の歴史を持ち，人治の思想が人々の思想の底に定着しているので，法治の道が物凄く長いわけである。ヨーロッパのルネサンスのように，中国でも，法治の理念を広く宣伝する啓蒙運動を行わなければならないと思われる。そうしなければ，国民参加とは机上の空論しかなく，中国の「法に基づいて国を治める」目標も実現できないと思われる。もちろん，それと同時に，法治の原則を実現することを目標として，社会の発展に連れて出てきた法整備の問題も解決しなければならないのである。

注
1) 本拙稿は，2001年夏に東京で行政不服審査制度について研究した際，古川純先生のご招待で，専修大学法学部で中国行政法の発展について紹介した原稿である。今度出版のために多少修正した。ここで古川純先生，内藤光博先生及び専修大学諸先生のご厚誼に心より感謝の意を表したいと存ずる。
2) 具体的行政行為も，抽象的行政行為も，全て中国行政法学の用語であるが，正式の法律文書でも用いられている。具体的行政行為とは，特定の行政相手方に対して行う行為で，日本の「行政処分」に似ているが，抽象的行政行為とは，不特定の行政相手方に対して行う行為で，行政立法に当たるのである。
3) 「司法解釈」とは，最高裁判所が裁判活動で，最高検察院が検察活動で，具体的にどのように法律の規定を適用すべきかについて行う解釈である。中国では，有力的法律解釈には，全国人民代表大会常務委員会が行う立法解釈，司法機関（最高裁判所及び最高検察院）が行う司法解釈，国務院及びその所属部門が行う解釈，及び各省・自治

区・直轄市が地方法規について行う解釈がある。法律解釈について,「法律解釈作業を強化することに関する決議」(全国人民代表大会常務委員会1981年6月10日付で採択)参照。

4) 当中国社会科学院法学研究所憲法と行政法研究室主導の「行政不服審査制度の司法化研究グループ」は,2003年9月20日に「WTO加盟後の行政不服審査制度:挑戦・チャンス・改革シンポジウム」を開催した。その後,『環球法律評論』2004年春季号,『法学研究』2004年第2号に関係の論題が収録された。それについて,日本尹龍沢先生が執筆なさった『東アジアの行政不服審査制度─韓国・中国・台湾そして日本─』(有信堂,2004年9月29日)にも関係の紹介がある(279-282頁)。

5) http://www.gmdaily.com.cn/2_zhuanti/tufa/xuezai/24.htm 参照。
6) http://www.szed.com/szsb/20020314/GB/szsb%5E3797%5Ea4%5Ea4005.htm 参照。
7) http://www.people.com.cn/GB/guandian/182/5405/20011212/624924.html 参照。
8) http://www.lawyers.net.cn/staticcont/3962.htm 参照。
9) http://news.163.com/editor/020527/020527_432145.html 参照。
10) 2000年に,江西省で関係機関が「社会的安定」を理由に,中央政府が発布した,農民の負担を軽減する法令・政策を宣伝する「農民負担軽減工作ハンドブック」が禁止されたことがある。(「南方週末」2000年10月26日第15面,同年11月16日第1面,23日第13面参照)
11) 2000年に,「農民日報」が,四川省のある県で,共産党委員会の書記が標準外で住宅を建てたり,自動車を利用したりすることを報道したので,焼却されたという。(「南方週末」2000年10月26日第15面参照)
12) http://www.nanfangdaily.com.cn/zm/20020613/xw/szxw/200206130520.asp 参照。
13) http://www.gov.cn/news/background/zhengfushangwang.htm 参照。
14) http://it.sohu.com/20000317/100021.html 参照。
15) アドレスは,http://www.beijing.gov.cn/chinese_new/index.asp
16) アドレスは,http://eservice.beijing.gov.cn/user/index-n.jsp
17) 周漢華編:『政府情報公開条例専門家提案─草案・説明・理由・立法例』(中国法制出版社,2003年8月)参照。

第14章
1990年代末以降の中国司法の人的力量の向上

高見澤 磨

　拙著『現代中国の紛争と法』(東京大学出版会，1998年) は，中国における紛争解決は，理を説いて解決しようとする第三者 (説理者) と理を説かれて心から服することを表明する当事者 (心服者) とからなる説理心服劇であること，しかし，そのことは和を貴ぶ儒家思想だけからは説明できないことを試論した。

　説理心服の場には，人民調解委員会のような調停的活動[1]を主任務とするものだけではなく，人民法院における調解，判決・強制執行過程における説得，仲裁における調解，行政機関における調解，弁護士・公証処による調解などがある。

　こうした網が形成されていることは，しばしば和を貴ぶ儒家思想や人民内部の矛盾は批判・教育などで処理するという中国社会主義から説明されてきた。これらの思想的背景からの解釈の有効性そのものを否定はしない。しかし，もし和を貴ぶという文化があるのならば，なぜ紛争が生じるのか，という素朴な疑問が生じる。

　拙著では，司法力量の欠如，判決では解決できない紛争形態，民事的な紛争も処理を誤ると刑事的な事件にまで激化しかねないと考える紛争認識の三者によって，説理心服劇が演じられると考えた。

　司法力量とは，判決・強制執行を担う力量であり，たとえ当事者が納得しなくとも司法は事実を認定し，法を適用し，強制する，という力である。中国の法院は，人的，物的資源の制約から，こうした力量を持たず，そのために当事者の納得を得ながらでなければ紛争を解決することができない，というのが筆者の見方であった。

地縁，血縁，共産党や行政機関につながる人的ネットワークは，紛争解決のための資源となるが，紛争を複雑に拡大していくきっかけともなる。後者の方向で働いた場合には，末端の法院や公安（警察）の力量を凌駕する場合もある。この場合には，説理心服劇にならざるを得ない。暴力的対立の場面では，判決は紙切れでしかない。

　紛争認識は思想と最も密接である。民事的な紛争も処理を誤れば刑事的事件になる，という認識と上記の民事的紛争が暴力的対立をともなう場合があるという事実とは表裏の関係にある。

　以上が拙著のおおよその主張である。拙著は，1997年9月までの情報を基本とし，その後，最後にはしがきを書いた1998年7月までの情報で若干補っている。したがって，1998年7月以降に起きたことについても上記の主張は成立するか否かという判断は読者に委ねた[2]。

　とくに1999年に「人民法院五年改革綱要」，2000年に「検察改革三年実施意見」，2002年に第一回統一司法試験，同年に「中国律師事業五年発展綱要」といった司法改革プランの発表及び実施があり，また，2001年にはWTOにも加盟し，法整備，法の統一的運用，司法的審査の保障などは国際社会に向けての公約となっている。こうした情況の中で，1990年代末以降，今日までの出来事から自説を検討することが必要となっている。小論は，自説の検討のうち，人材（司法力量のうちの人的力量。また制度的には人事制度）の問題について若干の検討を行う。それ以外については，山内進編『暴力　比較文明史的考察』（東京大学出版会，2005年）所載拙稿「紛争と司法　現代中国」において検討するので参照されたい。また，1990年代末以降の概観は河合隼雄，加藤雅信編『人間の心と法』（有斐閣，2003年）所載拙稿においても行っているので，合わせて参照されたい。

1．改革と人事

　1990年代末から中国の諸改革は加速し始めた。その中には行政機構改革や人

事改革も含まれている。1998年からの改革では中央行政機構に着手し，機構及び公務員の数を減らし始めた[3]。このときの手法は，完全な機構及び業務の廃止以外に，機構の横滑りとでもいうべきものもあり，従来行政機関であった部門を特殊法人的なものにするということも多く含まれていた。中国語で「企業」とは営利事業，「事業」とは非営利事業のことであるが，こうした横滑り型組織は，「事業」単位となった。さらに，この改革には，教育やその他政府予算を以て手当すべきものを除き，事業単位への予算手当は毎年三分の一ずつ減らし，三年後には自主財政とする，ということが含まれていた[4]。こうした行財政のスリム化は，効率と公正とを基本とする諸改革の一環である。

公正という面からは，1990年代末以降各種の反腐敗の倫理的規定が制定されている。「中国共産党紀律処分条例（試行）」（1997年2月27日発布，試行），「中国共産党党員領導幹部廉潔従政若干準則（試行）」（日付不明。『法制日報』1997年4月18日2面），などがあり，配偶者や子女の活動を含めた廉潔さを要求している。2003年12月31日には，「試行」のとれた「中国共産党紀律処分条例」が発されている（例えば『人民法院法』2004年2月19日1〜4面。また同じく2003年12月31日には「中国共産党党内監督条例（試行）」も発されている。『人民法院法』2004年2月18日1・2面）。

かつては，新卒者の雇用を保障し，かつ，ひとたび雇用されれば，「単位」と呼ばれる所属先における生活全般が保障され，政治社会へも統合された。現行の改革は，そのような社会との決別も意味している。職を得られぬ人々，失う人々も顕在化し，たとえ職はあってもそれはたんに雇用されている間に報酬が得られることしか意味しなくなりつつある[5]。労働概念自体が市場化しつつある[6]。

とはいっても，全ての人材が市場原理のみによって獲得されるのではない。他面では，共産党の指導の原則は維持されている。それが，「幹部制度」である。

「幹部」という中国語は日本語に訳しにくい。広義には，何らかの指導的立場にあれば幹部である。小学校のクラス委員もその意味では幹部である。社会

制度として意味のある定義としては，何らかの指導的ポストであり，かつそれは国家または共産党の正式のポストであるということになる。正式のポストであるが故に，給与や福利厚生の手当がなされる。また，それだけ重要なポストであるために，共産党の人事権が及ぶ。これが「幹部」である。中国版ノーメンクラツーラである[7]。党機関の幹部の場合には「国家」のポストではないが，共産党の人事権のうちにあることは当然である。

1995年には「党政領導幹部選抜任用工作暫行条例」が制定され，2000年には「深化幹部人事制度改革綱要」が共産党から出され[8]，2002年には，暫行条例に代わる「党政領導幹部選抜任用工作条例」が制定された[9]。最高人民法院，最高人民検察院，地方各級人民法院，同人民検察院の指導層も本条例の「領導幹部」である。

2．法院

1995年に法官法が制定される以前の1993年には，その前身となる法官条例草案（送審稿）が海南省を「試点」として，実施されていた。そこで求められる裁判官像とは，人格及び能力ともに備わっている専門家で，試験成績及び業績において合格しなければ異動させるというものであった[10]。能力と業績とから現職人材をしぼりこむ（より正確には不合格者をはじく）という手法は，その後今日に至るまで変わらない。誤った判決を法院自ら改めた数，検察院によって糾された数，法や組織内紀律への違反者の数などは，こうした活動の中でしばしば挙げられる[11]。こうした数字は，問題の大きさを示したり，是正策の成果を表現したりするのに使われる。1998年には最高人民法院より「人民法院審判人員違法審判責任追及辦法（試行）」[12]，「人民法院審判紀律処分辦法（試行）」，「最高人民法院督導員工作条例」[13]などが制定された。これらは司法の公正を求めるものである。同年，裁判官の等級評定も始まった[14]。さらに，1999年3月1日，最高人民法院は，「高級法官」10名を公募する旨発表した。従来は新卒者からの採用，他の部門からの異動，書記員からの昇任などで

あった裁判官選任方法を，試験合格者からの任用に改めるための一歩であった[15]。同年6月には1996年の「初任審判員，助理審判員考試暫行辦法」が改正されている[16]。現職裁判官の質の向上[17]と試験による一定の質の新人採用とが当面の人的力量向上策の両輪となっていき，法院人事制度全般の改革に及んでいく。同年9月の「全国法院幹部管理工作座談会」では書記員管理制度，裁判官採用制度，裁判官等級制度などが議論された[18]。2000年1月には最高人民法院により「関于審判人員厳格執行回避制度的若干規定」（裁判要員が厳格に回避制度を執行することに関する若干の規定）[19]が制定され，さらに上海では，法院内に親族がいる弁護士が代理または弁護人となる事件は受理しない，という形で司法の公正を貫徹しようとした[20]。2月には共産党中央統一戦線部と最高人民法院との共催による座談会で非共産党員が法院の指導幹部となる人数の増加が話し合われた[21]。7の高級人民法院，11の中級人民法院の副院長が党外人士であると報じられた。この報道から，法院長，副法院長は，従来基本的に党員によって占められてきており，かつ，それは少なくとも部分的には改められる方向にあるということが分かる。それが人材確保の観点なのか，司法改革が政治改革の一翼を担うものとして位置づけられているのかは，不明である。7月には全国人民代表大会常務委員会において法官法改正案の説明がなされ，裁判官の等級制度の整備と下級法院裁判官から上級法院裁判官を選任する人事方式とについて説明された[22]。同月には，最高人民法院により「人民法院審判長選任辦法（試行）」が制定された[23]。

2001年10月18日には最高人民法院により「中華人民共和国法官職業道徳基本準則」が発布，施行された。公正，効率，廉潔，修養などの裁判官が身につけるべき徳目とルールとが50箇条にわたって定められた[24]。11月には同じく最高人民法院により「地方各級人民法院及専門人民法院院長，副院長引咎辞職規定（試行）」が頒布，試行された（6日）[25]。また，2001年には，6月30日の「法官法」及び「検察官法」の改正，10月31日の「国家司法考試実施辦法（試行）」，12月29日の「律師報」改正（いずれも2002年1月1日施行）などの統一司法試験実施に向けた準備がなされた。2002年3月30，31日に第一回統一司法試

験が実施された。今後は，新任の裁判官は合格者の中から選任されることになる（但し，直ちにそうはならなかったことは，後述のとおりである）。さらに現職裁判官も「法官法」の定める条件に達しなければ裁判官ではいられなくなる。また，上級法院スタッフは下級法院スタッフから選任されることが原則となる[26]。裁判官職がプロフェッションとなる（「法官職業化」という）ことを目指す改革は，統一司法試験制度実施後も続く。同年10月に開かれた最高人民法院と世界銀行との共催国際シンポジウムでは，裁判官定員制，裁判官選抜制度，昇級制度，裁判官助手，書記員の単独序列化，人事の分類管理，地域的異動，トレーニングなどが検討された[27]。これらの議題から見ると，従来は，裁判官のポスト数には明確な定員的規定がなかったこと，書記員は裁判官予備軍と見られていたこと，調査官的な専門家はいなかったこと，労役的職務を除き，裁判所スタッフという形で非分類的人事管理が行われていたこと，地域的異動は行われていなかったことなどが分かる。他面，検討されたということは，法院が各種の専門家からなる組織となろうとしていることを示している。

　2003年6月10日付けで最高人民法院は「関於厳格執行《中華人民共和国法官法》有関懲戒制度的若干規定」（「中華人民共和国法官法」の懲戒に関する制度を厳格に執行することに関する若干の規定）を定めている[28]。

　2002年3月に第一回，2003年11月に第二回の統一司法試験が行われている。一回目は36万347名の受験申込者に対し合格者は2万4000名余（実受験者に対する合格率7.74％），二回目は約19万7000名の受験申込者に対し合格者は約1万7000名（実受験者に対する合格率は10.18％）であった。合計で約4万1000名の統一司法試験による法曹資格者が生まれたが，彼らは現段階では裁判官・検察官には任用されていない。統一司法試験以前に裁判官・検察官・弁護士であった人々は統一司法試験を受ける必要なく，引き続きその任にあることができる。法院内で裁判官以外の職にあって司法試験に合格した人々は裁判官に，検察院内で検察官以外の職にあって司法試験に合格した人々は検察官になったであろうが，そうではない人々を裁判官・検察官に任用するための制度が未整備であり，このことが上記の情況を生じさせている[29]。但し，統一司法試験

前から任にある人々といえどもその身分は安泰ではない。公正さと職務能力とのチェックは受け続けることになる。雲南省では2003年10月19日に省内全ての裁判官（1級から5級）に対し「続職培訓考試」（職務継続のための研修試験）を行った[30]。在職者に対し3ヶ月の学習を課し，業務及び文書に関する試験を行ったのである。この試験に不合格の場合には，追試を受け，これにも不合格の場合には裁判官の職務を解くか別のポストが見つかるまでの間待機となる（一定期間内に次のポストが見つからなければ，法院を離れることになる）。こうした省内全員に対する制度は全国初であり，今後も3年ごとに行うと報じられている。

社会システム全体の移行期であり，司法改革の過程にあるので，当分は，統一司法試験を軸にした人材システムとそれ以前からのスタッフの質の向上（質を満たさないスタッフの異動を含めて）及び裁判官以外の法院スタッフの量的・質的力量の向上が地域の実情の許す範囲で進められていくと思われる。また，公正さと能力との両面から審査され，不合格の場合には裁判官の任を解かれることについて司法の独立との関連では特段の議論とはなっていない。このことは，司法の独立までは論じられていても，裁判官の独立までは制度的に存在していない（法院内の裁判委員会による重大事件関与が存在している）ことと，司法スタッフの力量向上が強く求められていることとを背景とするものであろう。

3．結

人民参審については，これを不要とする見解と必要とする見解との間で議論されてきた。また，必要とする場合でも，市民から無作為に選ばれた人に担わせるというよりは，当面は法律以外の専門知識を有する人に裁判に参加させるという方向に重点があるように見えるが，市民による参加の契機という位置づけも見られる[31]。

検察官についても，人材，人事面では法院と同様，改革への努力が見られ

る。また，それに見合う経費の問題も検討されている[32]。2002年1月18日には「検察官培訓条例（試行）」が最高人民検察院により頒布，施行され，指導者のリーダーシップ，任職の資格，業務，ポストごとの技能などについて定めている[33]。さらに，検察活動に対する「人民監督員」制度も試行されている。オンブズマン的な制度で検察活動のうち逮捕，事件としてとりあげたことの取消の決定，不起訴決定について監督を行う制度である。公安（警察）による捜査活動については，その後で検察院による見直しが行われるが，検察院が直接受理できる事件（国家工作人員職務犯罪）や検察院での捜査活動に対する監督者はいなかったので，機関・団体・企業事業単位から推薦された監督院が監督して意見提出できるという制度である。2003年12月10日の報道では，5198名の人民監督員が招聘され，2003年9月発足以来85件につき監督活動を行っている[34]。

　警察についても公正で適切な職務の遂行を確保するための措置が採られている[35]。警官（「人民警察」）の採用は省ごとに統一的に行う規定も2000年には制定されている[36]。

　法務にたずさわるスタッフに職務上のしかるべき能力と倫理[37]とを備えた人材を充て，しかるべき待遇と権限と責任とを用意するという方向で1990年代末以降，動いている。こうした活動を充分に行えるだけの財政的資源のある地方に関しては，かなりの成果を期待することができる。そうした地域では，司法の物的，人的力量の制約から調停に頼らざるを得ない状態からは脱することができる。弁護士活動ともあわせ，調停，各種の簡易手続き，判決・強制執行などから当事者の希望や専門家の判断でしかるべきものを選択できるという状態になることができる。調停に頼る，判決・強制執行に際しても説得を行うというような意味における説理・心服は不要になる。法を説くことが，理を説くことの意味を持つことになる。少なくとも，司法の人材の点からはこうしたことが言える。さらに，当事者に対しても，人民の父母としての後見的司法を求めず，自らの訴訟行為につきリスクを負うことを要求することも行われつつある[38]。

但し，十分な財源がない場合には，人材確保も難しい。省などの一級行政区をユニットとしての統一的措置がまず行われ，より遠い将来には，中央での統一的財源確保と人事的政策とが採られるようになるかもしれない。こうした地域差については今後の課題としたい。

　また，法を説くことが理を説くことになる，ということの延長線上に中国の法文化とでも呼ぶべきものの変容があるか否かについても今後の課題としたい。当事者の主張，立証の中から事実を認定し，認定した事実に基づいて法的判断を行えば，強制的実現まで可能になる，というような姿に変わるのか，当事者を説得しながらことを進めるというスタイルが司法の空間でも残るのだろうか。現段階では，いずれの姿も想定すべきであると考える。

注
1) 中国語で調停にあたる語は，「調解」「調処」「調停」などがあり，概ね同義の場合と特定の制度を表す場合とがある。後者の場合を除いては，便宜上，調解または調停と表現する。
2) Dnald C. Clarke, Power and Politics in the Chinses Court System of Civil Judgements, Columbia Journal of Asian Law, Vol. 10 no. 1, Spring1996, pp. 1－92 もまた，民事事件における執行活動に困難があることの立法的・司法的背景を考察し，人事・財政上の問題点や人的資源，当事者側の逃亡・破産・不協力，弱者・貧者には厳しく執行しないという文化，体制移行期であること，といった点を指摘している。拙著出版後この論文があることを知った。拙著において関連する先行研究成果としてふれるべきであった。
3) 1998年に始まる改革については，日本学術振興会科学研究補助金・基盤研究（B）（1）「中国における国家機構制度再編の論理と構造に関する研究」（代表：鈴木賢北海道大学教授，2000〜2002年）による調査で，1998年8月11日に夏勇中国社会科学院法学研究所副所長（当時）の説明を受けた。また，本文での「幹部」の説明も，そのときの質疑応答の中から示唆を受けたものである。
4) 「機構改革　事業単位向何処去」（『法制日報』2000年3月14日1，2面）は「関于国務院機構改革方案的説明」（『中華人民共和国国務院公報』1998年9号，408－414頁。また，同改革方案は404－407頁）に基づくもので，2000年が「事業単位」への予算手当の最終年であることを報じる。
5) こうした中国社会の変容を「労働」の観点，とくに労働法の観点から注目しているのは，日本では野沢秀樹と山下昇である。前者については，「中国における「労働の権

利」に関する一考察」（早稲田大学比較法研究所『比較法学』31巻1号, 298-325頁, 1997年），「体制転換過程における中国の下崗問題」（『社会体制と法』3号, 26-41頁, 2002年），後者については，「中国における労働契約制度の展開——解雇制度の動向を中心として」（上・下）（『労働法律旬報』415号34-48頁, 416号23-33頁, 1997年），「中国の雇用保障制度」（『九大法学』78号, 1-45頁, 1999年），「中国における「下崗」——国有企業の人員合理化策に関する研究」（『日本労働研究雑誌』469号, 46-57頁, 1999年），「中国における教育訓練費用の返還特約に関する研究」（『九大法学』80号, 107-151頁, 2000年），「中国における雇用調整と雇用保障制度」（『日本労働法学会誌』96号, 47-61頁, 2000年），「《中華人民共和国工会法》における労働三権」（『社会体制と法』3号, 49-54頁, 2002年），『中国労働契約法の形成』（信山社, 2003年）などがある。

6) 労働和社会保障部による「労働力市場管理規定」（2000年12月18日発布, 施行）もその現れのひとつである。本規定は1995年の「就業登記規定」「職業紹介規定」に代わるものである。同部の「関于印発深化企業内部分配制度改革指導意見的通知」（2000年11月6日）は賃金, 報酬, 従業員持ち株などについて定める。「人事法規体系框架初歩形成　公務員法基層正抓緊進行」（『法制日報』2001年2月8日1面）は, 国家公務員法やその他人事関連の法令が審議中である旨報じる。

7) ノーメンクラツーラについては, ミハイル・S・ヴォレンスキー著, 佐久間穆訳『ノーメンクラツーラ：ソビエトの支配階級』（新訂増補, 中央公論社, 1988年）を参照した。李明伍『現代中国の支配と官僚制　体制変容の文化的ダイナミックス』（有信堂, 2001年）は中国幹部制度についての体系的研究であるが, ノーメンクラツーラとの関連は議論されていない。党が作る候補者リストであり, 概ねそのリストどおりの者が就任する。

8) 7月9日頒発。『中華人民共和国国務院公報』2000年29期, 5-11頁。

9) 『中華人民共和国最高人民検察院公報』2002年5期, 6-14頁）。

10) 「海南完成《法官条例》試点考試」（『人民法院報』1993年8月20日1面）。

11) 例えば, 1998年9月14日の肖揚最高人民法院院長, 韓杼濱最高人民検察院長による全国人民代表大会内務司法委員会に対する報告では, 同年3月からの「教育整頓」活動における法院による「改判錯案」は8000件余, 検察院による「糾正」は1200件余, 「違法違紀法官, 検察官」5000名であった（「審判和検察機関教育整頓成効明顕」『人民日報（海外版）』1998年9月15日1面）。

12) 9月3日発布, 施行。『法制日報』1998年9月4日（2面），『人民法院報』1998年9月5日（1面），『中国律師報』1998年10月14日（3面），『人民日報（海外版）』1998年9月4日2面。故意または過失により違法な裁判, 執行を行った場合には, 軽微な場合には検査・批判の対象とし, 比較的重大な場合には「紀律処分」とし, 犯罪の疑いがある場合には, 関係部門に移送して処理する。

13) 辦法9月7日発布, 執行。条例9月16日公布, 執行。『中国律師報』1998年10月7日

（3面）．
14)「全国法官等級評定工作開始」(『人民法院報』1998年11月17日1面)．1998年に開始し，翌年3月に終了予定である旨報じる．
15)「最高人民法院将公開招考高級法官」(『人民日報（海外版）』1999年3月2日4面)．
16) 6月22日頒布，施行．『最高人民法院公報』1999年4期，121頁．1996年6月26日付けのもとの暫行辨法は未見であるが，全国統一試験合格（この段階では法院系統のみの統一試験）を「初任審判員」「助理審判員」採用の要件としたことが主要な改正点と思われる．
17)「肖揚在国家法官学院法官培訓班上強調全面培訓現職法官」(『法制日報』1999年3月27日1面)．
18)「全国法院幹部管理工作座談会在（黔）挙行」(『人民法院報』1999年9月7日1面)．
19) 1月31日公布．『法制日報』2000年2月1日2面．
20)「"法院有人"也白搭　上海法院為親属在法院工作的律師建"花名冊"」(『法制日報』2000年6月8日1面)．2000年8月17日に上海高級人民法院にて聴き取り調査を行った際に，この記事につき，裁判所スタッフの忌避，回避の問題であって弁護士の担当範囲を狭めるのは問題ではないか，という質問をしたときには，司法の公正のための過渡的措置であるとのことであった．なおこの調査も注3) 所掲日本学術振興会科学研究補助金によるものである．「北京法院落実回避制度不打折扣」(『人民法院報』2000年11月24日1面)は，北京では，法院退職者に対し民事事件の代理とならないように説得する旨報道する．「最高法院対本院庭級以上領導幹部発出禁令配偶子女不得従事有償法律服務和商務活動」(『法制日報』2000年11月23日1面)は，法廷長以上の指導幹部の配偶者及び子女が有償の法的サービス及びその他の営利活動に従事することを禁じた旨報道した．なお，筆者の印象論であるが，裁判所スタッフの違法行為や各種の問題行動についての報道は，中国の方が頻繁で，日本の場合には少ないように思われる．これは，日本の裁判所スタッフの質が相対的に高いと考えて良いのか，中国のスタッフにはまだ問題が多いのか，人材面にまで踏み込んだ改革の点で中国が極めて熱心なのか，日本の情報公開が未成熟なのか，興味深い論点である．例えば，朝日新聞2003年6月23日夕刊3版1面「最高裁と東京高・地裁　裁判所職員，懲戒は23人　01～02年度　無断欠勤や近所迷惑」は朝日新聞社が情報公開請求をして得られたことの報道である．
21)「中央統戦部和最高法院聯合召開座談会透出信息　党外人士担任法院領導幹部人数増多」(『法制日報』2000年2月25日1面)．
22)「肖揚就法官法修正案草案作説明」(『人民法院報』2000年7月4日1面)．
23) 7月28日公布，『中華人民共和国最高人民法院公報』2000年5期，149-150頁．
24)『人民法院報』2001年10月19日は3面に同準則を掲載し，1面にも関連記事を載せている．
25)『中華人民共和国最高人民法院公報』2001年6期，192頁．

26)「明年起初任法官一律通過国家司法考試選任」(『人民法院報』2001年12月18日1面)。
27)「8項措施推進中国法官職業化」(『人民法院報』2002年10月16日1面)。張衛平主編『司法改革系列　清華司法改革国際論壇　司法改革論評』第4輯(全4輯の最終輯)(中国法制出版社，2002年10月)所収の武東渝・華苇「人民法院内設機構和人員分類管理的調査与思考」は8法院の調査を行い，法院内のポストとして〇〇長，副〇〇長的ポストが多く，管理職が多いのに比して，裁判官の業務をサポートするスタッフが少なく，事務的なことも裁判官が負担していることを問題点として指摘している。2003年10月27日には「人民法院書記員管理辦法(試行)」が発布・執行され，10月21日には「人民法院書記員聘任合同示範文本」(募集に対して応募する型の書記員についてのモデル契約書)が通知されている(『人民法院報』2003年10月28日4面)。「最高法院改革書記員管理体制　将実行聘任制和合同管理」(『法制日報』2003年10月28日1面)によれば，2002年末の時点で書記員は全国で4万5700人余で，法院スタッフのうちの15.29%を占め，そのうち3万8376人(84%)は「大専」(3年以下の課程の専門コースで高卒相当者以上が入学する)卒以上の学歴を有している。上記辦法(試行)第3条第5号もこうした学歴を要求している。大学本科卒以上で司法実務の経験を経ている場合(20%程度と報じている)には，裁判官への道も開かれている(統一司法試験に合格することを条件として?)とする。
28)『法制日報』2003年6月20日2面。
29)「統一司法考試之後」(『人民法院報』2004年6月9日B1面)。同記事は合格者に対する研修制度を提案している。
30)「雲南三千法官進行続職考試　成績不合格者待崗」(『人民法院報』2003年10月20日1面)。また，「余杭法院給法官両箇"辦案"　買房買車要備案辦案質量要登記」(『法制日報』2004年5月25日1面)は，浙江省予行法院の事例として，配偶者や同居の子女を含めて裁判官の家屋購入，賃貸，家屋購入のための積み立て，出国などについては報告義務を課し，また，裁判業務についても100点制で点数をつけ，優秀，良好，合格，不合格として，これを人事上の資料に用いることを紹介している。
31)不要論としては，例えば陸聖奇「当前或今後相当一段時間内人民陪審員制度不存在必要」(『上海法制報』1999年9月29日3面)。一方，1999年1月14日の『商游報』(海南省航空公司)1面によれば，1999年1月1日より海南省海口市中級人民法院一審は人民参審員制度を実行する。「譲陪審員不再当"摆設"　中国人民大学教授何家弘談陪審制度改革」(『北京晚報』1999年2月17日B17面)も必要説。『上海法制報』2000年6月12日3面が紹介する上海市第一中級人民法院は専門家招聘型。『法制日報』2002年11月18日B1面が紹介する北京市海淀区人民法院の例では70%程度に人民参審員をつけている。市民参加の観点からの努力と位置づけられている。
32)「韓杼濱検察長強調，深入貫徹30号文件精神　努力改善和提高検察経費保障水平」(『検察日報』2000年3月2日1面)。30号文件とは「財政部関于政法機関不再従事経商活動和実行収支両条線管理後財政経費保障的若干意見」である(『意見』については

末見）。同様の配慮は法院についても同じである。
33）『中華人民共和国最高人民検察院公報』2002年4期，17－29頁。
34）「検察機関試行人民監督員制度」（『法制日報』2003年10月23日1面），「人民監督員制度試点工作所見成効」（『法制日報』2003年12月10日）。この背景には国家工作人員の腐敗への対処の必要（不起訴処分へのチェック）と違法な捜査への対処の必要とのふたつの認識がある。身柄の拘束が違法な期間に及ぶことが2003年に問題となり，法院もこの問題に取り組んだ。「全国法院超期羈押案件清理完畢」（『法制日報』2003年12月1日1面）は，2003年7月末に存在する1967事件4060人の法の定めを越えて身柄拘束されている人々について，2003年8月の全国高級人民法院院長座談会での最高人民法院長要求に応えて，11月末までに適法に処理（拘束の必要がない場合には拘束を解き，必要な場合にはしかるべき手続きをとる，の意か？）したとする。今後は期限についての告知等を行うとしている（「最高人民法院関於推行十項制度切実防止産生新的超期羈押的通知」『法制日報』2003年12月2日2面）。
35）例えば，「公安機関実施停止執行職務和禁閉措施的規定」（1998年8月29日。『人民公安報』1998年9月12日2面，「公安機関人民警察執法過錯責任追究規定」（1999年6月11日発布，施行。『中華人民共和国国務院公報』1999年27号1193－1198頁），「公安部党風廉政建設責任制実施辦法」（発布日不明。『人民公安報』1999年6月24日2面）など。また，「家祭毋忘告英霊」（『法制日報』2000年4月4日1面）は，遼寧省鞍山市の「公安烈士遺族」（殉職警官遺族）への措置を報じる。それには，殉職警官の配偶者の重病などの医療費負担（子女が負いきれない場合），子女の大学までの養育，住宅，遺族の就職（警察への優先就職を含む），生活補助や見舞金などの措置が含まれている。
36）「人事部，公安部出台新規定　録用民警将実行省級統一招考」（『人民公安報』2000年6月22日1面。2面にも関連記事）。同年5月25日付けの「関于印発〈関于地方公安機関録用人民警察実行省級統一招考的意見〉的通知」の内容，意義の紹介である。1996年9月10日発布，実施の「公安機関人民警察録用辦法」（『中華人民共和国国務院公報』1996年31号，1239－1241頁）では，省レベルの審査を要するが，県レベル以上での採用が可能であった。これを省での統一採用試験に改めるものである。
37）法曹の職業倫理的規則類も制定されている。最高人民法院・司法部「関於規範法官和律師相互関係維護司法公正的若干規定」（2004年3月19日）（『人民法院報』2004年3月19日1・2面）（弁護士が裁判官に違法に情報を求めたり，経済的利益を与えたり，顧客の依頼を受けて弁護士が裁判官を饗応したりしてはならないといった具体的な規定がもりこまれている），中華全国律師協会（常務理事会）「律師執業行為規範（試行）」（2004年3月20日通過・試行）（『法制日報』2004年4月26日2面）。国務院国有資産監督管理委員会「国有企業法律顧問管理辦法」（2004年5月11日公布，6月1日施行）（『法制日報』2004年5月18日5面）は，国有企業の「法律顧問」による「依法経営」（法による経営）をうたっている。これは企業管理における compliance に相当す

るものであろうか。

38)「人民法院民事訴訟風険提示書（徴求意見稿）」が『人民法院報』2003年11月1日4面に示され（さらに最高人民法院の公式サイトでも示されたと思われるが未見である），これに寄せられた意見も参照してと思われるが，同年12月25日に「人民法院民事訴訟風険提示書」が公布された（『人民法院報』2003年12月26日1・2面）。管轄，期限その他各段階ごとにしかるべき訴訟行為を適切に行わなければ，それにともなうリスクを当事者が負うことを一覧表のようにしたものである。

　補注：2004年の統一司法試験は9月18, 19日の2日間にわたって行われる。「中華人民共和国司法部公告第31号」（2004年5月27日）によって試験の要項が公告された（例えば『人民法院報』2004年5月28日1・2面）。法律専攻大卒以上の学歴または大卒で同等の法律専門知識を有することが受験資格のひとつとなっている（一部地域は学歴条件緩和措置がある）。6月1日から20日がインターネット上の申込，7月1日から31日の間がインターネット申込者の確認手続き及び直接申込の期間である（新卒者の多くは7月申込となる。新卒者卒業後で10月1日の国慶節前の時期として9月が試験の日に選ばれたとする。上記『人民法院報』1面「国家司法考試今年凸顕変化」による）。合格点は試験終了後司法部が最高人民法院及び最高人民検察院と協議して確定し，公布する。

　合格者には「法律職業資格証書」が与えられる。また，香港・マカオの住民についての規定も設けられている。内地・香港・マカオとも中国国籍が要件となっている。香港・マカオ住民の場合には台湾での学歴も明文で認められている（内地の場合は明文の規定がない）。

第15章
韓国・地方自治制度の変革の動向

崔　鍾晩

1．序論

　現在，韓国の地方自治制度は大きな変化に直面している。盧武鉉の参加政府（以下参加政府という）に入って，国家発展12大政策課題の一つとして'地方分権や国家均衡発展'が選ばれ，それを行うために大統領の下に'政府革新地方分権委員会'が設けられ，その本格的な活動を展開しているのである。

　地方分権は，中央・地方関係の新たな定立や住民自治関連の自治制度の導入の問題を示すことであり，最近それを拡大しようとする市民連帯の動きが強く起って，2002年の第16代大統領選挙中に大統領候補者達から'地方分権対国民協約'を引き出した。ついに2003年4月にスタートした参加政府の主な改革の一つとして扱われるようになったのである。

　しばらくの間，韓国の地方自治は1995年に行われた自治体の首長の住民直接選挙制度の復活を分岐点として，まるで地方自治が全部達成したかのように停滞していた。しかし，いまだに多くの先進自治制度を導入しなかった状態であったので，このような制度的な不備が地方自治の現場においていろいろな不都合な現状を起こす致命的な原因となっていた。

　そのような問題は，あげくのはてに地方自治無用論を引き起こし，再び中央統制を強化しなければならないという世論まで起こり，政府がその方向に法制化しようと試みたことがあった。しかし，このような時代錯誤的な反作用は再び分権主義者達を刺激し，全国的な市民運動を誘発した。その分権主義者達の意思が参加政府の出帆過程で積極的に収斂され，今まで不備だったところを一

挙に達成しようとする分権改革として進められているのである。

本論文では，このような分権改革が始まった背景と，その分権改革の理念や主要内容，そしてその推進過程から窺われる問題点などを，政府からの発表資料や関連委員会に参加している学者らの論文などを通じて考察してみる。

2．韓国における地方自治制度の変遷と地方分権運動の激発

1）地方自治制度の変遷経緯

1948年8月15日に韓国の第1共和国がスタートした。そして，次の年である1949年の7月4日に地方自治法が最初に公布された。この法律はソウル特別市と道，市・邑・面を地方自治団体（日本における地方公共団体を示す）として規定した。そして，各自治体には地方議会を設置し，市・邑・面長は該当地方議会で選出し，ソウル特別市長と道知事は，大統領が任命するようになっていた。しかし，そのような法制は，その実施が見送られたが，1952年になってやっと地方議会議員の選挙が行われ，最初の公選地方議会の構成ができた。

その後，第1共和国において4回の地方自治法の改正が行われた。その中で重要なものは，1956年12月26日の2次改正の際，市・邑・面長の選挙を住民直選制へ見直すことにより，市・邑・面レベルでは長や議員をすべて住民が直接選出するようになったことである。一方，議会の首長に対する不信任議決制度は濫用されて長の頻繁な交替を招いたため廃止されたが，議会議決に対する首長の拒否権は認められた。しかし，1958年12月26日の4次改正の際には，市・邑・面長を任命制と規定し，長に対する議会の不信任議決制度を再び採用した。そして，地方議会が法定日数を越える時に監督機関に閉会命令権を発することなど，地方議会の活動や権能を制約した。

1960年4月19日の市民革命（4.19革命と言われている）によってスタートした第2共和国は，地方行政体制の内部構造を根本的に改編するのに必要な時間的な余裕を持たなかったが，地方自治制を制度的に復興した。1960年11月1日に地方自治法を改正（5次）して自治体の首長公選制を復活した。その直後，

1960年12月に自治体の議員と長の選挙が引き続き行われることができた。それで，広域・基礎自治体の首長や議員のすべてを住民が直接選出する完全な公選地方自治が韓国の歴史で最初に実施されるようになった。

1961年5月16日の軍事クーデター（5.16クーデターと言われている）から1963年12月の民政移譲までの2年7ヵ月間の軍事統治期間中に，中央権限の地方移譲を促しながら地方行政体制を強化するなど，一連の取り組みがあったが，1961年5月16日の軍事革命委員会の布告により地方議会が解散されたことで，地方自治史において最初の完全な公選地方自治が構成後5ヵ月ぶりにその幕を下ろした。1961年9月1日の地方自治に関する臨時措置法により，郡を地方自治団体とし，邑・面を郡の単純な下部機関とした。市・郡議会の権限は道知事が代行し，道とソウル特別市の場合は内務部長官の承認を得てその権限を行うこととなった。

そして，1962年12月26日の憲法改正によって地方議会の構成時期を法律で定め，地方議会が憲法上の義務的な設置機関としての地位を失うようになった。地方自治団体という法人格は認められたが，地方自治団体の長の選任は任命制に替り，地方議会の権限を上級監督官庁が代行するようになった等，地方自治的な要素が全面的に撤廃された。その後の30年余りを，地方自治団体は中央の単純な業務遂行機関として転落し，自治事務の処理は中央の指示や命令に従属した。

その後，1963年12月17日にスタートした第3共和国の間にも地方行政に対する改編と補強の取り組みはしばしばあったが，地方自治法の根本的な改廃はなかった。

1973年に維新体制と言われた第4共和国がスタートしながら，1972年12月27日の憲法改正で"地方議会は祖国統一を達した時まで構成しない"と定めたことなど，その実施の可能性を根本的に封鎖した。

1981年3月3日にスタートした全斗煥政権の第5共和国の間には，1980年10月27日の憲法改正により"地方議会を地方自治団体の財政自立度を考えて順次的に構成するが，構成時期は法律で定める"とし，維新時代での"祖国統一ま

で延期"より一歩進んで定めた。しかし、そのような法律の成立は、第6共和国になって辛うじて可能になった。

　1988年2月25日にスタートした盧泰愚政府の改革の中で画期的なものの1つは地方自治の復活であった。5回の地方自治法の改正があり、特に1988年4月6日に地方自治法が全文改正（6次）され、すべての自治団体の長や地方議会議員の公選制が規定され、特別市や直轄市（今の広域市を示す）の区が地方自治団体の種類に含まれ、地方自治団体の種類が広域自治団体（特別市・広域市・道）と基礎自治団体（市・郡・区）という2種類になった。しかし、法改正が行われた後でもこれを実践するための準備作業が、複雑なる政治状況や利害関係によって迂余曲折を経て、ついに1990年12月31日の改正（8次）によってその実施時期が1年ずつ延期された後、1991年3月26日と同年6月20日に地方議員選挙が行われた。これで地方自治の中断後、30年ぶりに地方議会を再構成することができたのである。

　首長選挙は1993年2月25日に就任した金泳三大統領の「文民政府」の時に実施できた。この期間に4回の地方自治法の改正が行われた。1994年3月16日の改正（11次）では、地方自治団体で勤める国家公務員の大部分を段階的に地方職化する措置と共に、地方自治団体の廃置・分合または住民に重大な影響を及ぼす主要決定事項に対して住民投票に回付できる根拠規定と、委任事務の執行の怠慢に対しての主務部長官などの職務履行命令及び代執行制度などが定められた。そして、1994年12月20日の改正（12次）では、広域自治団体である直轄市を広域市に名称変更し、地方自治団体の長の継続在任を3期に制限した。その上、〈公職選挙及び不正選挙防止法〉、〈政治資金法〉などの政治関係法が制定又は改正され、各級の地方議会議員選挙と地方自治団体首長選挙を1995年6月27日に一緒に実施すると定め、予定通りに住民の直接選挙による団体長が選出されることによって完全な地方自治の復活を迎えるようになった。

　1998年2月25日に就任した金大中大統領も、自分が導く政府が「国民の政府」であると宣言し、従前の政権と区別した。1999年8月31日の改正（15次）で、一定数以上の住民の連書による条例制定及び改廃請求権や監査請求権を新

設し，年1回だけであった地方議会の定例会を運営の効率化のため年2回に調整し，長の闕位・拘束・長期入院などによって職務の遂行ができない場合や当該自治体の長の選挙に立候補する場合に副自治体長がその権限を代行できるように規定した。また，地方自治団体紛争調整委員会の機能を審議機能から議決機能に強化し，各級の地方自治団体の長または地方議会の議長の全国的な協議体を設立できることとし，この協議体が地方自治に直接的な影響を及ぼす法令等に対して政府に意見を提出できる根拠を定めた。

2）地方自治現場においての問題発生と対応

（1）首長公選の実施による不作用

　自治体の首長を住民が直接に選ぶようになった後，自治体の公務員社会は多くの変化を経験し始めた。任期が安定的に保障された長は，中央の顔色をうかがわずに自分の考えをそのまま行うようになり，その地域で一番必要な事業に予算を投入できるようになったことなど，肯定的な側面が多かった。しかし，首長公選の実施の後，地方自治の根本意義まで一部の国民から疑われるほど，深刻な後遺症が起った。

　まず，自治体における公務員人事が公選首長との親疎関係によって左右されたことなど，いわば「連中文化」が広がった現象を指摘できる。業務についての専門性や能力より，かれが"自分の連中かそうではないか"を先に考慮する悪い雰囲気が形成されたのである。

　次に，首長がその地域の長期的な発展より，自分の再選だけ考え，その成果がすぐ見える「展示行政」だけに熱中したり，限られている事業費を多くの地域に小さく分けて執行したり，住民が多く参加するイベントを雨後の筍のように創設したり，地方行政の効率性の側面に各種の問題を引き起こした。

　そして，首長選挙に出て当選するためには政党の公認を得なければならないので，その公認を得る過程で多くの政治献金が必要になり，また当選後にも党員からの請託を拒みにくくなった。そのうえ，候補者個人の能力や経歴より所

属政党についての選好度が優先されることなど，地方選挙の中央政治隷属化がもっと強くなった。このような問題点は結果的に選挙不正や腐敗を生み出し，ついに全体首長の約4分の1が賄賂収受などで拘束される状況まで至った[1]。

（2）政府の改善対策と反応

このような地方自治の現場の問題について，中央政府はその改善対策として地方自治法の改正案を2000年9月16日に立法予告した。その内容は，自治体の長の独善や独走，非効率的な行政を牽制するため長に対する書面警告制や行政代理執行制を導入したり，副自治体長を国家職化したり，広域自治団体に対する評価を実施して予算支援などに差等を与えたりするものであった。

一方，国会議員の間でも自治体の公選首長の問題の深刻性についての認識が比較的に幅広く拡散していた。そして，2000年11月30日には与野議員42人が共同で市長・郡守・区庁長などの基礎自治体の長を住民直選の選出職から広域団体の長による任命職に変えることを主にする地方自治法改正案を国会に出した。

しかし，これに対する反応はすぐ出た。まず，広域・基礎自治体の長及び議長団などが"地方自治制度の本旨を毀損することで，自治体の長を懐けるための手段として悪用される可能性が高い"と強力に反発した。全国市長・郡守・区庁長協議会も，それを"民主主義を根本から否定すること"と断定し，その法案が通過すると全員が辞退するという決議文を出して国会を抗議訪問することなど，強く反発した。学界や言論の反応も否定的であり，市民団体もこれに同調した。

ついに，行政自治部は住民リコール制を含め，より幅広く自治制度を再検討する名目で，当初の立法予告案を撤回し，国会議員らも自らの地域においての影響力を強めるためオーバーアクションした側面もあったので，法改正まではしなかった。

(3) 地方分権市民運動の激発

一方,この地方自治法の改正に反対した市民運動は自治現場での問題の発生原因がむしろ不安定な自治制度にあると診断し,自治体に実質的な自治権を与えるよう求める動きを結集した。

1990年代初,富川市たばこ自動販売機禁止条例の制定をきっかけにして集まった地方分権市民運動は,地方首長の公選制の実現や地方移譲促進法の制定という成果を上げた。

その後,政府の地方分権改革が不振であったため,2000年3月に全国320市民団体と200余りの学者が清州で画期的な地方分権改革を促す'地方自治憲章'を公布し,2001年9月には2,757人の知識人が'地方分権実現のための全国知識人宣言'を宣布した。

続いて,"地方が生きることで国も生きられる"というスローガンを上げ,広域自治団体の単位で構成していた地方分権運動団体が,2002年11月に地方分権改革という単一目標を求める全国最初の市民団体になった。このように結成した地方分権国民運動は,ついに大統領選挙の過程で大統領候補者らから'地方分権対国民協約'の締結を達成した。

さらに,盧武鉉参加政府の出帆により,地方分権は改革の大きな当面課題として扱われるようになった。国家発展12大政策課題の一つとして'地方分権と国家均衡発展'を採択し,それを実践するために大統領の下に'政府革新地方分権推進委員会'が発足した。

3. 盧武鉉参加政府の地方分権改革の推進状況

1) 地方分権の推進機構

2003年4月に設けられた参加政府の'政府革新地方分権委員会'(以下分権委という)は地方分権と共に行政改革や財政税制改革,人事改革,電子政府の推進を5大改革課題として選び,それを推進する5個の専門委員会を設置した。

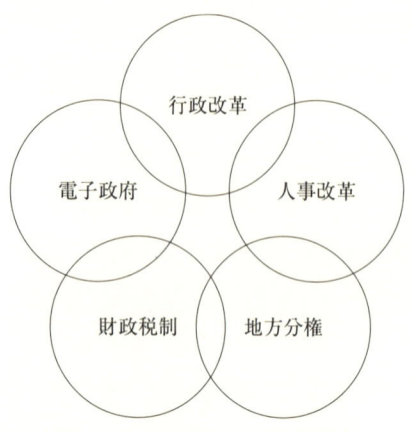

図1　参加政府の5大改革分野

（行政改革／電子政府／人事改革／財政税制／地方分権）

　分権委は長官（国務大臣を示す）級7人と委嘱委員17人，合わせて24人の委員で構成し，1級秘書官級に当たる室長1人と5個チームで構成した企画運営室がそれを補助している。委員長として，今まで地方分権市民運動で核心的な役割をしてきた金炳俊教授が任命された。

　専門委員会の中で'地方分権専門委員会'は地域別に地域分権に関する専門家や市民団体の代表を中心に15人の委員で構成された。

2）地方分権推進ロードマップの概要

　分権委は初期に'地方分権基本構想'（以下基本構想という）を用意し，それを基にして2003年7月4日に'参加政府の地方分権推進ロードマップ'（以下ロードマップという）を発表した。

　ここでは分権に関する大統領選挙の時の公約と，大統領職引受委員会が定めた課題，そして学界や市民社会および地方政府などからの提案が収斂されている。

　その収斂の過程で，taskforceが作った草案を専門委員会や分権委の審議を経ながら修正し，これを再び10余回地域別のワークショップを経て意見を聞き，関連学界の意見の聴取，中央省庁および社会団体への説明会，地方自治団

体4大協議会との懇談会などを通じてその内容を15回修正した。

　以降，ロードマップと，分権委の委員である李琦雨教授が分権委のホームページに載せた'地方分権推進ロードマップの概要'を基にしてその具体的な内容を考察してみる。

（1）地方分権の時代的な要求と必要性

　分権委は地方分権を要求する時代的な環境の変化として'知識情報社会の到来'，'世界化'，'市民社会の成長'を挙げている。

　'知識情報技術の変化'は，空間／時間／速度／対話／媒体の概念が変わることによって画一的かつ集権的な問題解決方式から脱皮し，自律や多様性に基盤をおいた分権型社会を要求するようになったことを示す。'世界化'は国家の役割変化に伴って地域が世界に直面するようになったことをいう。'市民社会の成長'は，市場の失敗と政府の失敗を補うため市民社会の役割が急激に浮上した現状である。

　このような時代的な環境の変化は国政運営のparadigmを集権型から分権型へ転換することを要求し，具体的には"一方的な統治から両方的な協治へ"，"官中心から民間中心へ"，"中央政府中心から地方政府中心へ"，"住民疎外から住民参加へ"転換しなければならないことであると整理している。

（2）韓国における地方分権の現住所

　分権委は韓国の地方分権の実態を"中央権力が集中され，国家財政や地方財政が不均衡的な状態であり，今まで不完全なる自治制度を持ち，地方の自治力量や住民参加が足りない形便である"と評価している。

　'中央権限の集中'は地方自治団体で処理する業務の構成比を例として，国家事務が73％で機関委任事務が3％であるが，地方事務は24％に過ぎないことと，中央の地方に対する各種の関与が多すぎることを示している。

　'国家財政と地方財政の不均衡'は国税対地方税の比が80％：20％であり，地方税だけで人件費を解決しにくい自治体が全体の61％であることを示す。

'不完全な自治制度'は地方政府の自治権が弱く,自治制度も全国的に画一化され多様な制度の実験と検証が難しくなっていることと,地方出先機関の乱立で地方問題が総合的に解決しにくいことを示す。

'自治力量や住民参加の不足'も,市民社会は成熟していくことと比べ参加制度が未整備で,市民の参加意識も足りないし,政府間の有機的な協助体制および調整機能の弱さをあげて説明している。

そのうえ,このような地方分権の実態が時代的な環境や要求に合わないため分権型先進国家へ発展することに障碍になっているのを明らかにしている。

(3) 地方分権のビジョン

分権委は参加政府の地方分権を国家全体の再構造化の手段として把握している。地方分権が単純に地方政府の機能を補強する水準を越えて,国家全体の運営システムを転換する梃子として位置づけることである。

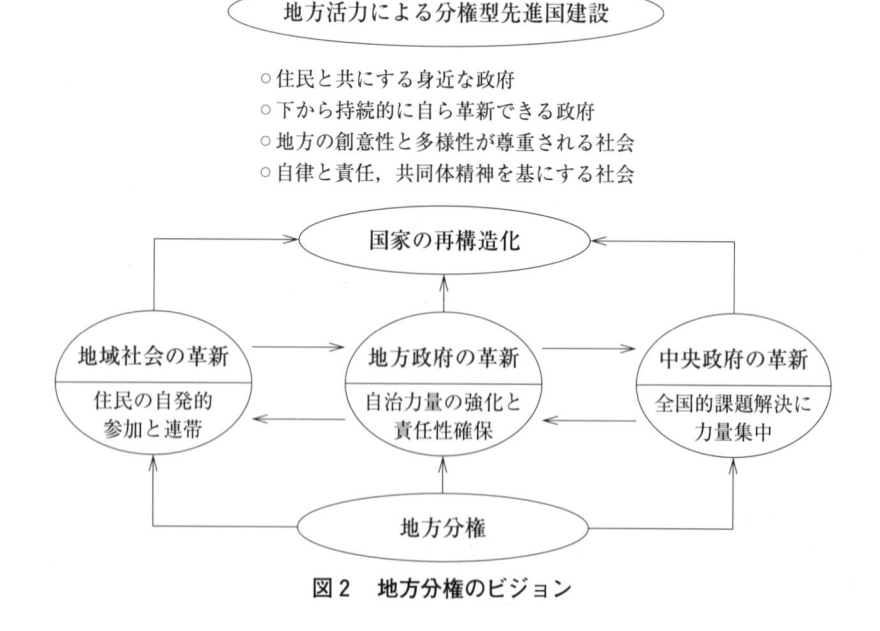

地方活力による分権型先進国建設
○住民と共にする身近な政府
○下から持続的に自ら革新できる政府
○地方の創意性と多様性が尊重される社会
○自律と責任,共同体精神を基にする社会

国家の再構造化

地域社会の革新　地方政府の革新　中央政府の革新
住民の自発的　自治力量の強化と　全国的課題解決に
参加と連帯　責任性確保　力量集中

地方分権

図2　地方分権のビジョン

まず，分権を通じて市民のエネルギーを強化し，活性化するために住民の自発的な参加や連帯を図ることによって地域共同体を革新するきっかけを提供する。

地方分権を通じて地方政府の自治能力を強化し，責任性を高めることによって地域問題を地方レベルで解決しようとする。

中央政府は地方分権を通じて，細かい生活問題は地方政府に移譲し，全国的な問題にエネルギーを集中することによって過負荷による機能麻痺を解消し，国家としての効率性を高める。

言い換えれば，地方分権を媒介にして地域社会を革新し，地方政府を革新し，中央政府の効率性を高める'下から上へ'の革新メカニズムを通じて国家全体が変化することを図っている。このような国家再構造化を通じて"地方の活力を国家発展の動力とする分権型先進国家"を達成しようとすることが地方分権の究極的なビジョンであると明らかにしている。

（4）地方分権の推進原則および推進戦略
　1　地方分権推進の3大原則

分権委はロードマップで地方分権推進の3大原則として'先分権後補完の原則'，'補充性の原則'，'包括性の原則'を提示している。

'先分権後補完の原則'は地方政府と市民社会に対する信頼に基盤をおいて，地方分権によって多少の問題が起きる場合でもまず分権措置し，それによる副作用は，市民社会や地方政府が自浄能力を持つように補って，それを解消する方針である。今までの地方分権が市民社会や地方政府に対する中央政府の懐疑的かつ否定的な見方のため進まなかったことを指摘し，地方政府も中央政府だけ見て待っている甘さを克服し，成熟した政治主体として自らの缺陥を治せる自生力を持たせようとする表現である。

'補充性の原則'は一種の機能配分の原則で，住民に身近な政府に優先的に管轄権を認める国家組織の原理である。地方政府が処理できる業務を上級地方政府や中央政府が関与してはならない原則であり，住民に身近な地方政府が具

体的な生活問題を解決することによって住民の共同体の問題への関心や参加を高めようとすることである。

この原則は広域地方政府や中央政府の管轄の必要性が立証できない限り，あらゆる公共事務についての管轄権は基礎地方政府にあるべきだということで，その立証責任の転換を意味する。

'包括性の原則'は，従来は個別的に事務を移譲したため，権限と責任を一致する機能配分が難しくなり，それで中央—地方間の対等的かつ水平的な関係や役割の確立という国家再構造化が行われにくくなったという診断から，地方政府のレベルでの総合行政に係わる機能や権限を包括的に地方に移譲しようとする原則である。

2　地方分権の推進戦略

さらに，分権委は地方分権の推進戦略を4つに要約して発表している。

まず，分権の誘発効果が大きい課題を"先導課題として設定し，それを優先的に推進"する。その先導課題としては，警察分権化，地方教育行政体制の改編，出先機関の整備などをあげ，特に財政分権を分権政策の核心戦略として定めている。中央の財源を画期的に地方に移譲することを先に決定することによって中央政府の権限の画期的な地方移譲に動機を与えようとする戦略である。

次に，地方分権を地方政府の自発的な革新と共に，中央政府の行政改革，財政税制改革，電子政府の実現などの他の"政府革新作業とも繋がって推進"する。

そして，政府改革に積極的な中央部処（日本においての省庁を示す）に対してはincentiveを与えることなど，"中央部処の自発的な参加の誘導"体制を構築する。

地方分権を中央政府が一方的に導くことではなく，政府や市民団体，地方政府，中央政治人などの多様な主体が一緒に参加することなど，"国民的な共感を拡大"しながら推進するということである。

（5）地方分権推進の基本方向と主要課題

　分権委は地方分権推進の主要課題として20個の課題を設定し，それを再び'中央—地方政府間の権限の再配分'，'画期的な財政分権の推進'，'地方政府の自治力量の強化'，'地方議政の活性化および選挙制度の改善'，'地方政府の責任性の強化'，'市民社会の活性化'，'協力的な政府間関係の定立'の7個の基本方向に分類した（**表1**参照）。

　その中で前の2つは'中央政府の権限と財源の地方移譲'に当たるもので，残りの5つは'地方政府の受け皿基盤の造成'に当たると李琦雨委員は大別している。

　1　中央—地方政府間の権限の再配分

　まず，'地方分権推進基盤の強化'のため地方分権特別法などの分権推進法令を整備して法的土台を補強し，現在の事務区分体系を改善して地方自治団体の処理するあらゆる事務を自治事務にし，国家の関与が必要な場合にその根拠や程度を法規で規定し，財政負担についても法令で明示する方案などを検討する。

　また，地方分権の促進のため分権化指標を開発し，それを毎年評価して公示し，画一化された地方自治制度を改めるために多様な制度の導入可能性を検討して必要な制度の示範実施も考える。

　'中央権限の地方移譲作業'は5年間，段階別に推進する予定である。政府と国会，地方4大協議会，市民団体が参加する協力ネットワークを構築して，関連した法律を一括的に制定し，これによって個別法を修正する地方分権一括移譲法を制定する。この法は準備が進むことにより3回に互って制定するのを予定している。さらに，権限移譲と財政移譲を繋げ，先財政分権を推進する。その上，大都市などに特例を認める差等移譲制度も検討する。

　'地方教育自治制度の改善'は3つの方向から進める予定である。地方教育行政に関する住民参加を拡大し，住民に身近な基礎自治体が教育権限を総合的に行使できる方法を図る。また，全国画一化になった教育行政体制を地方によって多様化する方法も検討する。それも基礎自治体である市・郡・区中心に

表1　地方分権推進の基本方向と主要課題

I．中央―地方政府間権限の再配分	
	1．地方分権推進基盤の強化
	2．中央権限の画期的な地方移譲
	3．地方教育自治制度の改善
	4．地方自治警察制度の導入
	5．地方出先機関の整備
II．画期的な財政分権の推進	
	6．地方財政力の拡充および不均衡の緩和
	7．地方税政制度の改善
	8．地方財政の自律性の強化
	9．地方財政運営の透明性・健全性の確保
III．地方政府の自治行政力量の強化	
	10．地方自治権の強化
	11．地方政府の内部革新および公務員の力量の強化
IV．地方議政の活性化および選挙制度の改善	
	12．地方議政の活性化
	13．地方選挙制度の改善
V．地方政府の責任性の強化	
	14．地方政府に対する民主的統制体系の確立
	15．地方政府に対する評価制度の改善
VI．市民社会の活性化	
	16．多様な住民参政制度の導入
	17．市民社会の活性化の基盤の強化
VII．協力的な政府間関係の定立	
	18．中央―地方政府間協力体制の強化
	19．地方政府間協力体制の強化
	20．政府間紛争調整機能の強化

行う。

　'地方警察制度の導入'においては，地域の特性に合わせ，住民親和的な治安サービスを提供するために警察の地方化を進める。つまり，交通や防犯分野の生活治安業務を地方政府に移譲して住民と共に責任性のある治安行政体制を構築する。

　'地方出先機関の整備'についても，地方行政の総合性の実現や重複行政の弊端の是正，住民不便の解消などの視点から検討する。つまり，類似重複機能を統廃合・一本化するための実態調査および整備計画を樹立し，補充性の原則によって地方政府が行い得る機能をやっている出先機関を地方政府に統合して地方行政の総合的な遂行を保障する。存置がやむを得ない場合は空間的な整備を通じて住民の接近性を高める方向で検討する。また，機能移譲による行政的かつ財政的な措置と共に民間委託，民営化も並行することなどの後続措置も進める。

　2　画期的な財政分権の推進

　'地方財政力の拡充および不均衡の緩和'のため，地方交付税の法定率の引上や国税の地方税への移転を通じて地方財政基盤を広げる。ただし，後者は地域間の財政不均衡を深化すると予測されているので，前者に重点をおく。地方交付税算定方式や地方譲与金制度，自治区財源調整制度を改めて地域間の財政隔差を緩和する。その時に事務移譲と同時に行う場合と，事務移譲を促進するための手段としてそれより先に行う場合も考慮する。

　'地方税政制度の改善'のため，地域開発税の新しい税目を追加し，弾力税率の適用を活性化するなど，自治体の課税自主権を拡大する。財産税や総合土地税の課標を現実化し，滞納税徴収の努力を強化するなど，自治体自らの努力を強化する。そして不必要な地方税の非課税や減免制度を改める。

　'地方財政の自律性の強化'のためには，補助金事業の整備および地方自主財源化，他の補助金の包括補助金方式への転換などの方向に，中央政府の干渉の手段になった国庫補助金制度を改める。また，地方予算編成指針や地方債個別承認制度を廃止する。

財政拡充や自律性増大による'地方財政運営の透明性と健全性の確保'のため，地方財政分析および診断制度を強化し，複式簿記制度の導入，財政出納官の独立性の強化，地方債承認時の信用評価制の導入を検討する。

3　地方政府の自治行政能力の強化

'地方自治権の強化'のため地方自治法第15条の但書き，つまり"但し，住民の権利制限または義務付加に関する事項や罰則を決めるときには法律の委任がいなければならない"という部分の削除を検討することなど，自治立法権の拡大を進める。

また，自治組織や人事権を拡大するために標準定員制などの廃止ないし改善を検討し，地方政府の空間計画権を広げるため都市計画の決定権や承認権についても再検討する。

'地方政府における内部革新および公務員の能力の強化'を進め，中央からの権限や予算を受け入れる基盤を造成する。その方策として自体革新を誘引する体系を構築し，「安息年制」の導入，教育訓練制度の改善などを通じて地方公務員の能力発展機会および与件を広げる。さらに，中央政府と地方政府および地方政府相互間の人事交流を活性化し，首長の人事権の濫用を防止する方向に地方人事委員会制度を改める。

4　地方議政の活性化および選挙制度の改善

'地方議政の活性化'のため，審議・議決権を拡大するなど地方議会の権限を強化し，地方議員の身分制度の改善，議会事務機構に対する人事権の強化，専門委員制度の改善，地方議員の研修への支援などで，議政活動の基盤を強める。

'地方選挙制度の改善'のため，地方選挙の公営制の強化および投票制度の改善によって選挙費用の過多および投票率の低下の問題を解決し，選挙救済を合理的に改善し，地方選出職の後援制度の導入によって地方政治資金の陰性化を防止する方策を検討する。そして自治体の首長に対する政党公認制度のような政党の地方選挙への関与を続けるかどうかを検討する。

5　地方政府の責任性の強化

'地方政府に対する民主的な統制体系の確立'のため，中央政府による重複監査，包括的な監査を廃止し，外部監査より地方議会や住民による統制が中心になるように改める。行政情報公開制度の改善によって地方行政の透明性を拡大する。内部の自律的な監査機能を強化し，住民監査請求制度を改める。そして，住民が自分の直接的な利益に係わらない場合でも予算浪費などの違法・不当な財務行為による公益の侵害可能性があると住民が提訴できるように住民訴訟制度を導入するなど，住民による統制を強める。

'地方政府に対する評価制度の改善'も，中央政府の地方政府に対する評価が地方の画一化をもたらす恐れがあるので，評価専門機関の指定などの方法で分権型の評価システムを構築し，自体評価体制を強化する。

6　市民社会の活性化

'多様な住民参政制度の導入'は，市民の多様な参加の通路を用意する意味で非常に必要である。住民発案制度の改善と住民投票制度の実施により住民の直接参加制度を広げ，住民召還制の導入により地方選出職の行政責任の確保装置を備え，住民参加下に予算を編成および執行する制度を確立するなど，地方政府の政策過程で住民の参加機会を広げる。

'市民社会の活性化基盤の強化'のため，非営利民間団体育成支援法の改善など，市民団体の活性化のための制度を補足し，ボランティア需要の増加に応じてボランティア活動基本法の制定を検討する。

7　協力的な政府間関係の定立

'中央―地方政府間協力体制の強化'は，現在お互いの関係が一方的かつ下向的な関係であり，両方向的な疎通が円滑に行われないと診断して，地方政府の中央政府の政策決定過程への参加，基礎地方政府の広域地方政府に対する関与，地方自治団体4大協議会の機能強化などを進める。その具体的な方法として大統領と自治体首長代表間の会議の定例化，中央政府の立法過程への参加の保障などを検討する。

'地方政府間の協力体制の強化'は，地方政府相互間に水平的な立場から葛藤構造を克服して協力的な関係を定立する趣旨で，地方自治団体組合や行政協

議会の機能を活性化し，特別地方自治団体の導入を検討する。

'政府間紛争調整機能の強化'は，政府間の葛藤の事例がしばしば起きて国家の統合性を沮害し，地域利己主義を深化しているという問題の認識下に，紛争当事者間の解決を誘引できる体系を備え，調整機能が脆弱である現在の葛藤調整機構を活性化し，国家総合調整委員会の設置を検討し，地方政府間の協力および紛争解決のための法律の制定を検討する。

(6) 推進日程，役割分担，5年後の姿

地方分権ロードマップは最後の総合として課題別の推進日程と推進主体間の役割分担，そして5年後の分権型国家の姿を記しながら締め括っている。

  1 時期別の推進課題の総合

ロードマップは課題別に2003年から2007年までを計画期間とし，改革課題についての'研究・調査および改編案の備え'→'法制化および実施の準備'→'実施'→'評価と補足'などの日程を概略的に定めている。主に2004年下半期までは法制化に着手して2005年まで実施し，2006年以後評価と補足を行うという内容である[2]。

  2 推進主体別の役割分担

まず，1）大統領と分権委が地方分権政策の方向を定め，具体的な実践戦略を提示し，2）国会と市民団体，言論がその制度化，法制化および改革への協力，世論形成を主導し，3）関連部処と研究機関は政策や制度を研究し，実行計画を樹立し，4）地方政府と地方4大協議会は分権政策の支持基盤を形成し，分権委との協助体制を構築するという役割分担をしている。

そして，内部的にはロードマップ上に改革課題を課題の重要度などによって，'委員会力点課題'と'部処推進課題'に分けて推進している。

'委員会力点課題'は教育自治，自治警察，中央権限移譲，国庫補助事業，地方出先機関などに関するもので，昨年8月から分権委で課題別に担当委員を選定して該当委員中心に外部専門家や公務員が参加した課題別T/Fを構成し，実質的な改善方策を備えている。

'部処推進課題'は住民投票制，自治立法権などに関するもので，主務部処である行政自治部が細部推進計画を樹立して推進し，分権委はロードマップに提示された方向や日程のまま行われているかどうか，その推進状況を管理している。

3 地方分権，5年後の姿：分権型先進国家

ロードマップでは5年後の中央政府や地方政府の姿を全体的に眺望している。その姿は一言で'分権型先進国家の実現'である。

その代表的なものをいくつかの例をあげれば，中央政府や地方政府の'財政'配分において，現在規模で51％対49％であるのを逆転させて45％対55％にする。それによって依存的な地方財政を自主的な地方財政に変える。'住民参加'の側面においては，供給者中心の地方行政下で制限された範囲だけで参加した住民の受動的な地位から抜け出し，地域問題を住民が地方政府と一緒に解決する協治型地方行政つまり共同生産者の役割を行われるようにする。'政府間関係'において，現在の一方的かつ葛藤的な関係から抜け出して両方向的かつ常時的な疏通構造を通じて相互協力的な関係を達するということである。

4．評価および改善方向

分権委は2004年2月27日に，'地方分権推進状況および向後計画'を発表した。ここで分権委は，2004年1月18日に5年限時法である地方分権特別法が成立したことで，参加政府の地方分権の推進のための強力な法的基盤を備えたと自評している。地方分権ロードマップに含まれた推進課題の実践を義務化し，政府革新地方分権委員会を特別法上の審議機構と定め，そして地方分権課題の推進節次を具体的に規定したのである。

このような地方分権改革は始まったばかりであり，まだ確定しなかったところも多いから，現在の時点にそれを評価してその改善方向を提示するということはちょっと時期尚早な側面がある。ただし，この改革への参加の幅，推進主体，推進体制と改革を導く基礎論理，そして推進日程については概略的に評

価できることである。さらに，個別課題の中でもちょっと無理に見えるとか異見がある部分もあるので，それについて少し述べる必要性はあると思う。その立場から，ここからは日本の事例を参考にして，いくつかの論争のあるところを摘示してみることに止めようとする。

1) 全般的な側面

(1) 参加の幅，推進主体および推進体系

まず，参加政府の地方分権改革はその始まる過程から国会の役割が非常に低い，むしろ法的根拠も備えなかった大統領直属の委員会が諮問機能を越え，政策を具体的に樹立し確定する機能まで主導したという特徴をもっている[3]。この点は日本に比べて大きな差を表している。すなわち，日本の場合は1993年6月に国会による'地方分権推進決意'があって，'地方分権大綱'や'地方分権化推進法'が1995年5月に成立し，この法による'地方分権推進委員会'が1995年7月に稼動して機関委任事務の廃止のような中央と地方間の新しい関係を定立する内容の最終勧告を提出し，中央政府がそれを基にして'地方分権推進計画'として成案して1999年3月26日に閣議決定した後，地方自治法をはじめ475関連法を一緒に改正した'地方分権一括法'を制定して2000年4月1日に施行した。

韓国の国会は大統領直属の分権委が備えた地方分権特別法などの改革3法の通過を数回延期した後，世論に押され2004年1月18日に制定したことなど，地方分権に非常に消極的であった。それは与党が国会内で少数であり分裂したため，盧武鉉政権が推進しようとする地方分権改革を充分に後押しできなかったからである。ちなみに，そこには韓国の大統領中心制と日本の内閣責任制という制度的な差もあったとも考えられるが，より大きい原因は当時の国会内に中央の論に立脚した分権反対意見が主流を形成したためであったと思える。しかし，2004年4月15日の17代総選挙によって与党が議席の過半以上を占めたので，16代国会とは異なる様相を見せると期待している。

次に，中央官僚の役割が相対的に充分ではなかった。むしろ地方学者や市民団体代表らで構成した自治連帯の人々が大挙政権の核心部や大統領直属の委員会に参加して分権改革を主導している。そのゆえ，中央省庁公務員はロードマップが作られた過程でこの委員会に派遣されて補助する役割をやることに過ぎなかった。

そのような体制は部処間に引っ掛かっている政策問題を迅速に交通整理するという面では長所がある反面，一般部処との間に業務が重複し，実現可能性が検証されない政策が量産されやすい問題点をもっている。金光雄教授は"有能な官僚が自由に働ける雰囲気を作って既存の官僚組織を良く活用した方が，新しい組織を作ることより効果的である"と批判している。

最後に，地方自治団体の参加が不足だと言えるべきである。勿論，10余回の地域別のワークショップを通じて意見を聞き，地方自治団体4大協議会との懇談会などを経たものの，地方自治団体側の意見を集約して地方の案として正式に提示したりする過程はなかったので，地方の参加が主導的であったというのには無理がある。

（2）地方分権推進の基礎論理

次に，韓国の地方分権改革はそれを後押しする基礎論理の不充分な状態で進められていると言える。

一般的に地方分権改革の基礎論理として'中央―地方関係'と'住民自治'に関する諸理論をあげられる。つまり，'中央―地方関係'においては地方を中央と対等に位置づける理論が確実に定立して大勢を成した上で地方分権を進める時こそ大きな共感を得られる。'住民自治'においては住民自治が地方自治の本質であり，団体自治はそれを実現するための手段に過ぎない，自治権が憲法で保障した地方の固有権であるなどの学説がその勢を拡張していく状況が望ましいと言えよう。

まず，中央・地方関係論を考察すれば，日本の場合，1960年代の中盤から始まった革新自治体の時期に松下圭一の'地方政府論'が展開し，その後中央か

らの単純な'技能分担論'レベルではなく'権限移譲論'レベルへの視点の転換が求められた。それは再び1980年代の初盤に中央政府との垂直的な相互作用だけでなく地方政府間の水平的な相互作用も射程距離内に入れる必要があると主張する'政府間関係論'に発展した。それも中央権限の地方への移譲要求レベル，つまり行政的分権に留まったと批判され，政治的分権の視点から連邦制まで考えた'地方主権論'の登場を招いた[4]。日本学界のこの理論展開は政府改革の過程で漸進的に反映された。中央―地方関係を"地域の主体性を強化するためにはできる限り中央政府の機能を'鈍化'させることが必要である"という基本方針を定めて地方分権改革を進めたということである。

勿論，韓国でも最近この分野についての理論が登場しているし，今回の分権委のロードマップでも地方自治団体を地方政府として明らかにしたことなどは意味がある。しかし，地方分権に関する論議がまだ中央権限の地方移譲を要求する行政的なレベルに止まっているのを認めざるを得ないと思う。

さらに，韓国では"大陸系の法体系を持っている韓国は，伝統的に団体自治の系列であり，住民自治は団体自治に付随的に追加したもの"という程度で理解する見解が大勢を成している。そのため，地方自治団体が自治団体としての性格と共に中央政府機関としての性格を持ち，中央政府からの強い行政的な統制を当然受けるし，住民リコールや住民投票などの直接民主制は地方自治に必須的な制度より，法律によって保留されたり制限されたりすることができる制度と思われるようになったのである。

ただし，最近韓国でも"代議民主主義が登場しながら，国民が主権をもつ国民国家である名分を維持するために，民主主義の原型すなわち直接民主制を可能にする適当な制度が要り，そのような制度の中で代表的なものが地方自治であった"という見解[5]も出ている。また，自治権が国家から伝来したものではなく住民に固有な基本権である側面を強調した日本の'新固有権説'を紹介する論文も出ている[6]。しかし，今まで"住民自治が地方自治の本質かつ核心であり，団体自治は住民自治を実現するための一つの手段に過ぎない"という認識が学界に充分に広がっていないし，国民一般や実務に関係する公務員もこの

ような認識を充分に持っていない状態である[7]。そのような現実で進められている今回の分権改革は，その趣旨を国民から共感を受ける過程で少なくない混乱にぶつかるといえよう。

　一つの例をあげれば，今回の分権委のロードマップでも住民自治が疎かに扱われた側面が少し見える。ロードマップにある地方分権のビジョンや推進原則・戦略で市民社会と地方政府および中央政府の役割を明確に区分し，その中で3大原則を中央政府側の抵抗に備えて分権改革の基本原則としてを明らかにしたのは戦略的な面で肯定的である。しかし，すこし割りきれないところも発見される。3大原則，つまり'先分権後補足の原則'，'補充性の原則'，'包括性の原則'がみんな団体自治的な立場からの分権，つまり中央権限の地方移譲レベルでしか適用できない原則だということである。ちなみに，住民自治の分野には適用しにくい原則である。地方分権改革が住民自治部門まで含む広義の概念で使う限り，細かに注意しなければならないところだと思う。

（3）ロードマップの成案過程および推進日程

　他の問題は，改革課題の選定と推進日程，いわばロードマップがわずか6ヶ月内に早く作られたことをあげられる。参加政府の大統領職引受委員会が2002年12月30日に出帆して，まもなく'基本構想'が発表され，そこでは7分野36課題が含まれた。しかし，その後いろいろの過程を経て2003年7月4日に'ロードマップ'が発表されたが，そこには前の基本構想の体制が変わったり，新しい内容が多く含まれたりしたのである。

　例えば，日本の地方分権改革の最大の課題であった'機関委任事務の廃止'は，前の基本構想では36課題中の一つとして2004年から2005年の間に推進するとなっていたが，ロードマップでは20課題中の一つである'分権推進基盤の強化'の中で'事務区分体系の改善'となり課題の名が変わった。勿論，その内容には'委任事務の廃止の推進'が入っているので，その結果を待つことであるが，始めるときと比べその強度が弱くなったとか慎重になった側面がうかがわれる。

基本構想になかった課題としてロードマップに入った代表的なのは'分権化水準評価指標の開発','中央権限差等移譲制度の検討','国税の地方税への移譲','地域開発税の新税目の拡大'などである。そして,分権改革との関連性が低い'財産税と総合土地税の課標の現実化','地方税における非課税や減免制度の改善','地方公務員安息年制の導入の検討'などが含まれた。そして,現在は,ロードマップにある課題を再び47課題に整理した。その中で'自治団体の管轄区域の合理的な調整'はロードマップでもなかった課題である。

勿論,当初の計画が不変の計画ではなく今からの分権推進過程で補足する予定であると分権委側も言っていた。しかし,改革課題の選定作業があんまり短い期間に成されて,さらにそれを急いで公表したため,その推進可能性や論理的体系に弱点が生じたと言えよう。そして,多すぎる課題を,今まで実現しにくかった課題を一息に達成しようとする意慾のため,より精巧な検討が事前にできなかったという指摘も受けられる。

2) 個別課題の側面

まず,'一括移譲法'を1年単位で3次に亙って制定すると計画している点である。ところが,もし中央の抵抗が激しい場合,遅れ得るし,そうなると法の制定が一二度に止まってしまう危険性がある。1999年に'地方移譲推進委員会'の発足後,総4,880件の地方移譲対象事務を発掘して20部処1,090事務を移譲すると決定したが,その中で10部処456事務(42%)だけ法令改正を完了し,残りの606事務は関連部処の関心不足などのため履行できなかったことがある。参加政府の出帆以後,2004年6月現在,70法律357事務を対象にして1次地方一括移譲法が立法予告中である。日本の場合,475関連法を一緒に改正した'地方分権一括法'を制定して2000年4月1日に施行したことと比べると,3次に亙って推進するという参加政府の今回のスケジュールが予定どおり進められるかどうか心配である。

次に,中央政府・広域自治体・基礎自治体,そしてその下の行政単位の邑・面・洞という'地方階層構造'の段階を短縮する問題が扱われていない点を指

摘したい。この問題は各種の選挙公約や政権交替期の改革課題としてずっと登場してきた。その代表的なのが1996年5月に第15代国会の開院直後の初選議員政策討論会で，道制度を廃止し，その代わりに市・郡を広域化して，全国を50ないし60余の自治区域に再設定する意見が提示されたことである[8]。参加政府の出帆と前後して，各種の討論会などを通じて，短期的に道の市・郡に対する指導・監督機能を廃止し，道は調整・広域・支援機能だけ遂行することによって道と市・郡間の垂直的な関係を水平的な関係に転換する方策などが提示された。そして，広域市とそれが前に所属した道を再統合する問題も一部地域で深刻に争点になったこともあった。しかし，このような地方分権体制に関する内容は今回の改革で重要に扱われなく，生活圏や行政圏が不一致した行政区域の境界地域を対象にして'自治団体管轄区域の合理的調整'が進められているほどである。

そして，'自治警察制度の導入'の問題も，現在いろいろな方策が検討中であるが，現在知られている方策について少し心配がある。韓国の警察機能は2003年2月現在，行政自治部の外庁である警察庁が担当している。しかし，国家事務になった警察機能の中には地方が担当すべき機能が厳然と存在するため，地方における警察行政体制を警察自治体制に改編しなければならないという論議が提起してきた。以前の金大中政府においても警察自治制度の導入を'100大課題'と選び，改革を断行すると公約したが，実践できなかったことがある。

参加政府の分権委が2004年5月28日に用意したと知られた草案によると，従来のものとはかなり異なる視点から自治警察制度が構想されている。何よりも差があるところは国家警察と自治警察を完全に分離して運営しようとすることで，このように警察組織を二元化して運営する国家はギリシアやスペインなどがある。ちなみに，自治警察は市・郡・区に所属し，その任命を自治体の首長が行い，業務は所属した自治体での防犯・巡察・交通・施設警備などである。それとは別に国家警察は前のように犯罪捜査などを担当し，現行の国家警察の組織はそのまま維持する。この方策もまだ確定されなかったので，評価するの

が性急である。ただし，ほとんどの警察事務を原則的に地方に移管し，法令の立案や公安関連事務，その他の全国的な事務だけ国家事務として残るという当初の自治警察制の趣旨がかなり縮小・稀釈されたような気がする。政府は現在，この案についての各界の意見収斂を経て来年には済州道などの一部地域で示範実施して2006年に全国に全面施行する予定である。

　また，'地方譲与金制度'の場合も異なる意見が出ている。1991年に地方議会を構成する時に新設した地方譲与金は，その規模がさる11年間31兆988億ウォンで，特定の国税の一定率から税源を得て農村や財政基盤の脆弱な自治団体の道路事業などに投資して地域均衡発展に寄与した。参加政府はこの制度を2003年12月29日に廃止し，その代わりに地方交付税の上向調整（15%→18.3%），国庫補助金制度の包括支援方式への改善[9]，国家均衡発展特別会計の設置などの方法で地方財政力を補強した。このような措置を通じて自治体の一般財源の比重が高くなる効果は確かに期待するほどのものだと判断する。ただし，地方交付税の上向調整などは地方分権とともに当然進めるべき事項であるものの，それを根拠にして既存の地方譲与金を廃止したことは結果的に地方財政力の拡充にマイナスではないかという指摘も出てくる。

　地方議政の活性化部分においても何カ所か指摘したいところがある。地方議員の身分について国民の世論はいまだに名誉職を求める雰囲気だから，彼らの報酬体系を有給制に転換することに充分な国民の共感を得たかどうかは確かではない。有給制化する場合にも，当然財政負担が増えるので，それに伴って議員の数を減らす問題も提起されたが，それを改革課題として扱わないようである。さらに，2004年4月29日，全国広域市・道議会の運営委員長協議会が広域地方議員の補佐官制の導入関連条例の制定を同時に推進し，中央政府にもそのための根拠法の制定を要請するよう合意したことなど，有給制と共に補佐官問題が地方議会の力量の強化という名分で主張されている。このような課題を検討するときには必ず財政負担の増加を減らす方策を同時に講じなければならないと思う。日本の場合は地方議員の有給制はなっているが，補佐官制度は行っていない。

地方議会議員の選挙制度においては，選挙区制の改善案を整備するという内容に，現在の小選挙区を中・大選挙区に転換することまで検討するかどうかが明らかではない。地方議員の役割を'出身地域利己主義の尖兵'から'全体利益の代弁者'へ転換するためにも選挙区の調整が必ず必要だと思う。

　市・郡・区である基礎自治体の首長に対する政党公認制の廃止についても当初の期待に至らないではないかと気遣われる。この問題は今まで市民運動でいちばん重要な課題の一つとして提起され，自治現場に起っている腐敗を防ぐための要目として認識されてきた。ところが，ロードマップには'政党参加問題の検討'程度で表現したため確固たる改善の意志が窺えない[10]。ただし，最近，行政自治部がそれを進めようとする意思を強く表していると知られている。

　また，自治体の首長の専横を牽制する制度的装置として住民リコール制度や住民訴訟制度の導入を計画しているが，最初の地方自治法でも規定されていた地方議会による首長不信任制度は全然論議さえ出ていない。

　導入が予定されている住民リコールにも少し気になるところがある。その導入についての国民世論はその71.5％が賛成し[11]，最近は中央政府の法制定前にも自治体が先にリコール条例を制定して中央とのトラブルを起す場合も増えている[12]。ところが，ロードマップでは2006年1月から進めるようになっており，行政自治部の方針は副作用を心配して住民訴訟制度や住民投票制度を施行した後，その結果を見ながら進めるとなっている。ちなみに，住民リコール制度は近いうちに導入されにくい展望であり，その最も大きな原因はリコールの対象が国会議員まで及ぶことなど，それによる混乱を心配するところにあるらしい。それも，日本のように自治体の主要幹部公務員に対する解職請求権まで拡大するのは全然検討されていない[13]。自治体の違法な行為に対して，住民が自分の権利や利益に係わらなくても，その是正を裁判所に請求する訴訟（民衆訴訟）制度としてその導入が進められている住民訴訟制度の場合も相反した見方が出ている。つまり，その訴訟対象が違法な財務会計行為に限られていたため，それを違法な行政作用一般まで拡大しなければならないなどの積極

的な意見が出る反面，この制度が政治的に悪用される可能性もあり，執行部の責任だけを追及することに置重しすぎると地方公務員社会の萎縮を起す可能性があると心配する意見も出てくる。

　2004年7月30日に施行した住民投票法も充分ではないという意見がある。まず，住民投票の対象である業務の範囲が制限的だということである。地方自治法に"当該地方自治団体が住民全体の利用に提供するため設置する公共施設に関する事項，自治区ではない区と邑・面・洞の名称，区域の変更または廃止・分合に関する事項，地方自治法第6条の規定による事務所の所在地の変更に関する事項"など，3つだけを対象にして住民投票に付することができるようになっている。それを2004年1月29日に"住民に過度な負担を与えたり重大な影響を及んだりする地方自治団体の主要決定事項など"に拡大した。けれども，住民投票法では地方自治団体の予算・会計・契約及び財産管理に関する事項などに対しては住民投票ができないようになっていることと，国家事務について住民の意見収斂が必要なる時に中央行政機関の長だけ投票を要求できるようになっていることも問題として指摘されている[14]。さらに，地方議会の一部では住民投票の対象を"国家的かつ地域的に住民の福利・安定などに重大な影響を及ぶ主要決定事項"などと，非常に包括的に条例を定める動きを見せている。そして，投票の実施に1回3～4億ウォンの費用がかかるものの，それを全額自治体が負担しなければならないし，地域の一部の名称を変えるため全体有権者が投票しなければならないことなどが問題として指摘されている。

5．結論

　今まで，韓国の盧武鉉参加政府が図っている地方分権改革を考察した。その改革の背景には統制を再び強化しようとする中央政府の動きに反発して全国から起きた地方分権市民運動があった。このような国民の意思は，16代大統領選挙の過程を経て盧武鉉参加政府が受け入れ，政府改革の重要な当面課題として扱われるようになり，大統領直属の'政府革新地方分権推進委員会'がそれを

総体的に導いていることが分かった。

　この分権委は地方分権のビジョンや推進原則，推進戦略そして主要課題やその推進日程を"参加政府の地方分権推進ロードマップ"として整理して発表した。このロードマップの基本方向は"地方分権を通じて住民の自発的な参加や連帯をはかることによって地域共同体を革新するきっかけを提供し，地方政府の自治力量を強化したり責任性を高めたりすることによって地域問題を地方レベルで解決できるようにし，中央政府は全国的に大きい問題にその力量を集中するようにすることによって効率性を向上させる"というものであった。そして地方分権の最終目的を"地方の活力を国家発展の動力にする分権型先進国家"を達することであった。

　このような参加政府の改革は始まったばかりであり，まだ確定的に発表されていない部分も多いので，具体的な改革内容の功過や適否を評価することは少し気短な面がないとは言えないが，今まで論議になった問題点を幾つか整理してみた。

　まず，今回の地方分権改革はそのスタート過程で国会の役割が非常に不足であり，中央官僚や自治体が主導的ではなく，地方分権市民運動家が大挙参加した大統領直属の委員会の形の組織が分権政策を具体的に樹立・確定までする特徴を持っていた。この点は日本に比べて大きな差を見せているところであり，政府部処間に葛藤を引き起こしている政策問題を調節しやすいという長所がある反面，業務重複や政策可能性の低下を呼び出す問題点もあると指摘した。

　そして，韓国の地方分権改革は，それを後押しする基礎論理つまり'中央—地方関係'と'住民自治'に関する理論が充分に確立していない状態で進められたことと，改革課題とその推進日程が6箇月ぶりに決められたため，その体系や内容に頻繁な変化があったり分権に関係ない事項まで含まれていることなどを指摘した。

　その上，分権改革の課題を個別的に考察して，'一括移譲法'を1年単位に3次に亙って制定しようとする点，'地方階層構造'を短縮する問題が扱われていない点，'自治警察制度の導入'の趣旨が相当縮小される恐れがある点，

'地方譲与金制度の廃止'などがむしろ地方財政力にマイナスではないかという点，地方議員の身分を有給化につれて議員の数を減らすことを検討していない点，地方議員選挙区の中・大選挙区への転換と基礎自治体の首長に対する政党公認制度の廃止がより積極的に扱われていない点，地方議会による首長不信任制度が論議されていない点，住民リコール制度の導入が遅れる展望で，住民訴訟や住民投票の対象が制限的である点などについて憂慮または異見があることを説明した。

しかし，このような多少の不十分さにもかかわらず，今回の改革は韓国地方自治の落後性を一気に克服する重大なきっかけになり得るし，なによりも地方分権市民運動のリーダーなどが新しくスタートした参加政府に入って，今までの課題を強力な推進力で解決しようとすることだから，その結末に期待を持っても良いと思う。ただし，数多くの内容が含まれているので，あまり意欲が多すぎてもたらすかも知れない副作用に対してもあらかじめ充分な注意をしなければならないと言いたい。

参考文献

金煥琪，"韓国的住民リコール模型の探索"(「韓国行政学報」2002夏季セミナー)，ソウル：韓国行政学会，2002。

朴昇株他3人，「最後に残っている改革@2001」，ソウル：教保文庫，1999。

林承彬，'住民投票制度の実施意義と活用方策'(2004全国市・道研究院定期総会および地方分権セミナー発表資料)，2004. 5. 14。

鄭貞沐，「地方自治原論―公共選択的接近」，ソウル：法文社，1996。

崔祐溶，"現代日本の地方自治権と自治立法権の法理"(「地方議会研究」第10巻)，釜山：東義大学地方自治研究所，2001。

崔鍾晩，「日本の自治体改革」，ソウル：ナナン出版，1998。

崔鍾晩，「自治体改革の課題と推進方向―韓日地方自治の比較分析的視座から」，東京：日本専修大学博士学位論文，2002。

崔鍾晩，"住民自治強化方策に関する研究"(「法律行政論叢」，第22輯第2号)，光州：全南大学法律行政研究所，2002。

崔鍾晩，"南北韓統合に備えた地方政策改編方向"，ソウル：国防大学卒業論文，2003。

注

1) 崔鍾晩,「自治体改革の課題と推進方向—韓日地方自治の比較分析的視座から」, 日本専修大学博士学位論文, 2002, pp. 219～222。
2) 後で47件と整理した各課題の年度別推進計画は2003年に3件, 2004年に11件, 2005年に18件, 2006年に9件, 2007年に2件, 2008年に4件である。
3) 2004年7月現在, 大統領下にあるこのような国政課題諮問委員会は政府革新地方分権委員会の他に東北アジア時代委員会, 国家均衡発展委員会, 新行政首都建設推進委員会, 高齢化および未来社会委員会, 持続可能発展委員会, 貧富隔差・差別是正委員会, 教育革新委員会, 農漁業・農漁村特別対策委員会, 国家科学技術中心社会推進企画団, 人立国新競争力特別委員会など11委員会がある。この諮問委員会を政策企画委員会が総括している。委員会の委員長は大抵大学教授であり, 11委員会の247人の委員の中で半分くらいが大学教授で, またその半分が地方大学教授である。委員会下に企画運営室または企画調整室などがあり, その職員は関連部処または研究機関から派遣されている。それとは別に大統領直属に労使政委員会, 中小企業特別委員会, 中央人事委員会, 規制改革委員会, 疑問死真相糾明委員会, 腐敗防止委員会などが設けられている。
4) 崔鍾晩,「日本の自治体改革」, ナナン出版, 1998, pp. 83～96。
5) 鄭貞沐,「地方自治原論—公共選択的接近」, 法文社, 1996, pp. 3～12。
6) 崔祐溶, "現代日本の地方自治権と自治立法権の法理",「地方議会研究」第10巻, 東義大学地方自治研究所, 2001, pp. 49～73。
7) 崔鍾晩, "住民自治強化方策に関する研究",「法律行政論叢」, 第22輯第2号, 全南大学法律行政研究所, 2002, p. 349。
8) 朴昇株他3人,「最後に残っている改革@2001」, 教保文庫, 1999, pp. 81～86。
9) 533補助事業 (12.7兆ウォン) の中で167事業 (1.3兆ウォン) は地方移譲, 126事業 (3.6兆ウォン) は国家均衡発展特別会計に移管し, 残り229事業 (7.7兆ウォン) は補助事業として存置するという整備方策が検討されている。
10) 韓国の場合は, 政党公認過程で政治献金が行ったり来たりすることによって地方公務員社会の腐敗に大きな原因となっており, 地方行政が中央政治に隷属されるという望ましくない結果を生み出している。日本も政党公認が認められているが, 基礎首長の無所属の比率が大部分を占めており, 韓国のような問題は深刻に論議されていないようである。イギリスやフランス, ドイツは政党公認を許容し, アメリカの市政府の約80％はそれを禁止している。
11) 金燦琪, "韓国的住民リコール模型の探索",「韓国行政学報」2002夏季セミナー, 韓国行政学会, 2002, pp. 478～481。
12) 光州広域市議会は2004年7月1日, 光州市公務員リコール条例を再議決して7月8日公布した。それに対して光州市は法的根拠を持っていない条例だという理由で大法院 (日本の最高裁判所) に条例執行停止及び再議決無効確認請求訴訟を提起した。

13) 日本は首長や議員は勿論，副知事または助役，出納長または収入役，選挙管理委員または監査委員，そして公安委員会と教育委員会の委員まで解職請求の対象にして住民による統制を強化している。
14) 林承彬，'住民投票制度の実施意義と活用方策'（2004全国市・道研究院定期総会および地方分権セミナー発表資料），2004.5.14。

Ⅳ編

東北アジアの平和保障の展望
―― むすびにかえて

第16章
東アジア共同体の構想と問題

小林 直樹

1．序論

　近頃，とみにアジア論，とくに東アジア共同体論が盛んになってきた。ヨーロッパ共同体（EC）の進捗からの刺激に加えて，アジア諸国が経済的・社会的な発展をとげたことが，その背景にあると思われる。その理由はともかくとして，この数年間に東（東北）アジアの共同体をめぐる討論やシンポジウムが，あちこちで行われるようになったのは，かつて見られなかった光景である。単なる構想だけでなく，部分的ながらアジア共同体（AC）に向けて，一歩を踏み出すような動きも出てきている。現に本稿執筆の最中，ラオスのビエンチャンで行われたアセアン主脳会議で，ASEAN共同体の実現を目ざす「行動計画」が採択され，日中韓の東北アジアとの協力（「プラス3」）を充実させる，という方針も確認したと報じられた。こうした動向はここ数年来かなり急速に進み，安保・経済・文化の分野で具体的な計画が，日程にのぼる勢いである。後述するように，種々の困難があるにしても，アジア諸国の間に，活力ある経済圏を作ろうとする気運が高まりつつあることは，1世紀前までの"貧困と停滞のアジア"を考えれば，まさに画期的といってよい。100年前といわず，東西冷戦体制の終焉まで，アジア共同体（以下，原則としてACとする）の観念は，大方の人々に実現可能なプランとは考えられなかったのである。

　1990年代に入ると，アジアに新しい風が吹き始めた。研究レベルではそれ以前に，「アジアの法と国家」・「法と経済」・「法と社会」等の考察が為されていた[1]が，各国の横のつながりからアジアを一つの"共同秩序"として見る動

きは，——大戦前の"大亜細亜主義"の思想などを一先ず別にすれば，——やはり90年代に始まるといってよいだろう[2]。そうした気運が動き始めた頃，筆者も AC に関する基本的な構想を，或る小さな研究会で報告したことがある。APEC 閣僚会議の発足（89年11月第１回開催）などをきっかけに，「アジアの世紀」や「新時代」などが謳われ出した頃である[3]。甚だ素朴ではあるが，現実よりも理念もしくは規範（必要な当為システム）の側から考察したその試論は，今日・今後につながるインデックスとしての意味もあろうかと思うので，拙論の末尾に，この報告のレジュメをそのまま掲載させていただく。その結論を一言で要約すれば，"AC 統合の実現は，EC のような歴史的・社会的・思想的な共通の条件に乏しく，近未来には期待できない。しかし，長期の展望としては，AC 結成は必要かつ可能な課題である。"ということであった。——その後，2001年11月10日に那覇で開かれた「東アジア共同体の可能性」をめぐる，日台＝国際シンポジウム[4]（台北・日本綜合研究所と東洋経済新報社の共催）で，筆者が行った「基調講演」（右シンポのテーマと同題）も，実は上の91年報告の延長戦上で為されたものといってよい。以下の拙論もまた，この講演を土台に踏まえ，その後の状況を勘案しながら，再考察を試みるものである。アジア学の非専門家である筆者には，当然ながら種々の盲点があり，情報不足から来る欠陥も少なくないであろう。ただ，長らく深い関心を抱いてきた問題への一つのアプローチとして，参考に供され，更には批判や教示が与えられれば幸いである。

1）安田信之『アジアの法と社会』，1987年は，恐らく我が国での「アジア法」に関する最初の，本格的な研究書といえよう。アジア諸国の法は，西欧近代法の枠組から見れば，きわめて"立ち遅れ"ており，その研究も70年代まで甚だ貧弱であった。20世紀の20年の間に漸く，比較法研究が本格化し始めたという事情は，AC への準備も EC の場合とは格段に遅れていたことを示している。それでもおそまきながら，上掲書のような研究成果が出てきたことは，AC への気運を下支えする意味を持ったであろう。
2）中西輝政『アジアはどう変るか』，1993年参照。その「はしがき」によれば，通産省大臣官房企画室の支援で，書名のテーマの関心に沿う「研究会」が，90年に発足した

という。本書はその研究会の成果として，11人のメンバーの執筆でまとめられたものである。冷戦後の「新しい地域協力と総合安全保障」をキィ・ワードとして，"南アジアと中東をも視野に収め"た展望を試みた点で，――その達成度は別にしても――90年代初期の注目すべき所産の一つといってよい。

3）80年代にアジアへの視線が世界的に集まり出したのは，日本のほか韓国・台湾・香港等のいわゆるNICSの，目覚しい経済発展に基くが，そうした状況を背景に，アジアの「新時代」を謳う動きが高まったのは，90年代である。アジア問題を討議するシンポジウムや雑誌特集が，盛んに行われ出したのもこの時期である。前者の一例として，宇都宮徳馬・土井たか子らを代表とする「アジア・太平洋の平和・軍縮・共生のために」というシンポ（91年12月）が，後者の例として，雑誌「世界」が行った特集「アジアからアジアへ」（91年4月）がある。そのほか，一企業誌が行った特集の例として，FUJITSU「飛翔」No.3「アジア新時代を問う」（90年秋）なども挙げられる。総合雑誌だけでなく，一つの企業誌さえもがアジア地域の胎動を受けて，視野を拡げるに至ったのは，アジア諸国の成長とその問題性の高まりを示しているといえよう。

4）日台関係で行なわれた，この小さなシンポジウムには，中国社会科学院や韓国からのゲストも加わって，実質上相当の成果を挙げえたといえる。主催者側の許介鱗（日本綜合研）のほか，張蘊嶺（中国，日本研）や関志雄（経済産業研）らの報告，日本側からは，山沢逸平（アジ研所長）始め，進藤栄一，田中直毅，原洋之介，高良倉吉，金泰昌らのリポートと討論があり，非常に刺戟的であった。この種の国際シンポのつみ重ねが望ましいとおもう。

2．東アジア共同体の意義と必要性

　序文で述べたとおり，やや長期の展望としては，アジア人にとってAC結成は必要かつ可能な課題である。しかし，現実問題として，その実現にはかなり長い時間と多大な努力のつみ重ねが必要であろう。ECと比べてみれば分るとおり，大アジアの地域は遙かに広大であり，抱える人口は全世界の人口の3分の2にも達する過密地帯である。各地域の経済的水準も，政治的民度も格差が大きく，文化や生活様式もきわめて多様である。ECの場合，ギリシャ・ローマの思想・建築・国制の伝統が，ほぼ全域に行き渡っているし，さらに宗教思想は（諸派の対立はあるが）圧倒的にキリスト教の影響下にあり，EC諸国の相当部分がかつては神聖ローマ帝国の下に"統合"されていたために，共通の政治文化を各国が分有している。文化や生活面で高い共通性を持つヨーロッパ

で，ECの結成がかなりスムースに進捗したのも当然といえよう。これに対してアジア諸国は，文化・政治・経済・社会・思想のどれをとっても，このような共通性に乏しく，共同体意識をつくるには，長い時間がかかると見なければならない。

　こうした条件を考えれば，ACの形成には多段階のプロセスが必要となると思われる。その点でACの課題を実現していく過程で，「東アジア共同体（EAC）」をACの中核体として形成していくことは，極めて有意義な現実的ステップとなろう。その理由は幾つかある。

　（ⅰ）アジアにおける地域共同体の実際政治上の提唱は，ASEAN（東南アジア諸国連合──1967年に，タイ・インドネシア・マレーシア・フィリッピン・シンガポールの5ケ国外相会議において，"域内経済開発・社会進歩・文化発展をめざす"地域協力機構として発足。のち'84年にブルネイ，'94年にベトナム・ラオス・カンボジア・ミャンマーを加え，10カ国となる。）が，'94年に"東南アジア共同体"の構築をめざすと宣言したことに始まると見られる。第二次大戦後の植民地解放の戦いを経て，僅か半世紀で広域の「共同体」形成を現実課題としたことは，高い評価に値する。とくにASEANが，東西対立の冷戦下で"中立"を宣し，主体的に米ソ両圏からの距離をとったことは，アジアの自主的なありようを示すものとして，地域共同体の一つの核心たる可能性を実際的に証明したともいえよう。しかし他方でそれは，将来の大アジア共同体を担うにはまだ弱体であり，国際的な政治・経済・文化の上では，欧米に対抗しうる"実力"は全く持ち合わせていない。近い将来においても，「北」の諸国にキャッチ・アップできる見通しは薄い。この点で，日中韓（何らかの形で台湾も含めて）を中核主体とするEACは，すでに現在でも欧米諸国と肩を並べる経済・技術力を持ち，経済競争でも欧米に拮抗できる立場にある。近来ASEANがしばしば〈＋3〉＝日中韓との一体化を目指していることも，当然であろう。EACの共同体が出来，ASEANとの結び付きを強めていけば，ACの形成は予想以上に早く達成できると思われる。

　（ⅱ）EACの組織化は，アメリカ主導の下で進められつつあるグローバリ

ゼーションの「負(マイナス)」の作用を緩和し，生じつつある禍害——とくに環境の悪化や世界規模での貧富格差の拡大[5]——や紛争の防止等にも寄与するであろう。アジア地域における貧困階層は，アフリカ程ではないにしても，人口増加率が最も高いだけに，拡大再生産の傾向がある。この階層を救済し，その増大を防止することは，人道目的に沿うだけでなく，域内秩序の安定を図るためにも，不可欠の要件である。環境の保全と回復も，これと並ぶ重要な課題である。これらを果すためにも，国際競争力や文化的力量に富む日・中・韓・台の協力システムが出来，「共同体」にまで高まれば，アジアの生活と福祉の向上に資することになろう[6]。更にそれは，アメリカの経済的・軍事的ヘゲモニーや「帝国」化から生ずる，種々の禍害に対しても——ECとの協力を通じて——チェック機能を果しうると思われる。

　　◆　恐らくその場合には，アジアでの軍事的・政治的な優越を維持・強化しようとする，USAの政策とのフリクションが生ずるであろう。このため到底一筋縄ではいかない難かしい事態に直面する惧れも大きい。これまでのところ，日・韓・台の何れもがアメリカの軍事的プレゼンスに大きく依存しているだけに，アメリカ抜きの"共同体"作りは，非常な困難を避けえないだろう。この問題は，後で考察することにする。

　(ⅲ) 地域にとっての必要性（及び有用性）という見地からすれば，何よりも経済および安全保障上のメリットがあげられよう。ASEANの目的がそうであったように，協力と互恵に基づく経済的繁栄は，EACにおいても優先的目標となろう。〔現に日・中・韓のどこでも，大方の諸個人の日常生活における第一の具体的目標は，カネと栄達にあるようにみえる。第二次大戦後この三国で共通に支配的となった，現実主義的欲求はおそらく，"過渡期"の一時的傾向として，将来どこかの時点で根本的な反省と批判を要するものと，私は思う。個人および国家の富の達成が得られたら，より高い精神生活への欲求が，卑俗なリアリズムを越えた「心の豊かさ」の充実に——国としては文化国家の方向に——向うことになろう[7]。EACはまさに，富の共栄圏から文化の共栄圏になることが期待される。この点についても，すぐ後で考究したい。〕しか

し，それにもまして，EAC が第一次に目ざすべきは，アジアにおける（戦争のない）安定した秩序であろう。それは何よりも，個人や国家が求めている経済的繁栄のために不可欠な前提条件である。そしてこの目的を達成するためには，EAC の構築をめざす共同作業が，必須であり，また最も合目的的な行き方となろう。

（iv）EAC は，人類の見地から見ても，必要かつ有用である。それは地域の経済や政治的安定の目的にとどまらず，人類共通の地球課題に奉仕することができるし，またしなければならない。そのためには，EAC の諸国民は，上述の共同作業を進めるに当って，人類が当面している危険な局面を認識し，その解決に協力する共同意志を持つべきである。——この共同認識のために，次のコメントを加えておきたい[8]。

- 人類はいま，500万年の人類史の中で嘗てない重大なターニング・ポイントに立っている。人類の上にのしかかっている地球規模の難問＝世界問題の噴出は，この空前の問題状況を示している。「核」，人口，食糧・資源，環境破壊（地球の汚染・温暖化・緑の減退・砂漠化，等々），遺伝子操作，情報革命などの世界問題の解決は，人類共通の課題となっている。

- これらの世界問題は，旧来の国家中心のシステムでは解決できず，国家を超えた諸国民の協働を必要とする。他方でそれらは，地球を急速に"狭小化"しており，その面でも地球大の思考を求めている。EAC はこの状況を踏まえ，その独自の精神文化——仏教・ヒンズー教・儒教・道教・神道などの思想——を綜合的に鍛え直し，この地域での世界問題を実践的に解決し，優れた共生のモデルをアジアおよび広く世界に向かって示すことが，期待される。

（v）EAC の形成は，日本国および日本人にとっても，重要な意義がある。第二次大戦前の日本（明治国家）は，「富国強兵」の政策をとりながら，いわゆる「脱亜入欧」の道を進み，欧米諸国家の後につづいて，アジアにおける「帝国」の膨張を図った。「大東亜戦争」と自称した十五年戦争では，日本は

中国大陸への侵略（とくに「満州国建国」）を始め，東南アジア諸国に軍事進攻を行い，覇権国家として猛威を振るった。この戦いに敗れたあと日本は，戦勝国アメリカに屈従し，敢えていえば，アジアにおける同国の軍事的覇権を下支えする，一種の半属国になった観がある。経済大国として目覚しい復活をとげながら，日本は軍事的・国際政治的には，対米従属という形で「脱亜入米」の道をとりつづけている。——こうしてみれば，日本は明治期以来一貫して，アジアの仲間として善隣の関係を結ぶ努力に欠け，アジア諸国とは疎遠な姿勢に終始してきたといわざるをえない。今日においても，アジアや中近東の諸国から，"対米従属国"という批判や蔑視をうけながら，"脱亜"の方針を改めないことは，アジアにとっても日本にとっても不幸だといわざるをえない。日本はアジアの一員として，アジアに立ち戻り，そこでの平和と共栄に努めるべきではないか。その最も手近かで有意義な方法は，EACの構築の道であろう。〔これにはむろん，多くの障碍や困難がある。それについては，後に詳しい考察を試みる。〕

5）今日進行中のグローバリゼーションの「負」の作用は，これらに尽きない。それについては，多くの著作があるけれども，拙稿「グローバリゼーションと国家・民族・個人」（専修大学社研編『グローバリゼーションと日本』，2001年所収）および『憲法学の基本問題』，2002年，第六章でも，考察をしておいた。

6）中国と並べて台湾を恰も一国のように数えることは，今日の国際関係の中で一つの紛糾ないし攪乱を惹き起す可能性があろう。周知のとおり，中国は"台湾独立"の動きに対して極めて厳しい態度をとり，武力の行使をも辞さないという断乎たる意志表示をしている。(cf.05年3月の「反国家分裂法」採択）たしかに，歴史的沿革からすれば，台湾に対する中国の主張には，根拠があるというべきであろう。ただ筆者は，このことを認めたうえで，なお独自の意見を持っている。一つには国家の主権性は今日すでに絶対的な意味を持たなくなっており，やがて将来は世界連邦制に移行する（その下では領土問題は今日のような重要性を失う）であろうことと，二つめには地域的独自性を持つ各単位では，住民の自律的意志が尊重されるべきであって，大国の覇権的意志は抑制的に考えられるべきだと思う。この一般原則に加え，アジア地域の安定とEACの実現を考えれば，台湾の帰属と国際的地位は，一先ず未決定にしたままで暫定的にEACの一員として数え，EACの確立を優先目標とすべきではなかろうか。このような理由に基いて，台湾を条件付きでここに数えておく。

7）この問題は，人間の「欲望」の見地から検討する必要があると思う。これについては，拙稿「欲望論」（2005年，「国家学会雑誌」に掲載予定）の参照を願いたい。
8）これについても，拙著『法の人間学的考察』，2003年，第8章Ⅱの参照を乞う。

3．EACの理念と構成原理

　EACの意義についての2節の考察から，EACの課題と理念が描き出されよう。それは先ずACの理念に——そして最終的には人類共同体の理念に——つながるものでなくてはならない。つまりEACの理念と在りようは，北東アジアの地域だけの"閉じた"組織ではなくて，地球上の人類共同体に通じる"開いた"システムたるべきである。そのようなものとして，われわれは先ず，人類社会の全成員が「固有の尊厳と平等で譲ることのできない権利」を有することを確認し，それを基礎として「世界における自由，正義および平和」の実現をめざすべきであろう。これは少数の個人の観念的な理想ではなく，1948年第三回国連総会で採択された「世界人権宣言」の根本理念である。それは，ほぼ同時期に書かれた「世界憲法シカゴ草案」等と共に，二度の世界戦争の酷烈な体験と「核」の開発に始まる未曽有の人類的危機に鑑みて，人類共存の条件を示した普遍度の極めて高い現代的良心の所産である。この「宣言」も「草案」も，国際社会の未熟のゆえに，世界の実定法にはならなかったけれども，その精神は「経済的，社会的及び文化的権利に関する国際規約」（1966年国連総会で採択，'76年発効）に受けつがれ，多くの締約国の実定法となった。遺憾なことにこの理念は，諸国家の「国益」の主張や若干の国々の横紙破りの暴力によって，十全な実現を阻まれてきたが，それじたいの普遍的意義は変らないし，将来の"世界憲法"の中核をなすものともなろう。ACはアジア的諸条件による若干の制約を受けるにしても，上述の「人権宣言」を積極的に支持し，その上に自前の共存システムを構築していくべきであろう。

（1）ACの理念と構成原理

　ACが「世界人権宣言」を自らのものとして確認しても，アジアには文化や

民度を異にする諸民族や国家が多く，西欧的観念で組み立てられた法規範や政治システムは，そのままには受け入れられない局面が少なくないであろう。先に挙げておいた拙論（末尾の参考資料）の§3の冒頭で述べておいたとおり，多様な文化や伝統を持つ「各国，各民族の自律性を相互に認めあうことなしに AC は成立たない」。尤も，自由・平等の人権は，当然 AC の目的とすべき基本理念であり，その承認を拒むことは，どの個人・民族にとっても自己否定になるから，長期的には共同に支持されることになろう。その一方で，互いに多様性を認めあい，各国家・民族の自律性を尊重することは，大きな矛盾なく両立できると思われる。とくにアジア地域では，多神教を通じての「寛容」の精神が広くゆきわたり，協同して良く構成されれば，アジア的な「和」のコミュニティ造りは，決して夢物語ではない。その可能性を念頭において，上述の理念に最も適合した原則を挙げれば，至極平凡ながら，次のようにいえよう。すなわち，AC 諸国が共有すべき制度原理は，普通の用語で言えば，政治では自由な主体の参加による民主主義，経済では公正配分に基づく平等の福祉，共生の原理としては（相互理解と寛容に基づく）平和主義ということになろう。そして，それらの基礎には上述したとおり，アジア的な和の連帯感がなくてはならない。以下，この構成原理の現実的展開を考えてみる。

（ⅰ）民主主義を"人民主権・人民代表制・人権尊重"の原則と解すれば，これを AC の政治原理とすることに，恐らく異論は少ないだろう。但しアジアには，旧ソ連とは異なる変形の社会主義国家が幾つか存在しているほか，ミャンマーのような軍事専制国家や，つい先頃まで異常に残虐な殺戮を続けていたポルポトの独裁制下にあったカンボディアのような国があり，民主主義の旗印の下に簡単に統合される情勢ではない。それらの諸国の経済＝政治的安定を図りながら，民主化の推進に協働する作業が必要である。EAC の形成が，この民主化運動に大きく貢献することが期待される。

（ⅱ）民主主義の原則は，AC の経済システムにも当てはまるが，それに加え「公正」配分の原理を樹てることは，重要な意味を含む。従来の資本主義市場（とくに米国主導の今日のグローバル化市場）では，自由競争の下で優

勝劣敗の結果として，甚だしい貧富の格差が生じ，それが怨恨やテロなどを生む不安定要因となってきた。資本主義はこの点で，公正原理を導入して不公平な配分を是正し，自己修正を行うことが，その存立のためにも必須の要件となろう。アジアの中でも強い競争力を有する EAC 諸国は，進んで積極的な公正原理を採択すべきである。

（2）EAC の制度原理と特殊性

上記の二原則が EAC にもそのまま妥当することは，各所で述べたとおりである。ただ，EAC の場所には，大きな障碍となりうる幾つかの特殊な事情がある。第一には，社会主義の建前をとる中国と自由民主主義の日本・韓国の"体制の相違"は，冷戦時の考え方からすれば，架橋しがたい溝を距てるものである。ただ実際には，中国が資本主義的競争原理をとり入れ，国際市場にも積極的に登場している今日，EAC 結成を困難にさせる障碍とはならないであろう。第二に，世襲制リーダーのカリスマ的権威を戴く，異例の専制的社会主義国家・北朝鮮の存在がある。韓国の"太陽政策"によって，「南北朝鮮」の異常な対立は緩和したものの，対米関係の緊張は高まり，容易には融けがたい不融和な状態が続いている。（日朝関係も拉致問題をめぐり，また「核」問題も絡んで，異常事態が続いている。）その存在は，EAC 民主主義と平和にとって，当分の間は鋭いトゲのような役割を果しそうである。第三に，中台関係も先にも触れたとおり，根ぶかい緊張関係を示してきた。これにはアメリカが絡んで，一歩誤ると異常な軍事的衝突をも生じかねない，EAC 構想にとって深刻な問題である。第四に，日中・日韓等の間に，尖閣列島や竹島のような領土をめぐる対立もある。これらを併せ考えると，前述の二原則の確認だけでは済まない，複雑な対立諸関係があることを認めざるをえない。EAC の成立には，こうした特殊な，対立・紛争を平和的に解決する原理とシステムが必要となろう。複雑な利害の調整を含んだ安保＝平和の原則が，次の基本問題となる。

- ◆ 北朝鮮は，経済的困窮に喘ぎながら，強力な軍事力を保有し，世襲的カリスマの権威の下に統合されている，特異な社会主義国家である。核

の保持までちらつかせて（05年），対米強硬の姿勢をとりながら，したたかな外交戦術をとる，この専制国家の存在は，EACの実現にとって一つの阻碍要因となろう。これをどのようにEAC体制にとり込むかは，当面最も困難な課題の一つとなっている[9]。

（3）AC・EACの平和原則と安全保障システム

a）平和主義は，EACのみならずアジア諸国の安定した秩序と永続的な共存のために，最も重要な原則である。さまざまな利害の対立や宗教的・民族的紛争が頻発する今日，平和主義は虚しい理想にすぎないように見える場面が少なくない。しかし，戦争が紛争やテロの根本的解決にならなかったことは，歴史の実証してきたとおりであるし，とくに現代戦の破壊力が人類の生存を脅かすに至っている事実を考えても，共生のシステムは平和主義に立脚すべきである。放っておけば各国は，それぞれの国益追求のために軍事力を増大し，また軍事装置そのものも，自らの存在意味を強調し，対外的危機を理由に自己拡大を図る傾向を持っている。軍備のこのようなダイナミズムを念頭において，ACは世界に先駆けて軍備縮小を積極的に進め，軍事費を福祉費に振り替えて，安定的な平和を作り出す必要がある。とりわけ「核」の廃絶は，ACの重い課題として実現を目ざすべきである。〔このためには同時に，共通の危険に対処する何らかの（ECにおけるNATOのような）同盟的な軍事システムの構築が求められるかもしれない。「核」を保有する中国やインドのような大国と他の諸国との間のバランスをどうするか，等の難問が出てくることを覚悟しておかなければならないだろう。〕

b）平和の要請の高さに反比例して，世界の現実はそれに逆うマイナス要因を沢山抱えている。

アジアの現実も，諸国民・諸民族の利害の不一致，宗教や政治的イデオロギーの多様性から見ても，平和主義の行方は楽観的でありえない。USAの軍事力のプレゼンスとそれに依存する国々の多いことも，超大国・米中の潜在的対立関係等も，平和主義の実現を阻む要因となっている。しかし，「核」の脅

威がその典型例であるように，これらの現実的諸要因の増大こそ，まさにアジア諸国の真の安全保障の為に平和主義を必要とするのである。なお，ACの阻碍要因については，次節で正面から取り組むことにする。

c）EACは，独自の自主的な安全保障システムを構想し，その実現に努めなければならない。近時ASEANが日中韓に働きかけ，日中韓との協同を（「ASEAN＋3」の形で）求めているのに対し，この三国の側での動きは鈍い観がある。その最大の理由は恐らく，現在安全保障面でUSAに多く依存している日・韓両国と，独自の「核」を保有している中国との間に，まだ政治的な溝があることと，北朝鮮問題をめぐる緊張関係が存在するということにあろう。後者については，米ロの二大国がこれに絡んで，いわゆる「六者会議」の方式で解決が図られる構図になっているため，EAC構成体を作る機運に乏しくなっているのが，今日の実態である。こうした現実の中で，北東アジアの共通の安保システムは，発想そのものさえ発芽を抑えられている観がある。──このような事態を十分に認識したうえで，日本が世界平和に貢献しようとするならば，やはりアジアの一員として，先ずは身辺の平和を自主的・積極的に確保できる仕組を作る努力から始めるべきであろう。その方向としては，米国依存を脱却し，かつASEAN諸国を含む（諸民族平等で，非核の）アジア安保システムが目ざされるべきだと思われる。

  ◆ とくに小泉内閣が推し進めた，半ば盲目的ともいうべき米国一辺倒の政策の下で，日本は自由な主体的思考を自ら狭め，柔軟な選択の能力を放棄してしまったようである。"何でもアメリカについていけば間違いない"という，一部の人々の馬鹿げた信心が政策を動かすような状態では，EACの構想など生れるわけもない。そのような迷蒙に導かれて，大義なき"ブッシュの戦争"に奉仕したような，恥ずべき追随は一日も早くやめて，自由と主体性をとり戻すことが先決問題であろう。

d）上の方向づけの中で，"米国依存からの脱却"を一つの要件としたが，これはいうまでもなくUSAの排斥や疎外を──まして況んや対米対立を──意味するものではない。この"要件"は，USAの被護や「核の傘」の下での安

全を求めて，その巨大な軍事力の"抱擁"に身を委ね，自主性を失ったミゼラブルな従属状態から脱出し，自由・自主の主体性をとり戻そうとする，単純・明快な要請にすぎない。同じことは，アジアの超大国として，経済的にも軍事的にも勢威を伸しつつある中国に対しても妥当する。中国は（インドもまた），国土の広さ，人口の大きさ，技術や経済の力量，「核」の保有や衛星打ち上げなどを背景にした潜在的な大軍事力の点で，すでにUSAに対抗しうる超大国になり始めている。〔ASEANの中にも，中国の「覇権国家」化に警戒心を抱く動きがつとに見られた。〕日本はこの中国に対しても，対米関係と同じく主体性を維持し，軍事的には「中立」を貫ぬく姿勢が肝要であろう[10]。USAのアジアへの過剰介入を拒否するとともに，中国の「覇権国家」化をも否認する主体的な姿勢が，EAC構築に進む日本の基本的な方針として示されなければならない。この点で，韓国とも共同歩調をとるよう，積極的な呼びかけが望まれる。EACの構想は，日・中・韓の自由・平等な主体性を確認したうえで，協同して練り上げられることが，不可欠な要件となる。――この三国には，長い文化交流を通じての歴史的共通の意識がある。多くの障碍を越えて，それがEACへの協同作業の精神的基盤になることを，期待したい[11]。

9) EACの中に北朝鮮を果して，またどのように取りこむことができるか，それともEACの外に特異な国際政治空間として残し，適宜な関係を結んでいくかは，非常に論議の多い現実問題となろう。EACの構成原理に適合しない体制をもつ国との関係づけは，EACの存立の仕方にかかわるからである。最も望ましいのは，北朝鮮が実質的に立憲体制に近い構成をとり，EACのメンバーとして平和的な友好関係を結べるようになることであろう。これについて，「北朝鮮とどう向きあうか」というブックレット（2003年）を書いた岡本厚は，同国をどのように「ソフトランディングさせるか」――すなわち戦争も急激な崩壊もなく「改革開放し，国際社会の中に入ってくる」ようにするか――が「東アジアの国々の最大の課題だと思います」と述べている。私の考え方も，これに近い。
10) 中国は近年，めざましい経済成長をつづけ，経済大国への途を辿り，十数年後にはアメリカを凌ぐ国民生産を達成すると予想されている。同時に軍事予算も急激に増大し，「核」とロケットを始め海・空軍力の保持をめざしているように見える。このような軍事と経済の高度成長は，やがて米国との競争と対立を生じ，新しい二極間の冷

戦状態に向う可能性はかなり高いと思われる。その場合，日本はどのようなスタンスをとって，この米中関係に対処していくか，今から腰を据えて考えていくべきであろう。——かつて S. ハンチントンは，高名なベストセラー本『文明の衝突』（鈴木主税訳，98年）の中で，種々の条件を勘案しながら，一つのシナリオとして，"米国を中心とする西欧勢力とロシア・インド" 対 "中国を核とするイスラム勢力と日本" との間に生じる世界大戦の可能性を画いている。これは幻想的なシナリオという外ないけれども，日本としてはその逆の（対米協力の）シナリオと併せて，双方に批判的に対応し，自主的な道を選択していかなければならないであろう。旧来とってきた "強い者と組む" というバンドワゴニング（bandwagoning）な政策ではなく，覇権国家間の対立には自立的な局外者として，積極的に反戦平和の道を提唱してゆくことが，肝要・必須の方策だと私は思う。

11) このために必要な日本側の条件として，とくに日本国憲法の徹底平和主義の堅持と対米自立化，および旧日本帝国が行った侵略的所業に対する歴史的反省の三点を挙げておきたい。最後の条件は，中国・韓国（および北朝鮮）が繰り返し要求している精神的・道義的要件であるが，例えば「首相の靖国参拝」などに象徴的に見られるように，日本側として隣国の心情の理解に欠ける点が少なくなかっただけに，格別の配慮を要するところである。

4．障碍とそれを越える方法

（A）諸障碍の概観

AC はもちろん，EAC の形成にも，各処で指摘してきたとおり，多くの困難な障碍が横たわっている。AC についていえば，少なくとも次のような諸点があげられる。（ⅰ）平等原則と遠く隔った現実（とくに経済格差，およびそこから来る民度の違い），（ⅱ）政治的・社会的不安定地域の存在（その結果として軍・治安権力に依存する強権国家があること），（ⅲ）政治＝経済的利害関係およびイデオロギー上の対立，（ⅳ）諸国民の宗教的意識や生活慣習の違いと，その多様性から生ずる共同感覚の欠如，（ⅴ）植民地時代からの西欧諸勢力の影響，およびとくに第二次大戦後のアメリカの軍事的・政治的＝経済的影響力の存在，等々である。

（ⅰ）経済格差は大きいほど，共同体意識の障碍となる。とくに貧困層の増大は，社会の「現状」への不満を醸成し，反抗やテロなどの下地ともなる。こ

の点で，"アジア全体で貧困層の削減が進んではいるものの，発展途上国の人口の6割にも当る19億人の貧困層が存在する"という報告は，やはり大きな問題だといえる。アジアは世界で最も人口増加率が高いところである故に，この貧困層の逓減を早急に図ることは難しく，ACの最大の内在的障碍になると考えられる。貧困家庭は生活の不安に悩むだけでなく，子弟の教育費にも欠け，次代の担い手たちに教養や判断能力を与えることができないため，却てAC構想を阻げる要因の産出につとめる結果になり易い。

　（ⅱ）政治・社会的に不安定な場所では，共同体的意識が欠けており，紛争が多発してそれだけでもAC形成を阻げることになろう。しかもそういう国々では，治安の回復を名として独裁的な強権政治が行われ易い。軍部が民主制を押しのけて支配しているミャンマーは，先にも挙げたその一例であり，軍を支配基盤としながら世襲のカリスマ的指導者を戴く，特異な社会主義国家＝北朝鮮は，他の一例である。このような軍事独裁的な国家の存在が，自由・民主・平和を原則とする共同体に参加し・協力することは難かしいであろう。〔ミャンマーは，ASEANの招請を受けて加盟したけれども，かなり異例のメンバーでありつづけて，民主勢力のリーダーであるスーチー女史の軟禁などで，国際社会を困惑させている。〕この点では，北朝鮮のように，国民の飢えを救うために国際援助を求めながら，（百万の正規軍を中心に）強大な軍事力を保持して，半ば閉鎖的な強権体制をとる国が，EACの成立に一大バリアーとなっていることは，前述したとおりである。――なお，中国の内部問題でありながら，国際的に不安定な台湾問題がある。台湾内にも"独立"を希求する有力な勢力があり，外部にはUSAが絡んでいる点で，深刻な緊張関係が続いている。これも先に触れておいたことだが，北朝鮮とは全く別な意味で，EACの構築に際して台湾をどうするかは，重い課題となろう。

　（ⅲ）アジア諸国家の間にも，解決困難な政治・経済上の対立や紛争が各所に見られる。上記の北朝鮮は，韓国（南北問題）・アメリカ（「核」問題）・日本（ミサイル問題，拉致問題など）との間に，鋭い対立関係を持ち，利害対立は不断に紛争の種を蔵している。中台問題は，中国からは領土復権をめざす要

求がつよく，台湾内部の独立派と対立し，台湾の実質的併合を国際バランスの上で好まないUSAとも，潜在的な軍事対立を孕んでいる。より大きな国際対立としては，インドとパキスタンの間でカシミール地域の領有権をめぐる，歴史的な紛争がある。双方とも核ミサイルを保有しているために，紛争の処理を誤ると核戦争の惧れもあるとして，注目されている。なお，海上の島嶼の領有権をめぐる対立は，日・中・台・韓・比・等の諸国間に多角的に存在している。海底資源や漁業権が絡んでいるために，それらは一種の潜在的な「資源戦争」の意味を含んでおり，今後激化する惧れがある。

　(ⅳ) 宗教的意義やイデオロギー上の違いも，生活習慣のそれも，ふつうは重大な対立の原因にはならないだろう。ただ，領土権や経済対立と組み合さると，時として"熱い戦い"に引火する誘因になるし，伝統的な対立感情があるところでは，例えば印・パ関係やスリランカの内部闘争（アジア外になると，イングランドとアイルランド，イスラエルとパレスチナ，トルコとギリシャ等々，典型例が多い）にみられるような，時にブルータルな対立を生ずることになる。インドネシアやマレーシアにおけるイスラム教徒の活発な活動も，これからのアジアに宗教問題を投ずることになろう。――生じうる宗教的軋轢は，とくに慎重な扱いを要する。異質な諸宗教の間には，平素から"平和共存"のための相互理解と寛容の精神が求められる。

　(ⅴ) 第二次大戦後のアジアにおけるアメリカの介在は，AC・EACの何れにとっても，無視も排除もできない重要な意味を持っている。とりわけ冷戦後，旧ソ連の影響力が顕著に後退し，その分USAの勢力が急速に増大して，アジアの平和と安全に大きく関わり出したからである。ベトナム戦争の失敗にも懲りず，「世界の憲兵」の役割を自ら担ったUSAは，軍事力を肥大化させ，その威力を背景に"必要"と思う場所に基地を設けたり，航空母艦を送ったりして"力の外交"を展開してきた。近頃ではそれは新しい「帝国」の政策と見なされ，とりわけ国際ルールを無視してイラクへ進攻し，"大義なき戦い"を始めるに至って，きびしい国際的批判を受けることになった。このような「帝国」運動を進めるUSAは，アジアでそれを除外したAC（及びEAC）の構成

を図ろうとすれば，これに対して"黙視"するとは思われない。恐らく（破壊・妨害その他の）積極的介入の挙に出ることが，十分に予想される。その結果どういう運びになるかは予測できないけれども，アジアにおける USA の存在が，AC・EAC に対する重大な阻碍要因になることは，覚悟しておかなければなるまい。

　（vi）他方でアジア諸国の中にも，USA の軍事的プレゼンスを不可欠の安定要因として，要望し，評価するものも少なくない。現に日本・韓国の政府・与党は，「北」の脅威に対する必須のカウンターバランス（もしくは戦争抑止力）として，米軍に基地その他の便宜を供与し，USA の（「核」を含む）軍事力に依存する方針をとってきた。中でも日本は，"寄らば大樹の蔭"の譬えそのままに，冷戦後もジュニア同盟国の立場で，殆んど全面的に USA に追従し，事々にその政略を受け入れこの「帝国」に従属してきた。日本の政府・与党がどういう国家哲学を持って，かような従属国家の地位に身を落としたのか不明だが，少なくともこのようにアメリカに附従している国が，積極的な AC・EAC 構想を出してこれを推進する見込みは，ほとんどないであろう。むしろ逆に，アジア人独自の AC 構想には，つよいネガティブな態度をとる蓋然性が高いと見られる。つまり云ってみれば，これまでの日本のままである限り，この国は AC・EAC の積極的な推進者ではなく，反対に阻碍要因となるように思われる。批判的にみれば，アジアの一員として，これは悲劇的な自己喪失ではなかろうか。

(B) 障碍をどう克服してゆくか

　さまざまな国益や利害関係が絡み合う国際舞台で，上に見てきたような高いバリアーを越えて，AC・EAC の構築をどう進めていくかは，非常な難題である。しかし，現代の人類が当面している世界問題を考えれば，帝国の覇権も一国主導のグローバリゼーションも，人類課題の達成はもちろん，安定した平和を実現することさえも出来ないであろう。例えば環境問題や人口問題などどれ一つをとっても，諸国民の積極的な協同なしに解決は望みえないからである。

諸々の障碍と正面から向き合って,諸民族が協同してその一つ一つを克服していく以外に道はないであろう。以下,AC については簡単に原理的な方法にふれ,問題毎に解決のメドと思われる点にふれておく。

(1) AC・EAC 共通の要件

(ⅰ)経済格差の解消には,長い時間をかけた域内経済計画が必要である。アジアの諸民族は総じて勤勉であり,生活力も豊かであって,教育等の条件さえ整えれば,自力で貧困から脱出できる能力があると思われる。これまで ASEAN が経済生活の向上に相当の成果をあげてきた結果,貧困層は漸減の傾向にある。ただ,この目的達成には,世界で最も多産な人口について,積極的な抑制政策が必要である。中国が行ってきた一子政策のようなラディカルな人口政策には,宗教上の理由などに基く反対(例えば,pro-life の立場からの,abortion 反対運動など)があるけれども,抑制なしに生ずる過剰人口の悲劇的な結果を考えれば[12],一定の賢明な人口政策は不可避である。〔この点では,それに最も"成功"してきた日本は,大きな貢献をなしうる筈である。〕

(ⅱ)国際および国内の政治=社会的不安定の改善・除去は,AC・EAC の第一目的となるが,コミュニティ作り以前に,諸国民の協同でその達成に努めないことには何も始まらないだろう。上述した北朝鮮やミャンマーのような,閉鎖的な軍事=強権国家は,誠に扱いにくい厄介な存在であるが,外からの(軍事的な)威圧や暴力手段(究極的には戦争)で,その体制の変革や排除を行なおうとするのは,AC の制度原理である平和と民主主義に反するし,効果の期待できる合理的なやり方とはいえない。力に訴える前になすべき方策は,多段階に沢山ありえよう。前にも述べたとおり(註9),できる限り国際世論を背景にした平和的方法で,内外の緊張を緩和し,独断的な閉鎖体制を国際社会の中に組み入れて,良い意味での"普通の国家"に変えるよう,共同作業を重ねていくことが望ましい。

(ⅲ)領有権問題のような,国境線に関するトラブルは,どこの国でもナショナリズムの熱情や"なわばり"防衛の生物的本能などに駆られて,武力抗

争に走り易い問題である。しかも前述したとおり，現代のそれは資源問題に絡んで，政治的・経済的紛争ともなって，容易には処理しがたい紛争となる。
——しかし，他面でこの問題は，広域の共同体が形成され，その下で国境の壁が低くなり，資源の共同利用の原則が出来れば，解消されるべき性質のものであろう。一般に領土問題は，仮にAC共同体が一大連邦国家にまで進んだ段階を考えると，争う意味のない"過去の幻影"に類するものとなると思われる。むろん現実はまだ，そこまでには長い距離があるにしても，"未来"の尺度で考えてみれば，互いに悲惨な流血の戦いに走ることの愚かさを知り，平和な仕方で"共有"（もしくは共同利用）の途を切り開けるのではなかろうか。

　　◆　日本と中・韓両国との間にある係争地——尖閣諸島（中国名，釣魚島）および竹島（韓国名，独島）——は民族感情と経済的利害が絡んで，現に厄介な係争問題となっている[13]。しかし，それらもEACが出来れば，一種の共同管理方式によって，資源の合理的配分を計れば，理性的な解決に到達できるだろう。狭い領有権意識で善隣関係をそこない，不幸な対立や民族的憎悪を作り出すことほど，馬鹿げた話はない。そうした良き解決に達するためにも，EACの構築が急がれなければならない。

　（iv）宗教意識の対立も，イラショナルな性質の故に，互いに妥協を許さぬ抗争になり易い面がある。とくに伝統的な生活習慣や意識の違いと，領土権と似た支配圏や経済問題が絡むと，深刻な争いを生じ，その敵対意識が憎悪や怨念になって次々の世代に伝達され，収拾しがたい"不倶戴天"同士の争乱にもなる。〔前述したイスラエル対パレスチナ，インド対パキスタンの長い紛争はその典型例であり，やや規模が小さいが北アイルランド紛争（カトリック系住民とプロテスタント系住民との流血の対立），（イスラム教宗派間の対立が絡む）アフガニスタン問題やイラン・イラク問題，etc. と沢山の例がある。〕
——憎しみが戦争を生み，戦争が更なる憎しみを生むという悪循環は，宗教対立の最悪のシナリオだが，それは何としても絶たなければならないし，また可能だと思う。先に述べたとおり，人間の相互理解の能力を振い，互いに寛容の心を以て接すれば，互いに殺傷しあう憎悪の連鎖を断ち切ることができる筈

である。現に旧い恩讐を超えて，幸せな共存を遂げている例が多いのである。とくにアジア人は，多神教的な寛容のメンタリティに富み，相互に認め合う生活を大切にしてきたから，共生の文化の範を示すことができるであろう。

　（v）超大国アメリカの帝国運動は，アジア人のAC・EACの形成にとって，重い障碍となる可能性が大きい。卓抜した軍事力を持つUSAにチェックをかける国がないだけに，同国が種々の策略を用いたり，AC運動に暴力的圧力をかけて阻止しようとすれば，ACの構築は難しくなるであろう。——しかし現代のアメリカは，強大な武力と技術を誇る覇権的国家ではあるけれども，いやまさにそうであるかぎり，"現代のローマ"になりうるような資格も能力も備えているとはいえない。今日のアメリカは，ローマ帝国が持った規律力も文化力（宗教・法律・建築等）も持たないし，何よりも他民族を思いやる心と徳に欠け，傲慢かつ独善的に暴力行使に走り，尊敬の代りに不信と憎しみを受ける威力国家になっているからである[14]。アジア諸国も共同すれば，このような超大国の横車を止めて，自前のシステム作りができる筈である。

　（vi）先にも述べたとおり，米「帝国」に抗することは，リベラルな民主国家としての健全なアメリカとの協力を排除することではない。民主主義を回復したアメリカの協力は，AC・EACにとって重大な寄与をするであろうし，その技術力や富は，「環太平洋」経済圏[15]の成立・維持のために欠くことのできない要素でもある。ただ，その協力を求めるに当って必要な前提は，我々の側の自主性と自由の確立である。これまでの日本は，この基本条件を欠き，ひたすらにアメリカ一辺倒の従属的態度に終始してきた点で，真のパートナーとはいえない附従者にすぎなかったという外ない。アジア（及びその一員としての日本）の対米政策は，このように卑屈な従者のそれから，平等で自由なパートナーに切り換えるところから再構成されなければならないであろう。

12) ここでは人口政策について論ずる余裕はない。拙稿「人口問題の法哲学」(1)～(5)，「法律時報」1993年9号～94年2号所載を参照いただきたい。
13) この問題について，大前研一はその著『アジア連邦の世紀』1996年の序章で，一つの興味ぶかい提唱をしている。すなわち，情報・金・企業などに「国境がなくなるボー

ダレスの時代に，国境の岩礁を巡って大切な隣国と一戦交えるくらい無駄なことはない。」その領有権を一方的に主張するのは賢明でない。ここは「国境を〈実線〉から〈点線〉に変える発想」が必要だというのである。──私見もこれとほぼ合致する。

14) わけてもイラクに対する"ブッシュの戦争"は，国際法も道理も無視した暴挙であったために，激しい批判と抵抗を招いた点で，威力国家の弱さをさらけ出す結果になっている。圧倒的な軍事力を持っていても，こういう"徳なき大国"は，現実にはそう強くはないといってよい。現にイラク一国でさえ持て余し，破壊戦の収拾も出来ないでいる状況は，その"弱さ"を露呈しているではないか。これまで"同時に二正面作戦"ができると誇っていた同国も，この体験に学ぶべきである。──尤も米国民は，かつて荒れ狂った反動的なマッカーシズムを克服して，民主主義を回復した秀れた経験を持っている。この民主的復元力を示せば，今日の帝国運動に歯どめをかけ，良きアメリカを再建する可能性はあるとおもうが。

15) ACはおそらく，環太平洋経済圏とクロスして，米・豪・加等の諸国と密接な関係を作るべき運命にあろう。この拙論では，ACの自主的共同体を視野の中心に置いたために，その問題に立ち入ることを控えたけれども，一時期わが国でも盛んに論議された──例えば，大平首相が作った政策研究会の報告「環太平洋連帯の構想」1980をみよ──太平洋をかこむ諸国とその広い交流を計る必要は極めて大きい。

（2）小結　EACの要件とありよう

EACでは，上の（iii）（iv）等の問題はあっても，全体としては民度は高く不安定要因は少ないし，長い文化的伝統を共有しているうえに，経済上のテイク・オフを達成してきたため，最も"統合"し易い条件に恵まれている。EAC諸国の協力体制を整備して，その連帯の下でアジアにおける上述の障碍を除去する方策──経済上の再配分による貧富格差の解消，諸国民の教育向上をサポートして民主化を促進する援助，軍縮の推進による不安定要因の除去，等々──を進めることが望まれる。

前にも述べたとおり，これまでは主としてASEANの側から，日中韓3国への働きかけがあったのに，後者の側の準備不足もあって，EAC構想は大きく立ちおくれていた観がある。近来漸くASEANの呼びかけに応えて，EAC運動の声が高くなってきたけれども，文化度の高さや経済力の大きさからいっても，本来は後者の側からの運動がなければならなかった筈である。ここではイニシアティブを逆転して，以上の方策に先行し，EAC諸国はASEAN諸国

に呼びかけ，"豊かな共生"の文化共同体づくりの構想を——社会の各レベル（学界・教育界・言論界・経済界はじめ，文芸・スポーツ等にわたる）での交流を通じて——具体化し実行していく作業にかかるべきであろう。この積極的な文化交流の作業に，平和憲法を持つ日本は格別の努力を払うべきである。

＊

　最後に一言。忘れてはならないのは，EACもACも，人類共同体に到る過渡的な一つの階程に外ならないということである。人類は他の生物と共に，"宇宙船・地球号"の上で生活することを運命づけられた，生き物の一種である。このちっぽけな惑星の上に，貴重な生命を与えられた人間が，そのエゴイズムと技術に駆り立てられて殺し合うことは，何という愚かしい所業であるだろう。その愚行をやめて，理性的存在として互いに共生できる地球共同体を作ることに努めなければ，人類は技術文明の果てに共滅していく愚かしい生命であった，というミゼラブルな終焉をとげることになるだろう。EAC・ACは，そういう"共生のための人類共同体"をめざして，アジア人の手で地元に作る過渡的所産であって，それ自体が究極の目標ではない。こうした地球大の視野をもってACを構想するのでなければ，それは単なる地域的利益のための集団エゴイズムの作業に矮小化され終るかもしれない。ACもEACも，排他的な地域主義ではなくて，世界に向って絶えず開かれたコミュニティを目ざさなければならないと思う。

［参考資料］1991年報告のレジュメ

「アジア共同体」に関する諸問題
——未来課題へのアプローチ——

小林直樹

§1. 序——共同体への「統合」の意味

①EC（ヨーロッパ共同体）的「統合」——連邦化への方向をめざし，各国の主権の制限は大きくなる傾向にある。

② (アジアでは) EC とは異なる，よりゆるやかな結合——連邦からはほど遠いが，全体としてある種のまとまりをもって共生できるシステムをめざす。

※アジアでは，政治体制，地理，宗教，民族などの差が著しく，同質性が確保できないことから①は困難である。当分の間，②のゆるやかな「統合」をめざすほかないであろう。(したがって，「統合」の概念が①をイメージさせる傾向がつよいとするならば，別の用語・表現法を採ることも考慮しなければなるまい。)

§2．アジア「統合」の目的

①アジア経済圏の確立と安定——経済的共生が当面第1の課題。
・ECやアメリカと一定の距離を保ちつつ，アジアの相対的自立をめざす。
・(その条件として) 将来的に欧米の経済ブロック化に，対応する必要があろう。
・経済圏確立の究極の目的は②にあるが，初めから厳密な規定は行わない。

②全アジアの個人の人権保障
・第3世界の社会的弱者の人権保障の観点を踏まえない限り，「統合」は少数の先進国のみ有利になり，大方の国々にはメリットがないばかりか，かえって有害とさえいえる。
・国際人権規約は，アジア人民にも共通の規範枠組みとして妥当するよう，各国の積極的な努力が望まれる。
・これを出発点として，人口問題，環境問題，軍縮問題，民主化問題，さらには多国籍企業問題等への，全アジア的対応を進めるべきであろう。

③平和共存システムの創出
・①と並行して，各国でその構想をもちより，出来るだけ早く 「アジア安全保障」の全体的な体系を作ることが肝要である。
・あとで (§3の③) 述べるとおり，軍縮の実現はこの安保システムの絶対的条件となろう。軍縮は平和的統合への第一歩である。

§3. アジア共同体（AC）の条件

① 「多様性の承認」……民族自決の尊重
- 各国・各民族の自律性を相互に求めあうことなしに AC は成立たない。
- しかし，将来的には，人権問題について一定の相互規制すべき場合も考えられる？　人権の承認は，AC の目的であり，また手段でもある（⑤参照）から。
- アジア的「寛容」の思想（仏教・ヒンズー教・道教・神道等にある程度まで共通する）の強化は，この多様性の承認を可能にするだろう。

② 「平等の原則」……A．主権国家間の平等
　　　　　　　　　　B．民族，宗教，イデオロギー，性別，経済的・社会的条件などによる差別の禁止
- 平等の原則の不断の確認は，AC 成立の基本条件である。
- 究極的には，各個人の平等まで目ざすべきである。

③ 「平和・軍縮」……A．軍事費削減による各国経済の向上
　　　　　　　　　　B．軍縮による自由・人権保障の拡大
- 軍縮の第一歩として，アジアの非核化を進めることが望まれる。非核化は通常戦力の削減と同時進行させる。
- アメリカなどとの軍事同盟を解消し，アジアの地域的自立をめざす。
- 軍縮と援助（ODA など）を連関させる。相互に軍縮を推進することを国際援助の条件とする（抑圧的政権からの解放，民主化促進が必要）。

④ 「再分配」の達成による，経済上の平等と福祉の実現
- 経済の向上により，社会的安定が増大すれば軍の必要性も低下する。③と関連。——但し，階級支配の矛盾が存するところでは，この実現は極めて困難であることも，認識されなければならない。
- このためには一定の計画経済が必要であるから，自由経済を原則としても，その枠組は大幅に変容される（ミックスト・エコノミー）ことにもなろう。

⑤ 「人権・民主化原理」
- これは，AC 実現のための必須の手段であり，かつ目的（統合における基本理念）である。(cf. 小林・深瀬の「アジア人権宣言」試案)

・このための教育（現状認識力と批判精神をもつ，自律的人間の養成など）の必要性は，とくに大きい。
・宗教の自由，思想・言論の自由は，アジア全域で確立されなければならない。

⑥諸条件の関連

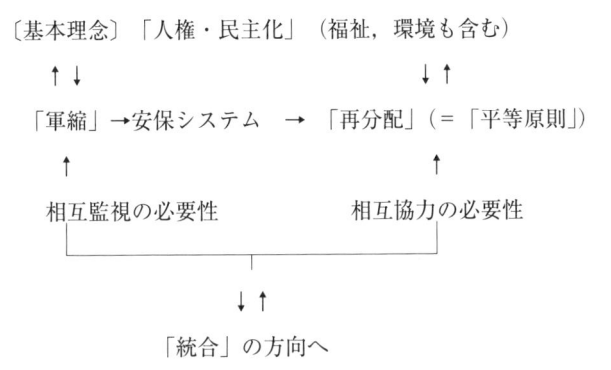

〔基本理念〕「人権・民主化」（福祉，環境も含む）

↑↓　　　　　　　　　　　　　　↓↑

「軍縮」→安保システム　→　「再分配」（＝「平等原則」）

↑　　　　　　　　　　　↑

相互監視の必要性　　　　相互協力の必要性

↓↑

「統合」の方向へ

§4．「統合」の担い手の問題

①主権国家レベル

・大国主導は覇権外交を生むであろうから，先の平等原則と相互尊重原則は，絶えず再確認されなければならない。
・さし当たりは，日本，中国，韓国を中心に進める（東北アジアにコアーを作る）ことが，具体的行き方になろう。

②人民レベル

・各国における人民の状況は，著しく異なる（§5の③〜⑤参照）ので，一律の判断はできないが，究極的には各国人民の主体化が，AC成功のカギとなろう。

③民族の問題

・平等原則と自決原則を踏まえ，（各民族内部の）少数部族の自律の実現を目ざしていく必要がある。
・①とも衝突するイラショナルな問題が多いことに留意しなければならない。

§5．アジア「統合」の困難と阻碍要因

①平等原則と余りにも隔たった現実——とくに経済＝技術格差の大きいこと。
・この現実は，人権保障の原則をも空名にし，統合の最大の支障となろう。
・難民問題の解決も，この一環として捉えるべき。〔経済上の再配分および社会福祉向上の必要な所以〕

②政治＝社会的不安定地域の存在
・その結果としての，軍や治安権力による抑圧のシステムは，各国家の民主化を妨げ，ひいてはアジア地域の全体にわたる不安定要因となる。〔軍事的支配をなくし，福祉を進めるためにも，軍縮が必要な所以〕

③各国民衆の政治意識と人権意識の格差
・上の①②の反映でもあり，またその原因ともなるとともに，全 AC の前提たる共通の意識の形成を妨げる原因ともなろう。〔教育向上が必要な所以〕

④諸国家の体制の相違とイデオロギー的ギャップ
・体制の違いは相互承認によって，それほどの障壁にはならないと思われるが，AC 形成のためには政治イデオロギーの溝は漸次埋められなければならない。

⑤各国民主化の度合いの違い
・§3の③④⑤の推進は，このためそう簡単ではありえない。
・人権の保障のための Rule of Law 原則は，どのように実現されるべきか。

⑥アメリカの「覇権」的影響力の大きさ
・日本自身の問題　——日米安保からの解放をどう実現できるか？
・アメリカとの間のスタンスのとり方　——協力関係は必要だが…

⑦貢献すべき日本の側の条件　——保守政権党の「現実政治」（は障碍の一因）
・政権交替なき保守政治のあり方〔日本の改革の必要な所以〕

§6．結——当面の課題

①理論的課題
・上記の諸要件——政治・経済・法制・宗教・民族等々——の実証的検討を各国毎に行い，「統合」の条件を探っていく。

②実践課題
・学界，言論界を始め，各界でアジア諸国との協力を深め，「統合」問題を討議し，共生のシステム作りに努めていく。

〔後記　以上は単なる報告用のレジュメであって，文章になっていない。手もとのメモで若干の修正補足を加えたが，実質上はほぼ当時のままである。〕

＊　　　　　＊

〔追記〕
　本稿の最終校正の段階（四月中旬）で，中国に発生した大規模デモのニュースが入った。その原因や理由は冷静な分析を要するが，主な理由に"戦争加害者としての日本側の歴史認識の欠如"があることは，客観的な事実である。日本の一部の教科書の無反省な記述や，小泉首相らの挑発的な靖国神社参拝などについては，中国のみならず韓国も以前から強い批判を向けてきたが，こうした隣国の心情について，日本の保守層が甚だ無理解であったことは，深刻な反省を要するところである。〔この点は注11）でも指摘しておいたが，ヨーロッパ諸国でも，"自己中心的な日本"に対する批判が出ていることから見ても，日本の民族主義者はつよい自己批判を求められているといわざるをえない。〕中国の反日デモは，一過性であることを望むが，そこに示された日本人の歴史認識の反省の要求は，真摯に受けとめられなければならない。閉じた自己満足の歴史観のままでは，EACの唱導などは道義的にも現実的にも出来るものではないからである。

あとがき

　序論で触れたように，本書は，2001年から3年間研究活動を行った専修大学社会科学研究所特別研究助成「東北アジアの法と政治──21世紀を展望する──」に基づく共同研究グループの研究成果として，『社研叢書』の一冊として公刊されることになった。以下では，「東北アジアの法と政治」共同研究グループがこれまでに行ってきた研究概要について，まとめておきたい。

　(1) 共同研究構成メンバーと研究方法

　われわれの共同研究が，「東北アジア」，すなわち日本・韓国・北朝鮮・中国・台湾という広範囲にわたる国・地域の法と政治の現状と展望を研究課題としているため，共同研究の構成メンバーも，これらの国や地域に関心をよせる法学者，政治学者，歴史学者，文学者など研究分野を異にする研究者から構成されるとともに，所属も本学社会科学研究所の所員に限定することなく，東北アジアに関心を持つ学外の研究者や弁護士などに拡げ，多角的な視点から研究活動を行った。共同研究のメンバーは次のとおりである。

　共同研究の参加者は，小林直樹研究参与（憲法学・法哲学・人間学），野村浩一所外研究員（中国思想史），石村修（憲法学・比較憲法学），樋口淳（比較文化論），大谷正（日本近代史），古川（憲法学・平和学），内藤（憲法学）の各所員であり，学外からの参加者は，東京大学東洋文化研究所の高見澤磨教授（中国法）と戦後補償裁判に長く関わられている新美隆弁護士である。

　また，研究方法は，共同研究メンバーの研究報告を基礎とする研究会の開催，さらに学外の研究者や中国・韓国からの研究者を迎えての研究会の開催を機軸に，共同研究者の実態調査やヒアリング，国際学術会議への参加，資料の収集・分析などの手法がとられた。

　(2) 研究活動の概要

　2001年度から2003年度の3年間に行った主な研究活動の概要は，次のとおりである。

・2001年6月30日，周維宏教授（北京日本学研究センター）による「中国の政治改革について」をテーマとする研究会を開催した。
・2001年7月14日，トヨタ財団による研究助成「朝鮮における植民地支配と裁判——判決の収集と分析——」（代表：笹川紀勝・国際基督教大学教授）の第2回日韓共同学術会議（テーマ：「植民地法制研究——とくに三一独立運動を中心に——」）に，共同研究メンバーである石村・内藤所員が参加し，石村所員が朝鮮半島の植民地支配における警察制度について，内藤所員が日本の戦後補償裁判と植民地主義について報告を行った。
・2001年8月23日，李玉教授（北京大学国際関係学院副院長）による「中国の日本認識」をテーマとする研究会を開催した。
・2001年10月27日，周維宏教授による「日本滞在研究を終えて——『東北アジアの法と政治』研究への提言」をテーマとする研究会を開催した。
・2001年12月22日，儀我壮一郎研究参与による「張学良と中国革命」をテーマとする研究会を開催した。
・2002年2月2日，新美隆弁護士による「花岡事件訴訟和解のその後」をテーマとする研究会を開催した。
・2002年5月2日〜6日，朝鮮民主主義人民共和国のピョンヤン国際会議宮殿で，「日本の過去の清算を求めるアジア地域シンポジウム」が開催され，樋口・古川・内藤所員，新美隆弁護士が参加し，新美弁護士が第二分科会（強制連行・労働問題）で基調報告を，内藤所員が第三分科会（日本の歴史認識・軍事化・右傾化）で報告を行った。
・2002年6月15日，呂艷濱教授（中国社会科学院法学研究所）による「中国行政法の発展と課題——中国の法制度改革の現状」をテーマとする研究会を開催した。
・2002年6月15日，笹川紀勝教授（国際基督教大学，当時）による「条約無効の国際法学説史」をテーマとする研究会を開催した。
・2002年6月29日，樋口・古川・内藤所員，新美隆弁護士による「戦後補償に関する平壌国際会議」報告会が開催された。

・2003年1月25日，高見澤磨教授による「中国の司法改革――裁判官の育成について――」をテーマとする研究会を開催した。
・2003年2月17日，渠涛教授（中国社会科学院法学研究所）による「最近の中国民法について」をテーマとする研究会を開催した。
・2003年2月26日～28日に，古川所員が沖縄の米軍基地問題に関する調査研究のため，那覇市および名護市において関係者からの聞取り調査および視察調査を行った。
・2003年7月23日，金熙徳教授（中国社会科学院日本研究所）による「東北アジアにおける日中関係」をテーマとする研究会を開催した。
・2003年7月30日，大谷正所員による「東北アジアにおける長崎の歴史的位置」をテーマとする研究会を開催した。
・2003年9月23日～24日，トヨタ財団による研究助成「朝鮮における植民地支配と裁判――判決の収集と分析――」研究グループ（代表：笹川紀勝・国際基督教大学教授）主催で，韓国ソウル市プレスセンターで開催された日韓共同シンポジウム（テーマ「三一独立運動の判例に関する分析と検討」）に，石村・内藤所員が参加し，石村所員が「日本の植民地支配と警察制度」，内藤所員が「日本の戦後補償裁判をめぐる現状と課題」と題する報告を行った。
・2003年11月22日，文京学院大学で開催された国際人権法学会で，内藤所員が「憲法訴訟としての戦後補償裁判」のテーマで報告を行った。
・2003年12月20日，高崎宗司教授（津田塾大学）による「最近の日朝関係」をテーマとする研究会を行った。
・2004年2月19日，鄭瀅教授（檀国大学校日本研究所長）による「韓国の対日文化政策――金大中政権以降を中心に――」をテーマとする研究会を開催した。
・2004年3月3日～5日，国際基督教大学COE研究プロジェクト，トヨタ財団（2003年度研究助成），およびアメリカ合衆国ポートランド州立大学主催により，ポートランド州立大学で開催された「国際植民地法制学術シ

ンポジウム」で，内藤所員が「日本の戦後補償裁判と植民地支配——植民地主義と日本国憲法」のテーマで報告を行った。
・2004年3月，古川所員が韓国において，崔鍾晩氏（専修大学大学院法学研究科論文博士号取得，2003.3）から「韓国・地方自治制度変革の動向」について聞き取りを行った。

　以上の研究活動の成果として，本書が編まれることになった。われわれの共同研究が，このような著作として結実することができたことの大きな要因として，学外の研究者，日本の研究者のみならず，とくに中国・韓国の研究者による研究会等によるご教示と本書へのご寄稿があげられる。

　本書にご寄稿いただいた中国の呂艷濱先生，渠涛先生，金熙徳先生，韓国の鄭鎰先生，崔鍾晩先生，また研究会で多大のご教示をいただいた李玉先生，周維宏先生，儀我壮一郎先生，笹川紀勝先生，そして高崎宗司先生に，この場をかりて深く感謝したい。

　最後に，本書の公刊にご尽力をいただいた専修大学出版局の上原伸二さんと森井直子さんにも，謝意を表したい。

内藤光博

古川　純

執筆者紹介（掲載順）

石村　修（いしむら・おさむ）1946年生まれ。
　[現職] 専修大学法科大学院教授，同大学今村法律研究室長。[専攻] 憲法学・比較憲法。
　『憲法の保障』（尚学社，1987）。『いま戦争と平和を考える』（共編，国際書院，1993年）。
　『明治憲法　その獨逸との隔たり』（専修大学出版局，1999年）。

内藤　光博（ないとう・みつひろ）1957年生まれ。
　[現職] 専修大学法学部教授。[専攻] 憲法学。
　「署名活動の自由と表現の自由・プライバシーの権利」（『専修法学論集』第90号，2004年3月）。「憲法訴訟としての戦後補償裁判—立法不作為違憲論を中心に—」（『国際人権』第15号，信山社，2004年10月）。「立法不作為に基づく違憲訴訟に関する一考察—戦後補償裁判における国家賠償の可能性」（『専修法学論集』第92号，2004年11月）。

新美　隆（にいみ・たかし）1947年生まれ。
　[現職] 島根大学大学院法務研究科教授・弁護士。[専攻] 公法・国際人権法。
　「公務員就任問題からみた在日共生の展望」（『徐龍達先生古希記念論文集』2002年）。「子どもの権利条約に基づいて転換を迫られる保育行政」（『げ・ん・き』エイデル研究所，2002年12月）。「中国人強制連行・広島高裁判決が開く水路」（『世界』2004年9月号）。

古川　純（ふるかわ・あつし）1941年生まれ。
　[現職] 専修大学法学部教授・法科大学院教授。[専攻] 憲法学・平和学。
　『戦争と平和』（共著，岩波書店，1993年）。『日本国憲法の基本原理』（学陽書房，1993年）。『日本国憲法・検証　第4巻　基本的人権』（小学館文庫，2001年）。

金　熙徳（きん・きとく）1954年生まれ。
　[現職] 中国社会科学院日本研究所教授。[専攻] 日本外交・日中関係・北東アジア問題。
　『徹底検証：日本型ODA』（三和書籍，2002年）。『21世紀の日中関係』（日本僑報社，2004年）。『中国をどうみるか』（ポプラ社，2004年）。

鄭　瀅（ちょん・ひょん）1953年生まれ。
　[現職] 檀国大学校文科大学教授，同大学日本研究所長。[専攻] 日本近世文学・比較文化論。
　「『本朝二十不孝』における孝の主題的意味」（『筑波大学平家部会論集』第6集，1987年）。『日本社会文化の理解』（Bogosa，2003年）。『日本日本人日本文化』（Darakwon，2004年）。

樋口　淳（ひぐち・あつし）1946年生まれ。
　［現職］専修大学文学部教授。［専攻］比較文化論。
　「日本的異類婚姻故事」（『亜細亜民俗研究』第3号，2002年6月，北京・学苑出版社）。「老松堂のみた日本」（『日本学研究』第11輯，2002年10月，ソウル・檀国大学校・日本研究所）。「海辺のカフカまで―戦後日本人の性意識の変遷―」（『日本研究』第20号，2003年6月，韓国外国語大学校・外国学総合研究センター）。

大谷　正（おおたに・ただし）1950年生まれ。
　［現職］専修大学法学部教授。［専攻］日本近代史・メディア史。
　『近代日本の対外宣伝』（研文出版，1994年）。『日清戦争の社会史』（共編，フォーラム・A，1994年）。「義和団出兵／日露戦争の地政学」（小森陽一他編『日露戦争スタディーズ』紀伊國屋書店，2004年）。

渠　涛（きょ・とう）1956年生まれ。
　［現職］中国社会科学院法学研究所教授。［専攻］民法学。
　「中国物権法立法における慣習法の位置付け」（『比較法研究』第36巻第2号，早稲田大学，2003.3）。「中国における民法典審議草案の成立と学会の議論（上・下）」（『ジュリスト』1249・1250，2003.7.15〜8.1）。「中国社会団体法律環境与民法法人制度立法――法人制度論序説」（渠涛主編『中日民商法研究（第2巻）』法律出版社，2004.6）。

呂　艷濱（ろ・えんひん）1976年生まれ。
　［現職］中国社会科学院法学研究所憲法と行政法研究室講師。中国社会科学院法学研究所アジア法研究センター事務局長。［専攻］行政法・情報法。
　「日本と韓国の行政不服審査制度―行政不服審査司法化の実例」（『環球法律評論』2004年春季号）。「世界主要国家における議会監督手段に関する考察」（『環球法律評論』2003年夏季号）。「日本におけるプライバシーの権利に関する考察と啓発」（『中国社会科学院院報』2004年7月1日）。

高見澤　磨（たかみざわ・おさむ）1958年生まれ。
　［現職］東京大学東洋文化研究所教授。［専攻］中国法。
　『現代中国の紛争と法』（東京大学出版会，1998年）。『現代中国法入門』（共著，有斐閣，初版1998年，2版2000年，3版2003年）。「中国法」（北村一郎編『アクセスガイド外国法』東京大学出版会，2004年）。

崔　鍾晩（ちぇ・じょんまん）1956年生まれ。
　［現職］大韓民国行政自治部安全政策官。［専攻］行政学・地方自治。
　『日本の自治体改革』（ナナン出版，1998年）。「自治体改革の課題と推進方向―韓日地方自

治の比較分析的視座から―」(専修大学博士学位論文, 2002年)。「南北韓統合に備える地方政策の改編方向」(国防大学校, 2003年)

小林 直樹 (こばやし・なおき) 1921年生まれ。
[現職] 東京大学名誉教授。[専攻] 憲法学・法哲学・人間学。
『憲法の構成原理』(東京大学出版会, 1962年)。『日本国憲法の問題状況』(岩波書店, 1963年)。『憲法秩序の理論』(東京大学出版会, 1986年)。『憲法学の基本問題』(有斐閣, 2001年)。『法の人間学的考察』(岩波書店, 2002年)。

専修大学社会科学研究所　社会科学研究叢書7
東北アジアの法と政治

2005年4月30日　第1版第1刷

編　者	内藤　光博・古川　純
発行者	原田　敏行
発行所	専修大学出版局
	〒101-0051　東京都千代田区神田神保町3-8-3
	㈱専大センチュリー内
	電話　03-3263-4230㈹
印　刷	電算印刷株式会社
製　本	

Ⓒ Mitsuhiro Naito et al.　2005　Printed in Japan
ISBN 4–88125–159–7

◎専修大学出版局の本◎

専修大学社会科学研究所　社会科学研究叢書

① **グローバリゼーションと日本**
　専修大学社会科学研究所 編　　　　　　　　A5判　本体3500円

② **食料消費のコウホート分析**——年齢・世代・時代——
　森　宏 編　　　　　　　　　　　　　　　　A5判　本体4800円

③ **情報革新と産業ニューウェーブ**
　溝田誠吾 編著　　　　　　　　　　　　　　A5判　本体4800円

④ **環境法の諸相**——有害産業廃棄物問題を手がかりに——
　矢澤曻治 編　　　　　　　　　　　　　　　A5判　本体4400円

⑤ **複雑系社会理論の新地平**
　吉田雅明 編　　　　　　　　　　　　　　　A5判　本体4400円

⑥ **現代企業組織のダイナミズム**
　池本正純 編　　　　　　　　　　　　　　　A5判　本体3800円

天然ガス産業の挑戦——伸びゆく各国の動向とその展望——
　小島　直他　　　　　　　　　　　　　　　　A5判　本体2800円

日本のビール産業——発展と産業組織論——
　水川　侑　　　　　　　　　　　　　　　　　A5判　本体2400円

日本の経済発展における政府の役割
——産業政策の展開過程の分析——
　雷　新軍　　　　　　　　　　　　　　　　　A5判　本体5600円

台湾の経済発展と政府の役割
——いわゆる「アジアNIES論」を超えて——
　陳　振雄　　　　　　　　　　　　　　　　　A5判　本体4500円